Francis Traver

Fables De La Fontaine

With Grammatical, Explanatory, and Etymological Notes

Francis Traver

Fables De La Fontaine
With Grammatical, Explanatory, and Etymological Notes

ISBN/EAN: 9783744769334

Printed in Europe, USA, Canada, Australia, Japan

Cover: Foto ©ninafisch / pixelio.de

More available books at **www.hansebooks.com**

HACHETTE AND COMPANY

Hachette's Cheap Series of Modern French Readers.

French Primary Readers,
With Notes for Beginners.
Limp Cloth, each 6d.
(The Editors' Names are placed in Parenthesis.)

Aventures de l'Anon Baudinet. (S. BARLET.)
La Famille de Friquet. (A. P. HUGUENET.)
L'Oiseau bleu — La Mouche. (JULIETTE LERICHE.)
Les Deux Brigands. (L. GABORIT.)
Entre Oiseaux. (H. A. DE JOANNIS.)
Le Rêve de Noël. (BROCHER.)
Les Aventures de Trottino. (L. GABORIT.)
Une Vengeance de Jeannot Lapin. (DA COSTA.)
Mon Oncle et Moi. (D. DEVAUX.)
Le Caniche Blanc. (V. SPIERS.)

Elementary French Readers.
With Notes and Vocabularies.
Cloth, each 8d.
(The Editors' Names are placed in Parenthesis.)

Bruno, G.—Les Deux Petits Patriotes. (ATTWELL.)
Colet, Mme. L.—Deux Enfants de Charles Ier. (TESTARD.)
—— Gassendi, le Petit Astronome. (DA COSTA TALLON.)
—— Mozart; Pope, le Petit Bossu. (JULIEN.)
Lavergne, Mme. L.—Le Vannier de Chèvreloup; etc. (VELTZ.)
Demoulin, G.—Franklin. (BROCHER.)
Lehugeur, P.—Charles XII. (PERRET.)
Albert-Levy.—James Watt. (GABORIT.)
Van den Berg.—Alexandre le Grand. (HUGUENET.)
—— Napoléon Ier. (HUGUENET.)
Vattemare, H.— Vie et Voyages de Christophe Colomb. (BIDAUD-VILLE.)
—— Vie et Voyages de David Livingstone. (ANTOINE.)

Elementary French Readers—*continued.*
Vattemare, H. — Vie et Voyages de James Cook. (TESTARD.)
Préssensé, E. de.—Seulette. (DAVIS.)
—— Le Pré aux Saules. (DAVIS.)

Bué, Henri, Elementary Conversational French Reader, . 0 6
Charlin, French Reader, . 0 6
Janau, Junior French Book for Young Children, . . . 1 3
Malvin, French Readings for Beginners, ... 0 6
Bué, Henri, New Conversational First French Reader, with Questions and a complete Vocabulary, . . 0 10
Children's Own French Book. For very Young People, with Vocabulary, . . . 1 6
Contes de Fées de Mme. le Prince de Beaumont, with Vocabulary, ... 1 6
Esclangon, Petit Anthologie des Enfants. Prose et Poésie, 1 3
Janau, E., Elementary French Reader, with Vocabulary, . 0 8
Le Chevalier, The Code French Reader, . . . 1 6

La France Litteraire au XIXe Siècle.
Histoires Choisies de nos meilleurs écrivains contemporains. Edited, with Biographical Notices, Explanatory Notes, and French-English Vocabulary, by J. BELFOND, French Master at Westbourne Schools, London, etc. etc.
Price, per volume, in neat Cloth Binding, 10d.

Vol. 1. LAMARTINE, CRAVEN, OHNET, ÉNAULT.
,, 2. MARMIER, DUMAS, BALZAC, THOUMAS, AIMARD.
,, 3. FEUILLET, CLARETIE, SÉGUR, KARR, AUDEBRAND.
,, 4. CHERBULIEZ, LABOULAYE, DAUDET, E., DAUDET, A.
,, 5. D'HÉRICAULT, MICHELET, STAËL.
,, 6. THIERS, HUGO.

18 King William Street, Charing Cross, London.

French Composition and Translation.

	s.	d.
Barrère, Chronicles of War from Standard English Authors, for Military Students, Army Candidates and Advanced Pupils, ...	3	0
Blouët, Primer of French Composition, ...	1	0
—— Class Book of French Composition, with Vocabulary,	2	6
—— Key to same (*for Teachers only*), ...	2	6
Bué, Henri, Primer of French Composition (*in preparation*).		
The Children's Own Book of French Composition—		
French Part by E. Janau,	1	6
English Part by E. C. D'Auquier, . . .	1	6
Federer, Materials for French Translation, . . .	1	6
—— Key to the same, . .	2	6
Julien, Introductory Lessons to French Composition. 2 vols. each, ...	1	6
—— Practical Lessons in Elementary French Composition,	2	6
Kastner, Elements of French Composition, . .	2	0
—— Key to same (*for Teachers only*), ...	2	6
Mariette, Half-Hours of French Translation, . . .	4	6
—— Key to same, . .	6	0
Perini, Extracts in English Prose for Translation, .	2	0
—— The Bridge, or Exercises for Translation, . . .	0	9
Roulier, First Book of French Composition, . .	1	6
—— Key to same (*for Teachers only*), ...	2	6
—— Second Book of French Composition, . . .	3	0
—— Key to same (*for Teachers only*), ...	3	0
Sers, English Passages for Translation into French. Advanced Texts, . . .	2	6

French Conversation, Dialogues, Idioms, and Proverbs.

	s.	d.
Antoine, Practical Lessons in Colloquial French, . .	1	6
Attwell, French - English Pseudo.Synonyms, . .	1	6
Belcour, English Proverbs and their French Equivalents,	2	0
Belfond, French Primer. Reading and Conversation,	0	6
Beljame, Handy Guide to French Conversation, .	1	6
Beljame and Bossert, Common French Words, rationally grouped as a stepping-stone to Conversation and Composition. With an introduction by Henri Bué, ...	2	0
Bué, H., Easy French Dialogues, ...	0	6
—— First Steps in French Idioms,	1	6
Bué, Jules, Class Book of Comparative Idioms. English, French and German. Each Part separately, . .	2	0
Bué, Madame, La Conversation en Classe à l'usage des Jeunes Filles, Partie Française,	0	8
—— Partie Anglaise, .	0	8
Chardenal, Practical Exercises on French Conversation,	1	6
Charlin, The Reader's Companion, ...	0	4
Delbos, French Vade-mecum for the use of Travellers and Students, ...	1	0
D'Oursy, Primer of French Conversation, Proverbs and Idioms, ...	1	0
Julien, Voyage à Paris, .	1	0
—— Lessons in French Syntax adapted to Conversation,	2	6
Richard et Quétin, English and French Dialogues, .	1	6
—— New English and French Word Book, . . .	0	6
Tarver, The Eton School French English Dialogues . .	3	6
Tondu, New Memory-Aiding French Vocabulary, . .	1	6
Whitfield, French Commercial Dialogues for Advanced Pupils,	3	0

HACHETTE AND COMPANY

French Correspondence, Commercial and General.

	s. d.
Baume, General French Correspondence, for Schools and Private Students, with Introduction, Hints, and over 120 different kinds of Letters, etc.,	2 6
Brown, Commercial French for Business Men and Schools. Business Terms, Expressions, etc., Letters explained by two Translations, Conversation and Reading Exercises, and Vocabularies, 204 pages,	2 0
Korts, Elements of Commercial Correspondence. Part I., Circulars, Offers of Services, Purchases, Sales, Inquiries, Applications for Situations, etc., with French-English Vocabulary of 4,000 words, 216 pages,	1 6
—— Part II., Addresses, Headings, Terminations, Letters of Introduction, Credit, etc., and English-French Vocabulary of 4,000 Words, 256 pages,	1 6
—— Commercial Terms and Phrases. French-English and English-French Lists of 8,000 Commercial Terms,	1 6
Ragon, Class Book of Commercial Correspondence. Part I.—General Forms, Circulars, Offers of Service, Letters of Introduction, Credit, etc., 138 pages,	2 0
—— Part II.—Inquiries, Business Transactions between England and France, and Vocabulary of Commercial Terms, 146 pages,	2 0
—— Two Parts in one Vol.,	3 6
Scholl, Phraseological Dictionary of Commercial Correspondence. In English, German, French and Spanish. 19,000 Phrases, with Lists of Commercial Abbreviations, Articles of Commerce, etc. Half Morocco,	21 0
Scholl, Phraseological Dictionary of Commercial Correspondence. English-French. net,	8 0
Vogel, Manual of Mercantile Correspondence. English-French. English Commercial Letters etc., with Notes to facilitate translation, and Dictionary of Business Terms and Expressions, 306 pages,	4 6
—— French-English. French Commercial Letters, etc., with Notes and Explanations, for English Students, and Dictionary of Business Terms, etc., 306 pages,	4 6
Whitfield, Grammar of the French Language of Business. Rules of Accidence, Reading Lessons with Notes comprising Rules of Syntax, Exercises affording practice in both divisions of Grammar simultaneously, Useful Hints, etc., Examination Papers, Commercial Studies, Business Principles, etc., 264 pages,	3 6
—— Concise Commercial Reader (Sequel to 'Grammar'). Elementary Class-book for Commercial Divisions of Schools, Polytechnics, etc., 72 pages,	1 6
—— French Commercial Dialogues for advanced Pupils. Conversations taken from actual Business Circles, 200 pages,	3 0
—— Guide to the Effective Study of Languages for Business Purposes, with Examination Questions, Forms of Advertisements, etc.,	0 6

Hachette's French Classics

FABLES

DE

LA FONTAINE

WITH

Grammatical, Explanatory, and Etymological Notes

BY

FRANCIS TARVER, M.A., Oxon.
FRENCH MASTER AT ETON COLLEGE

NEW EDITION

LIBRAIRIE HACHETTE & Cie
LONDON: 18, KING WILLIAM STREET, CHARING CROSS
PARIS: 79, BOULEVARD SAINT-GERMAIN
BOSTON: CARL SCHOENHOF
1895
All rights reserved.

LIFE AND WRITINGS

OF

JEAN DE LA FONTAINE.

JEAN DE LA FONTAINE was born July 8, 1621, at Château- Birth, July 8, Thierry. His father, Charles de la Fontaine, was Commissioner 1621. of Waters and Forests, and his mother's maiden name was Françoise Pidoux. The poet's family was an ancient one, and had some pretensions to nobility. His early education was conducted at a village school, and afterwards at Rheims,* a town for which he always entertained a great affection.

A certain Canon of Soissons, by name Héricart, fancying that he saw in the young man an inclination for the clerical profession, endeavoured to develope this inclination, and young Jean de la Fontaine was sent to the seminary of St. Magloire in 1641, Enters Seminary where, however, he only remained for one year, not having (as at St. Magloire, we learn from a subsequent letter to his wife) been either able 1641. or willing to master sufficient theology to render him fit for holy orders. The indolent life of pleasure which La Fontaine led after leaving the seminary proved how little fitted he would have been for the Church. Several anecdotes are related at this period of his life of the carelessness and forgetfulness which characterised him throughout. One will be sufficient to paint the man. Returning one day from Paris to Château-Thierry on horseback with some family papers of great importance attached to his saddle, he let them fall. They were picked up soon after by the driver of the mails, and upon his overtaking and asking La Fontaine if he had not lost anything, he replied that he was perfectly sure that he had not; but on seeing the packet exclaimed that his whole property depended upon it. La Fon- Taste for Poetry taine seems to have reached his twenty-second year before he first developed in showed any signs of a taste for poetry. His hearing an ode of 1643.

---

* La Fontaine thus speaks of Rheims in his " Contes," iii., 4 :—
  Il n'est cité que je préfère à Reims ;
  C'est l'ornement et l'honneur de la France ;
  Car sans compter l'ampoule et les bons vins.
  Charmants objets y sont en abondance.

Malherbe read aloud first awakened the fire dormant within him, and he set to work to learn the works of Malherbe by heart, and used to declaim his verses aloud when alone. This led to a study of Voiture, and to some attempts of his own in imitation of this poet. Fortunately one of his relatives, by name Pintrel, induced him to study better models, Horace, Virgil, Homer; and M. de Maucroix confirmed him in his admiration of the ancient classics, and especially of Plato and Plutarch. His new friends, however, did not make him forget his old ones, and Rabelais, Marot, Voiture, were still his favourite authors; and amongst the Italians Ariosto, Boccaccio, Machiavelli. The first work he ever published was a translation of the "Eunuchus" of Terence in verse, in 1654. But we are anticipating.

Marriage, 1646. At the age of twenty-six our poet's father, wishing to settle him in life, handed over his business to him, and found him a wife in the person of Marie Héricart, who was only fifteen years old at the time of their marriage; and as their married life was none of the happiest (indeed they were separated by mutual consent not long after), it would not be out of place here to remark on the diversity of character which made their union so ill-assorted. We learn that his wife, though beautiful and clever, wanted exactly the only thing requisite to fix the easygoing, careless character of La Fontaine. She had none of those solid qualities, love of order and serious occupation, necessary for this purpose. Whilst she was reading novels at home he was seeking distraction abroad, or rapt in his verses and the study of his favourite poets. Their joint income soon got embarrassed, and in 1659 we find that there was a *séparation de biens* between La Fontaine and his wife.

Intimacy with Fouquet. We now come to speak of the best trait in the whole life of our poet—namely, his devoted attachment to his friend and protector, Fouquet, in his disgrace. It is not our province to enlarge upon that Minister's career, nor to describe how from a state of more than regal magnificence, and from being the possessor of a palace (Vaux) on which more treasures of art were lavished than on any that his countrymen had yet seen (Versailles was not yet built), and where he had the honour of receiving the king and his court—how from this height of prosperity he was suddenly plunged to the lowest depths of disgrace, and imprisoned for life in the fortress of Pignerol. Fouquet had early taken up La Fontaine and afforded him the means of leading an easy, indolent life in the midst of the luxuries of

Vaux, thus free from all care of providing for his daily wants. In return for these benefits, La Fontaine composed a poem, half prose, half verse, entitled, "Le Songe de Vaux." Fouquet gave him an annual pension, and in return La Fontaine composed sonnets, madrigals, and odes for his patron. And when after his patron's fall the courtiers whom he had enriched one and all abandoned him, his literary friends alone stood manfully by him, especially La Fontaine, who by his "Elégie aux Nymphes de Vaux," contributed more than any to allay the storm of indignation raised on all sides against the unfortunate fallen Minister. *"Le Songe de Vaux." Fouquet's Disgrace, 1661. "Elégie aux Nymphes de Vaux."*

In 1658 La Fontaine's father died, and left him his small fortune much incumbered. About this time he became intimately acquainted with Racine, who was himself studying for holy orders, with about as much inclination and taste for the ecclesiastical profession as La Fontaine had exhibited before him. *Death of La Fontaine's father, 1658. Intimacy with Racine.*

We now hear of a certain journey that he made to Limoges in the company of Jannart, exiled thither by Colbert's order. This journey is only remarkable in that La Fontaine makes it the subject of a series of letters to his wife, with whom he does not seem to have had much other communication, and in these he mentions their son, now aged ten, of whom he seldom, if ever, speaks, being, as we shall see from several passages in his Fables,* particularly averse to children. He also relates how, after ordering his dinner at a village inn near Orléans, he went out, and getting absorbed in his favourite author, Livy, he entirely forgot the dinner-hour. He then made a pious pilgrimage to Amboise to visit the room in which Fouquet had been first confined. *Journey to Limoges, 1663.*

On his return from Limoges to Château-Thierry he found the Duchesse de Bouillon established there. This lady took such pleasure in his society, that she carried him off to Paris with her, and introduced him to her circle, and in the same year he accepted the post of *gentilhomme servant* to Marguerite de Lorraine, Duchess Dowager of Orléans. He published at this time the poem of "Joconde," and in the following year his first collection of "Contes et Nouvelles en Vers," the subjects of which are mostly licentious, and for which an excuse can only be found in the writings and morals of the age in which La Fontaine lived. In them he imitated Ariosto, the "Decamerone" of *1664. Duchesse de Bouillon. La Fontaine enters the service of Marguerite de Lorraine, Duchess Dowager of Orleans. "Joconde" and "Contes et Nouvelles en Vers," 1665.*

---

* *Cf.* Book i., Fable 19, page 18, lines 12 *et seqq.*; and Book ix., Fable 2, page 188, line 6.

Boccaccio, and the "Heptaméron" of Marguerite de Navarre. Society was so far from being scandalised by such productions, that the "Contes" were eagerly read, and La Fontaine received the appellation of *Le Conteur* par excellence.

Intimacy with Racine, Molière, Boileau, and Chapelle, 1666.
It was about this time that there was formed a close intimacy between La Fontaine, Racine, Boileau, Molière, and Chapelle, who used to meet two or three times a week to sup together at Boileau's lodging in the Rue du Vieux Colombier, where La Fontaine's "absent" fits were among the chief sources of amusement to the company, and where Molière seems first to have given him the sobriquet of "Le Bon Homme," by which he will always be distinguished. These friends, anxious to bring about a reconciliation between him a .d his wife, who had retired to Château Thierry, at last prevailed upon him to go and meet her there. He did go, but not finding her at home on his arrival, he went to a friend's house, where he stayed two or three days, entirely forgetting the object of his journey, and he returned to Paris without even having seen his wife.

For some time now La Fontaine seems to have devoted himself to writing odes and sonnets on the principal events and personages of the reign and Court of Louis XIV. In 1667 a new collection of "Contes" appears, prefaced by a promise (destined to be broken), that this should be the last production of such a nature. In 1668 appeared the first collection of "Fables Choisies Mises en Vers," dedicated to the Dauphin, consisting of the first six Books of the Fables. It may not be out of place here to enumerate the different authors of Fables from the earliest times that La Fontaine has taken for his models.

1667. Second Collection of "Contes."

1668. First Recueil de FablesChoisies Mises en Vers."

Early Fabulists.
Æsop.
The idea of imparting instruction by means of allegory seems to have originated with Æsop, who lived 620 years B.C., at the Court of Crœsus, King of Lydia, and who, through the intercourse of the Lydians with the Assyrians, may have been indebted to the East for the idea, as the Fables of Bidpai (or Pilpay) and of Lokman (considered by some persons to have been identical with Æsop) are certainly of Eastern origin.

Pilpay.
Lokman.

Babrias.
The collections of Fables best known to the Romans were those composed by Babrias, about the time of Alexander Severus, and Phædrus, in the reign of Tiberius, wrote an edition of the Fables of Æsop turned into Latin verse.

Phædrus.

In the ninth century one Ignatius Magister, afterwards Bishop of Nicæa, abridged the Fables of Babrias, reducing each to four iambic verses. This abridgment has come down to us under the name of "Fables of Gabrias," which is a corruption of Babrias.

In the thirteenth century Marie de France, who resided in Marie de France
England, composed a selection of Fables in the *Langue Romaine*
or Old French, which she said she had translated from some
English Fables ; and in the fourteenth century Planude, a monk Planude.
of Constantinople, wrote a collection of Fables in Greek prose,
which he published under the name of Æsop, prefaced by a Life
of the Phrygian slave, full of anachronisms. To these composers
or compilers of Fables succeeded Ranutio d'Arezzo, Faerne, and
later on, Corrozet and Philibert Hegemon, "Les Fables
Héroiques" of Audin, "L'Esope Moralisé," by Pierre de
Boissat. Then came La Fontaine, who at first confined himself
to following in the footsteps of Phædrus, and afterwards bor-
rowed from the other writers whose names we have mentioned.

Several of the Fables in this first collection are dedicated to Dedication of
individual friends or protectors of the poet. The First Fable of Fables to
Book iii. is dedicated to M. de Maucroix, with the object of individuals.
helping him to make up his mind about the profession he should
embrace ; the Eleventh of the same Book to M. de la Rochefoucauld, author of the Maxims ; the First of Book iv. to
Mdlle. de Sévigné, afterwards Madame de Grignan ; and the
First of Book v. to the Chevalier de Bouillon.

This first collection of Fables soon became very popular, and
one is at a loss to imagine how such a good judge as Boileau
(who had said that "the beauties of nature had never been
appreciated thoroughly till Molière and La Fontaine wrote"),
should have omitted all mention of *Fables* in his " Art Poétique," Silence of Boil-
in which he speaks of idylls, eclogues, elegies, odes, sonnets, ject of Fables
epigrams, and even vaudevilles. This silence on the subject of
Fables can only be attributed to a coolness that had grown up of
late between La Fontaine and Boileau, at the time that the
latter wrote his "Art Poétique" (1674).

In the epilogue to the first collection of Fables,* La Fontaine
seems to imply that he intended them to end there, and he
announces his intention of returning to the composition of
"Psyché," a poem, in prose and verse, of 500 pages (addressed 1669. "Psyche."
to Fouquet, under the name of *Damon*), and in which La
Fontaine sets forth the wonders of the new palace and park of
Versailles, on which Louis XIV. was then lavishing millions of

---

* *Cf.* page 120, lines 15, 16.—
    Bornons ici cette carrière :
    Les longs ouvrages me font peur.
And lines 25, 26.—
    Retournons à Psyché. Damon, vous m'exhortez
    A peindre ses malheurs et ses félicités.

money. " Psyché " was followed by the " Adonis," a poem on the loves of Venus and Adonis, which has been pronounced as the best of its sort in the French language, till Boileau published his " Art Poétique " and " Lutrin." In 1671 La Fontaine published his third collection of " Contes et Nouvelles en Vers,*" which seems to have much pleased Madame de Sévigné ; and in 1672 he lost his chief friend and protectress, Marguerite de Lorraine, Duchesse douairière d'Orléans. Our poet, never able to provide himself with the necessaries of life (*la vie matérielle*), was fortunate enough to find a new patroness in Madame de la Sablière, with whom he lived till her death, and who supported him for twenty years of his life, and enabled him to dispense with the ordinary cares of providing for his every-day wants, and to devote himself entirely to the cultivation of his Muse. Madame de la Sablière was one of the most accomplished ladies of the Court of Louis XIV. She was the intimate friend of Boileau and Racine, was well versed in the Latin classics, mathematics, physical science, and astronomy, and her husband, M. Rambouillet de la Sablière,* was son of the financier Rambouillet.

In 1678-9 appeared the second collection of Fables (Books 7 to 11 inclusive), dedicated to Madame de Montespan, terminated by an epilogue, in which La Fontaine alludes to the pacification of Europe by Louis XIV., the peace of Nimeguen, and the name of *Grand* given to Louis XIV. in 1680, and which probably procured for La Fontaine the honour of being allowed to present the collection in person to the king. It appears, however, that when he arrived at Versailles, he found that he had forgotten to bring his book with him, and that he even neglected to take away the purse of gold with which the king presented him. Many of these Fables, though not published till 1679, had been already circulated in MS., and many of them were inspired by actual events that had taken place. For instance, Book vii., Fable 11, " Le Curé et le Mort " ; this occurrence is recorded by Madame de Sévigné as having actually taken place at the interment of M. de Boufflers ; and the incident remarked in Fable 18 of the same Book had actually occurred in England some time before.

Five of the Fables in this collection were especially dedicated

---

* The famous hotel de Rambouillet, the rendezvous of the wits of the day, was constructed between 1610 and 1617 by Catherine de Vivonne, daughter of the Marquis de Pisani, and married to the Marquis de Rambouillet. The original hotel had been purchased by Richelieu, who built on the site the Palais Cardinal now known as the Palais Royal (?).

to individuals. Book viii., Fable 4., "Le Pouvoir des Fables," to M. de Barillon, French Ambassador to the court of Charles II. Fable 13 of the same Book, "Tircis et Amarante," to Mdlle. de Sillery, niece of M. de la Rochefoucauld. Book x., Fable 1, "Les deux Rats, le Renard, et l'Œuf," to Madame de la Sablière, then devoted to the study of the philosophy of Descartes. Fable 15 of the same book, "Les Lapins," to M. de la Rochefoucauld; and Fable 2 of Book xi., "Les Dieux voulant instruire un fils de Jupiter," to the Duc du Maine, son of Louis XIV. and Madame de Montespan.

La Fontaine had never seriously given his attention to writing for the stage till Lully, the famous musical composer, who had been originally brought from Italy to enter the service of *Mademoiselle*, induced him to try his hand at this sort of composition; and at her instigation he wrote the opera of "Daphne," but Lully made so much difficulty about composing the music for it, and treated La Fontaine so badly, that the latter vented his humour in a comic satire, entitled "Le Florentin" (in allusion to Lully's country). It was hard, however, to quarrel with such a good-humoured person, and they were soon afterwards reconciled. La Fontaine was not so popular at court just now, as Scarron's widow, *Madame de Maintenon*, was just beginning to wean Louis XIV. from the influence of his former favourites. Madame de Maintenon shunned the society of those who had formerly known her in the obscure position of Scarron's wife, and La Fontaine had had frequent opportunities of meeting her under these circumstances at the house of Fouquet, who had been a protector of Scarron. The king, too, himself, was beginning to turn over a new leaf, and was easily induced to look with disfavour upon the author of the licentious "Contes."

A curious instance of the versatility of La Fontaine's genius is the poem in two cantos which he wrote at the instigation of (and dedicated to) the Duchesse de Bouillon, on the subject of Quinine ("Le Quinquina"). This famous remedy, procured from the bark of a Peruvian tree, had remained for a century and a-half unknown to the Spanish discoverers of America; nor was it till 1638 that a native had revealed the secret to the Spanish governor of Loxa, in return for some service he had received from him. The chief of the Jesuits in America had, in 1649, carried it to Rome, and for a long time it was known as the *poudre des pères* or *poudre des Jésuites*, and sold for its weight in gold. In 1679 an Englishman, by name Talbot, invented a method of infusing it in wine, and it was known in France as

Lully.

"Daphne."

"Le Florentin."

"Le Quinquina 1682.

le remède Anglais. The famous minister Colbert was cured by it and Louis XIV. gave Talbot 2000 louis d'or and an annual pension of 2000 francs for the recipe. Though Colbert had been the sworn enemy of our poet's friend and protector, *Fouquet*, he took this opportunity of celebrating the encouragement which he had given to letters.

<small>Birth of the Duc de Bourgogne</small> This same year La Fontaine composed two ballads in honour of the birth of the *Duc de Bourgogne*, son of the Dauphin, that young prince who was destined to have Fénélon for his instructor, and to become one day the protector of La Fontaine in his old age.

<small>Death of Colbert, 1683.</small> In 1683 the death of Colbert caused a vacancy in the Académie which La Fontaine was very anxious to fill. He had now published nearly all his Fables and Tales, and Boileau had written his "Art Poétique" and "Lutrin," besides nine satires and as many epistles, and yet neither of these two remarkable men had a seat in the Académie. The discussion as to which should have the honour of being elected first was very warmly carried on —the supporters of Boileau endeavoured to throw obloquy upon La Fontaine on account of the licentiousness of his "Contes," aud Rozé, in particular, who opposed his election strongly, threw upon the table of the Academy a copy of the "Contes," as if to shame an assembly that could propose to take the author of such a work into its number. He is reported to have said, "Je vois qu'il vous faut un Marot"; to which Benserade replied, "Et à vous une marotte." The influence of the king in the election of members of the Academy made itself strongly felt in those days, and—in spite of a ballad composed in honour of the King's Flanders campaign, which Madame de Thianges read to the king at a splendid fête which she gave him, in order to influence him in favour of La Fontaine—he would not allow La Fontaine to be elected till after Boileau, and upon that poet's succeeding to a chair unexpectedly vacated by the death of one of the members, the king said, "Le choix qu'on a fait de M. Déspréaux m'est très agréable, et sera généralement approuvé ; vous pouvez incessamment recevoir La Fontaine, il a promis d'être sage." La Fon<small>Elected a Member of the Académie.</small>taine was accordingly instantly elected, and after the usual complimentary speeches on taking his seat, terminated the sitting by reading a poem addressed to Madame de la Sablière, in which he seemed to regret the errors of his past life, and promise amendment for the future. This promise, like many others of the same sort, does not seem to have been very rigidly kept, for upon Madame de la Sablière's withdrawing from the world of

fashion to devote herself to visiting hospitals and other works of charity, La Fontaine began to find her less accessible to him than before, and allowed himself to be patronised by the Princes of Conti and Vendôme, whose youth rendered them anything but desirable patrons of a man so ready to be influenced by the manners and lives of those who surrounded and protected him, and he again fell to writing tales of the same nature, though perhaps not quite so licentious as his former ones.

In 1683 he wrote " Philémon et Baucis " and " Les Filles de Minée," both imitated from the Metamorphoses of Ovid. The former he dedicated to the Duc de Vendôme; and there is a famous passage in it (see page 293, line 26, of this edition), in which he seems to regret that his married life had not been all it should be. La Fontaine was very nearly induced about this time to come over to England, where Madame Harvey, sister to Lord Montague (who had been English Ambassador at the Court of Louis XIV.), and who had made our poet's acquaintance in Paris, had formed a *coterie* composed of several English literary celebrities, with S. Evremond, herself, and the Duchesse de Mazarin (Hortense de Mancini), whose hand had been actually solicited in marriage by Charles II., and whose rivalry in that monarch's affections with the Duchess of Portsmouth has been celebrated by the English poet Waller. It was to this Madame Harvey that La Fontaine dedicated his fable of " Le Renard Anglais." La Fontaine, however, could not be induced to desert his old friend and benefactress, Madame de la Sablière, whose absorption in her works of charity, and consequent neglect of our poet, only seems to have strengthened the ties of affection and gratitude which bound him to her. The last collection of his Fables is full of her name. Fable xv. of the twelfth Book is addressed especially to her, and at her instigation he addressed two volumes of his poems to M. de Harlay (*Procureur Général au Parlement*), who as far back as 1668 had taken charge of his son—for La Fontaine seems to have been no better father than he was a husband. Curious anecdotes are related of him in connection with this same son of his: how once meeting him on the stairs of a certain M. Dupin, and being asked by M. Dupin if he did not recognise him, he answered, " Je croyais l'avoir vu quelque part "; and on another occasion, hearing him speak well on some subject and expressing his approval of the young man's conversation, he was informed that it was his own son whom he had heard speak. "Ah!" he answered, "j'en suis bien aise."

La Fontaine's Religious Principles.

From what our readers have already learnt of La Fontaine's manner of living, it will be easily believed that he was not an assiduous performer of religious duties, nor a constant attendant at the services of the Church. It appears that the first approach to anything like serious thoughts was attributed to an accidental study of the Prophet Baruch, which had been placed in his hands one day by Racine during a long service which he had induced La Fontaine to attend with him, and for some time after La Fontaine would constantly ask persons that he met, "Have you read Baruch? He was *a grand genius!*"

1686. Reconciliation with his wife.

This awakening of new and more serious ideas may have led to a partial reconciliation with his wife, which seems to have taken place about this time, as a document is in existence bearing the joint signature of them both, dated April 19, 1686. Anyhow, she does not seem to have returned to Paris with her husband, but remained at Château-Thierry. His principal occupation now was to attend the sittings at the Academy; and, continuing to see less and less of Madame de la Sablière, absorbed in her charitable duties, he would probably have listened to the pressing invitations of his friends across the Channel to join their party in England, had not the Princes of Conti and Vendôme and the young Duke of Burgundy (at the instigation of his tutor, Fénélon) contributed to supply his wants and furnish him with the means of providing that *vie matérielle* which he could never procure for himself.

M. et Mme. d'Hervart.

About this time, too, he found protectors in the persons of M. d'Hervart, son of a rich capitalist, and his wife, who became a second Madame de la Sablière to him, and whom he actually celebrates under the same pseudonym of "Sylvie" that he had previously given to Madame de la Sablière! And when his former benefactress died in 1693, and the house which had been open to him for twenty years ceased to be so, he met M. d'Hervart in the street, who said to him, "My dear La Fontaine, I was just coming to you to ask you to come and live with me," to which La Fontaine simply replied, "*J'y allais!*" and lived with him till his death.

1688. Marriage of Prince de Conti.

In 1688 the Prince de Conti married Mdlle. de Bourbon, grand-daughter of the great Condé, and La Fontaine celebrated the event by a Fable which he addressed to the Prince (Fable xii., Book 12); and in 1690 he composed and dedicated to the young Duc de Bourgogne the Fable entitled "Les Compagnons d'Ulysse" (Book xii., Fable 1), in which he extols the military exploits of his father, the Dauphin, on the Rhine.

1690.

La Fontaine had, up to this time, enjoyed robust health, but towards the end of the year 1692 he had an illness which gave himself and his friends some cause for alarm, and he seems now to have turned his thoughts seriously to religion. Madame de la Sablière, too, who died in the following year, feeling her own end approaching, joined her exhortations to those of Racine to endeavour to induce La Fontaine to repent seriously of the errors of his past life; and a young curate of St. Roch, by name Pouget, son of a friend of La Fontaine's, was his spiritual director, and ultimately prevailed upon him to prepare himself to receive the sacraments of the Church. The following story will show the ingenuousness of La Fontaine on serious matters. He said, "I have been reading the New Testament for some time past. I assure you it is a very good book—yes, upon my word, a very good book—but there is one article that passes my comprehension: it is the question of the eternity of punishments. I cannot conceive how this eternity can coincide with the goodness of God." And the nurse who tended him in this illness is reported to have said to M. Pouget, "Monsieur, Dieu n'aura jamais le courage de le damner."

1692. First serious illness.

Pouget, before administering absolution and the sacraments to La Fontaine, exacted as a condition that he should make the sacrifice of his "Contes," and a public disavowal of them in the Academy. He, moreover, prevailed upon him to burn a comedy which he had written and not yet published. La Fontaine was very anxious that a deputation should attend from the Academy to assist at his reception of the sacraments. This request was readily granted him, and in their presence he expressed his contrition at having been the author of the "Contes."

From this illness La Fontaine recovered, but only to learn that his friend and benefactress, Madame de la Sablière, had died in the month of January preceding, and, as we have before stated, he now became the inmate of M. d'Hervart's house. The Duc de Bourgogne had sent him a purse of fifty louis during his illness, and in 1694 he gathered all his remaining energy to collect and publish in one book all the fables which had been already circulating in MS., and to which be added some new; and he dedicated this, his twelfth and last Book, to the young Duc de Bourgogne, who had himself inspired the poet with the subjects of two out of the number—"Le Chat et la Souris" (Fable 5 and dedication), and "Le Loup et le Renard (Fable 9).

1693. Death of Madame de la Sablière.

1694. Publication of last Book of Fables.

After this he wrote a few epistles, and even attempted to versify some of the hymns of the Church. But now the end was fast approaching, and on the 10th February, 1695, he thus writes to his old friend, de Maucroix :—" I assure you that I have scarcely a fortnight to live. I have hardly been out for the last two months, except to go to the Academy. Yesterday, when returning from there, I was seized with such an attack of prostration that I thought my last hour was come. Oh ! my friend, to die is nothing, but do you consider that I shall shortly appear in the presence of God ! Before you receive this note perhaps the gates of eternity will have been opened to me." M. de Maucroix answers, " If you have not strength to write to me, beg M. Racine to do so. Farewell, my good old friend, may God in His infinite mercy take care of your bodily and soul's health." On the 13th of April, 1695, La Fontaine died in the house of his friend D'Hervart, at the age of seventy-three, and we cannot conclude this memoir better than by the following tribute paid to his memory by his constant friend Maucroix :—" We have been friends for more than fifty years, and I thank God for having allowed the extreme friendship I bore him to continue up to a pretty good old age without interruption or coolness, as I can say that I have ever loved him with affection as much the last day as the first. May God, in His mercy, take his soul into His holy rest ! His was the sincerest and most candid heart I ever knew. Never any disguise. I do not know if he ever told a lie in his life. His was, moreover, a great genius, capable of everything that he undertook. His Fables, in the opinion of the best judges, will never die, and will do him honour to all posterity."

Death of La Fontaine, April 13, 1695.

A FEW WORDS

ON THE

SUBJECT MATTER OF THE FABLES

ANYONE who has taken the trouble to read the foregoing sketch of the life of La Fontaine will be easily convinced that if ever a poet's productions were the mirror of his life and character this may be more truly predicated of La Fontaine than of almost any other poet, especially as far as his Fables are concerned ; and as this volume is a collection of the Fables only, our remarks will be simply confined to considering La Fontaine's character, and the influence of the age and society in which he lived as bearing upon this portion of his works.

We have seen what an easygoing, simple, childlike nature was his—how addicted to fits of absence—and how utterly incapable he was of coping with the usual difficulties that beset most men through life, even so far as providing himself with the common necessaries of *la vie matérielle*, for which he was dependent now upon this, now upon that, protector. Here was surely just the sort of man to take pleasure in solitary rural walks, and in contemplating and noting the ways and manners of dumb animals—a study which must have inspired him with the idea of giving to his countrymen and to the world at large a better collection than any yet existing of fables in verse, in which the principal actors should be dumb animals, and whose object should be to instruct and amuse whilst in a good-natured manner satirising the vices and follies of mankind.

As a proof of how he would at times be totally absorbed in his observation of the habits of his favourite objects of study, it is related that he one day entirely forgot the dinner-hour at a friend's house, and, upon being asked what he had been doing, replied that he had been attending the funeral of an ant, which he had accompanied to the grave, and then returned home with the disconsolate family. We must not, however, suppose that La Fontaine studied animals from a scientific point of view—this would have demanded more labour and patience than he was capable of; and we much doubt whether a purely scientific description of their habits would be as amusing or even as instructive as the vulgarly received notions with which all the world are acquainted, and which are, therefore, better calculated to bring the lesson home which it is intended to inculcate.

We find, indeed, some glaring errors of this kind in the Fables. For instance, in Fable 10 of Book iv. he speaks of the camel and dromedary as one and the same animal; whereas any tyro in natural history knows that they belong to two distinct species—the camel having two humps, and the dromedary but one. He constantly mixes up rats and mice (Book iii., Fable 18), as if they were synonymous terms. But perhaps the most glaring mistake of all, and the one that has been most commented on, occurs in the eighth Fable of Book ii., where a rabbit is represented as taking refuge in the hole of a beetle!

M. Henri Taine, a writer well known to English readers as well by his Essays on English Literature as by his contributions of articles on English social life to the columns of the *Daily News*, has published a most interesting volume on "La Fontaine et ses Fables,"* in which he shows what a complete picture they are of the different classes of society in the age in which La Fontaine lived, from the king down to the labourer; and he very ably contrasts each member of this social ladder with the animal supposed to represent him.

The Lion.
The King.

First he draws a parallel between the Lion and the King (*not* Louis XIV. especially—La Fontaine was too good a courtier for that—but kings in general). "Sa majesté lionne" is always dignified, and with a proper notion of what is due to his majesty and that of his consort. See how he speaks of his own claws as too sacred to punish the stag who dared not to weep at the death of the lioness; how he calls on the wolves to come and immolate the wretch to her "augustes mânes" (viii., 14). He is *generally*, if not always, magnanimous, as in Fable 11, Book ii., when the rat comes out of the ground between his paws, he—

Montra ce qu'il était, et lui donna la vie.

Sometimes he is rather plausible, as in the famous Fable 1 of Book vii., "Les Animaux malades de la Peste," when he offers to sacrifice himself, if necessary, for the common good—

Car il faut souhaiter selon toute justice que le plus coupable périsse,

knowing perfectly well that such an act would be deprecated

---

* "La Fontaine et ses Fables." Par H. Taine. Paris: Hachette.

unanimously. He certainly never neglects his own advantage, and always has the *lion's* share of the booty. He shows, perhaps, in the worst colours in Fable 12, Book iv., "Le Tribut envoyé par les Animaux à Alexandre," where he certainly does not behave honourably to his fellow deputies. He is consistent to the end, and dies in a manner worthy of his high station (Book iii., Fable 14), not deigning to utter any complaint till the insult offered him by the ass proves more than he can bear.

The *Tiger* and the *Bear* (*les autres puissances*, as La Fontaine calls them) come next on the social scale, and represent the great ones of the earth. The *bear*, as M. Taine tells us, is a sort of rough country gentleman, *hobereau solitaire et rustre*, of whom the monkey says (Book i., Fable 7)— _{The Tiger.} _{The Bear.}

 Jamais, s'il me veut croire, il ne se fera peindre.

When courteously invited (viii., 10) by the old gardener, the bear, who is described as "très-mauvais complimenteur," answers gruffly—

 Viens t'en me voh,

and then afterwards smashes his friend's skull with a pavingstone in his awkward endeavours to keep off the flies from him when asleep. He shows his ill-breeding by addressing the lioness as "ma commère," and when (xii., 1), Ulysses tries to get him to express discontent with his personal appearance, replies—

 Comme me voilà fait ! comme doit être un ours.

His bad manners, however, meet with condign punishment when (vii., 7) he presumes to turn up his nose at the bad odour of the lion's den—

 Sa grimace déplut : le monarque irrité
 L'envoya chez Pluton faire le dégoûté.

There is not much mention of the Elephant in the Fables, though a good parallel is drawn (xii., 21) between him and those kings and princes of little dominions who imagine that the whole world is occupied with their affairs, thus recalling the story of the Khan of Tartary who, after his own dinner is over, causes a proclamation to be made that *now* all the other kings and potentates of the earth may have their dinners if they please. _{The Elephant.}

La Fontaine must certainly have frequently intended to satirise the ridiculous obsequiousness of the courtiers of his day. As an instance of this we have (vii., 7) the ape declaring that the lion's den smells sweeter than amber and flowers. This flattery met with no better reward than that of the Abbé de Polignac, who, _{The Court.} _{The Ape.}

when walking with the king at Marly, during a heavy shower, declared that the rain of Marly did not even wet you!

The Wolf. The Wolf is a bad courtier. See (viii., 3) how his awkward attempt to calumniate his absent friend, the fox, recoils upon his own head. He is always a knave, and generally a fool. The Fable of the wolf and the lamb (i., 10) has become proverbial. La Fontaine delights in making him suffer, and be "taken in" on all occasions; and we are delighted when (xi., 6) the fox leaves him at the bottom of the well, after having persuaded him that the reflection of the moon there is a delicious cheese; when the young goat (iv., 15) is too clever for him; when the horse breaks his jaw (v., 8); and, lastly, when (iv., 16) he is fool enough to believe the mother who threatens to throw her child out to the wolf if he is naughty, and is despatched by the farm servants; or when (viii., 3) the old lion makes a dressing-gown of his skin at the instigation of the fox.

The Fox. *The Fox* is a better courtier, and generally contrives to save his own skin, though at the expense of his veracity. He is the hero of the fables of the Middle Ages, and of course plays the principal part in those of La Fontaine. The well-known Fable (i., 2) of the fox and the crow has become proverbial, and may serve as a type of what he is throughout; so that we are absolutely relieved when we find him sometimes "too clever by half," and meet the due reward of his villany, as when in (i., 18) the stork is "too many" for him, (v., 5) he loses his brush, (iii., 11) he cannot reach the grapes, (ix., 14) the cat escapes up a tree, and he, after boasting of his bagful of dodges, falls a victim to the pursuing pack. M. Taine thus sums up his character as the perfect type of a courtier:—"Avide, impudent, dur, railleur, perfide, sans pitié, mais spirituel, prompt, inventif, persévérant, maître de soi, éloquent."

The Dog. *The Dog* is a good specimen of the lord-in-waiting, "aussi puissant que beau, gras, poli" (i., 5), whose trade is to please his employers, drive away beggars, and ill-clad persons; as M. Taine calls him, "premier gentilhomme de la chambre, huissier des entrées." He receives in return, "Os de poulets et de pigeons, sans parler de mainte caresse"—that is to say, court favours crosses, and pensions. For all that, he cannot hide from the wolf the mark of the collar round his neck, which shows that he is not free to go where he pleases.

Le Seigneur. Sometimes we have men themselves introduced into the Fables. "Le Seigneur du village" (iv., 4), who eats his tenant's food, drinks his wine, caresses his daughter, and whose hounds and horses cause ten times as much damage in his garden as the hare from which he comes to deliver him.

The *Curé* (vii., 11) tripping gaily along in company of the The Curé. the corpse he is going to bury, and calculating what his fees will be.

The lazy Monk reading his breviary whilst the horses are Le Moine. laboriously dragging the coach up the hill (vii., 9).

The Pedant (i., 19) letting the child almost drown whilst he Le Pédant. delivers himself of a long harangue.

That perfect picture of the two "Médecins, Tant-pis et Tant- Les Médecins. mieux" (v., 12), and, to come back to our friends the dumb animals, the Hermit Rat (vii., 3), who, when Ratopolis is besieged, L'hermite. from the depths of the Dutch cheese in which he has gnawed Le Rat. himself a retreat from the world, replies—

  Mes amis, les choses d'ici bas ne me regardent plus,

and (viii., 22) what better picture of a hypocrite than our friend "Chat Grippe-fromage," whose pious exclamation of— The Hypocrite Cat.
  J'en rends grâce aux Dieux, j'allais leur faire ma prière !

recalls Molière's "Tartuffe," whom—
  Certain devoir pieux rappelle là-haut.

Lastly, in the social scale, comes the poor Labourer. Surely, The Labourer. we can nowhere find a more perfect picture than this (i., 16) of the abject state of misery to which the cultivator of the soil was reduced in this age, and whose sufferings were soon destined to drive him to wreak such a terrible vengeance on his oppressors.

  Sa femme, ses enfants, les soldats, les impôts,
  Le créancier et la corvée,
  Lui font d'un malheureux la peinture achevée.

This Fable has often seemed to us one of the best, if not the best, of the whole collection, though the generally received opinion seems to hesitate between vii., 1, "Les Animaux Malades de la Peste," or ix., 2, "Les Deux Pigeons."

For our own part we are more inclined to say with Madame de Sévigné—"La Fontaine's Fables are like a basket of strawberries : you begin by taking out the largest and best, but little by little you eat first one, then another, until at last the basket is empty."

OBJECT OF THE NOTES

AND

METHOD OF USING THEM.

THE Notes appended to this edition of La Fontaine's Fables are intended for both pupils and teachers—for the former to facilitate the understanding of difficult passages and expressions peculiar either to La Fontaine himself or the age in which he wrote, and to which the ordinary dictionaries to which they have access would not help them. *It is not by any means intended to save pupils the trouble of looking out the English of the words contained in any ordinary school French-English Dictionary.* For teachers it is hoped that the notes may also prove useful in explaining such peculiarities in the text of La Fontaine as may reasonably be supposed to present difficulties to anyone who has not made a special study of the subject.

The quotations from Latin classical authors, upon whom the French writers of the seventeenth century drew so largely, are often very short, but it is hoped will suffice to *remind* the teacher of passages with which he must be familiar.

With regard to the etymology, these notes do not of course profess to enter deeply into a subject having so wide a range. They will be found to be mostly *suggestive* only, and their object is, by giving the Romance or Teutonic roots from which many words are derived, to supply materials for discovering the etymology of other words constructed under similar rules. When the French word is almost identical with its *classical* Latin parent, the letter L. alone will be prefixed. The double L.L. means Low Latin, or the intermediate form between the classical Latin root and the modern French form. The Low Latin might be more properly called the *vulgar* or *spoken Latin* of the Latter Empire, as opposed to the *written* or *classical Latin*.

A short list of a few words in their three different forms will suffice to show the connection between the Modern French and the Latin as spoken by the people.

Classical Latin.	Popular Latin.	French.
Equus	Caballus	Cheval
Pugna	Battalia	Bataille
Vertere	Tornare	Tourner
Urbs	Villa	Ville
Felis	Catus	Chat
Edere	Manducare	Manger

We are indebted for the greater part of the etymological explanations to the works of Diez and Littré, and especially to M. Brachet's admirable Dictionnaire Etymologique.*

METHOD OF USING THE NOTES.

As the references are almost invariably made to a similar word or idea occurring in some page and line (of page) previously annotated, it will suffice to turn to the page and line *in the Notes*. For instance, turn to Notes—

Page 77 *line* 33—Manant: *See* Book i., Fable 8, page 7, line 9— and there will be found on referring *in the Notes* to—

Page 7 *line* 9—Manant: A labourer, one who remains (*manentem*) attached to the soil, as Angl. tenant, from *tenentem*.

---

* " Dictionnaire Etymologique de la Langue Française," par A. Brachet.

FABLES CHOISIES
MISES EN VERS.

A MONSEIGNEUR LE DAUPHIN.

Je chante les héros dont Ésope est le père ;
Troupe de qui l'histoire, encor que mensongère,
Contient des vérités qui servent de leçons.
Tout parle en mon ouvrage, et même les poissons :
Ce qu'ils disent s'adresse à tous tant que nous sommes ;
Je me sers d'animaux pour instruire les hommes.
Illustre rejeton d'un prince aimé des cieux,
Sur qui le monde entier a maintenant les yeux,
Et qui faisant fléchir les plus superbes têtes,
Comptera désormais ses jours par ses conquêtes,
Quelque autre te dira d'une plus forte voix
Les faits de tes aïeux et les vertus des rois :
Je vais t'entretenir de moindres aventures,
Te tracer en ces vers de légères peintures ;
Et si de t'agréer je n'emporte le prix,
J'aurai du moins l'honneur de l'avoir entrepris.

LIVRE PREMIER.

Fable I. — *La Cigale et la Fourmi.*

La cigale ayant chanté
    Tout l'été,
Se trouva fort dépourvue
Quand la bise fut venue :

Pas un seul petit morceau
De mouche ou de vermisseau.
Elle alla crier famine
Chez la fourmi sa voisine,
La priant de lui prêter
Quelque grain pour subsister
Jusqu'à la saison nouvelle.
« Je vous paierai, lui dit-elle,
Avant l'oût, foi d'animal,
Intérêt et principal. »
La fourmi n'est pas prêteuse :
C'est là son moindre défaut.
« Que faisiez-vous au temps chaud?
Dit-elle à cette emprunteuse.
— Nuit et jour à tout venant
Je chantois, ne <u>vous déplaise</u>.
— Vous chantiez! j'en suis fort aise.
Eh bien! dansez maintenant. »

Fable II. — *Le Corbeau et le Renard.*

Maître corbeau, sur un arbre perché,
  Tenoit en son bec un fromage.
Maître renard, par l'odeur alléché,
  Lui tint à peu près ce langage :
« Hé! bonjour, monsieur du corbeau.
Que vous êtes joli! que vous me semblez beau!
  Sans mentir, si votre ramage
  Se rapporte à votre plumage,
Vous êtes le phénix des hôtes de ces bois. »
A ces mots le corbeau ne se sent pas de joie;
  Et, pour montrer sa belle voix,
Il ouvre un large bec, laisse tomber sa proie.
Le renard s'en saisit, et dit : « Mon bon monsieur,
  Apprenez que tout flatteur
  Vit aux dépens de celui qui l'écoute :
Cette leçon vaut bien un fromage, sans doute. »

Le corbeau, honteux et confus,
Jura, mais un peu tard, qu'on ne l'y prendroit plus.

FABLE III. — *La Grenouille qui veut se faire aussi grosse que le Bœuf.*

Une grenouille vit un bœuf
   Qui lui sembla de belle taille.
Elle qui n'étoit pas grosse en tout comme un œuf,
Envieuse, s'étend, et s'enfle, et se travaille
   Pour égaler l'animal en grosseur;
   Disant : « Regardez bien, ma sœur,
Est-ce assez? dites-moi; n'y suis-je point encore?
— Nenni. — M'y voici donc? — Point du tout. — M'y voilà?
— Vous n'en approchez point. » La chétive pécore
   S'enfla si bien qu'elle creva.

Le monde est plein de gens qui ne sont pas plus sages :
Tout bourgeois veut bâtir comme les grands seigneurs,
   Tout petit prince a des ambassadeurs;
   Tout marquis veut avoir des pages.

FABLE IV. — *Les deux Mulets.*

Deux mulets cheminoient, l'un d'avoine chargé,
   L'autre portant l'argent de la gabelle
Celui-ci, glorieux d'une charge si belle,
N'eût voulu pour beaucoup en être soulagé.
   Il marchoit d'un pas relevé,
   Et faisoit sonner sa sonnette,
   Quand l'ennemi se présentant,
   Comme il en vouloit à l'argent,
Sur le mulet du fisc une troupe se jette,
   Le saisit au frein, et l'arrête.
   Le mulet, en se défendant,
Se sent percé de coups; il gémit, il soupire.
« Est-ce donc là, dit-il, ce qu'on m'avoit promis?

Ce mulet qui me suit du danger se retire;
   Et moi, j'y tombe, et je péris!
   — Ami, lui dit son camarade,
Il n'est pas toujours bon d'avoir un haut emploi
Si tu n'avois servi qu'un meunier, comme moi,
   Tu ne serois pas si malade. »

FABLE V. — *Le Loup et le Chien.*

Un loup n'avoit que les os et la peau,
   Tant les chiens faisoient bonne garde :
Ce loup rencontre un dogue aussi puissant que beau,
Gras, poli, qui s'étoit fourvoyé par mégarde.
   L'attaquer, le mettre en quartiers,
   Sire loup l'eût fait volontiers :
   Mais il falloit livrer bataille;
   Et le mâtin étoit de taille
   A se défendre hardiment.
   Le loup donc l'aborde humblement,
   Entre en propos et lui fait compliment
   Sur son embonpoint, qu'il admire.
   « Il ne tiendra qu'à vous, beau sire,
D'être aussi gras que moi, lui repartit le chien.
   Quittez les bois, vous ferez bien :
   Vos pareils y sont misérables,
   Cancres, hères, et pauvres diables,
Dont la condition est de mourir de faim.
Car, quoi ! rien d'assuré ! point de franche lipée !
   Tout à la pointe de l'épée !
Suivez-moi, vous aurez un bien meilleur destin. »
   Le loup reprit : « Que me faudra-t-il faire?
—Presque rien, dit le chien : donner la chasse aux gens
   Portant bâtons, et mendians;
Flatter ceux du logis, à son maître complaire :
   Moyennant quoi votre salaire
Sera force reliefs de toutes les façons,
   Os de poulets, os de pigeons;

Sans parler de mainte caresse. »
Le loup déjà se forge une félicité
    Qui le fait pleurer de tendresse.
Chemin faisant, il vit le cou du chien pelé.
« Qu'est-ce là ? lui dit-il. — Rien. — Quoi ! rien ? — Peu de chose
— Mais encor ? — Le collier dont je suis attaché
De ce que vous voyez est peut-être la cause.
— Attaché ! dit le loup : vous ne courez donc pas
    Où vous voulez ? — Pas toujours ; mais qu'importe ?
— Il importe si bien, que de tous vos repas
    Je ne veux en aucune sorte,
Et ne voudrois pas même à ce prix un trésor. »
Cela dit, maître loup s'enfuit, et court encor.

Fable VI. — *La Génisse, la Chèvre, et la Brebis, en société avec le Lion.*

La génisse, la chèvre, et leur sœur la brebis,
Avec un fier lion, seigneur du voisinage,
Firent société, dit-on, au temps jadis,
Et mirent en commun le gain et le dommage.
Dans les lacs de la chèvre un cerf se trouva pris.
Vers ses associés aussitôt elle envoie.
Eux venus, le lion par ses ongles compta ;
Et dit : « Nous sommes quatre à partager la proie. »
Puis en autant de parts le cerf il dépeça ;
Prit pour lui la première en qualité de sire :
« Elle doit être à moi, dit-il ; et la raison,
    C'est que je m'appelle lion :
    A cela l'on n'a rien à dire.
La seconde, par droit, me doit échoir encor :
Ce droit, vous le savez, c'est le droit du plus fort.
Comme le plus vaillant, je prétends la troisième.
Si quelqu'une de vous touche à la quatrième,
    Je l'étranglerai tout d'abord. »

Fable VII — *La Besace.*

Jupiter dit un jour : « Que tout ce qui respire
S'en vienne comparoître aux pieds de ma grandeur :
Si dans son composé quelqu'un trouve à redire,
    Il peut le déclarer sans peur ;
    Je mettrai remède à la chose.
Venez, singe ; parlez le premier, et pour cause.
Voyez ces animaux, faites comparaison
    De leurs beautés avec les vôtres.
Êtes-vous satisfait ? — Moi, dit-il ; pourquoi non ?
N'ai-je pas quatre pieds aussi bien que les autres ?
Mon portrait jusqu'ici ne m'a rien reproché :
Mais pour mon frère l'ours, on ne l'a qu'ébauché ;
Jamais, s'il me veut croire, il ne se fera peindre. »
L'ours venant là-dessus, on crut qu'il s'alloit plaindre.
Tant s'en faut : de sa forme il se loua très-fort ;
Glosa sur l'éléphant, dit qu'on pourroit encor
Ajouter à sa queue, ôter à ses oreilles ;
Que c'étoit une masse informe et sans beauté.
    L'éléphant étant écouté,
Tout sage qu'il étoit, dit des choses pareilles :
    Il jugea qu'à son appétit
    Dame baleine était trop grosse.
Dame fourmi trouva le ciron trop petit,
    Se croyant, pour elle, un colosse.
Jupin les renvoya s'étant censurés tous,
Du reste, contens d'eux. Mais parmi les plus fous
Notre espèce excella ; car tout ce que nous sommes,
Lynx envers nos pareils, et taupes envers nous,
Nous nous pardonnons tout, et rien aux autres hommes :
On se voit d'un autre œil qu'on ne voit son prochain.
    Le fabricateur souverain
Nous créa besaciers tous de même manière,
Tant ceux du temps passé que du temps d'aujourd'hui ;
Il fit pour nos défauts la poche de derrière,
Et celle de devant pour les défauts d'autrui.

FABLE VIII. — *L'Hirondelle et les petits Oiseaux.*

Une hirondelle en ses voyages
Avoit beaucoup appris. Quiconque a beaucoup vu
Peut avoir beaucoup retenu.
Celle-ci prévoyoit jusqu'aux moindres orages,
Et, devant qu'ils fussent éclos,
Les annonçoit aux matelots.
Il arriva qu'au temps que la chanvre se sème,
Elle vit un manant en couvrir maints sillons.
« Ceci ne me plaît pas, dit-elle aux oisillons :
Je vous plains ; car, pour moi, dans ce péril extrême,
Je saurai m'éloigner, ou vivre en quelque coin.
Voyez-vous cette main qui par les airs chemine?
Un jour viendra, qui n'est pas loin,
Que ce qu'elle répand sera votre ruine.
De là naîtront engins à vous envelopper,
Et lacets pour vous attraper,
Enfin mainte et mainte machine
Qui causera dans la saison
Votre mort ou votre prison :
Gare la cage ou le chaudron !
C'est pourquoi, leur dit l'hirondelle,
Mangez ce grain et croyez-moi. »
Les oiseaux se moquèrent d'elle :
Ils trouvoient aux champs trop de quoi.
Quand la chènevière fut verte,
L'hirondelle leur dit : « Arrachez brin à brin
Ce qu'a produit ce maudit grain,
Ou soyez sûrs de votre perte.
— Prophète de malheur ! babillarde ! dit-on,
Le bel emploi que tu nous donnes !
Il nous faudroit mille personnes
Pour éplucher tout ce canton. »
La chanvre étant tout à fait crûe,
L'hirondelle ajouta : « Ceci ne va pas bien,
Mauvaise graine est tôt venue.
Mais, puisque jusqu'ici l'on ne m'a crue en rien,

      Dès que vous verrez que la terre
      Sera couverte, et qu'à leurs blés
      Les gens n'étant plus occupés
      Feront aux oisillons la guerre;
      Quand reginglettes et réseaux
      Attraperont petits oiseaux,
      Ne volez plus de place en place,
Demeurez au logis, ou changez de climat:
Imitez le canard, la grue, et la bécasse.
      Mais vous n'êtes pas en état
De passer, comme nous, les déserts et les ondes,
   Ni d'aller chercher d'autres mondes:
C'est pourquoi vous n'avez qu'un parti qui soit sûr;
C'est de vous renfermer aux trous de quelque mur. »
      Les oisillons, las de l'entendre,
Se mirent à jaser aussi confusément
Que faisoient les Troyens quand la pauvre Cassandre
      Ouvroit la bouche seulement.
      Il en prit aux uns comme aux autres :
Maint oisillon se vit esclave retenu.

Nous n'écoutons d'instincts que ceux qui sont les nôtres,
Et ne croyons le mal que quand il est venu.

FABLE IX. — *Le Rat de ville et le Rat des champs.*

      Autrefois le rat de ville
      Invita le rat des champs,
      D'une façon fort civile,
      A des reliefs d'ortolans.

      Sur un tapis de Turquie
      Le couvert se trouva mis.
      Je laisse à penser la vie
      Que firent ces deux amis.

      Le régal fut fort honnête;

Rien ne manquoit au festin :
Mais quelqu'un troubla la fête
Pendant qu'ils étoient en train.

A la porte de la salle
Ils entendirent du bruit :
Le rat de ville détale ;
Son camarade le suit.

Le bruit cesse, on se retire :
Rats en campagne aussitôt ;
Et le citadin de dire :
« Achevons tout notre rôt.

— C'est assez, dit le rustique :
Demain vous viendrez chez moi.
Ce n'est pas que je me pique
De tous vos festins de roi :

Mais rien ne vient m'interrompre ;
Je mange tout à loisir.
Adieu donc. Fi du plaisir
Que la crainte peut corrompre ! »

FABLE X. — *Le Loup et l'Agneau.*

La raison du plus fort est toujours la meilleure :
Nous l'allons montrer tout à l'heure.

Un agneau se désaltéroit
Dans le courant d'une onde pure.
Un loup survient à jeun, qui cherchoit aventure,
Et que la faim en ces lieux attiroit.
« Qui te rend si hardi de troubler mon breuvage ?
Dit cet animal plein de rage :
Tu seras châtié de ta témérité.
— Sire, répond l'agneau, que votre majesté
Ne se mette pas en colère ;

Mais plutôt qu'elle considère
Que je me vas désaltérant
            Dans le courant,
    Plus de vingt pas au-dessous d'elle;
Et que par conséquent, en aucune façon,
    Je ne puis troubler sa boisson.
— Tu la troubles ! reprit cette bête cruelle ;
Et je sais que de moi tu médis l'an passé.
— Comment l'aurois-je fait si je n'étois pas né ?
Reprit l'agneau ; je tette encor ma mère.
        — Si ce n'est toi, c'est donc ton frère.
— Je n'en ai point. — C'est donc quelqu'un des tiens ;
    Car vous ne m'épargnez guère,
    Vous, vos bergers, et vos chiens.
On me l'a dit : il faut que je me venge. »
        Là-dessus, au fond des forêts
        Le loup l'emporte, et puis le mange,
        Sans autre forme de procès.

Fable XI. — *L'Homme et son Image.*

POUR M. LE DUC DE LA ROCHEFOUCAULD.

Un homme qui s'aimoit sans avoir de rivaux
Passoit dans son esprit pour le plus beau du monde :
Il accusoit toujours les miroirs d'être faux,
Vivant plus que content dans son erreur profonde
Afin de le guérir le sort officieux,
        Présentoit partout à ses yeux
Les conseillers muets dont se servent nos dames :
Miroirs dans les logis, miroirs chez les marchands,
        Miroirs aux poches des galans,
        Miroirs aux ceintures des femmes.
Que fait notre Narcisse ? Il se va confiner
Aux lieux les plus cachés qu'il peut s'imaginer,
N'osant plus des miroirs éprouver l'aventure.
Mais un canal, formé par une source pure,

Se trouve en ces lieux écartés :
Il s'y voit, il se fâche ; et ses yeux irrités
Pensent apercevoir une chimère vaine.
Il fait tout ce qu'il peut pour éviter cette eau :
    Mais quoi! le canal est si beau
    Qu'il ne le quitte qu'avec peine.

    On voit bien où je veux venir.
Je parle à tous ; et cette erreur extrême
Est un mal que chacun se plaît d'entretenir.
Notre âme, c'est cet homme amoureux de lui-même :
Tant de miroirs, ce sont les sottises d'autrui,
Miroirs, de nos défauts les peintres légitimes ;
    Et quant au canal, c'est celui
Que chacun sait, le livre des *Maximes*.

FABLE XII. — *Le Dragon à plusieurs têtes, et le Dragon à plusieurs queues.*

    Un envoyé du Grand-Seigneur
Préféroit, dit l'histoire, un jour chez l'empereur,
Les forces de son maître à celles de l'empire.
    Un Allemand se mit à dire :
    « Notre prince a des dépendans
    Qui, de leur chef, sont si puissans
Que chacun d'eux pourroit soudoyer une armée. »
    Le chiaoux, homme de sens,
    Lui dit : « Je sais par renommée
Ce que chaque électeur peut de monde fournir ;
    Et cela me fait souvenir
D'une aventure étrange et qui pourtant est vraie.

J'étois en un lieu sûr, lorsque je vis passer
Les cent têtes d'une hydre au travers d'une haie.
    Mon sang commence à se glacer ;
    Et je crois qu'à moins on s'effraie.
Je n'en eus toutefois que la peur sans le mal :

Jamais le corps de l'animal
Ne put venir vers moi, ni trouver l'ouverture.
Je rêvois à cette aventure
Quand un autre dragon, qui n'avoit qu'un seul chef
Et bien plus d'une queue, à passer se présente.
Me voilà saisi derechef
D'étonnement et d'épouvante.
Ce chef passe, et le corps, et chaque queue aussi :
Rien ne les empêcha; l'un fit chemin à l'autre.
Je soutiens qu'il en est ainsi
De votre empereur et du nôtre. »

FABLE XIII. — *Les Voleurs et l'Ane.*

Pour un âne enlevé deux voleurs se battoient :
L'un vouloit le garder, l'autre le vouloit vendre.
Tandis que coups de poing trottoient,
Et que nos champions songeoient à se défendre,
Arrive un troisième larron
Qui saisit maître aliboron.
L'âne, c'est quelquefois une pauvre province :
Les voleurs sont tel et tel prince,
Comme le Transilvain, le Turc, et le Hongrois.
Au lieu de deux, j'en ai rencontré trois :
Il est assez de cette marchandise.
De nul d'eux n'est souvent la province conquise :
Un quart[1] voleur survient, qui les accorde net
En se saisissant du baudet.

FABLE XIV. — *Simonide préservé par les dieux.*

On ne peut trop louer trois sortes de personnes :
Les dieux, sa maîtresse, et son roi.

---

1. « Souvent ce n'est par aucun d'eux que la province est prise; il survient un quatrième voleur.... »

Malherbe le disoit : j'y souscris, quant à moi;
  Ce sont maximes toujours bonnes.
La louange chatouille et gagne les esprits :
Les faveurs d'une belle en sont souvent le prix.
Voyons comme les dieux l'ont quelquefois payée.

    Simonide avoit entrepris
L'éloge d'un athlète; et, la chose essayée,
Il trouva son sujet plein de récits tout nus.
Les parens de l'athlète étoient gens inconnus;
Son père, un bon bourgeois; lui, sans autre mérite :
    Matière infertile et petite.
Le poëte d'abord parla de son héros.
Après en avoir dit ce qu'il en pouvoit dire,
Il se jette à côté, se met sur le propos
De Castor et Pollux; ne manque pas d'écrire
Que leur exemple étoit aux lutteurs glorieux;
Élève leurs combats, spécifiant les lieux
Où ces frères s'étoient signalés davantage :
    Enfin, l'éloge de ces dieux
    Faisoit les deux tiers de l'ouvrage.
L'athlète avoit promis d'en payer un talent :
    Mais quand il le vit, le galant
N'en donna que le tiers; et dit, fort franchement,
Que Castor et Pollux acquittassent le reste :
« Faites-vous contenter par ce couple céleste.
    Je vous veux traiter cependant :
Venez souper chez moi; nous ferons bonne vie :
    Les conviés sont gens choisis,
    Mes parens, mes meilleurs amis;
    Soyez donc de la compagnie. »
Simonide promit. Peut-être qu'il eut peur
De perdre, outre son dû, le gré de sa louange.
    Il vient : l'on festine, l'on mange.
    Chacun étant en belle humeur,
Un domestique accourt, l'avertit qu'à la porte
Deux hommes demandoient à le voir promptement.
    Il sort de table; et la cohorte

N'en perd pas un seul coup de dent.
Ces deux hommes étoient les gémeaux de l'éloge.
Tous deux lui rendent grâce ; et, pour prix de ses vers,
  Ils l'avertissent qu'il déloge,
Et que cette maison va tomber à l'envers.
   La prédiction en fut vraie.
  Un pilier manque ; et le plafonds,
  Ne trouvant plus rien qui l'étaie,
Tombe sur le festin, brise plats et flacons,
  N'en fait pas moins aux échansons.
Ce ne fut pas le pis : car, pour rendre complète
   La vengeance due au poète,
Une poutre cassa les jambes à l'athlète,
   Et renvoya les conviés
   Pour la plupart estropiés.
La Renommée eut soin de publier l'affaire :
Chacun cria, Miracle ! On doubla le salaire
Que méritoient les vers d'un homme aimé des dieux.
   Il n'étoit fils de bonne mère
   Qui, les payant à qui mieux mieux,
  Pour ses ancêtres n'en fit faire.

Je reviens à mon texte : et dis premièrement
Qu'on ne sauroit manquer, de louer largement
Les dieux et leurs pareils ; de plus, que Melpomène,
Souvent sans déroger, trafique de sa peine ;
Enfin, qu'on doit tenir notre art en quelque prix.
Les grands se font honneur dès lors qu'ils nous font grâce :
   Jadis l'Olympe et le Parnasse
   Étoient frères et bons amis.

Fable XV. — *La Mort et le Malheureux.*

Un malheureux appeloit tous les jours
   La Mort à son secours.
« O Mort ! lui disoit-il, que tu me sembles belle !
Viens vite, viens finir ma fortune cruelle ! »

La Mort crut, en venant, l'obliger en effet.
Elle frappe à sa porte, elle entre, elle se montre.
« Que vois-je ! cria-t-il : ôtez-moi cet objet !
    Qu'il est hideux ! que sa rencontre
    Me cause d'horreur et d'effroi !
N'approche pas, ô Mort ! ô Mort, retire-toi ! »

    Mécénas fut un galant homme ;
Il a dit quelque part : « Qu'on me rende impotent,
Cul-de-jatte, goutteux, manchot, pourvu qu'en somme
Je vive, c'est assez, je suis plus que content. »
Ne viens jamais, ô Mort ! on t'en dit tout autant.

FABLE XVI. — *La Mort et le Bûcheron.*

Un pauvre bûcheron, tout couvert de ramée,
Sous le faix du fagot aussi bien que des ans
Gémissant et courbé, marchoit à pas pesans,
Et tâchoit de gagner sa chaumine enfumée.
Enfin, n'en pouvant plus d'effort et de douleur,
Il met bas son fagot, il songe à son malheur.
Quel plaisir a-t-il eu depuis qu'il est au monde ?
En est-il un plus pauvre en la machine ronde ?
Point de pain quelquefois, et jamais de repos :
Sa femme, ses enfans, les soldats, les impôts,
    Le créancier, et la corvée,
Lui font d'un malheureux la peinture achevée.
Il appelle la Mort. Elle vient sans tarder,
    Lui demande ce qu'il faut faire.
    « C'est, dit-il, afin de m'aider
A recharger ce bois ; tu ne tarderas guère. »

    Le trépas vient tout guérir ;
    Mais ne bougeons d'où nous sommes :
    Plutôt souffrir que mourir,
    C'est la devise des hommes.

Fable XVII. — *L'Homme entre deux âges et ses deux Maîtresses.*

Un homme de moyen âge,
En tirant sur le grison,
Jugea qu'il étoit saison
De songer au mariage.
Il avoit du comptant,
Et partant
De quoi choisir ; toutes vouloient lui plaire :
En quoi notre amoureux ne se pressoit pas tant ;
Bien adresser n'est pas petite affaire.
Deux veuves sur son cœur eurent le plus de part :
L'une encor verte, et l'autre un peu bien mûre,
Mais qui réparoit par son art
Ce qu'avoit détruit la nature.
Ces deux veuves, en badinant,
En riant, en lui faisant fête,
L'alloient quelquefois testonnant,
C'est-à-dire ajustant sa tête.
La vieille, à tout moment, de sa part emportoit
Un peu du poil noir qui restoit,
Afin que son amant en fût plus à sa guise.
La jeune saccageoit les poils blancs à son tour.
Toutes deux firent tant, que notre tête grise
Demeura sans cheveux et se douta du tour.
« Je vous rends, leur dit-il, mille grâces, les belles,
Qui m'avez si bien tondu :
J'ai plus gagné que perdu ;
Car d'hymen point de nouvelles.
Celle que je prendrois voudroit qu'à sa façon
Je vécusse, et non à la mienne.
Il n'est tête chauve qui tienne :
Je vous suis obligé, belles, de la leçon. »

Fable XVIII. — *Le Renard et la Cigogne.*

Compère le renard se mit un jour en frais,
Et retint à dîner commère la cigogne.
Le régal fut petit et sans beaucoup d'apprêts :
    Le galant, pour toute besogne,
Avoit un brouet clair ; il vivoit chichement.
Ce brouet fut par lui servi sur une assiette :
La cigogne au long bec n'en put attraper miette ;
Et le drôle eut lapé le tout en un moment.
    Pour se venger de cette tromperie,
A quelque temps de là, la cigogne le prie.
« Volontiers, lui dit-il ; car avec mes amis
    Je ne fais point cérémonie. »
    A l'heure dite, il courut au logis
    De la cigogne son hôtesse ;
    Loua très-fort sa politesse ;
    Trouva le dîner cuit à point.
Bon appétit surtout ; renards n'en manquent point.
Il se réjouissoit à l'odeur de la viande
Mise en menus morceaux, et qu'il croyoit friande.
    On servit, pour l'embarrasser,
En un vase à long col et d'étroite embouchure.
Le bec de la cigogne y pouvoit bien passer ;
Mais le museau du sire étoit d'autre mesure.
Il lui fallut à jeun retourner au logis,
Honteux comme un renard qu'une poule auroit pris,
    Serrant la queue, et portant bas l'oreille.

    Trompeurs, c'est pour vous que j'écris :
    Attendez-vous à la pareille.

Fable XIX. — *L'Enfant et le Maître d'école.*

Dans ce récit je prétends faire voir
D'un certain sot la remontrance vaine.

Un jeune enfant dans l'eau se laissa choir
En badinant sur les bords de la Seine.
Le ciel permit qu'un saule se trouva,
Dont le branchage, après Dieu, le sauva.
S'étant pris, dis-je, aux branches de ce saule,
Par cet endroit passe un maître d'école :
L'enfant lui crie : « Au secours ! je péris ! »
Le magister, se tournant à ses cris,
D'un ton fort grave à contre-temps s'avise
De le tancer. « Ah ! le petit babouin !
Voyez, dit-il, où l'a mis sa sottise !
Et puis, prenez de tels fripons le soin !
Que les parents sont malheureux, qu'il faille
Toujours veiller à semblable canaille !
Qu'ils ont de maux ! et que je plains leur sort ! »
Ayant tout dit, il mit l'enfant à bord.

Je blâme ici plus de gens qu'on ne pense.
Tout babillard, tout censeur, tout pédant,
Se peut connoître au discours que j'avance.
Chacun des trois fait un peuple fort grand :
Le Créateur en a béni l'engeance.
En toute affaire, ils ne font que songer
    Au moyen d'exercer leur langue.
Eh, mon ami ! tire-moi de danger ;
    Tu feras, après, ta harangue.

Fable XX. — *Le Coq et la Perle.*

Un jour un coq détourna
Une perle, qu'il donna
Au beau premier lapidaire.
« Je la crois fine, dit-il,
Mais le moindre grain de mil
Seroit bien mieux mon affaire. »

Un ignorant hérita

D'un manuscrit, qu'il porta
Chez son voisin le libraire.
« Je crois, dit-il, qu'il est bon ;
Mais le moindre ducaton
Seroit bien mieux mon affaire. »

FABLE XXI. — *Les Frelons et les Mouches à miel.*

A l'œuvre on connoît l'artisan.

Quelques rayons de miel sans maître se trouvèrent :
    Des frelons les réclamèrent ;
    Des abeilles s'opposant,
Devant certaine guêpe on traduisit la cause.
Il étoit malaisé de décider la chose :
Les témoins déposoient qu'autour de ces rayons
Des animaux ailés, bourdonnans, un peu longs,
De couleur fort tannée, et tels que les abeilles,
Avoient longtemps paru. Mais quoi ! dans les frelons
    Ces enseignes étoient pareilles.
La guêpe, ne sachant que dire à ces raisons,
Fit enquête nouvelle, et, pour plus de lumière,
    Entendit une fourmilière.
    Le point n'en put être éclairci.
    « De grâce, à quoi bon tout ceci ?
    Dit une abeille fort prudente.
Depuis tantôt six mois que la cause est pendante,
    Nous voici comme aux premiers jours.
    Pendant cela le miel se gâte.
Il est temps désormais que le juge se hâte :
    N'a-t-il point assez léché l'ours ?
Sans tant de contredits, et d'interlocutoires,
    Et de fatras, et de grimoires,
    Travaillons, les frelons et nous :
On verra qui sait faire, avec un suc si doux,
    Des cellules si bien bâties. »
    Le refus des frelons fit voir

Que cet art passoit leur savoir ;
Et la guêpe adjugea le miel à leurs parties.

Plût à Dieu qu'on réglât ainsi tous les procès !
Que des Turcs en cela l'on suivît la méthode !
Le simple sens commun nous tiendroit lieu de code
    Il ne faudroit point tant de frais ;
    Au lieu qu'on nous mange, on nous gruge
    On nous mine par des longueurs :
On fait tant, à la fin, que l'huître est pour le juge
    Les écailles pour les plaideurs.

FABLE XXII. — *Le Chêne et le Roseau.*

Le chêne un jour dit au roseau :
« Vous avez bien sujet d'accuser la nature ;
Un roitelet pour vous est un pesant fardeau :
    Le moindre vent qui d'aventure
    Fait rider la face de l'eau,
    Vous oblige à baisser la tête ;
Cependant que mon front, au Caucase pareil,
Non content d'arrêter les rayons du soleil,
    Brave l'effort de la tempête.
Tout vous est aquilon, tout me semble zéphyr.
Encor si vous naissiez à l'abri du feuillage
    Dont je couvre le voisinage,
    Vous n'auriez pas tant à souffrir ;
    Je vous défendrois de l'orage :
    Mais vous naissez le plus souvent
Sur les humides bords des royaumes du vent
La nature envers vous me semble bien injuste.
— Votre compassion, lui répondit l'arbuste,
Part d'un bon naturel ; mais quittez ce souci :
    Les vents me sont moins qu'à vous redoutables ;
Je plie, et ne romps pas. Vous avez jusqu'ici
    Contre leurs coups épouvantables
    Résisté sans courber le dos ;

Mais attendons la fin. » Comme il disoit ces mots,
Du bout de l'horizon accourt avec furie
    Le plus terrible des enfans
Que le nord eût portés jusque-là dans ses flancs.
    L'arbre tient bon ; le roseau plie.
    Le vent redouble ses efforts,
    Et fait si bien qu'il déracine
Celui de qui la tête au ciel étoit voisine,
Et dont les pieds touchoient à l'empire des morts.

LIVRE DEUXIÈME.

Fable I. — *Contre ceux qui ont le goût difficile.*

Quand j'aurois en naissant reçu de Calliope
Les dons qu'à ses amans cette muse a promis,
Je les consacrerois aux mensonges d'Ésope :
Le mensonge et les vers de tout temps sont amis.
Mais je ne me crois pas si chéri du Parnasse
Que de savoir orner toutes ces fictions.
On peut donner du lustre à leurs inventions :
On le peut, je l'essaye ; un plus savant le fasse.
Cependant jusqu'ici d'un langage nouveau
J'ai fait parler le loup et répondre l'agneau :
J'ai passé plus avant; les arbres et les plantes
Sont devenus chez moi créatures parlantes.
Qui ne prendroit ceci pour un enchantement?
    « Vraiment, me diront nos critiques,
      Vous parlez magnifiquement
    De cinq ou six contes d'enfant. »
Censeurs, en voulez-vous qui soient plus authentiques
Et d'un style plus haut? En voici. Les Troyens,
Après dix ans de guerre autour de leurs murailles,
Avoient lassé les Grecs, qui, par mille moyens,

Par mille assauts, par cent batailles,
N'avoient pu mettre à bout cette fière cité ;
Quand un cheval de bois, par Minerve inventé,
    D'un rare et nouvel artifice,
Dans ses énormes flancs reçut le sage Ulysse,
Le vaillant Diomède, Ajax l'impétueux,
    Que ce colosse monstrueux
Avec leurs escadrons devoit porter dans Troie,
Livrant à leur fureur ses dieux mêmes en proie :
Stratagème inouï, qui des fabricateurs
    Paya la constance et la peine....
« C'est assez, me dira quelqu'un de nos auteurs :
La période est longue, il faut reprendre haleine ;
    Et puis, votre cheval de bois,
    Vos héros avec leurs phalanges,
    Ce sont des contes plus étranges
Qu'un renard qui cajole un corbeau sur sa voix .
De plus, il vous sied mal d'écrire en si haut style. »
Eh bien ! baissons d'un ton. La jalouse Amarylle
Songeoit à son Alcippe, et croyoit de ses soins
N'avoir que ses moutons et son chien pour témoins.
Tircis, qui l'aperçut, se glisse entre des saules ;
Il entend la bergère adressant ces paroles
    Au doux zéphyr, et le priant
    De les porter à son amant....
    « Je vous arrête à cette rime,
    Dira mon censeur à l'instant ;
    Je ne la tiens pas légitime,
    Ni d'une assez grande vertu :
Remettez, pour le mieux, ces deux vers à la fonte. »
    Maudit censeur ! te tairas-tu ?
    Ne saurois-je achever mon conte ?
    C'est un dessein très-dangereux
    Que d'entreprendre de te plaire.

    Les délicats sont malheureux :
    Rien ne sauroit les satisfaire.

Fable II. — *Conseil tenu par les Rats.*

Un chat, nommé Rodilardus,
Faisoit de rats telle déconfiture
Que l'on n'en voyoit presque plus,
Tant il en avoit mis dedans la sépulture.
Le peu qu'il en restoit, n'osant quitter son trou,
Ne trouvoit à manger que le quart de son soûl ;
Et Rodilard passoit, chez la gent misérable,
Non pour un chat, mais pour un diable.
Or, un jour qu'au haut et au loin
Le galant alla chercher femme,
Pendant tout le sabbat qu'il fit avec sa dame,
Le demeurant des rats tint chapitre en un coin
Sur la nécessité présente.
Dès l'abord, leur doyen, personne fort prudente,
Opina qu'il falloit, et plus tôt que plus tard,
Attacher un grelot au cou de Rodilard ;
Qu'ainsi, quand il iroit en guerre,
De sa marche avertis ils s'enfuiroient sous terre :
Qu'il n'y savoit que ce moyen.
Chacun fut de l'avis de monsieur le doyen :
Chose ne leur parut à tous plus salutaire.
La difficulté fut d'attacher le grelot.
L'un dit : « Je n'y vas point, je ne suis pas si sot ; »
L'autre : « Je ne saurois. » Si bien que sans rien faire
On se quitta. J'ai maints chapitres vus
Qui pour néant se sont ainsi tenus ;
Chapitres, non de rats, mais chapitres de moines,
Voire chapitres de chanoines.

Ne faut-il que délibérer ?
La cour en conseillers foisonne :
Est-il besoin d'exécuter ?
L'on ne rencontre plus personne.

FABLE III. — *Le Loup plaidant contre le Renard par-devant le Singe.*

Un loup disoit que l'on l'avoit volé :
Un renard, son voisin, d'assez mauvaise vie,
Pour ce prétendu vol par lui fut appelé.
    Devant le singe il fut plaidé,
Non point par avocats, mais par chaque partie.
    Thémis n'avoit point travaillé,
De mémoire de singe, à fait plus embrouillé.
Le magistrat suoit en son lit de justice.
    Après qu'on eut bien contesté,
    Répliqué, crié, tempêté,
    Le juge, instruit de leur malice,
Leur dit : « Je vous connois de longtemps, mes amis ;
    Et tous deux vous paîrez l'amende :
Car toi, loup, tu te plains, quoiqu'on ne t'ait rien pris;
Et toi, renard, as pris ce que l'on te demande. »

Le juge prétendoit qu'à tort et à travers
On ne sauroit manquer, condamnant un pervers.

FABLE IV. — *Les deux Taureaux et la Grenouille.*

Deux taureaux combattoient à qui posséderoit
    Une génisse avec l'empire.
    Une grenouille en soupiroit.
    « Qu'avez-vous? se mit à lui dire
    Quelqu'un du peuple coassant.
    — Eh! ne voyez-vous pas, dit-elle,
    Que la fin de cette querelle
Sera l'exil de l'un ; que l'autre, le chassant,
Le fera renoncer aux campagnes fleuries?
Il ne régnera plus sur l'herbe des prairies,
Viendra dans nos marais régner sur les roseaux,
Et, nous foulant aux pieds jusques au fond des eaux,
Tantôt l'une, et puis l'autre, il faudra qu'on pâtisse

Du combat qu'a causé madame la génisse. »
Cette crainte étoit de bon sens.
L'un des taureaux en leur demeure
S'alla cacher, à leurs dépens :
Il en écrasoit vingt par heure.

Hélas! on voit que de tout temps
Les petits ont pâti des sottises des grands.

Fable V. — *La Chauve-Souris et les deux Belettes.*

Une chauve-souris donna tête baissée
Dans un nid de belette; et, sitôt qu'elle y fut,
L'autre, envers les souris de longtemps courroucée,
Pour la dévorer accourut.
« Quoi! vous osez, dit-elle, à mes yeux vous produire
Après que votre race a tâché de me nuire !
N'êtes-vous pas souris? Parlez sans fiction.
Oui, vous l'êtes; ou bien, je ne suis pas belette.
— Pardonnez-moi, dit la pauvrette,
Ce n'est pas ma profession.
Moi, souris! des méchans vous ont dit ces nouvelles.
Grâce à l'auteur de l'univers,
Je suis oiseau; voyez mes ailes :
Vive la gent qui fend les airs! »
Sa raison plut, et sembla bonne.
Elle fait si bien qu'on lui donne
Liberté de se retirer.
Deux jours après, notre étourdie
Aveuglément se va fourrer
Chez une autre belette aux oiseaux ennemie.
La voilà derechef en danger de sa vie.
La dame du logis avec son long museau
S'en alloit la croquer en qualité d'oiseau,
Quand elle protesta qu'on lui faisoit outrage :
« Moi, pour telle passer ! Vous n'y regardez pas.
Qui fait l'oiseau? c'est le plumage.

Je suis souris; vivent les rats !
Jupiter confonde les chats ! »
Par cette adroite repartie
Elle sauva deux fois sa vie.

Plusieurs se sont trouvés qui, d'écharpe changeans,
Aux dangers, ainsi qu'elle, ont souvent fait la figue.
    Le sage dit, selon les gens :
    « Vive le roi ! vive la Ligue ! »

FABLE VI. — *L'Oiseau blessé d'une flèche.*

Mortellement atteint d'une flèche empennée,
Un oiseau déploroit sa triste destinée,
Et disoit, en souffrant un surcroît de douleur :
« Faut-il contribuer à son propre malheur !
    Cruels humains ! vous tirez de nos ailes
De quoi faire voler ces machines mortelles !
Mais ne vous moquez point, engeance sans pitié :
Souvent il vous arrive un sort comme le nôtre.
Des enfans de Japet toujours une moitié
    Fournira des armes à l'autre. »

FABLE VII. — *La Lice et sa Compagne.*

    Une lice étant sur son terme,
Et ne sachant où mettre un fardeau si pressant,
Fait si bien qu'à la fin sa compagne consent
De lui prêter sa hutte, où la lice s'enferme.
Au bout de quelque temps sa compagne revient.
La lice lui demande encore une quinzaine;
Ses petits ne marchoient, disoit-elle, qu'à peine.
    Pour faire court, elle l'obtient.
Ce second terme échu, l'autre lui redemande
    Sa maison, sa chambre, son lit.
La lice cette fois montre les dents, et dit :

« Je suis prête à sortir avec toute ma bande
Si vous pouvez nous mettre hors. »
Ses enfans étoient déjà forts.

Ce qu'on donne aux méchans, toujours on le regrette :
Pour tirer d'eux ce qu'on leur prête,
Il faut que l'on en vienne aux coups;
Il faut plaider; il faut combattre.
Laissez-leur prendre un pied chez vous,
Ils en auront bientôt pris quatre.

Fable VIII. — *L'Aigle et l'Escarbot.*

L'aigle donnoit la chasse à maître Jean lapin,
Qui droit à son terrier s'enfuyoit au plus vite.
Le trou de l'escarbot se rencontre en chemin.
Je laisse à penser si ce gîte
Étoit sûr : mais où mieux? Jean lapin s'y blottit.
L'aigle fondant sur lui nonobstant cet asile,
L'escarbot intercède et dit :
« Princesse des oiseaux, il vous est fort facile
D'enlever malgré moi ce pauvre malheureux :
Mais ne me faites pas cet affront, je vous prie;
Et puisque Jean lapin vous demande la vie,
Donnez-la-lui, de grâce, ou l'ôtez à tous deux :
C'est mon voisin, c'est mon compère. »
L'oiseau de Jupiter, sans répondre un seul mot,
Choque de l'aile l'escarbot,
L'étourdit, l'oblige à se taire,
Enlève Jean lapin. L'escarbot indigné
Vole au nid de l'oiseau, fracasse en son absence
Ses œufs, ses tendres œufs, sa plus douce espérance :
Pas un seul ne fut épargné.
L'aigle étant de retour, et voyant ce ménage,
Remplit le ciel de cris; et, pour comble de rage,
Ne sait sur qui venger le tort qu'elle a souffert.
Elle gémit en vain; sa plainte au vent se perd.

Il fallut pour cet an vivre en mère affligée.
L'an suivant, elle mit son nid en lieu plus haut.
L'escarbot prend son temps, fait faire aux œufs le saut :
La mort de Jean lapin derechef est vengée.
Ce second deuil fut tel, que l'écho de ces bois
    N'en dormit de plus de six mois.
    L'oiseau qui porte Ganymède
Du monarque des dieux enfin implore l'aide,
Dépose en son giron ses œufs, et croit qu'en paix
Ils seront dans ce lieu ; que, pour ses intérêts,
Jupiter se verra contraint de les défendre :
    Hardi qui les iroit là prendre.
    Aussi ne les y prit-on pas.
    Leur ennemi changea de note,
Sur la robe du dieu fit tomber une crotte :
Le dieu la secouant jeta les œufs à bas.
    Quand l'aigle sut l'inadvertance,
    Elle menaça Jupiter
D'abandonner sa cour, d'aller vivre au désert,
    De quitter toute dépendance,
    Avec mainte autre extravagance.
    Le pauvre Jupiter se tut :
Devant son tribunal l'escarbot comparut,
    Fit sa plainte, et conta l'affaire.
On fit entendre à l'aigle, enfin, qu'elle avoit tort
Mais les deux ennemis ne voulant point d'accord,
Le monarque des dieux s'avisa, pour bien faire,
De transporter le temps où l'aigle fait l'amour,
En une autre saison, quand la race escarbote
Est en quartier d'hiver, et, comme la marmotte,
    Se cache et ne voit point le jour.

FABLE IX. — *Le Lion et le Moucheron.*

« Va-t'en, chétif insecte, excrément de la terre ! »
    C'est en ces mots que le lion
    Parloit un jour au moucheron.

L'autre lui déclara la guerre :
« Penses-tu, lui dit-il, que ton titre de roi
  Me fasse peur ni me soucie?
  Un bœuf est plus puissant que toi
  Je le mène à ma fantaisie. »
  A peine il achevoit ces mots
  Que lui-même il sonna la charge,
  Fut le trompette et le héros.
  Dans l'abord il se met au large ;
  Puis prend son temps, fond sur le cou
  Du lion, qu'il rend presque fou.
Le quadrupède écume, et son œil étincelle ;
Il rugit. On se cache, on tremble à l'environ ;
  Et cette alarme universelle
  Est l'ouvrage d'un moucheron.
Un avorton de mouche en cent lieux le harcèle ;
Tantôt pique l'échine, et tantôt le museau,
  Tantôt entre au fond du naseau.
La rage alors se trouve à son faîte montée.
L'invisible ennemi triomphe, et rit de voir
Qu'il n'est griffe ni dent en la bête irritée
Qui de la mettre en sang ne fasse son devoir.
Le malheureux lion se déchire lui-même,
Fait résonner sa queue à l'entour de ses flancs,
Bat l'air, qui n'en peut mais ; et sa fureur extrême
Le fatigue, l'abat : le voilà sur les dents.
L'insecte, du combat se retire avec gloire :
Comme il sonna la charge, il sonne la victoire,
Va partout l'annoncer, et rencontre en chemin
  L'embuscade d'une araignée ;
  Il y rencontre aussi sa fin.
Quelle chose par là nous peut être enseignée?
J'en vois deux, dont l'une est qu'entre nos ennemis
Les plus à craindre sont souvent les plus petits ;
L'autre qu'aux grands périls tel a pu se soustraire,
  Qui périt pour la moindre affaire.

Fable X. — *L'Ane chargé d'éponges,
et l'Ane chargé de sel.*

Un ânier, son sceptre à la main,
Menoit, en empereur romain,
Deux coursiers à longues oreilles.
L'un d'éponges chargé, marchoit comme un courrier ;
Et l'autre, se faisant prier,
Portoit, comme on dit, les bouteilles[1] :
Sa charge étoit de sel. Nos gaillards pèlerins,
Par monts, par vaux, et par chemins,
Au gué d'une rivière à la fin arrivèrent,
Et fort empêchés se trouvèrent.
L'ânier, qui tous les jours traversoit ce gué-là,
Sur l'âne à l'éponge monta,
Chassant devant lui l'autre bête,
Qui, voulant en faire à sa tête,
Dans un trou se précipita,
Revint sur l'eau, puis échappa :
Car au bout de quelques nagées,
Tout son sel se fondit si bien
Que le baudet ne sentit rien
Sur ses épaules soulagées.
Camarade épongier prit exemple sur lui,
Comme un mouton qui va dessus la foi d'autrui.
Voilà mon âne à l'eau ; jusqu'au col il se plonge,
Lui, le conducteur, et l'éponge.
Tous trois burent d'autant : l'ânier et le grison
Firent à l'éponge raison.
Celle-ci devint si pesante,
Et de tant d'eau s'emplit d'abord,
Que l'âne succombant ne put gagner le bord.
L'ânier l'embrassoit, dans l'attente
D'une prompte et certaine mort.
Quelqu'un vint au secours : qui ce fut, il n'importe ;
C'est assez qu'on ait vu par là qu'il ne faut point

---

1. Marchait lentement, expression proverbiale.

Agir chacun de même sorte.
J'en voulois venir à ce point.

Fable XI. — *Le Lion et le Rat.*

Il faut, autant qu'on peut, obliger tout le monde :
On a souvent besoin d'un plus petit que soi.
De cette vérité deux fables feront foi ;
    Tant la chose en preuves abonde.

    Entre les pattes d'un lion
Un rat sortit de terre assez à l'étourdie.
Le roi des animaux, en cette occasion,
Montra ce qu'il étoit, et lui donna la vie.
    Ce bienfait ne fut pas perdu.
    Quelqu'un auroit-il jamais cru
    Qu'un lion d'un rat eût affaire ?
Cependant il avint qu'au sortir des forêts
    Ce lion fut pris dans des rets
Dont ses rugissemens ne le purent défaire.
Sire rat accourut, et fit tant par ses dents
Qu'une maille rongée emporta tout l'ouvrage.

    Patience et longueur de temps
    Font plus que force ni que rage.

Fable XII. — *La Colombe et la Fourmi.*

L'autre exemple est tiré d'animaux plus petits.

Le long d'un clair ruisseau buvoit une colombe,
Quand sur l'eau se penchant une fourmis y tombe ;
Et dans cet océan on eût vu la fourmis
S'efforcer, mais en vain, de regagner la rive.
La colombe aussitôt usa de charité :
Un brin d'herbe dans l'eau par elle étant jeté,
Ce fut un promontoire où la fourmis arrive.
    Elle se sauve. Et là-dessus

Passe un certain croquant qui marchoit les pieds nus :
Ce croquant, par hasard, avoit une arbalète.
   Dès qu'il voit l'oiseau de Vénus,
Il le croit en son pot, et déjà lui fait fête.
Tandis qu'à le tuer mon villageois s'apprête,
    La fourmi le pique au talon.
   Le vilain retourne la tête :
La colombe l'entend, part, et tire de long
Le souper du croquant avec elle s'envole :
   Point de pigeon pour une obole.

FABLE XIII. — *L'Astrologue qui se laisse tomber dans un puits.*

  Un astrologue un jour se laissa choir
Au fond d'un puits. On lui dit : « Pauvre bête,
Tandis qu'à peine à tes pieds tu peux voir,
Penses-tu lire au-dessus de ta tête ? »

Cette aventure en soi, sans aller plus avant,
Peut servir de leçon à la plupart des hommes.
Parmi ce que de gens sur la terre nous sommes,
   Il en est peu qui fort souvent
   Ne se plaisent d'entendre dire
Qu'au livre du destin les mortels peuvent lire
Mais ce livre, qu'Homère et les siens ont chanté,
Qu'est-ce, que le hasard parmi l'antiquité,
   Et parmi nous, la Providence ?
  Or, du hasard il n'est point de science :
   S'il en étoit, on auroit tort
De l'appeler hasard, ni fortune, ni sort ;
   Toutes choses très-incertaines.
   Quant aux volontés souveraines
De Celui qui fait tout, et rien qu'avec dessein,
Qui les sait, que lui seul ? Comment lire en son sein ?
Auroit-il imprimé sur le front des étoiles
Ce que la nuit des temps enferme dans ses voiles ?

A quelle utilité? Pour exercer l'esprit
De ceux qui de la sphère et du globe ont écrit?
Pour nous faire éviter des maux inévitables?
Nous rendre, dans les biens, de plaisirs incapables?
Et, causant du dégoût pour ces biens prévenus,
Les convertir en maux devant qu'ils soient venus?
C'est erreur, ou plutôt c'est crime de le croire.
Le firmament se meut, les astres font leur cours,
    Le soleil nous luit tous les jours,
Tous les jours sa clarté succède à l'ombre noire,
Sans que nous en puissions autre chose inférer
Que la nécessité de luire et d'éclairer,
D'amener les saisons, de mûrir les semences,
De verser sur les corps certaines influences.
Du reste, en quoi répond au sort toujours divers
Ce train toujours égal dont marche l'univers?
    Charlatans, faiseurs d'horoscope,
  Quittez les cours des princes de l'Europe :
Emmenez avec vous les souffleurs[1] tout d'un temps;
Vous ne méritez pas plus de foi que ces gens.
Je m'emporte un peu trop : revenons à l'histoire
De ce spéculateur qui fut contraint de boire.
Outre la vanité de son art mensonger,
C'est l'image de ceux qui bâillent aux chimères
    Cependant qu'ils sont en danger,
  Soit pour eux, soit pour leurs affaires.

FABLE XIV. — *Le Lièvre et les Grenouilles.*

  Un lièvre en son gîte songeoit,
(Car que faire en un gîte, à moins que l'on ne songe?)
Dans un profond ennui ce lièvre se plongeoit :
Cet animal est triste, et la crainte le ronge.
    « Les gens de naturel peureux
    Sont, disoit-il, bien malheureux !

---

1. Les alchimistes.

Ils ne sauroient manger morceau qui leur profite :
Jamais un plaisir pur; toujours assauts divers.
Voilà comme je vis : cette crainte maudite
M'empêche de dormir sinon les yeux ouverts.
Corrigez-vous, dira quelque sage cervelle.
   Eh! la peur se corrige-t-elle?
   Je crois même qu'en bonne foi
    Les hommes ont peur comme moi. »
   Ainsi raisonnoit notre lièvre,
   Et cependant faisoit le guet.
   Il étoit douteux, inquiet;
Un souffle, une ombre, un rien, tout lui donnoit la fièvre.
   Le mélancolique animal,
   En rêvant à cette matière,
Entend un léger bruit : ce lui fut un signal
   Pour s'enfuir devers sa tanière.
Il s'en alla passer sur le bord d'un étang.
Grenouilles aussitôt de sauter dans les ondes;
Grenouilles de rentrer en leurs grottes profondes.
  « Oh! dit-il, j'en fais faire autant
   Qu'on m'en fait faire! Ma présence
Effraye aussi les gens! je mets l'alarme au camp!
  Et d'où me vient cette vaillance ?
Comment! des animaux qui tremblent devant moi!
  Je suis donc un foudre de guerre!
Il n'est, je le vois bien, si poltron sur la terre,
Qui ne puisse trouver un plus poltron que soi. »

  Fable XV. — *Le Coq et le Renard.*

Sur la branche d'un arbre étoit en sentinelle
   Un vieux coq adroit et matois.
« Frère, dit un renard, adoucissant sa voix,
   Nous ne sommes plus en querelle :
   Paix générale cette fois.
Je viens te l'annoncer; descends, que je t'embrasse:
   Ne me retarde point, de grâce;

Je dois faire aujourd'hui vingt postes sans manquer.
   Les tiens et toi pouvez vaquer,
   Sans nulle crainte, à vos affaires.
   Nous vous y servirons en frères.
   Faites en les feux[1] dès ce soir ;
   Et cependant viens recevoir
   Le baiser d'amour fraternelle.
— Ami, reprit le coq, je ne pouvois jamais
Apprendre une plus douce et meilleure nouvelle
    Que celle
    De cette paix ;
   Et ce m'est une double joie
De la tenir de toi. Je vois deux lévriers,
   Qui, je m'assure, sont courriers
   Que pour ce sujet on envoie :
Ils vont vite, et seront dans un moment à nous.
Je descends : nous pourrons nous entre-baiser tous.
— Adieu, dit le renard, ma traite est longue à faire
Nous nous réjouirons du succès de l'affaire
   Une autre fois. » Le galant aussitôt
   Tire ses grègues[2], gagne au haut,
   Mal content de son stratagème.
   Et notre vieux coq en soi-même
   Se mit à rire de sa peur ;
Car c'est double plaisir de tromper le trompeur.

FABLE XVI. — *Le Corbeau voulant imiter l'Aigle.*

L'oiseau de Jupiter enlevant un mouton,
   Un corbeau, témoin de l'affaire,
Et plus faible de reins, mais non pas moins glouton,
   En voulut sur l'heure autant faire.
   Il tourne à l'entour du troupeau,
Marque entre cent moutons le plus gras, le plus beau,

---

1. « Faites des feux de joie. »
2. Ses chausses. Il se trousse pour mieux courir.

Un vrai mouton de sacrifice :
On l'avait réservé pour la bouche des dieux.
Gaillard corbeau disoit, en le couvant des yeux :
« Je ne sais qui fut ta nourrice ;
Mais ton corps me paroît en merveilleux état :
Tu me serviras de pâture. »
Sur l'animal bêlant à ces mots il s'abat.
La moutonnière créature
Pesoit plus qu'un fromage ; outre que sa toison
Étoit d'une épaisseur extrême,
Et mêlée à peu près de la même façon
Que la barbe de Polyphême.
Elle empêtra si bien les serres du corbeau,
Que le pauvre animal ne put faire retraite :
Le berger vient, le prend, l'encage bien et beau,
Le donne à ses enfants pour servir d'amusette.

Il faut se mesurer ; la conséquence est nette :
Mal prend aux volereaux de faire les voleurs.
L'exemple est un dangereux leurre :
Tous les mangeurs de gens ne sont pas grands seigneurs ;
Où la guêpe a passé, le moucheron demeure.

FABLE XVII. — *Le Paon se plaignant à Junon.*

Le paon se plaignoit à Junon.
« Déesse, disoit-il, ce n'est, pas sans raison
Que je me plains, que je murmure :
Le chant dont vous m'avez fait don
Déplaît à toute la nature ;
Au lieu qu'un rossignol, chétive créature,
Forme des sons aussi doux qu'éclatants,
Est lui seul l'honneur du printemps. »
Junon répondit en colère :
« Oiseau jaloux, et qui devrois te taire,
Est-ce à toi d'envier la voix du rossignol ;
Toi que l'on voit porter à l'entour de ton col

Un arc-en-ciel nué de cent sortes de soies ;
  Qui te panades, qui déploies
Une si riche queue et qui semble à nos yeux
  La boutique d'un lapidaire ?
    Est-il quelque oiseau sous les cieux
    Plus que toi capable de plaire ?
Tout animal n'a pas toutes propriétés.
Nous vous avons donné diverses qualités :
Les uns ont la grandeur et la force en partage ;
Le faucon est léger, l'aigle plein de courage ;
    Le corbeau sert pour le présage ;
La corneille avertit des malheurs à venir ;
    Tous sont contens de leur ramage.
Cesse donc de te plaindre ; ou bien pour te punir,
    Je t'ôterai ton plumage. »

FABLE XVIII.—*La Chatte métamorphosée en femme.*

Un homme chérissoit éperdument sa chatte ;
Il la trouvoit mignonne, et belle, et délicate,
    Qui miauloit d'un ton fort doux :
    Il étoit plus fou que les fous.
  Cet homme donc, par prières, par larmes,
    Par sortiléges et par charmes,
    Fait tant qu'il obtient du destin
    Que sa chatte, en un beau matin,
    Devient femme ; et, le matin même,
    Maître sot en fait sa moitié.
    Le voilà fou d'amour extrême,
    De fou qu'il étoit d'amitié.
    Jamais la dame la plus belle
    Ne charma tant son favori
    Que fait cette épouse nouvelle
    Son hypocondre de mari.
    Il l'amadoue ; elle le flatte :
    Il n'y trouve plus rien de chatte ;
    Et, poussant l'erreur jusqu'au bout,

La croit femme en tout et partout,
Lorsque quelques souris qui rongeoient de la natte
Troublèrent le plaisir des nouveaux mariés.
  Aussitôt la femme est sur pieds.
  Elle manqua son aventure.
Souris de revenir, femme d'être en posture :
  Pour cette fois elle accourut à point ;
   Car, ayant changé de figure,
   Les souris ne la craignoient point.
  Ce lui fut toujours une amorce :
   Tant le naturel a de force !
Il se moque de tout : certain âge accompli,
Le vase est imbibé, l'étoffe a pris son pli.
  En vain de son train ordinaire
  On le veut désaccoutumer :
  Quelque chose qu'on puisse faire,
  On ne sauroit le réformer.
  Coups de fourches ni d'étrivières
  Ne lui font changer de manières ;
  Et fussiez-vous embâtonnés,
  Jamais vous n'en serez les maîtres.
  Qu'on lui ferme la porte au nez,
  Il reviendra par les fenêtres.

FABLE XIX. — *Le Lion et l'Ane chassant.*

Le roi des animaux se mit un jour en tête
  De giboyer ; il célébroit sa fête.
Le gibier du lion, ce ne sont pas moineaux,
Mais beaux et bons sangliers, daims et cerfs bons et beaux
  Pour réussir dans cette affaire
  Il se servit du ministère
  De l'âne à la voix de Stentor.
L'âne à messer lion fit office de cor.
Le lion le posta, le couvrit de ramée,
Lui commanda de braire, assuré qu'à ce son
Les moins intimidés fuiroient de leur maison.

Leur troupe n'étoit pas encore accoutumée
      A la tempête de sa voix ;
L'air en retentissoit d'un bruit épouvantable :
La frayeur saisissoit les hôtes de ces bois ;
Tous fuyoient, tous tomboient au piége inévitable
      Où les attendoit le lion.
« N'ai-je pas bien servi dans cette occasion ?
Dit l'âne en se donnant tout l'honneur de la chasse.
— Oui, reprit le lion, c'est bravement crié ;
Si je ne connoissois ta personne et ta race,
      J'en serois moi-même effrayé. »
L'âne, s'il eût osé, se fût mis en colère,
Encor qu'on le raillât avec juste raison ;
Car qui pourroit souffrir un âne fanfaron ?
      Ce n'est pas là leur caractère.

FABLE XX. — *Testament expliqué par Ésope.*

    Si ce qu'on dit d'Ésope est vrai,
    C'étoit l'oracle de la Grèce :
    Lui seul avoit plus de sagesse
Que tout l'aréopage. En voici pour essai
    Une histoire des plus gentilles,
    Et qui pourra plaire au lecteur.

    Un certain homme avoit trois filles,
    Toutes trois de contraire humeur :
    Une buveuse ; une coquette ;
    La troisième, avare parfaite.
    Cet homme, par son testament,
    Selon les lois municipales,
Leur laissa tout son bien par portions égales,
    En donnant à leur mère tant,
    Payable quand chacune d'elles
Ne posséderoit plus sa contingente part.
    Le père mort, les trois femelles
Courent au testament, sans attendre plus tard.

On le lit, on tâche d'entendre
La volonté du testateur ;
Mais en vain : car comment comprendre
Qu'aussitôt que chacune sœur
Ne possédera plus sa part héréditaire,
Il lui faudra payer sa mère ?
Ce n'est pas un fort bon moyen
Pour payer, que d'être sans bien.
Que vouloit donc dire le père ?
L'affaire est consultée ; et tous les avocats,
Après avoir tourné le cas
En cent et cent mille manières,
Y jettent leur bonnet, se confessent vaincus,
Et conseillent aux héritières
De partager le bien sans songer au surplus.
« Quant à la somme de la veuve,
Voici, leur dirent-ils, ce que le conseil treuve.
Il faut que chaque sœur se charge par traité
Du tiers, payable à volonté ;
Si mieux n'aime la mère en créer une rente,
Dès le décès du mort courante. »
La chose ainsi réglée, on composa trois lots :
En l'un les maisons de bouteille,
Les buffets dressés sous la treille,
La vaisselle d'argent, les cuvettes, les brocs,
Les magasins de Malvoisie,
Les esclaves de bouche, et, pour dire en deux mots,
L'attirail de la goinfrerie ;
Dans un autre, celui de la coquetterie,
La maison de la ville, et les meubles exquis,
Les eunuques et les coiffeuses,
Et les brodeuses,
Les joyaux, les robes de prix ;
Dans le troisième lot, les fermes, le ménage,
Les troupeaux et le pâturage,
Valets et bêtes de labeur.
Ces lots faits, on jugea que le sort pourroit faire
Que peut-être pas une sœur

N'auroit ce qui lui pourroit plaire.
Ainsi chacune prit son inclination ;
Le tout à l'estimation.
Ce fut dans la ville d'Athènes
Que cette rencontre arriva.
Petits et grands, tout approuva
Le partage et le choix : Ésope seul trouva
Qu'après bien du temps et des peines
Les gens avoient pris justement
Le contre-pied du testament.
« Si le défunt vivoit, disoit-il, que l'Attique
Auroit de reproches de lui !
Comment ce peuple, qui se pique
D'être le plus subtil des peuples d'aujourd'hui,
A si mal entendu la volonté suprême
D'un testateur ? » Ayant ainsi parlé,
Il fait le partage lui-même,
Et donne à chaque sœur un lot contre son gré ;
Rien qui pût être convenable,
Partant rien aux sœurs d'agréable :
A la coquette l'attirail
Qui suit les personnes buveuses ;
La biberonne eut le bétail ;
La ménagère eut les coiffeuses.
Tel fut l'avis du Phrygien,
Alléguant qu'il n'étoit moyen
Plus sûr pour obliger ces filles
A se défaire de leur bien ;
Qu'elles se marieroient dans les bonnes familles
Quand on leur verroit de l'argent ;
Paieroient leur mère tout comptant ;
Ne posséderoient plus les effets de leur père ;
Ce que disoit le testament.
Le peuple s'étonna comme il se pouvoit faire
Qu'un homme seul eût plus de sens
Qu'une multitude de gens.

LIVRE TROISIÈME.

Fable I. — *Le Meunier, son Fils et l'Ane.*

L'invention des arts étant un droit d'ainesse,
Nous devons l'apologue à l'ancienne Grèce :
Mais ce champ ne se peut tellement moissonner
Que les derniers venus n'y trouvent à glaner.
La feinte est un pays plein de terres désertes;
Tous les jours nos auteurs y font des découvertes.
Je t'en veux dire un trait assez bien inventé :
Autrefois à Racan Malherbe l'a conté.
Ces deux rivaux d'Horace, héritiers de sa lyre,
Disciples d'Apollon, nos maîtres, pour mieux dire,
Se rencontrant un jour tout seuls et sans témoins
(Comme ils se confioient leurs pensers et leurs soins).
Racan commence ainsi : « Dites-moi, je vous prie,
Vous qui devez savoir les choses de la vie,
Qui par tous ses degrés avez déjà passé,
Et que rien ne doit fuir en cet âge avancé,
A quoi me résoudrai-je? il est temps que j'y pense.
Vous connoissez mon bien, mon talent, ma naissance :
Dois-je dans la province établir mon séjour?
Prendre emploi dans l'armée, ou bien charge à la cour?
Tout au monde est mêlé d'amertume et de charmes :
La guerre a ses douceurs, l'hymen a ses alarmes.
Si je suivois mon goût, je saurois où buter ;
Mais j'ai les miens, la cour, le peuple à contenter. »
Malherbe là-dessus : « Contenter tout le monde !
Écoutez ce récit avant que je réponde.

 «J'ai lu dans quelque endroit qu'un meunier et son fils,
L'un vieillard, l'autre enfant, non pas des plus petits,
Mais garçon de quinze ans, si j'ai bonne mémoire,
Alloient vendre leur âne, un certain jour de foire.
Afin qu'il fût plus frais et de meilleur débit,
On lui lia les pieds, on vous le suspendit;
Puis cet homme et son fils le portent comme un lustre.

« Pauvre gens ! idiots ! couple ignorant et rustre ! »
Le premier qui les vit de rire s'éclata :
« Quelle farce, dit-il, vont jouer ces gens-là ?
« Le plus âne des trois n'est pas celui qu'on pense. »
Le meunier, à ces mots, connoît son ignorance ;
Il met sur pieds sa bête, et la fait détaler.
L'âne, qui goûtoit fort l'autre façon d'aller,
Se plaint en son patois. Le meunier n'en a cure,
Il fait monter son fils, il suit : et, d'aventure,
Passent trois bons marchands. Cet objet leur déplut.
Le plus vieux au garçon s'écria tant qu'il put :
« Oh là ! oh ! descendez, que l'on ne vous le dise,
« Jeune homme, qui menez laquais à barbe grise !
« C'étoit à vous de suivre, au vieillard de monter.
« — Messieurs, dit le meunier, il vous faut contenter. »
L'enfant met pied à terre, et puis le vieillard monte ;
Quand trois filles passant, l'une dit : « C'est grand'honte
« Qu'il faille voir ainsi clocher ce jeune fils,
« Tandis que ce nigaud, comme un évêque assis,
« Fait le veau sur son âne, et pense être bien sage.
« — Il n'est, dit le meunier, plus de veaux à mon âge :
« Passez votre chemin, la fille, et m'en croyez. »
Après maints quolibets coup sur coup renvoyés,
L'homme crut avoir tort, et mit son fils en croupe.
Au bout de trente pas, une troisième troupe
Trouve encore à gloser. L'un dit : « Ces gens sont fous !
« Le baudet n'en peut plus ; il mourra sous leurs coups.
« Eh quoi ! charger ainsi cette pauvre bourrique !
« N'ont-ils point de pitié de leur vieux domestique ?
« Sans doute qu'à la foire ils vont vendre sa peau.
« — Parbleu ! dit le meunier, est bien fou du cerveau
« Qui prétend contenter tout le monde et son père.
« Essayons toutefois si par quelque manière
« Nous en viendrons à bout. » Ils descendent tous deux.
L'âne se prélassant marche seul devant eux.
Un quidam les rencontre, et dit : « Est-ce la mode
« Que baudet aille à l'aise, et meunier s'incommode ?
« Qui de l'âne ou du maître est fait pour se lasser ?

« Je conseille à ces gens de le faire enchâsser.
« Ils usent leurs souliers, et conservent leur âne !
« Nicolas, au rebours : car, quand il va voir Jeanne,
« Il monte sur sa bête ; et la chanson le dit.
« Beau trio de baudets ! » Le meunier repartit :
« Je suis âne, il est vrai, j'en conviens, je l'avoue ;
« Mais que dorénavant on me blâme, on me loue,
« Qu'on dise quelque chose ou qu'on ne dise rien,
« J'en veux faire à ma tête. » Il le fit, et fit bien.

Quant à vous, suivez Mars, ou l'Amour ou le prince ;
Allez, venez, courez ; demeurez en province ;
Prenez femme, abbaye, emploi, gouvernement :
Les gens en parleront, n'en doutez nullement. »

Fable II. — *Les Membres et l'Estomac.*

Je devois par la royauté
Avoir commencé mon ouvrage :
A la voir d'un certain côté,
Messer Gaster[1] en est l'image ;
S'il a quelque besoin, tout le corps s'en ressent.

De travailler pour lui les membres se lassant,
Chacun d'eux résolut de vivre en gentilhomme,
Sans rien faire, alléguant l'exemple de Gaster.
« Il faudroit, disoient-ils, sans nous qu'il vécût d'air.
Nous suons, nous peinons comme bêtes de somme.
Et pour qui ? pour lui seul : nous n'en profitons pas ;
Notre soin n'aboutit qu'à fournir ses repas.
Chômons ; c'est un métier qu'il veut nous faire apprendre. »
Ainsi dit, ainsi fait. Les mains cessent de prendre,
　Les bras d'agir, les jambes de marcher.
Tous dirent à Gaster qu'il en allât chercher.
Ce leur fut une erreur dont ils se repentirent :

1. L'estomac.

Bientôt les pauvres gens tombèrent en langueur,
Il ne se forma plus de nouveau sang au cœur;
Chaque membre en souffrit; les forces se perdirent.
　　　Par ce moyen, les mutins virent
Que celui qu'ils croyoient oisif et paresseux
A l'intérêt commun contribuoit plus qu'eux.

Ceci peut s'appliquer à la grandeur royale.
Elle reçoit et donne, et la chose est égale.
Tout travaille pour elle, et réciproquement
　　　Tout tire d'elle l'aliment.
Elle fait subsister l'artisan de ses peines,
Enrichit le marchand, gage le magistrat,
Maintient le laboureur, donne paye au soldat,
Distribue en cent lieux ses grâces souveraines,
　　　Entretient seule tout l'État.

　　　Ménénius le sut bien dire.
La commune s'alloit séparer du sénat.
Les mécontens disoient qu'il avoit tout l'empire,
Le pouvoir, les trésors, l'honneur, la dignité;
Au lieu que tout le mal étoit de leur côté,
Les tributs, les impôts, les fatigues de guerre.
Le peuple hors des murs étoit déjà posté,
La plupart s'en alloient chercher une autre terre,
　　　Quand Ménénius leur fit voir
　　　Qu'ils étoient aux membres semblables,
Et par cet apologue, insigne entre les fables,
　　　Les ramena dans leur devoir.

Fable III. — *Le Loup devenu berger.*

Un loup qui commençoit d'avoir petite part
　　　Aux brebis de son voisinage,
Crut qu'il falloit s'aider de la peau du renard,
　　　Et faire un nouveau personnage.
Il s'habille en berger, endosse un hoqueton;

     Fait sa houlette d'un bâton,
     Sans oublier la cornemuse.
     Pour pousser jusqu'au bout la ruse,
Il auroit volontiers écrit sur son chapeau :
« C'est moi qui suis Guillot, berger de ce troupeau. »
     Sa personne étant ainsi faite,
Et ses pieds de devant posés sur sa houlette,
Guillot le sycophante approche doucement.
Guillot, le vrai Guillot, étendu sur l'herbette,
     Dormoit alors profondément ;
Son chien dormoit aussi, comme aussi sa musette :
La plupart des brebis dormoient pareillement.
     L'hypocrite les laissa faire ;
Et, pour pouvoir mener vers son fort les brebis,
Il voulut ajouter la parole aux habits,
     Chose qu'il croyoit nécessaire ;
     Mais cela gâta son affaire :
Il ne put du pasteur contrefaire la voix.
Le ton dont il parla fit retentir les bois,
     Et découvrit tout le mystère.
     Chacun se réveille à ce son,
     Les brebis, le chien, le garçon.
     Le pauvre loup, dans cet esclandre,
     Empêché par son hoqueton,
     Ne put ni fuir ni se défendre.

Toujours par quelque endroit fourbes se laissent prendre.
     Quiconque est loup agisse en loup :
     C'est le plus certain de beaucoup.

Fable IV. — *Les Grenouilles qui demandent un Roi.*

     Les grenouilles se lassant
     De l'état démocratique,
     Par leurs clameurs firent tant
Que Jupin les soumit au pouvoir monarchique
Il leur tomba du ciel un roi tout pacifique :

Ce roi fit toutefois un tel bruit en tombant
    Que la gent marécageuse,
    Gent fort sotte et fort peureuse,
    S'alla cacher sous les eaux,
    Dans les joncs, dans les roseaux,
    Dans les trous du marécage,
Sans oser de longtemps regarder au visage
Celui qu'elles croyoient être un géant nouveau.
    Or c'étoit un soliveau,
De qui la gravité fit peur à la première
    Qui, de le voir s'aventurant,
    Osa bien quitter sa tanière.
    Elle approcha, mais en tremblant.
Une autre la suivit, une autre en fit autant :
    Il en vint une fourmilière ;
Et leur troupe à la fin se rendit familière
    Jusqu'à sauter sur l'épaule du roi.
Le bon sire le souffre et se tient toujours coi.
Jupin en a bientôt la cervelle rompue :
« Donnez-nous, dit ce peuple, un roi qui se remue ! »
Le monarque des dieux leur envoie une grue
    Qui les croque, qui les tue,
    Qui les gobe à son plaisir ;
    Et grenouilles de se plaindre,
Et Jupin de leur dire : « Eh quoi ! votre désir
    A ses lois croit-il nous astreindre ?
    Vous avez dû premièrement
    Garder votre gouvernement ;
Mais ne l'ayant pas fait, il vous devoit suffire
Que votre premier roi fût débonnaire et doux :
    De celui-ci contentez-vous,
    De peur d'en rencontrer un pire. »

FABLE V. — *Le Renard et le Bouc.*

Capitaine renard alloit de compagnie
Avec son ami bouc des plus haut encornés :

Celui-ci ne voyoit pas plus loin que son nez;
L'autre étoit passé maître en fait de tromperie.
La soif les obligea de descendre en un puits :
　　　Là, chacun d'eux se désaltère.
Après qu'abondamment tous deux en eurent pris,
Le renard dit au bouc : « Que ferons-nous, compère ?
Ce n'est pas tout de boire, il faut sortir d'ici.
Lève tes pieds en haut, et tes cornes aussi;
Mets-les contre le mur : le long de ton échine
　　　Je grimperai premièrement;
　　　Puis sur tes cornes m'élevant,
　　　A l'aide de cette machine,
　　　De ce lieu-ci je sortirai,
　　　Après quoi je t'en tirerai.
— Par ma barbe, dit l'autre, il est bon; et je loue
　　　Les gens bien sensés comme toi.
　　　Je n'aurois jamais, quant à moi,
　　　Trouvé ce secret, je l'avoue. »
Le renard sort du puits, laisse son compagnon,
　　　Et vous lui fait un beau sermon
　　　Pour l'exhorter à patience.
« Si le ciel t'eût, dit-il, donné par excellence
Autant de jugement que de barbe au menton,
　　　Tu n'aurois pas, à la légère,
Descendu dans ce puits. Or, adieu; j'en suis hors :
Tâche de t'en tirer, et fais tous tes efforts;
　　　Car, pour moi, j'ai certaine affaire
Qui ne me permet pas d'arrêter en chemin. »

En toute chose il faut considérer la fin.

Fable VI. — *L'Aigle, la Laie et la Chatte.*

L'aigle avoit ses petits au haut d'un arbre creux,
　　　La laie au pied, la chatte entre les deux;
Et sans s'incommoder, moyennant ce partage,
Mères et nourrissons faisoient leur tripotage

La chatte détruisit par sa fourbe l'accord ;
Elle grimpa chez l'aigle, et lui dit : « Notre mort
(Au moins de nos enfants, car c'est tout un aux mères)
    Ne tardera possible guères.
Voyez-vous à nos pieds fouir incessamment
Cette maudite laie, et creuser une mine ?
C'est pour déraciner le chêne assurément,
Et de nos nourrissons attirer la ruine :
    L'arbre tombant, ils seront dévorés ;
    Qu'ils s'en tiennent pour assurés.
S'il m'en restoit un seul, j'adoucirois ma plainte. »
Au partir de ce lieu, qu'elle remplit de crainte,
    La perfide descend tout droit
        A l'endroit
    Où la laie étoit en gésine.
    « Ma bonne amie et ma voisine,
Lui dit-elle tout bas, je vous donne un avis :
L'aigle, si vous sortez, fondra sur vos petits.
    Obligez-moi de n'en rien dire ;
    Son courroux tomberoit sur moi. »
Dans cette autre famille ayant semé l'effroi,
    La chatte en son trou se retire.
L'aigle n'ose sortir, ni pourvoir aux besoins
    De ses petits ; la laie encore moins :
Sottes de ne pas voir que le plus grand des soins
Ce doit être celui d'éviter la famine.
A demeurer chez soi l'une et l'autre s'obstine,
Pour secourir les siens dedans l'occasion :
    L'oiseau royal, en cas de mine ;
    La laie, en cas d'irruption.
La faim détruisit tout ; il ne resta personne
De la gent marcassine et de la gent aiglonne
    Qui n'allât de vie à trépas :
    Grand renfort pour messieurs les chats.

Que ne sait point ourdir une langue traîtresse
    Par sa pernicieuse adresse !
    Des malheurs qui sont sortis

De la boîte de Pandore,
Celui qu'à meilleur droit tout l'univers abhorre,
C'est la fourbe, à mon avis.

FABLE VII. — *L'Ivrogne et sa Femme.*

Chacun a son défaut, où toujours il revient :
　　Honte ni peur n'y remédie.
　　Sur ce propos, d'un conte il me souvient :
　　　Je ne dis rien que je n'appuie
　　De quelque exemple. Un suppôt de Bacchus
Altéroit sa santé, son esprit, et sa bourse :
Telles gens n'ont pas fait la moitié de leur course
　　　Qu'ils sont au bout de leurs écus.
Un jour que celui-ci, plein du jus de la treille,
Avoit laissé ses sens au fond d'une bouteille,
Sa femme l'enferma dans un certain tombeau.
　　　Là, les vapeurs du vin nouveau
Cuvèrent à loisir. A son réveil il treuve
L'attirail de la mort à l'entour de son corps,
　　　Un luminaire, un drap des morts.
« Oh ! dit-il, qu'est-ce ci ? Ma femme est-elle veuve ? »
Là-dessus, son épouse, en habit d'Alecton,
Masquée, et de sa voix contrefaisant le ton,
Vient au prétendu mort, approche de sa bière,
Lui présente un chaudeau propre pour Lucifer.
L'époux alors ne doute en aucune manière
　　　Qu'il ne soit citoyen d'enfer.
« Quelle personne es-tu ? dit-il à ce fantôme.
　　— La cellerière du royaume
De Satan, reprit-elle ; et je porte à manger
　　A ceux qu'enclôt la tombe noire. »
　　Le mari repart, sans songer :
　　« Tu ne leur portes point à boire ? »

FABLE VIII. — *La Goutte et l'Araignée.*

Quand l'enfer eut produit la goutte et l'araignée,
« Mes filles, leur dit-il, vous pouvez vous vanter
    D'être pour l'humaine lignée
    Également à redouter.
Or, avisons aux lieux qu'il vous faut habiter.
    Voyez-vous ces cases étrètes,
Et ces palais si grands, si beaux, si bien dorés?
Je me suis proposé d'en faire vos retraites.
    Tenez donc, voici deux bûchettes;
    Accommodez-vous, ou tirez.
— Il n'est rien, dit l'aragne, aux cases qui me plaise. »
L'autre, tout au rebours, voyant les palais pleins
    De ces gens nommés médecins,
Ne crut pas y pouvoir demeurer à son aise.
Elle prend l'autre lot, y plante le piquet,
S'étend à son plaisir sur l'orteil d'un pauvre homme,
Disant : « Je ne crois pas qu'en ce poste je chôme,
Ni que d'en déloger et faire mon paquet
    Jamais Hippocrate me somme. »
L'aragne cependant se campe en un lambris,
Comme si de ces lieux elle eût fait bail à vie,
Travaille à demeurer : voilà sa toile ourdie,
    Voilà des moucherons de pris.
Une servante vient balayer tout l'ouvrage.
Autre toile tissue, autre coup de balai.
Le pauvre bestion tous les jours déménage.
    Enfin, après un vain essai,
Il va trouver la goutte. Elle étoit en campagne,
    Plus malheureuse mille fois
    Que la plus malheureuse aragne.
Son hôte la menoit tantôt fendre du bois,
Tantôt fouir, houer : goutte bien tracassée
    Est, dit-on, à demi pansée.
« Oh ! je ne saurois plus, dit-elle, y résister.
Changeons, ma sœur l'aragne. » Et l'autre d'écouter :
Elle la prend au mot, se glisse en la cabane :

Point de coup de balai qui l'oblige à changer.
La goutte, d'autre part, va tout droit se loger
    Chez un prélat, qu'elle condamne
    A jamais du lit ne bouger.
Cataplasmes, Dieu sait! Les gens n'ont point de honte
De faire aller le mal toujours de pis en pis.
L'une et l'autre trouva de la sorte son compte,
Et fit très-sagement de changer de logis.

Fable IX. — *Le Loup et la Cigogne.*

    Les loups mangent gloutonnement.
    Un loup donc étant de frairie
    Se pressa, dit-on, tellement
    Qu'il en pensa perdre la vie :
Un os lui demeura bien avant au gosier.
De bonheur pour ce loup, qui ne pouvoit crier,
    Près de là passe une cigogne.
    Il lui fait signe ; elle accourt.
Voilà l'opératrice aussitôt en besogne.
Elle retira l'os ; puis, pour un si bon tour,
    Elle demanda son salaire.
    « Votre salaire! dit le loup :
    Vous riez, ma bonne commère!
    Quoi! ce n'est pas encor beaucoup
D'avoir de mon gosier retiré votre cou!
    Allez, vous êtes une ingrate :
    Ne tombez jamais sous ma patte. »

Fable X. — *Le Lion abattu par l'Homme.*

    On exposoit une peinture
    Où l'artisan avoit tracé
    Un lion d'immense stature
    Par un seul homme terrassé.
    Les regardans en tiroient gloire

Un lion en passant rabattit leur caquet.
« Je vois bien, dit-il, qu'en effet
On vous donne ici la victoire :
Mais l'ouvrier vous a déçus;
Il avoit liberté de feindre.
Avec plus de raison nous aurions le dessus,
Si mes confrères savoient peindre. »

FABLE XI. — *Le Renard et les Raisins.*

Certain renard gascon, d'autres disent normand,
Mourant presque de faim, vit au haut d'une trelle
Des raisins, mûrs apparemment,
Et couverts d'une peau vermeille.
Le galant en eût fait volontiers un repas;
Mais comme il n'y pouvoit atteindre :
« Ils sont trop verts, dit-il, et bons pour des goujats. »

Fit-il pas mieux que de se plaindre ?

FABLE XII. — *Le Cygne et le Cuisinier.*

Dans une ménagerie
De volatiles remplie
Vivoient le cygne et l'oison :
Celui-là destiné pour les regards du maître;
Celui-ci, pour son goût : l'un qui se piquoit d'être
Commensal du jardin; l'autre, de la maison.
Des fossés du château faisant leurs galeries,
Tantôt on les eût vus côte à côte nager,
Tantôt courir sur l'onde, et tantôt se plonger,
Sans pouvoir satisfaire à leurs vaines envies.
Un jour le cuisinier, ayant trop bu d'un coup,
Prit pour oison le cygne; et, le tenant au cou,
Il alloit l'égorger, puis le mettre en potage.
L'oiseau, prêt à mourir, se plaint en son ramage.

Le cuisinier fut fort surpris,
Et vit bien qu'il s'étoit mépris.
« Quoi ! je mettrois, dit-il, un tel chanteur en soupe !
Non, non, ne plaise aux dieux que jamais ma main coupe
    La gorge à qui s'en sert si bien ! »

Ainsi dans les dangers qui nous suivent en croupe
    Le doux parler ne nuit de rien.

FABLE XIII. — *Les Loups et les Brebis.*

Après mille ans et plus de guerre déclarée,
Les loups firent la paix avecque les brebis.
C'étoit apparemment le bien des deux partis :
Car, si les loups mangeoient mainte bête égarée,
Les bergers de leur peau se faisoient maints habits.
Jamais de liberté, ni pour les pâturages,
    Ni d'autre part pour les carnages :
Ils ne pouvoient jouir qu'en tremblant de leurs biens.
La paix se conclut donc : on donne des otages ;
Les loups, leurs louveteaux ; et les brebis, leurs chiens.
L'échange en étant fait aux formes ordinaires,
    Et réglé par des commissaires,
Au bout de quelque temps que messieurs les louvats
Se virent loups parfaits et friands de tuerie,
Ils vous prennent le temps que dans la bergerie
    Messieurs les bergers n'étoient pas,
Étranglent la moitié des agneaux les plus gras,
Les emportent aux dents, dans les bois se retirent.
Ils avoient averti leurs gens secrètement.
Les chiens, qui, sur leur foi, reposoient sûrement,
    Furent étranglés en dormant :
Cela fut sitôt fait qu'à peine ils le sentirent.
Tout fut mis en morceaux ; un seul n'en échappa.

    Nous pouvons conclure de là
Qu'il faut faire aux méchans guerre continuelle.

La paix est fort bonne de soi ;
J'en conviens : mais de quoi sert-elle
Avec des ennemis sans foi ?

FABLE XIV. — *Le Lion devenu vieux.*

Le lion, terreur des forêts,
Chargé d'ans et pleurant son antique prouesse,
Fut enfin attaqué par ses propres sujets,
    Devenus forts par sa foiblesse.
Le cheval s'approchant lui donne un coup de pied ;
Le loup, un coup de dent ; le bœuf, un coup de corne.
Le malheureux lion, languissant, triste, et morne,
Peut à peine rugir, par l'âge estropié.
Il attend son destin, sans faire aucunes plaintes,
Quand voyant l'âne même à son antre accourir :
« Ah ! c'est trop, lui dit-il : je voulois bien mourir ;
Mais c'est mourir deux fois que souffrir tes atteintes. »

FABLE XV. — *Philomèle et Progné.*

Autrefois Progné l'hirondelle
    De sa demeure s'écarta,
    Et loin des villes s'emporta
Dans un bois où chantoit la pauvre Philomèle.
« Ma sœur, lui dit Progné, comment vous portez-vous ?
Voici tantôt mille ans que l'on ne vous a vue :
Je ne me souviens point que vous soyez venue,
Depuis le temps de Thrace, habiter parmi nous.
    Dites-moi, que pensez-vous faire ?
Ne quitterez-vous point ce séjour solitaire ?
— Ah ! reprit Philomèle, en est-il de plus doux ? »
Progné lui repartit : « Eh quoi ! cette musique,
    Pour ne chanter qu'aux animaux,
    Tout au plus à quelque rustique !
Le désert est-il fait pour des talens si beaux ?

Venez faire aux cités éclater leurs merveilles :
　　　Aussi bien, en voyant les bois,
Sans cesse il vous souvient que Térée autrefois,
　　　Parmi des demeures pareilles,
Exerça sa fureur sur vos divins appas.
— Eh ! c'est le souvenir d'un si cruel outrage
Qui fait, reprit sa sœur, que je ne vous suis pas :
　　　En voyant les hommes, hélas !
　　　Il m'en souvient bien davantage. »

Fable XVI. — *La Femme noyée.*

Je ne suis pas de ceux qui disent : « Ce n'est rien,
　　　C'est une femme qui se noie. »
Je dis que c'est beaucoup ; et ce sexe vaut bien
Que nous le regrettions, puisqu'il fait notre joie

Ce que j'avance ici n'est point hors de propos,
　　　Puisqu'il s'agit, en cette fable,
　　　D'une femme qui dans les flots
Avoit fini ses jours par un sort déplorable.
　　　Son époux en cherchoit le corps
　　　Pour lui rendre, en cette aventure,
　　　Les honneurs de la sépulture.
　　　Il arriva que sur les bords
　　　Du fleuve auteur de sa disgrâce,
Des gens se promenoient ignorant l'accident.
　　　Ce mari donc leur demandant
S'ils n'avoient de sa femme aperçu nulle trace :
« Nulle, reprit l'un d'eux ; mais cherchez-la plus bas
　　　Suivez le fil de la rivière. »
Un autre repartit : « Non, ne le suivez pas ;
　　　Rebroussez plutôt en arrière :
Quelle que soit la pente et l'inclination
　　　Dont l'eau par sa course l'emporte,
　　　L'esprit de contradiction

L'aura fait flotter d'autre sorte. »
Cet homme se railloit assez hors de saison.
Quant à l'humeur contredisante,
Je ne sais s'il avoit raison ;
Mais, que cette humeur soit ou non
Le défaut du sexe et sa pente,
Quiconque avec elle naîtra
Sans faute avec elle mourra,
Et jusqu'au bout contredira,
Et, s'il peut, encor par delà.

FABLE XVII. — *La Belette entrée dans un grenier.*

Damoiselle belette, au corps long et fluet,
Entra dans un grenier par un trou fort étroit :
Elle sortoit de maladie.
Là, vivant à discrétion,
La galante fit chère lie,
Mangea, rongea : Dieu sait la vie,
Et le lard qui périt en cette occasion !
La voilà, pour conclusion,
Grâce, maflue, et rebondie.
Au bout de la semaine, ayant dîné son soûl,
Elle entend quelque bruit, veut sortir par le trou,
Ne peut plus repasser, et croit s'être méprise.
Après avoir fait quelques tours,
« C'est, dit-elle, l'endroit : me voilà bien surprise ;
J'ai passé par ici depuis cinq ou six jours. »
Un rat, qui la voyoit en peine,
Lui dit : « Vous aviez lors la panse un peu moins pleine.
Vous êtes maigre entrée, il faut maigre sortir.
Ce que je vous dis là, l'on le dit à bien d'autres ;
Mais ne confondons point, par trop approfondir,
Leurs affaires avec les vôtres. »

Fable XVIII. — *Le Chat et le vieux Rat.*

J'ai lu, chez un conteur de fables,
Qu'un second Rodilard, l'Alexandre des chats,
L'Attila, le fléau des rats,
Rendoit ces derniers misérables ;
J'ai lu, dis-je, en certain auteur,
Que ce chat exterminateur,
Vrai Cerbère, étoit craint une lieue à la ronde :
Il vouloit de souris dépeupler tout le monde.
Les planches qu'on suspend sur un léger appui,
La mort-aux-rats, les souricières,
N'étoient que jeux au prix de lui.
Comme il voit que dans leurs tanières
Les souris étoient prisonnières,
Qu'elles n'osoient sortir, qu'il avoit beau chercher,
Le galant fait le mort, et du haut d'un plancher
Se pend la tête en bas : la bête scélérate
A de certains cordons se tenoit par la patte.
Le peuple des souris croit que c'est châtiment,
Qu'il a fait un larcin de rôt ou de fromage,
Égratigné quelqu'un, causé quelque dommage ;
Enfin qu'on a pendu le mauvais garnement.
Toutes, dis-je, unanimement,
Se promettent de rire à son enterrement,
Mettent le nez à l'air, montrent un peu la tête,
Puis rentrent dans leurs nids à rats,
Puis ressortant font quatre pas,
Puis enfin se mettent en quête.
Mais voici bien une autre fête :
Le pendu ressuscite, et, sur ses pieds tombant,
Attrape les plus paresseuses.
« Nous en savons plus d'un, dit-il en les gobant :
C'est tour de vieille guerre ; et vos cavernes creuses
Ne vous sauveront pas, je vous en avertis :
Vous viendrez toutes au logis. »
Il prophétisoit vrai : notre maître Mitis,
Pour la seconde fois, les trompe et les affine,

Blanchit sa robe et s'enfarine;
Et, de la sorte déguisé,
Se niche et se blottit dans une huche ouverte.
Ce fut à lui bien avisé :
La gent trotte-menu s'en vient chercher sa perte.
Un rat, sans plus, s'abstient d'aller flairer autour :
C'étoit un vieux routier, il savoit plus d'un tour;
Même il avoit perdu sa queue à la bataille.
« Ce bloc enfariné ne me dit rien qui vaille,
S'écria-t-il de loin au général des chats :
Je soupçonne dessous encor quelque machine.
Rien ne te sert d'être farine;
Car, quand tu serois sac, je n'approcherois pas. »

C'étoit bien dit à lui; j'approuve sa prudence :
Il étoit expérimenté,
Et savoit que la méfiance
Est mère de la sûreté.

LIVRE QUATRIÈME.

FABLE I. — *Le Lion amoureux.*

A MADEMOISELLE DE SÉVIGNÉ.

Sévigné, de qui les attraits
Servent aux grâces de modèle,
Et qui naquites toute belle,
A votre indifférence près,
Pourriez-vous être favorable
Aux jeux innocens d'une fable,
Et voir sans vous épouvanter
Un lion qu'Amour sut dompter?
Amour est un étrange maître !

Heureux qui peut ne le connoître
Que par récit, lui ni ses coups!
Quand on en parle devant vous,
Si la vérité vous offense,
La fable au moins se peut souffrir :
Celle-ci prend bien l'assurance
De venir à vos pieds s'offrir,
Par zèle et par reconnoissance.

Du temps que les bêtes parloient,
Les lions entre autres vouloient
Être admis dans notre alliance
Pourquoi non? puisque leur engeance
Valoit la nôtre en ce temps-là,
Ayant courage, intelligence,
Et belle hure outre cela.
Voici comment il en alla :
Un lion de haut parentage,
En passant par un certain pré,
Rencontra bergère à son gré :
Il la demande en mariage.
Le père auroit fort souhaité
Quelque gendre un peu moins terrible.
La donner lui sembloit bien dur;
La refuser n'étoit pas sûr;
Même un refus eût fait, possible,
Qu'on eût vu quelque beau matin
Un mariage clandestin :
Car, outre qu'en toute manière
La belle étoit pour les gens fiers,
Fille se coiffe volontiers
D'amoureux à longue crinière.
Le père donc ouvertement
N'osant renvoyer notre amant,
Lui dit : « Ma fille est délicate;
Vos griffes la pourront blesser
Quand vous voudrez la caresser.
Permettez donc qu'à chaque patte

On vous les rogne; et pour les dents,
Qu'on vous les lime en même temps :
Vos baisers en seront moins rudes,
Et pour vous plus délicieux ;
Car ma fille y répondra mieux,
Étant sans ces inquiétudes. »
Le lion consent à cela,
Tant son âme étoit aveuglée !
Sans dents ni griffes le voilà,
Comme place démantelée.
On lâcha sur lui quelques chiens :
Il fit fort peu de résistance.

Amour ! Amour ! quand tu nous tiens,
On peut bien dire : Adieu prudence !

FABLE II. — *Le Berger et la Mer.*

Du rapport d'un troupeau, dont il vivoit sans soins,
Se contenta longtemps un voisin d'Amphitrite.
    Si sa fortune étoit petite,
    Elle étoit sûre tout au moins.
A la fin, les trésors déchargés sur la plage
Le tentèrent si bien qu'il vendit son troupeau,
Trafiqua de l'argent, le mit entier sur l'eau.
    Cet argent périt par naufrage.
Son maître fut réduit à garder les brebis,
Non plus berger en chef comme il étoit jadis,
Quand ses propres moutons paissoient sur le rivage :
Celui qui s'étoit vu Coridon ou Tircis,
    Fut Pierrot, et rien davantage.
Au bout de quelque temps il fit quelques profits,
    Racheta des bêtes à laine ;
Et comme un jour les vents, retenant leur haleine,
Laissoient paisiblement aborder les vaisseaux :
« Vous voulez de l'argent, ô mesdames les Eaux !

Dit-il ; adressez-vous, je vous prie, à quelque autre :
  Ma foi ! vous n'aurez pas le nôtre. »

Ceci n'est pas un conte à plaisir inventé.
  Je me sers de la vérité
  Pour montrer, par expérience,
  Qu'un sou, quand il est assuré,
  Vaut mieux que cinq en espérance ;
Qu'il se faut contenter de sa condition ;
Qu'aux conseils de la mer et de l'ambition
  Nous devons fermer les oreilles.
Pour un qui s'en louera, dix mille s'en plaindront.
  La mer promet monts et merveilles :
Fiez-vous-y ; les vents et les voleurs viendront.

FABLE III. — *La Mouche et la Fourmi.*

La mouche et la fourmi contestoient de leur prix.
  « O Jupiter ! dit la première,
Faut-il que l'amour-propre aveugle les esprits
  D'une si terrible manière
  Qu'un vil et rampant animal
A la fille de l'air ose se dire égal !
Je hante les palais, je m'assieds à ta table :
Si l'on t'immole un bœuf, j'en goûte devant toi ;
Pendant que celle-ci, chétive et misérable,
Vit trois jours d'un fétu qu'elle a traîné chez soi.
  Mais, ma mignonne, dites-moi,
Vous campez-vous jamais sur la tête d'un roi,
  D'un empereur, ou d'une belle ?
Je le fais ; et je baise un beau sein quand je veux :
  Je me joue entre des cheveux ;
Je rehausse d'un teint la blancheur naturelle ;
Et la dernière main que met à sa beauté
  Une femme allant en conquête,
C'est un ajustement des mouches emprunté.
  Puis allez-moi rompre la tête

De vos greniers ! — Avez-vous dit ?
Lui répliqua la ménagère.
Vous hantez les palais ; mais on vous y maudit.
Et quant à goûter la première
De ce qu'on sert devant les dieux,
Croyez-vous qu'il en vaille mieux ?
Si vous entrez partout, aussi font les profanes.
Sur la tête des rois et sur celle des ânes
Vous allez vous planter, je n'en disconviens pas ;
Et je sais que d'un prompt trépas
Cette importunité bien souvent est punie.
Certain ajustement, dites-vous, rend jolie ;
J'en conviens : il est noir ainsi que vous et moi.
Je veux qu'il ait nom mouche : est-ce un sujet pourquoi
Vous fassiez sonner vos mérites ?
Nomme-t-on pas aussi mouches les parasites ?
Cessez donc de tenir un langage si vain :
N'ayez plus ces hautes pensées.
Les mouches de cour sont chassées ;
Les mouchards sont pendus : et vous mourrez de faim,
De froid, de langueur, de misère,
Quand Phébus régnera sur un autre hémisphère.
Alors je jouirai du fruit de mes travaux :
Je n'irai, par monts ni par vaux,
M'exposer au vent, à la pluie ;
Je vivrai sans mélancolie :
Le soin que j'aurai pris, de soins m'exemptera.
Je vous enseignerai par là
Ce que c'est qu'une fausse ou véritable gloire.
Adieu ; je perds le temps : laissez-moi travailler ;
Ni mon grenier, ni mon armoire,
Ne se remplit à babiller. »

FABLE IV. — *Le Jardinier et son Seigneur*

Un amateur de jardinage,
Demi-bourgeois, demi-manant,

Possédoit en certain village
Un jardin assez propre, et le clos attenant.
Il avoit de plant vif fermé cette étendue :
Là croissoient à plaisir l'oseille et la laitue,
De quoi faire à Margot pour sa fête un bouquet,
Peu de jasmin d'Espagne, et force serpolet.
Cette félicité par un lièvre troublée
Fit qu'au seigneur du bourg notre homme se plaignit.
« Ce maudit animal vient prendre sa goulée
Soir et matin, dit-il, et des piéges se rit ;
Les pierres, les bâtons, y perdent leur crédit :
Il est sorcier, je crois. — Sorcier ! je l'en défie,
Repartit le seigneur : fût-il diable, Miraut,
En dépit de ses tours, l'attrapera bientôt.
Je vous en déferai, bonhomme, sur ma vie.
— Et quand ? — Et dès demain, sans tarder plus longtemps
La partie ainsi faite, il vient avec ses gens.
« Çà, déjeunons, dit-il : vos poulets sont-ils tendres ?
La fille du logis, qu'on vous voie ; approchez :
Quand la marîrons-nous ? quand aurons-nous des gendres ?
Bonhomme, c'est ce coup qu'il faut, vous m'entendez,
    Qu'il faut fouiller à l'escarcelle. »
Disant ces mots, il fait connoissance avec elle,
    Auprès de lui la fait asseoir,
Prend une main, un bras, lève un coin du mouchoir ;
    Toutes sottises dont la belle
    Se défend avec grand respect :
Tant qu'au père à la fin cela devient suspect.
Cependant on fricasse, on se rue en cuisine.
« De quand sont vos jambons ? ils ont fort bonne mine
— Monsieur, ils sont à vous. — Vraiment, dit le seigneur,
    Je les reçois, et de bon cœur. »
Il déjeune très-bien ; aussi fait sa famille,
Chiens, chevaux, et valets, tous gens bien endentés :
Il commande chez l'hôte, y prend des libertés,
    Boit son vin, caresse sa fille.
L'embarras des chasseurs succède au déjeuné.
    Chacun s'anime et se prépare ;

Les trompes et les cors font un tel tintamarre
    Que le bonhomme est étonné.
Le pis fut que l'on mit en piteux équipage
Le pauvre potager : adieu, planches, carreaux;
    Adieu chicorée et poireaux;
    Adieu de quoi mettre au potage.
Le lièvre étoit gîté dessous un maître chou.
On le quête; on le lance : il s'enfuit par un trou,
Non pas trou, mais trouée, horrible et large plaie
    Que l'on fit à la pauvre haie
Par ordre du seigneur; car il eût été mal
Qu'on n'eût pu du jardin sortir tout à cheval.
Le bonhomme disoit : « Ce sont là jeux de prince. »
Mais on le laissoit dire : et les chiens et les gens
Firent plus de dégât en une heure de temps
    Que n'en auroient fait en cent ans
    Tous les lièvres de la province.

Petits princes, videz vos débats entre vous :
De recourir aux rois vous seriez de grands fous.
Il ne les faut jamais engager dans vos guerres,
    Ni les faire entrer sur vos terres.

FABLE V. — *L'Ane et le petit Chien.*

    Ne forçons point notre talent;
    Nous ne ferions rien avec grâce :
    Jamais un lourdaud, quoi qu'il fasse,
    Ne sauroit passer pour galant.
Peu de gens, que le ciel chérit et gratifie,
Ont le don d'agréer infus avec la vie.
    C'est un point qu'il leur faut laisser,
Et ne pas ressembler à l'âne de la fable,
    Qui, pour se rendre plus aimable
Et plus cher à son maître, alla le caresser.
    « Comment! disoit-il en son âme,
    Ce chien, parce qu'il est mignon,
    Vivra de pair à compagnon

Avec monsieur, avec madame ;
Et j'aurai des coups de bâton !
Que fait-il ? il donne la patte ;
Puis aussitôt il est baisé :
S'il en faut faire autant afin que l'on me flatte,
Cela n'est pas bien malaisé. »
Dans cette admirable pensée,
Voyant son maître en joie, il s'en vient lourdement,
Lève une corne tout usée,
La lui porte au menton fort amoureusement,
Non sans accompagner, pour plus grand ornement,
De son chant gracieux cette action hardie.
« Oh ! oh ! quelle caresse ! et quelle mélodie !
Dit le maître aussitôt. Holà, Martin-bâton ! »
Martin-bâton accourt : l'âne change de ton.
Ainsi finit la comédie.

Fable VI. — *Le combat des Rats et des Belettes.*

La nation des belettes,
Non plus que celle des chats,
Ne veut aucun bien aux rats,
Et sans les portes étrètes
De leurs habitations,
L'animal à longue échine
En feroit, je m'imagine,
De grandes destructions.
Or, une certaine année
Qu'il en étoit à foison,
Leur roi, nommé Ratapon,
Mit en campagne une armée.
Les belettes, de leur part,
Déployèrent l'étendard.
Si l'on croit la renommée,
La victoire balança :
Plus d'un guéret s'engraissa
Du sang de plus d'une bande.
Mais la perte la plus grande

Tomba presque en tous endroits
Sur le peuple souriquois.
Sa déroute fut entière,
Quoi que pût faire Artapax,
Psicarpax, Méridarpax,
Qui, tout couverts de poussière,
Soutinrent assez longtemps
Les efforts des combattans.
Leur résistance fut vaine;
Il fallut céder au sort :
Chacun s'enfuit au plus fort,
Tant soldat que capitaine.
Les princes périrent tous.
La racaille, dans des trous
Trouvant sa retraite prête,
Se sauva sans grand travail;
Mais les seigneurs sur leur tête
Ayant chacun un plumail,
Des cornes ou des aigrettes,
Soit comme marques d'honneur,
Soit afin que les belettes
En conçussent plus de peur,
Cela causa leur malheur.
Trou, ni fente, ni crevasse,
Ne fut large assez pour eux ;
Au lieu que la populace
Entroit dans les moindres creux.
La principale jonchée
Fut donc des principaux rats.

Une tête empanachée
N'est pas petit embarras.
Le trop superbe équipage
Peut souvent en un passage
Causer du retardement
Les petits, en toute affaire,
Esquivent fort aisément :
Les grands ne le peuvent faire.

FABLE VII. — *Le Singe et le Dauphin.*

C'étoit chez les Grecs un usage
Que sur la mer tous voyageurs
Menoient avec eux en voyage
Singes et chiens de bateleurs.
Un navire en cet équipage
Non loin d'Athènes fit naufrage.
Sans les dauphins tout eût péri.
Cet animal est fort ami
De notre espèce : en son histoire
Pline le dit; il le faut croire.
Il sauva donc tout ce qu'il put.
Même un singe en cette occurrence,
Profitant de la ressemblance,
Lui pensa devoir son salut :
Un dauphin le prit pour un homme,
Et sur son dos le fit asseoir
Si gravement qu'on eût cru voir
Ce chanteur que tant on renomme.
Le dauphin l'alloit mettre à bord
Quand, par hasard, il lui demande :
« Êtes-vous d'Athènes la grande?
— Oui, dit l'autre; on m'y connoit fort :
S'il vous y survient quelque affaire,
Employez-moi; car mes parens
Y tiennent tous les premiers rangs :
Un mien cousin est juge-maire. »
Le dauphin dit : « Bien grand merci
Et le Pirée a part aussi
A l'honneur de votre présence?
Vous le voyez souvent, je pense?
— Tous les jours : il est mon ami;
C'est une vieille connoissance. »
Notre magot prit, pour ce coup,
Le nom d'un port pour un nom d'homme.

De telles gens il est beaucoup

Qui prendroient Vaugirard pour Rome,
Et qui, caquetant au plus dru,
Parlent de tout, et n'ont rien vu.

Le dauphin rit, tourne la tête,
Et le magot considéré,
Il s'aperçoit qu'il n'a tiré
Du fond des eaux rien qu'une bête :
Il l'y replonge, et va trouver
Quelque homme afin de le sauver.

Fable VIII. — *L'Homme et l'Idole de bois.*

Certain païen chez lui gardoit un dieu de bois,
De ces dieux qui sont sourds, bien qu'ayant des oreilles :
Le païen cependant s'en promettoit merveilles.
    Il lui coûtoit autant que trois ;
    Ce n'étoit que vœux et qu'offrandes,
Sacrifices de bœufs couronnés de guirlandes.
    Jamais idole, quel qu'il fût,
    N'avoit eu cuisine si grasse ;
Sans que, pour tout ce culte, à son hôte il échût
Succession, trésor, gain au jeu, nulle grâce.
Bien plus, si pour un sou d'orage en quelque endroit
    S'amassoit d'une ou d'autre sorte,
L'homme en avoit sa part ; et sa bourse en souffroit :
La pitance du dieu n'en étoit pas moins forte.
A la fin, se fâchant de n'en obtenir rien,
Il vous prend un levier, met en pièces l'idole,
Le trouve rempli d'or. « Quand je t'ai fait du bien,
M'as-tu valu, dit-il, seulement une obole ?
Va, sors de mon logis, cherche d'autres autels.
        Tu ressembles aux naturels
    Malheureux, grossiers, et stupides :
On n'en peut rien tirer qu'avecque le bâton.
Plus je te remplissois, plus mes mains étoient vides :
        J'ai bien fait de changer de ton. »

Fable IX. — *Le Geai paré des plumes du Paon.*

Un paon muoit : un geai prit son plumage ;
Puis après se l'accommoda ;
Puis parmi d'autres paons tout fier se panada,
Croyant être un beau personnage.
Quelqu'un le reconnut : il se vit bafoué,
Berné, sifflé, moqué, joué,
Et par messieurs les paons plumé d'étrange sorte ;
Même vers ses pareils s'étant réfugié,
Il fut par eux mis à la porte.

Il est assez de geais à deux pieds comme lui,
Qui se parent souvent des dépouilles d'autrui,
Et que l'on nomme plagiaires.
Je m'en tais, et ne veux leur causer nul ennui :
Ce ne sont pas là mes affaires.

Fable X. — *Le Chameau et les Bâtons flottans.*

Le premier qui vit un chameau
S'enfuit à cet objet nouveau ;
Le second approcha ; le troisième osa faire
Un licou pour le dromadaire.
L'accoutumance ainsi nous rend tout familier ;
Ce qui nous paroissoit terrible et singulier
S'apprivoise avec notre vue
Quand ce vient à la continue.
Et puisque nous voici tombés sur ce sujet :
On avoit mis des gens au guet,
Qui, voyant sur les eaux de loin certain objet,
Ne purent s'empêcher de dire
Que c'étoit un puissant navire.
Quelques momens après, l'objet devint brûlot,
Et puis nacelle, et puis ballot,
Enfin bâtons flottant sur l'onde.

J'en sais beaucoup de par le monde

A qui ceci conviendroit bien :
De loin, c'est quelque chose ; et de près, ce n'est rien.

FABLE XI. — *La Grenouille et le Rat.*

Tel, comme dit Merlin[1], cuide engeigner[2] autrui,
    Qui souvent s'engeigne soi-même.
J'ai regret que ce mot soit trop vieux aujourd'hui ;
Il m'a toujours semblé d'une énergie extrême.
Mais afin d'en venir au dessein que j'ai pris :
Un rat plein d'embonpoint, gras, et des mieux nourris,
Et qui ne connoissoit l'avent ni le carême,
Sur le bord d'un marais égayoit ses esprits.
Une grenouille approche, et lui dit en sa langue :
« Venez me voir chez moi ; je vous ferai festin. »
    Messire rat promit soudain :
Il n'étoit pas besoin de plus longue harangue.
Elle allégua pourtant les délices du bain,
La curiosité, le plaisir du voyage,
Cent raretés à voir le long du marécage :
Un jour il conteroit à ses petits-enfans
Les beautés de ces lieux, les mœurs des habitans,
Et le gouvernement de la chose publique
        Aquatique.
Un point sans plus tenoit le galant empêché :
Il nageoit quelque peu, mais il falloit de l'aide.
La grenouille à cela trouve un très-bon remède ;
Le rat fut à son pied par la patte attaché ;
    Un brin de jonc en fit l'affaire.
Dans le marais entrés, notre bonne commère
S'efforce de tirer son hôte au fond de l'eau,
Contre le droit des gens, contre la foi jurée ;
Prétend qu'elle en fera gorge chaude et curée :
C'étoit, à son avis, un excellent morceau.

---

1. Non pas l'enchanteur, mais l'auteur de l'*Histoire macaronique*.
2. « Cuide engeigner, » croit tromper.

Déjà dans son esprit la galande le croque.
Il atteste les dieux; la perfide s'en moque :
Il résiste; elle tire. En ce combat nouveau,
Un milan, qui dans l'air planoit, faisoit la ronde,
Voit d'en haut le pauvret se débattant sur l'onde.
Il fond dessus, l'enlève, et, par même moyeu,
  La grenouille et le lien.
  Tout en fut, tant et si bien
  Que de cette double proie
  L'oiseau se donne au cœur joie,
  Ayant, de cette façon,
  A souper chair et poisson.

  La ruse la mieux ourdie
  Peut nuire à son inventeur;
  Et souvent la perfidie
  Retourne sur son auteur.

FABLE XII. — *Tribut envoyé par les animaux à Alexandre.*

Une fable avoit cours parmi l'antiquité;
 Et la raison ne m'en est pas connue.
Que le lecteur en tire une moralité;
  Voici la fable toute nue :

 La Renommée ayant dit en cent lieux
Qu'un fils de Jupiter, un certain Alexandre,
Ne voulant rien laisser de libre sous les cieux,
  Commandoit que, sans plus attendre,
  Tout peuple à ses pieds s'allât rendre,
Quadrupèdes, humains, éléphans, vermisseaux,
  Les républiques des oiseaux;
  La déesse aux cent bouches, dis-je,
  Ayant mis partout la terreur
En publiant l'édit du nouvel empereur,
  Les animaux, et toute espèce lige

De son seul appétit, crurent que cette fois
    Il falloit subir d'autres lois.
On s'assemble au désert : tous quittent leur tanière.
Après divers avis, on résout, on conclut
    D'envoyer hommage et tribut.
    Pour l'hommage et pour la manière,
Le singe en fut chargé : l'on lui mit par écrit
    Ce que l'on vouloit qui fût dit.
    Le seul tribut les tint en peine :
    Car que donner ? il falloit de l'argent.
    On en prit d'un prince obligeant,
    Qui, possédant dans son domaine
Des mines d'or, fournit ce qu'on voulut.
Comme il fut question de porter ce tribut,
    Le mulet et l'âne s'offrirent,
Assistés du cheval ainsi que du chameau.
    Tous quatre en chemin ils se mirent
    Avec le singe, ambassadeur nouveau.
La caravane enfin rencontre en un passage
Monseigneur le lion : cela ne leur plut point.
    « Nous nous rencontrons tout à point,
Dit-il ; et nous voici compagnons de voyage.
    J'allois offrir mon fait à part ;
Mais bien qu'il soit léger, tout fardeau m'embarrasse.
    Obligez-moi de me faire la grâce
    Que d'en porter chacun un quart :
Ce ne vous sera pas une charge trop grande ;
Et j'en serai plus libre et bien plus en état
En cas que les voleurs attaquent notre bande,
    Et que l'on en vienne au combat. »
Éconduire un lion rarement se pratique.
Le voilà donc admis, soulagé, bien reçu,
Et, malgré le héros de Jupiter issu,
Faisant chère et vivant sur la bourse publique.
    Ils arrivèrent dans un pré
Tout bordé de ruisseaux, de fleurs tout diapré,
    Où maint mouton cherchoit sa vie ;
    Séjour du frais, véritable patrie

Des zéphirs. Le lion n'y fut pas qu'à ces gens
  Il se plaignit d'être malade.
    « Continuez votre ambassade,
Dit-il ; je sens un feu qui me brûle au dedans,
Et veux chercher ici quelque herbe salutaire.
  Pour vous, ne perdez point de temps :
Rendez-moi mon argent ; j'en puis avoir affaire. »
On déballe ; et d'abord le lion s'écria,
    D'un ton qui témoignoit sa joie :
« Que de filles, ô dieux, mes pièces de monnoie
Ont produites ! Voyez : la plupart sont déjà
    Aussi grandes que leurs mères.
Le croît m'en appartient. » Il prit tout là-dessus ;
Ou bien, s'il ne prit tout, il n'en demeura guères.
    Le singe et les sommiers confus,
Sans oser répliquer, en chemin se remirent.
Au fils de Jupiter on dit qu'ils se plaignirent,
    Et n'en eurent point de raison.
Qu'eût-il fait ? C'eût été lion contre lion ;
Et le proverbe dit : Corsaires à corsaires,
L'un l'autre s'attaquant, ne font pas leurs affaires.

Fable XIII. — *Le Cheval s'étant voulu venger du Cerf*

De tous temps les chevaux ne sont nés pour les hommes.
Lorsque le genre humain de glands se contentoit,
Ane, cheval, et mule, aux forêts habitoit,
Et l'on ne voyoit point, comme au siècle où nous sommes,
    Tant de selles et tant de bâts,
    Tant de harnois pour les combats,
    Tant de chaises, tant de carrosses ;
    Comme aussi ne voyoit-on pas
    Tant de festins et tant de noces.
  Or, un cheval eut alors différend
    Avec un cerf plein de vitesse ;
  Et, ne pouvant l'attraper en courant,
Il eut recours à l'homme, implora son adresse.

L'homme lui mit un frein, lui sauta sur le dos,
　　　Ne lui donna point de repos
Que le cerf ne fût pris, et n'y laissât la vie.
　　　Et cela fait, le cheval remercie
L'homme son bienfaiteur, disant : « Je suis à vous ;
Adieu ; je m'en retourne en mon séjour sauvage.
— Non pas cela, dit l'homme ; il fait meilleur chez nous :
　　　Je vois trop quel est votre usage.
　　　Demeurez donc ; vous serez bien traité,
　　　　Et jusqu'au ventre en la litière. »

　　　　Hélas ! que sert la bonne chère
　　　　Quand on n'a pas la liberté !
Le cheval s'aperçut qu'j¹ avoit fait folie ;
Mais il n'étoit plus temps ; déjà son écurie
　　　　Étoit prête et toute bâtie.
　　　Il y mourut en traînant son lien :
Sage s'il eût remis une légère offense.

Quel que soit le plaisir que cause la vengeance,
C'est l'acheter trop cher que l'acheter d'un bien
　　　　Sans qui les autres ne sont rien.

　　　Fable XIV. — *Le Renard et le Buste.*

Les grands, pour la plupart, sont masques de théâtre ;
Leur apparence impose au vulgaire idolâtre.
L'âne n'en sait juger que par ce qu'il en voit :
Le renard, au contraire, à fond les examine,
Les tourne de tout sens ; et, quand il s'aperçoit
　　　　Que leur fait n'est que bonne mine,
Il leur applique un mot qu'un buste de héros
　　　　Lui fit dire fort à propos.
C'étoit un buste creux, et plus grand que nature.
Le renard, en louant l'effort de la sculpture :
« Belle tête, dit-il ; mais de cervelle point. »

Combien de grands seigneurs sont bustes en ce point !

Fable XV. — *Le Loup, la Chèvre, et le Chevreau.*

La bique, allant remplir sa traînante mamelle,
    Et paître l'herbe nouvelle,
    Ferma sa porte au loquet,
    Non sans dire à son biquet :
    « Gardez-vous, sur votre vie,
    D'ouvrir que l'on ne vous die,
    Pour enseigne et mot du guet :
    « Foin du loup et de sa race ! »
    Comme elle disoit ces mots,
    Le loup, de fortune, passe ;
    Il les recueille à propos,
    Et les garde en sa mémoire.
    La bique, comme on peut croire,
    N'avoit pas vu le glouton.
Dès qu'il la voit partie, il contrefait son ton,
    Et, d'une voix papelarde,
Il demande qu'on ouvre, en disant : « Foin du loup ! »,
    Et croyant entrer tout d'un coup.
Le biquet soupçonneux par la fente regarde :
« Montrez-moi patte blanche, ou je n'ouvrirai point, »
S'écria-t-il d'abord. Patte blanche est un point
Chez les loups, comme on sait, rarement en usage.
Celui-ci, fort surpris d'entendre ce langage,
Comme il étoit venu s'en retourna chez soi.
Où seroit le biquet s'il eût ajouté foi
    Au mot du guet que, de fortune,
    Notre loup avoit entendu ?

    Deux sûretés valent mieux qu'une ;
Et le trop en cela ne fut jamais perdu.

Fable XVI. — *Le Loup, la Mère, et l'Enfant.*

Ce loup me remet en mémoire
Un de ses compagnons qui fut encor mieux pris :
   Il y périt. Voici l'histoire :

Un villageois avoit à l'écart son logis.
Messer loup attendoit chape-chute à la porte ;
Il avoit vu sortir gibier de toute sorte,
   Veaux de lait, agneaux, et brebis,
Régiment de dindons, enfin bonne provende.
Le larron commençoit pourtant à s'ennuyer.
   Il entend un enfant crier :
   La mère aussitôt le gourmande,
   Le menace, s'il ne se tait,
De le donner au loup. L'animal se tient prêt,
Remerciant les dieux d'une telle aventure,
Quand la mère, apaisant sa chère géniture,
Lui dit : « Ne criez point ; s'il vient, nous le tuerons.
— Qu'est-ce ci ! s'écria le mangeur de moutons :
Dire d'un, puis d'un autre ! Est-ce ainsi que l'on traite
Les gens faits comme moi ? me prend-on pour un sot ?
   Que quelque jour ce beau marmot
   Vienne au bois cueillir la noisette.... »
Comme il disoit ces mots, on sort de la maison :
Un chien de cour l'arrête ; épieux et fourches-fières
   L'ajustent de toutes manières.
« Que veniez-vous chercher en ce lieu ? » lui dit-on.
   Aussitôt il conta l'affaire.
   « Merci de moi ! lui dit la mère ;
Tu mangeras mon fils ! L'ai-je fait à dessein
   Qu'il assouvisse un jour ta faim ? »
   On assomma la pauvre bête.
Un manant lui coupa le pied droit et la tête :
Le seigneur du village à sa porte les mit ;
Et ce dicton picard à l'entour fut écrit :

« Biaux chires leups, n'écoutez mie
« Mère tenchent chen fieux qui crie. »

FABLE XVII. — *Parole de Socrate.*

Socrate un jour faisant bâtir,
Chacun censuroit son ouvrage :
L'un trouvoit les dedans, pour ne lui point mentir,
Indignes d'un tel personnage ;
L'autre blâmoit la face, et tous étoient d'avis
Que les appartemens en étoient trop petits.
Quelle maison pour lui ! l'on y tournoit à peine.
« Plût au ciel que de vrais amis,
Telle qu'elle est, dit-il, elle pût être pleine ! »

Le bon Socrate avoit raison
De trouver pour ceux-là trop grande sa maison.
Chacun se dit ami ; mais fou qui s'y repose :
Rien n'est plus commun que ce nom,
Rien n'est plus rare que la chose.

FABLE XVIII. — *Le Vieillard et ses Enfans.*

Toute puissance est foible, à moins que d'être unie :
Écoutez là-dessus l'esclave de Phrygie.
Si j'ajoute du mien à son invention,
C'est pour peindre nos mœurs et non point par envie ;
Je suis trop au-dessous de cette ambition.
Phèdre enchérit souvent par un motif de gloire ;
Pour moi, de tels pensers me seroient mal séans.
Mais venons à la fable, ou plutôt à l'histoire
De celui qui tâcha d'unir tous ses enfans.
Un vieillard près d'aller où la mort l'appeloit,
« Mes chers enfans, dit-il (à ses fils il parloit),
Voyez si vous romprez ces dards liés ensemble ;
Je vous expliquerai le nœud qui les assemble. »

L'aîné les ayant pris, et fait tous ses efforts,
Les rendit en disant : « Je le donne aux plus forts. »
Un second lui succède, et se met en posture,
Mais en vain. Un cadet tente aussi l'aventure.
Tous perdirent leur temps; le faisceau résista :
De ces dards joints ensemble un seul ne s'éclata.
« Foibles gens, dit le père, il faut que je vous montre
Ce que ma force peut en semblable rencontre. »
On crut qu'il se moquoit; on sourit, mais à tort :
Il sépare les dards, et les rompt sans effort.
« Vous voyez, reprit-il, l'effet de la concorde :
Soyez joints, mes enfans; que l'amour vous accorde. »
Tant que dura son mal, il n'eut autre discours.
Enfin se sentant près de terminer ses jours,
« Mes chers enfans, dit-il, je vais où sont nos pères;
Adieu : promettez-moi de vivre comme frères;
Que j'obtienne de vous cette grâce en mourant. »
Chacun de ses trois fils l'en assure en pleurant.
Il prend à tous les mains; il meurt. Et les trois frères
Trouvent un bien fort grand, mais fort mêlé d'affaires.
Un créancier saisit, un voisin fait procès :
D'abord notre trio s'en tire avec succès.
Leur amitié fut courte autant qu'elle étoit rare.
Le sang les avoit joints; l'intérêt les sépare
L'ambition, l'envie, avec les consultans,
Dans la succession entrent en même temps
On en vient au partage, on conteste, on chicane.
Le juge sur cent points tour à tour les condamne.
Créanciers et voisins reviennent aussitôt,
Ceux-là sur une erreur, ceux-ci sur un défaut.
Les frères désunis sont tous d'avis contraire :
L'un veut s'accommoder, l'autre n'en veut rien faire.
Tous perdirent leur bien, et voulurent trop tard
Profiter de ces dards unis et pris à part.

Fable XIX. — *L'Oracle et l'Impie.*

Vouloir tromper le ciel, c'est folie à la terre.
Le dédale des cœurs en ses détours n'enserre
Rien qui ne soit d'abord éclairé par les dieux :
Tout ce que l'homme fait, il le fait à leurs yeux,
Même les actions que dans l'ombre il croit faire.

Un païen, qui sentoit quelque peu le fagot,
Et qui croyoit en Dieu, pour user de ce mot,
    Par bénéfice d'inventaire,
    Alla consulter Apollon.
    Dès qu'il fut en son sanctuaire :
« Ce que je tiens, dit-il, est-il en vie ou non? »
    Il tenoit un moineau, dit-on,
    Prêt d'étouffer la pauvre bête,
    Ou de la lâcher aussitôt,
    Pour mettre Apollon en défaut.
Apollon reconnut ce qu'il avoit en tête :
« Mort ou vif, lui dit-il, montre-moi ton moineau,
    Et ne me tends plus de panneau ;
Tu te trouverois mal d'un pareil stratagème.
    Je vois de loin ; j'atteins de même. »

Fable XX. — *L'Avare qui a perdu son trésor.*

L'usage seulement fait la possession.
Je demande à ces gens de qui la passion
Est d'entasser toujours, mettre somme sur somme,
Quel avantage ils ont que n'ait pas un autre homme.
Diogène là-bas est aussi riche qu'eux ;
Et l'avare ici-haut comme lui vit en gueux.
L'homme au trésor caché, qu'Ésope nous propose,
    Servira d'exemple à la chose.

    Ce malheureux attendoit,
Pour jouir de son bien, une seconde vie ;
Ne possédoit pas l'or, mais l'or le possédoit.

Il avoit dans la terre une somme enfouie,
    Son cœur avec, n'ayant autre déduit[1]
    Que d'y ruminer jour et nuit.
. Et rendre sa chevance [2] à lui-même sacrée.
Qu'il allât ou qu'il vînt, qu'il bût ou qu'il mangeât,
On l'eût pris de bien court, à moins qu'il ne songeât
A l'endroit où gisoit cette somme enterrée.
Il y fit tant de tours qu'un fossoyeur le vit,
Se douta du dépôt, l'enleva sans rien dire.
Notre avare un beau jour ne trouva que le nid.
Voilà mon homme aux pleurs : il gémit, il soupire,
    Il se tourmente, il se déchire.
Un passant lui demande à quel sujet ses cris.
    « C'est mon trésor que l'on m'a pris.
— Votre trésor ! où pris ? — Tout joignant cette pierre.
    — Eh ! sommes-nous en temps de guerre
Pour l'apporter si loin? N'eussiez-vous pas mieux fait
De le laisser chez vous en votre cabinet
    Que de le changer de demeure?
Vous auriez pu sans peine y puiser à toute heure.
— A toute heure, bons dieux ! ne tient-il qu'à cela?
    L'argent vient-il comme il s'en va?
Je n'y touchois jamais. — Dites-moi donc, de grâce,
Reprit l'autre, pourquoi vous vous affligez tant :
Puisque vous ne touchiez jamais à cet argent,
    Mettez une pierre à la place,
    Elle vous vaudra tout autant. »

Fable XXI. — *L'Œil du Maître.*

Un cerf s'étant sauvé dans une étable à bœufs
    Fut d'abord averti par eux
    Qu'il cherchât un meilleur asile.
« Mes frères, leur dit-il, ne me décelez pas :
Je vous enseignerai les pâtis les plus gras ;

---

1. Autre plaisir. — 2. Son bien

Ce service vous peut quelque jour être utile,
    Et vous n'en aurez point regret. »
Les bœufs, à toute fin, promirent le secret.
Il se cache en un coin, respire, et prend courage ;
Sur le soir on apporte herbe fraîche et fourrage,
    Comme l'on faisoit tous les jours :
    L'on va, l'on vient, les valets font cent tours,
    L'intendant même : et pas un d'aventure
        N'aperçut ni cor, ni ramure,
        Ni cerf enfin. L'habitant des forêts
Rend déjà grâce aux bœufs, attend dans cette étable
Que, chacun retournant au travail de Cérès,
Il trouve pour sortir un moment favorable.
L'un des bœufs ruminant lui dit : « Cela va bien ;
Mais quoi ! l'homme aux cent yeux n'a pas fait sa revue :
    Je crains fort pour toi sa venue ;
Jusque-là, pauvre cerf, ne te vante de rien. »
Là-dessus le maître entre et vient faire sa ronde.
    « Qu'est-ce ci ? dit-il à son monde ;
Je trouve bien peu d'herbe en tous ces râteliers.
Cette litière est vieille ; allez vite aux greniers.
Je veux voir désormais vos bêtes mieux soignées.
Que coûte-t-il d'ôter toutes ces araignées ?
Ne sauroit-on ranger ces jougs et ces colliers ? »
En regardant à tout il voit une autre tête
Que celles qu'il voyoit d'ordinaire en ce lieu.
Le cerf est reconnu : chacun prend un épieu ;
    Chacun donne un coup à la bête.
Ses larmes ne sauroient la sauver du trépas.
On l'emporte, on la sale, on en fait maint repas
    Dont maint voisin s'éjouit d'être.

Phèdre sur ce sujet dit fort élégamment :
    « Il n'est, pour voir que l'œil du maître. »
Quant à moi, j'y mettrois encor l'œil de l'amant.

Fable XXII. — *L'Alouette et ses Petits,
avec le Maître d'un champ.*

Ne t'attends qu'à toi seul ; c'est un commun proverbe.
   Voici comme Ésope le mit
     En crédit :

   Les alouettes font leur nid
   Dans les blés quand ils sont en herbe,
    C'est-à-dire environ le temps
Que tout aime et que tout pullule dans le monde,
   Monstres marins au fond de l'onde,
Tigres dans les forêts, alouettes aux champs.
   Une pourtant de ces dernières
Avoit laissé passer la moitié d'un printemps
Sans goûter le plaisir des amours printanières.
A toute force enfin elle se résolut
D'imiter la nature et d'être mère encore.
Elle bâtit un nid, pond, couve et fait éclore,
A la hâte : le tout alla du mieux qu'il put.
Les blés d'alentour mûrs avant que la nitée
   Se trouvât assez forte encor
   Pour voler et prendre l'essor,
De mille soins divers l'alouette agitée
S'en va chercher pâture, avertit ses enfans
D'être toujours au guet et faire sentinelle.
   « Si le possesseur de ces champs
Vient avecque son fils, comme il viendra, dit-elle,
   Écoutez bien : selon ce qu'il dira,
    Chacun de nous décampera. »
Sitôt que l'alouette eut quitté sa famille,
Le possesseur du champ vient avecque son fils.
« Ces blés sont mûrs, dit-il : allez chez nos amis
Les prier que chacun, apportant sa faucille,
Nous vienne aider demain dès la pointe du jour. »
   Notre alouette de retour
   Trouve en alarme sa couvée.
L'un commence : « Il a dit que l'aurore levée,

L'on fit venir demain ses amis pour l'aider.
— S'il n'a dit que cela, repartit l'alouette,
Rien ne nous presse encor de changer de retraite ;
Mais c'est demain qu'il faut tout de bon écouter
Cependant soyez gais ; voilà de quoi manger. »
Eux repus, tout s'endort, les petits et la mère.
L'aube du jour arrive, et d'amis point du tout.
L'alouette à l'essor [1], le maître s'en vient faire
     Sa ronde ainsi qu'à l'ordinaire.
« Ces blés ne devroient pas, dit-il, être debout.
Nos amis ont grand tort ; et tort qui se repose
Sur de tels paresseux, à servir ainsi lents.
     Mon fils, allez chez nos parens
     Les prier de la même chose. »
L'épouvante est au nid plus forte que jamais.
« Il a dit ses parens, mère ! c'est à cette heure.
— Non, mes enfants ; dormez en paix :
Ne bougeons de notre demeure. »
L'alouette eut raison ; car personne ne vint.
Pour la troisième fois, le maître se souvint
De visiter ses blés. « Notre erreur est extrême,
Dit-il, de nous attendre à d'autres gens que nous
Il n'est meilleur ami ni parent que soi-même.
Retenez bien cela, mon fils. Et savez-vous
Ce qu'il faut faire ? Il faut qu'avec notre famille
Nous prenions dès demain chacun une faucille :
C'est là notre plus court ; et nous achèverons
     Notre moisson quand nous pourrons. »
Dès lors que ce dessein fut su de l'alouette :
« C'est ce coup qu'il est bon de partir, mes enfans ! »
     Et les petits, en même temps,
     Voletans, se culebutans,
     Délogèrent tous sans trompette.

1. L'alouette ayant pris sa volée.

LIVRE CINQUIÈME.

Fable I. — *Le Bûcheron et Mercure.*

A M. L. C. D. B.[1].

Votre goût a servi de règle à mon ouvrage :
J'ai tenté les moyens d'acquérir son suffrage.
Vous voulez qu'on évite un soin trop curieux,
Et des vains ornemens l'effort ambitieux ;
Je le veux comme vous : cet effort ne peut plaire.
Un auteur gâte tout quand il veut trop bien faire.
Non qu'il faille bannir certains traits délicats :
Vous les aimez, ces traits ; et je ne les hais pas.
Quant au principal but qu'Ésope se propose,
  J'y tombe au moins mal que je puis.
Enfin, si dans ces vers je ne plais et n'instruis,
 Il ne tient pas à moi ; c'est toujours quelque chose.
   Comme la force est un point
   Dont je ne me pique point,
Je tâche d'y tourner le vice en ridicule,
Ne pouvant l'attaquer avec des bras d'Hercule.
C'est là tout mon talent ; je ne sais s'il suffit.
  Tantôt je peins en un récit
La sotte vanité jointe avecque l'envie,
Deux pivots sur qui roule aujourd'hui notre vie :
   Tel est ce chétif animal
Qui voulut en grosseur au bœuf se rendre égal.
J'oppose quelquefois par une double image
Le vice à la vertu, la sottise au bon sens ;
  Les agneaux aux loups ravissans,
La mouche à la fourmi : faisant de cet ouvrage
Une ample comédie à cent actes divers,
   Et dont la scène est l'univers.
Hommes, dieux, animaux, tout y fait quelque rôle,
Jupiter comme un autre. Introduisons celui

1. Probablement à M. le chevalier de Bouillon.

Qui porte de sa part aux belles la parole :
Ce n'est pas de cela qu'il s'agit aujourd'hui.

    Un bûcheron perdit son gagne-pain,
    C'est sa cognée ; et la cherchant en vain,
    Ce fut pitié là-dessus de l'entendre.
    Il n'avoit pas des outils à revendre :
    Sur celui-ci rouloit tout son avoir.
    Ne sachant donc où mettre son espoir,
    Sa face étoit de pleurs toute baignée :
    « O ma cognée ! ô ma pauvre cognée !
    S'écrioit-il ; Jupiter, rends-la-moi ;
    Je tiendrai l'être encore un coup de toi. »
    Sa plainte fut de l'Olympe entendue.
    Mercure vient : « Elle n'est pas perdue,
    Lui dit ce dieu ; la connoîtras-tu bien ?
    Je crois l'avoir près d'ici rencontrée. »
    Lors une d'or à l'homme étant montrée,
    Il répondit : « Je n'y demande rien. »
    Une d'argent succède à la première ;
    Il la refuse. Enfin une de bois.
    « Voilà, dit-il, la mienne cette fois :
    Je suis content si j'ai cette dernière.
    — Tu les auras, dit le dieu, toutes trois :
    Ta bonne foi sera récompensée.
    — En ce cas-là je les prendrai, » dit-il.
    L'histoire en est aussitôt dispersée ;
    Et boquillons de perdre leur outil,
    Et de crier pour se le faire rendre.
    Le roi des dieux ne sait auquel entendre.
    Son fils Mercure aux criards vient encor ;
    A chacun d'eux il en montre une d'or.
    Chacun eût cru passer pour une bête
    De ne pas dire aussitôt : « La voilà ! »
    Mercure, au lieu de donner celle-là,
    Leur en décharge un grand coup sur la tête.

    Ne point mentir, être content du sien

C'est le plus sûr : cependant on s'occupe
A dire faux pour attraper du bien.
Que sert cela? Jupiter n'est pas dupe.

FABLE II. — *Le Pot de terre et le Pot de fer.*

Le pot de fer proposa
Au pot de terre un voyage.
Celui-ci s'en excusa,
Disant qu'il feroit que sage [1]
De garder le coin du feu :
Car il lui falloit si peu,
Si peu que la moindre chose
De son débris seroit cause :
Il n'en reviendroit morceau.
« Pour vous, dit-il, dont la peau
Est plus dure que la mienne,
Je ne vois rien qui vous tienne.
— Nous vous mettrons à couvert,
Repartit le pot de fer :
Si quelque matière dure
Vous menace d'aventure,
Entre deux je passerai,
Et du coup vous sauverai. »
Cette offre le persuade.
Pot de fer son camarade
Se met droit à ses côtés.
Mes gens s'en vont à trois pieds
Clopin clopant comme ils peuvent,
L'un contre l'autre jetés
Au moindre hoquet qu'ils treuvent.
Le pot de terre en souffre; il n'eut pas fait cent pas
Que par son compagnon il fut mis en éclats,
    Sans qu'il eût lieu de se plaindre.

---

1. Qu'il feroit sagement, qu'il feroit ce que sage doit faire.

Ne nous associons qu'avecque nos égaux ;
    Ou bien il nous faudra craindre
    Le destin d'un de ces pots.

FABLE III. — *Le petit Poisson et le Pêcheur.*

Petit poisson deviendra grand,
Pourvu que Dieu lui prête vie :
Mais le lâcher en attendant,
Je tiens pour moi que c'est folie :
Car de le rattraper il n'est pas trop certain.

Un carpeau, qui n'étoit encore que fretin,
Fut pris par un pêcheur au bord d'une riviere.
« Tout fait nombre, dit l'homme, en voyant son butin;
Voilà commencement de chère et de festin :
    Mettons-le en notre gibecière. »
Le pauvre carpillon lui dit en sa manière :
« Que ferez-vous de moi? je ne saurois fournir
    Au plus qu'une demi-bouchée.
    Laissez-moi carpe devenir :
    Je serai par vous repêchée ;
Quelque gros partisan m'achètera bien cher :
    Au lieu qu'il vous en faut chercher
    Peut-être encor cent de ma taille
Pour faire un plat : quel plat! croyez-moi, rien qui vaille.
— Rien qui vaille ! eh bien ! soit, repartit le pêcheur :
Poisson, mon bel ami, qui faites le prêcheur,
Vous irez dans la poêle ; et, vous avez beau dire,
    Dès ce soir on vous fera frire. »

Un Tiens vaut, ce dit-on, mieux que deux Tu l'auras :
    L'un est sûr ; l'autre ne l'est pas.

FABLE IV. — *Les Oreilles du Lièvre.*

Un animal cornu blessa de quelques coups

Le lion qui, plein de courroux,
Pour ne plus tomber en la peine,
Bannit des lieux de son domaine
Toute bête portant des cornes à son front.
Chèvres, béliers, taureaux, aussitôt délogèrent;
Daims et cerfs de climat changèrent :
Chacun à s'en aller fut prompt.
Un lièvre, apercevant l'ombre de ses oreilles,
Craignit que quelque inquisiteur
N'allât interpréter à cornes leur longueur,
Ne les soutînt en tout à des cornes pareilles.
« Adieu, voisin grillon, dit-il; je pars d'ici :
Mes oreilles enfin seroient cornes aussi ;
Et quand je les aurois plus courtes qu'une autruche,
Je craindrois même encor. » Le grillon repartit :
« Cornes cela ! Vous me prenez pour cruche !
Ce sont oreilles que Dieu fit.
— On les fera passer pour cornes,
Dit l'animal craintif, et cornes de licornes.
J'aurai beau protester ; mon dire et mes raisons
Iront aux Petites-Maisons. »

FABLE V. — *Le Renard ayant la queue coupée.*

Un vieux renard, mais des plus fins,
Grand croqueur de poulets, grand preneur de lapins,
Sentant son renard d'une lieue,
Fut enfin au piége attrapé.
Par grand hasard en étant échappé,
Non pas franc, car pour gage il y laissa sa queue;
S'étant, dis-je, sauvé sans queue, et tout honteux,
Pour avoir des pareils (comme il étoit habile),
Un jour que les renards tenoient conseil entre eux :
« Que faisons-nous, dit-il, de ce poids inutile,
Et qui va balayant tous les sentiers fangeux?
Que nous sert cette queue ? il faut qu'on se la coupe :
Si l'on me croit, chacun s'y résoudra.

—Votre avis est fort bon, dit quelqu'un de la troupe :
Mais tournez-vous, de grâce ; et l'on vous répondra. »
A ces mots il se fit une telle huée
Que le pauvre écourté ne put être entendu.
Prétendre ôter la queue eût été temps perdu :
     La mode en fut continuée.

FABLE VI. — *La Vieille et les deux Servantes.*

Il étoit une vieille ayant deux chambrières :
Elles filoient si bien que les sœurs filandières
Ne faisoient que brouiller au prix de celles-ci.
La vieille n'avoit point de plus pressant souci
Que de distribuer aux servantes leur tâche.
Dès que Thétis chassoit Phébus aux crins dorés,
Tourets entroient en jeu, fuseaux étoient tirés ;
    Deçà, delà, vous en aurez :
    Point de cesse, point de relâche.
Dès que l'Aurore, dis-je, en son char remontoit,
Un misérable coq à point nommé chantoit ;
Aussitôt notre vieille, encor plus misérable,
S'affubloit d'un jupon crasseux et détestable,
Allumoit une lampe, et couroit droit au lit
Où, de tout leur pouvoir, de tout leur appétit,
    Dormoient les deux pauvres servantes.
L'une entr'ouvroit un œil, l'autre étendoit un bras ;
    Et toutes deux, très-mal contentes,
Disoient entre leurs dents : « Maudit coq ! tu mourras ! »
Comme elles l'avoient dit, la bête fut grippée :
Le réveille-matin eut la gorge coupée.
Ce meurtre n'amenda nullement leur marché :
Notre couple, au contraire, à peine étoit couché
Que la vieille, craignant de laisser passer l'heure,
Couroit comme un lutin par toute sa demeure.

    C'est ainsi que, le plus souvent,
Quand on pense sortir d'une mauvaise affaire,

On s'enfonce encor plus avant :
Témoin ce couple et son salaire.
La vieille, au lieu du coq, les fit tomber par là
De Charybde en Scylla.

FABLE VII. — *Le Satyre et le Passant.*

Au fond d'un antre sauvage
Un satyre et ses enfans
Alloient manger leur potage,
Et prendre l'écuelle aux dents.

On les eût vus sur la mousse,
Lui, sa femme, et maint petit :
Ils n'avoient tapis ni housse,
Mais tous fort bon appétit.

Pour se sauver de la pluie
Entre un passant morfondu.
Au brouet on le convie,
Il n'étoit pas attendu.

Son hôte n'eut pas la peine
De le semondre[1] deux fois.
D'abord avec son haleine
Il se réchauffe les doigts :

Puis sur le mets qu'on lui donne,
Délicat, il souffle aussi.
Le satyre s'en étonne :
« Notre hôte ! à quoi bon ceci ?

— L'un refroidit mon potage ;
L'autre réchauffe ma main.
— Vous pouvez, dit le sauvage,
Reprendre votre chemin.

1. « De l'inviter. »

Ne plaise aux dieux que je couche
Avec vous sous même toit!
Arrière ceux dont la bouche
Souffle le chaud et le froid! »

Fable VIII. — *Le Cheval et le Loup.*

Un certain loup, dans la saison
Que les tièdes zéphyrs ont l'herbe rajeunie,
Et que les animaux quittent tous la maison
    Pour s'en aller chercher leur vie;
Un loup, dis-je, au sortir des rigueurs de l'hiver,
Aperçut un cheval qu'on avoit mis au vert.
    Je laisse à penser quelle joie.
« Bonne chasse, dit-il, qui l'auroit à son croc!
Eh! que n'es-tu mouton! car tu me serois hoc;
Au lieu qu'il faut ruser pour avoir cette proie.
Rusons donc. » Ainsi dit, il vient à pas comptés,
    Se dit écolier d'Hippocrate;
Qu'il connoît les vertus et les propriétés
    De tous les simples de ces prés;
    Qu'il sait guérir, sans qu'il se flatte,
Toutes sortes de maux. Si dom coursier vouloit
    Ne point celer sa maladie,
    Lui loup, gratis, le guériroit;
    Car le voir en cette prairie
    Paître ainsi sans être lié,
Témoignoit quelque mal, selon la médecine.
    « J'ai, dit la bête chevaline,
    Une apostume sous le pied.
— Mon fils, dit le docteur, il n'est point de partie
    Susceptible de tant de maux.
J'ai l'honneur de servir nosseigneurs les chevaux,
    Et fais aussi la chirurgie. »
Mon galant ne songeoit qu'à bien prendre son temps,
    Afin de happer son malade.
L'autre, qui s'en doutoit, lui lâche une ruade

Qui vous lui met en marmelade
Les mandibules[1] et les dents.
« C'est bien fait, dit le loup en soi-même fort triste;
Chacun à son métier doit toujours s'attacher :
Tu veux faire ici l'herboriste,
Et ne fus jamais que boucher. »

FABLE IX. — *Le Laboureur et ses Enfans.*

Travaillez, prenez de la peine :
C'est le fonds qui manque le moins.

Un riche laboureur, sentant sa mort prochaine,
Fit venir ses enfans, leur parla sans témoins.
« Gardez-vous, leur dit-il, de vendre l'héritage
Que nous ont laissé nos parens :
Un trésor est caché dedans.
Je ne sais pas l'endroit ; mais un peu de courage
Vous le fera trouver : vous en viendrez à bout.
Remuez votre champ dès qu'on aura fait l'oût[2] :
Creusez, fouillez, bêchez ; ne laissez nulle place
Où la main ne passe et repasse. »
Le père mort, les fils vous retournent le champ,
Deçà, delà, partout ; si bien qu'au bout de l'an
Il en rapporta davantage.
D'argent, point de caché. Mais le père fut sage
De leur montrer, avant sa mort,
Que le travail est un trésor.

FABLE X. — *La Montagne qui accouche.*

Une montagne en mal d'enfant

---

1. « Les mâchoires. »
2. *L'oût*, pour dire la moisson, parce que la moisson se fait dans le mois d'août.

Jetoit une clameur si haute
Que chacun, au bruit accourant,
Crut qu'elle accoucheroit sans faute
D'une cité plus grosse que Paris :
Elle accoucha d'une souris.

Quand je songe à cette fable,
Dont le récit est menteur
Et le sens est véritable,
Je me figure un auteur
Qui dit : « Je chanterai la guerre
Que firent les Titans au maître du tonnerre. »
C'est promettre beaucoup ; mais qu'en sort-il souvent?
Du vent.

Fable XI. — *La Fortune et le jeune Enfant.*

Sur le bord d'un puits très-profond
Dormoit, étendu de son long,
Un enfant alors dans ses classes :
Tout est aux écoliers couchette et matelas.
Un honnête homme, en pareil cas,
Auroit fait un saut de vingt brasses.
Près de là tout heureusement
La Fortune passa, l'éveilla doucement,
Lui disant : « Mon mignon, je vous sauve la vie;
Soyez une autre fois plus sage, je vous prie.
Si vous fussiez tombé, l'on s'en fût pris à moi;
Cependant c'étoit votre faute.
Je vous demande, en bonne foi,
Si cette imprudence si haute
Provient de mon caprice. » Elle part à ces mots.
Pour moi, j'approuve son propos.
Il n'arrive rien dans le monde
Qu'il ne faille qu'elle en réponde :
Nous la faisons de tous écots;
Elle est prise à garant de toutes aventures.

Est-on sot, étourdi, prend-on mal ses mesures;
On pense en être quitte en accusant son sort :
   Bref, la Fortune a toujours tort.

       FABLE XII. — *Les Médecins.*

Le médecin Tant-pis alloit voir un malade
Que visitoit aussi son confrère Tant-mieux.
Ce dernier espéroit, quoique son camarade
Soutînt que le gisant iroit voir ses aïeux.
Tous deux s'étant trouvés différens pour la cure,
Leur malade paya le tribut à nature,
Après qu'en ses conseils Tant-pis eut été cru.
Ils triomphoient encor sur cette maladie.
L'un disoit : « Il est mort ; je l'avois bien prévu.
— S'il m'eût cru, disoit l'autre, il seroit plein de vie. »

       FABLE XIII. — *La Poule aux œufs d'or.*

L'avarice perd tout en voulant tout gagner.
    Je ne veux, pour le témoigner,
  Que celui dont la poule, à ce que dit la fable,
    Pondoit tous les jours un œuf d'or.
Il crut que dans son corps elle avoit un trésor;
Il la tua, l'ouvrit, et la trouva semblable
A celles dont les œufs ne lui rapportoient rien,
S'étant lui-même ôté le plus beau de son bien.

    Belle leçon pour les gens chiches!
Pendant ces derniers temps, combien en a-t-on vus
Qui du soir au matin sont pauvres devenus
    Pour vouloir trop tôt être riches!

       FABLE XIV. — *L'Ane portant des Reliques.*

  Un baudet chargé de reliques

S'imagina qu'on l'adoroit :
Dans ce penser il se carroit,
Recevant comme siens l'encens et les cantiques
Quelqu'un vit l'erreur, et lui dit :
« Maître baudet, ôtez-vous de l'esprit
Une vanité si folle.
Ce n'est pas vous, c'est l'idole
A qui cet honneur se rend,
Et que la gloire en est due. »

D'un magistrat ignorant
C'est la robe qu'on salue.

Fable XV. — *Le Cerf et la Vigne.*

Un cerf, à la faveur d'une vigne fort haute,
Et telle qu'on en voit en de certains climats,
S'étant mis à couvert et sauvé du trépas,
Les veneurs, pour ce coup, croyoient leurs chiens en faute.
Ils les rappellent donc. Le cerf, hors de danger,
Broute sa bienfaitrice : ingratitude extrême !
On l'entend ; on retourne, on le fait déloger :
Il vient mourir en ce lieu même.
« J'ai mérité, dit-il, ce juste châtiment :
Profitez-en, ingrats. » Il tombe en ce moment.
La meute en fait curée : il lui fut inutile
De pleurer aux veneurs à sa mort arrivés.

Vraie image de ceux qui profanent l'asile
Qui les a conservés.

Fable XVI. — *Le Serpent et la Lime.*

On conte qu'un serpent, voisin d'un horloger
(C'étoit pour l'horloger un mauvais voisinage),
Entra dans sa boutique, et, cherchant à manger,

N'y rencontra pour tout potage
Qu'une lime d'acier qu'il se mit à ronger.
Cette lime lui dit, sans se mettre en colère :
« Pauvre ignorant, eh ! que prétends-tu faire ?
    Tu te prends à plus dur que toi,
    Petit serpent à tête folle :
    Plutôt que d'emporter de moi
    Seulement le quart d'une obole,
    Tu te romprois toutes les dents.
    Je ne crains que celles du temps. »

Ceci s'adresse à vous, esprits du dernier ordre,
Qui, n'étant bons à rien, cherchez sur tout à mordre.
    Vous vous tourmentez vainement.
Croyez-vous que vos dents impriment leurs outrages
    Sur tant de beaux ouvrages ?
Ils sont pour vous d'airain, d'acier, de diamant.

Fable XVII. — *Le Lièvre et la Perdrix*.

Il ne se faut jamais moquer des misérables,
Car qui peut s'assurer d'être toujours heureux ?
    Le sage Ésope dans ses fables
    Nous en donne un exemple ou deux.
    Celui qu'en ces vers je propose,
    Et les siens, ce sont même chose.

Le lièvre et la perdrix, concitoyens d'un champ,
Vivoient dans un état, ce semble, assez tranquille,
    Quand une meute s'approchant
Oblige le premier à chercher un asile :
Il s'enfuit dans son fort, met les chiens en défaut,
    Sans même en excepter Brifaut.
    Enfin il se trahit lui-même
Par les esprits sortant de son corps échauffé.
Miraut, sur leur odeur ayant philosophé,
Conclut que c'est son lièvre, et d'une ardeur extrême

Il le pousse ; et Rustaut, qui n'a jamais menti,
    Dit que le lièvre est reparti.
Le pauvre malheureux vient mourir à son gîte.
      La perdrix le raille et lui dit :
      « Tu te vantois d'être si vite !
Qu'as-tu fait de tes pieds ? » Au moment qu'elle rit,
Son tour vient ; on la trouve Elle croit que ses ailes
La sauront garantir à toute extrémité ;
      Mais la pauvrette avoit compté
      Sans l'autour aux serres cruelles.

FABLE XVIII. — *L'Aigle et le Hibou.*

L'aigle et le chat-huant leurs querelles cessèrent,
    Et firent tant qu'ils s'embrassèrent.
L'un jura foi de roi, l'autre foi de hibou,
Qu'ils ne se goberoient leurs petits peu ni prou.
« Connoissez-vous les miens ? dit l'oiseau de Minerve.
— Non, dit l'aigle. — Tant pis, reprit le triste oiseau :
    Je crains en ce cas pour leur peau ;
    C'est hasard si je les conserve.
Comme vous êtes roi, vous ne considérez
Qui ni quoi : rois et dieux mettent, quoi qu'on leur die,
    Tout en même catégorie.
Adieu mes nourrissons, si vous les rencontrez.
— Peignez-les-moi, dit l'aigle, ou bien me les montrez ;
    Je n'y toucherai de ma vie. »
Le hibou repartit : « Mes petits sont mignons,
Beaux, bien faits, et jolis sur tous leurs compagnons :
Vous les reconnoîtrez sans peine à cette marque.
N'allez pas l'oublier ; retenez-la si bien
    Que chez moi la maudite Parque
    N'entre point par votre moyen. »
Il avint qu'au hibou Dieu donna géniture ;
De façon qu'un beau soir qu'il étoit en pâture,
    Notre aigle aperçut, d'aventure,
    Dans les coins d'une roche dure,

Ou dans les trous d'une masure
(Je ne sais pas lequel des deux),
De petits monstres fort hideux,
Rechignés, un air triste, une voix de Mégère.
« Ces enfans ne sont pas, dit l'aigle, à notre ami :
Croquons-les. » Le galant n'en fit pas à demi :
Ses repas ne sont point repas à la légère.
Le hibou, de retour, ne trouve que les pieds
De ses chers nourrissons, hélas ! pour toute chose.
Il se plaint ; et les dieux sont par lui suppliés
De punir le brigand qui de son deuil est cause.
Quelqu'un lui dit alors : « N'en accuse que toi,
Ou plutôt la commune loi
Qui veut qu'on trouve son semblable
Beau, bien fait, et sur tous aimable.
Tu fis de tes enfans à l'aigle ce portrait :
En avoient-ils le moindre trait ? »

Fable XIX. — *Le Lion s'en allant en guerre.*

Le lion dans sa tête avoit une entreprise :
Il tint conseil de guerre, envoya ses prévôts,
Fit avertir les animaux.
Tous furent du dessein, chacun selon sa guise :
L'éléphant devoit sur son dos
Porter l'attirail nécessaire,
Et combattre à son ordinaire ;
L'ours, s'apprêter pour les assauts ;
Le renard ménager de secrètes pratiques ;
Et le singe, amuser l'ennemi par ses tours.
« Renvoyez, dit quelqu'un, les ânes, qui sont lourds,
Et les lièvres, sujets à des terreurs paniques.
— Point du tout, dit le roi, je les veux employer :
Notre troupe sans eux ne seroit pas complète.
L'âne effraiera les gens, nous servant de trompette ;
Et le lièvre pourra nous servir de courrier. »

Le monarque prudent et sage
De ses moindres sujets sait tirer quelque usage,
Et connoît les divers talens.
Il n'est rien d'inutile aux personnes de sens.

Fable XX. — *L'Ours et les deux Compagnons.*

Deux compagnons, pressés d'argent,
A leur voisin fourreur vendirent
La peau d'un ours encor vivant,
Mais qu'ils tueroient bientôt, du moins à ce qu'ils dirent.
C'étoit le roi des ours au compte de ces gens :
Le marchand à sa peau devoit faire fortune ;
Elle garantiroit des froids les plus cuisans ;
On en pourroit fourrer plutôt deux robes qu'une.
Dindenau[1] prisoit moins ses moutons qu'eux leur ours :
Leur, à leur compte, et non à celui de la bête.
S'offrant de la livrer au plus tard dans deux jours,
Ils conviennent de prix, et se mettent en quête,
Trouvent l'ours qui s'avance et vient vers eux au trot.
Voilà mes gens frappés comme d'un coup de foudre.
Le marché ne tint pas ; il fallut le résoudre :
D'intérêts contre l'ours, on n'en dit pas un mot.
L'un des deux compagnons grimpe au faîte d'un arbre
    L'autre, plus froid que n'est un marbre,
Se couche sur le nez, fait le mort, tient son vent,
    Ayant quelque part ouï dire
    Que l'ours s'acharne peu souvent
Sur un corps qui ne vit, ne meut, ni ne respire.
Seigneur ours, comme un sot, donna dans ce panneau :
Il voit ce corps gisant, le croit privé de vie ;
    Et, de peur de supercherie,
Le tourne, le retourne, approche son museau,
    Flaire aux passages de l'haleine.
« C'est, dit-il, un cadavre ; ôtons-nous, car il sent. »

---

1. Marchand de moutons dans Rabelais.

A ces mots, l'ours s'en va dans la forêt prochaine.
L'un de nos deux marchands de son arbre descend,
Court à son compagnon, lui dit que c'est merveille
Qu'il n'ait eu seulement que la peur pour tout mal.
« Eh bien! ajouta-t-il, la peau de l'animal?
   Mais que t'a-t-il dit à l'oreille?
   Car il t'approchoit de bien près,
   Te retournant avec sa serre.
   — Il m'a dit qu'il ne faut jamais
Vendre la peau de l'ours qu'on ne l'ait mis par terre. »

Fable XXI. — *L'Ane vêtu de la peau du Lion.*

De la peau du lion l'âne s'étant vêtu
   Étoit craint partout à la ronde;
   Et bien qu'animal sans vertu,
   Il faisoit trembler tout le monde.
Un petit bout d'oreille échappé par malheur
   Découvrit la fourbe et l'erreur :
   Martin fit alors son office.
Ceux qui ne savoient pas la ruse et la malice
   S'étonnoient de voir que Martin
   Chassât les lions au moulin.

   Force gens font du bruit en France
Par qui cet apologue est rendu familier.
   Un équipage cavalier
   Fait les trois quarts de leur vaillance

LIVRE SIXIÈME.

FABLE I. — *Le Pâtre et le Lion.*

Les fables ne sont pas ce qu'elles semblent être ;
Le plus simple animal nous y tient lieu de maître.
Une morale nue apporte de l'ennui :
Le conte fait passer le précepte avec lui.
En ces sortes de feinte il faut instruire et plaire ;
Et conter pour conter me semble peu d'affaire.
C'est par cette raison qu'égayant leur esprit
Nombre de gens fameux en ce genre ont écrit.
Tous ont fui l'ornement et le trop d'étendue ;
On ne voit point chez eux de parole perdue.
Phèdre étoit si succinct qu'aucuns l'en ont blâmé ;
Ésope en moins de mots s'est encore exprimé.
Mais sur tous certain Grec renchérit, et se pique
      D'une élégance laconique ;
Il renferme toujours son conte en quatre vers :
Bien ou mal, je le laisse à juger aux experts.
Voyons-le avec Ésope en un sujet semblable.
L'un amène un chasseur, l'autre un pâtre, en sa fable.
J'ai suivi leur projet quant à l'événement,
  Y cousant en chemin quelque trait seulement.
Voici comme, à peu près, Ésope le raconte :

Un pâtre, à ses brebis trouvant quelque mécompte,
Voulut à toute force attraper le larron.
Il s'en va près d'un antre, et tend à l'environ
Des lacs à prendre loups, soupçonnant cette engeance.
     Avant que partir de ces lieux,
« Si tu fais, disoit-il, ô monarque des dieux,
Que le drôle à ces lacs se prenne en ma présence,
    Et que je goûte ce plaisir,
    Parmi vingt veaux je veux choisir
    Le plus gras, et t'en faire offrande ! »
A ces mots sort de l'antre un lion grand et fort ;

Le pâtre se tapit, et dit, à demi mort :
« Que l'homme ne sait guère, hélas! ce qu'il demande!
Pour trouver le larron qui détruit mon troupeau,
Et le voir en ces lacs pris avant que je parte,
O monarque des dieux, je t'ai promis un veau;
Je te promets un bœuf si tu fais qu'il s'écarte! »

C'est ainsi que l'a dit le principal auteur :
    Passons à son imitateur.

Fable II. — *Le Lion et le Chasseur.*

Un fanfaron, amateur de la chasse,
Venant de perdre un chien de bonne race
Qu'il soupçonnoit dans le corps d'un lion,
Vit un berger. « Enseigne-moi, de grâce,
De mon voleur, lui dit-il, la maison;
Que de ce pas je me fasse raison. »
Le berger dit : « C'est vers cette montagne.
En lui payant de tribut un mouton
Par chaque mois, j'erre dans la campagne
Comme il me plaît; et je suis en repos. »
Dans le moment qu'ils tenoient ces propos
Le lion sort, et vient d'un pas agile.
Le fanfaron aussitôt d'esquiver;
« O Jupiter, montre-moi quelque asile,
S'écria-t-il, qui me puisse sauver! »

    La vraie épreuve de courage
N'est que dans le danger que l'on touche du doigt :
Tel le cherchoit, dit-il, qui, changeant de langage,
    S'enfuit aussitôt qu'il le voit.

FABLE III. — *Phébus et Borée.*

Borée et le Soleil virent un voyageur
    Qui s'étoit muni par bonheur
Contre le mauvais temps. On entroit dans l'automne,
Quand la précaution aux voyageurs est bonne :
Il pleut, le soleil luit ; et l'écharpe d'Iris
    Rend ceux qui sortent avertis
Qu'en ces mois le manteau leur est fort nécessaire :
Les Latins les nommoient douteux, pour cette affaire.
Notre homme s'étoit donc à la pluie attendu :
Bon manteau bien doublé, bonne étoffe bien forte.
« Celui-ci, dit le Vent, prétend avoir pourvu
A tous les accidens ; mais il n'a pas prévu
    Que je saurai souffler de sorte
Qu'il n'est bouton qui tienne : il faudra, si je veux,
    Que le manteau s'en aille au diable.
L'ébattement pourroit nous en être agréable :
Vous plaît-il de l'avoir ? — Eh bien ! gageons nous deux,
    Dit Phébus, sans tant de paroles,
A qui plus tôt aura dégarni les épaules
    Du cavalier que nous voyons.
Commencez : je vous laisse obscurcir mes rayons. »
Il n'en fallut pas plus. Notre souffleur à gage
Se gorge de vapeurs, s'enfle comme un ballon,
    Fait un vacarme de démon,
Siffle, souffle, tempête, et brise en son passage
Maint toit qui n'en peut mais, fait périr maint bateau :
    Le tout au sujet d'un manteau.
Le cavalier eut soin d'empêcher que l'orage
    Ne se pût engouffrer dedans.
Cela le préserva. Le vent perdit son temps:
Plus il se tourmentoit, plus l'autre tenoit ferme ·
Il eut beau faire agir le collet et les plis.
    Sitôt qu'il fut au bout du terme
    Qu'à la gageure on avoit mis,
    Le Soleil dissipe la nue,
Récrée et puis pénètre enfin le cavalier,

Sous son balandras fait qu'il sue,
Le contraint de s'en dépouiller :
Encor n'usa-t-il pas de toute sa puissance.

Plus fait douceur que violence.

FABLE IV. — *Jupiter et le Métayer.*

Jupiter eut jadis une ferme à donner.
Mercure en fit l'annonce, et gens se présentèrent,
Firent des offres, écoutèrent :
Ce ne fut pas sans bien tourner ;
L'un alléguoit que l'héritage
Étoit frayant[1] et rude, et l'autre un autre si.
Pendant qu'ils marchandoient ainsi,
Un d'eux, le plus hardi, mais non pas le plus sage,
Promit d'en rendre tant, pourvu que Jupiter
Le laissât disposer de l'air,
Lui donnât saison à sa guise,
Qu'il eût du chaud, du froid, du beau temps, de la bise,
Enfin du sec et du mouillé,
Aussitôt qu'il auroit bâillé.
Jupiter y consent. Contrat passé, notre homme
Tranche du roi des airs, pleut, vente, et fait en somme
Un climat pour lui seul : ses plus proches voisins
Ne s'en sentoient non plus que les Américains.
Ce fut leur avantage : ils eurent bonne année,
Pleine moisson, pleine vinée.
Monsieur le receveur fut très-mal partagé.
L'an suivant, voilà tout changé :
Il ajuste d'une autre sorte
La température des cieux.
Son champ ne s'en trouve pas mieux ;
Celui de ses voisins fructifie et rapporte.
Que fait-il? il recourt au monarque des dieux ;

---

1. Occasionnait bien des frais.

Il confesse son imprudence.
Jupiter en usa comme un maître fort doux.

    Concluons que la Providence
    Sait ce qu'il nous faut mieux que nous.

Fable V. — *Le Cochet, le Chat, et le Souriceau.*

Un souriceau tout jeune, et qui n'avoit rien vu,
    Fut presque pris au dépourvu.
Voici comme il conta l'aventure à sa mère :

« J'avois franchi les monts qui bornent cet État,
    Et trottois comme un jeune rat
    Qui cherche à se donner carrière,
Lorsque deux animaux m'ont arrêté les yeux :
    L'un doux, benin, et gracieux,
Et l'autre turbulent, et plein d'inquiétude ;
    Il a la voix perçante et rude,
    Sur la tête un morceau de chair,
Une sorte de bras dont il s'élève en l'air
    Comme pour prendre sa volée,
    La queue en panache étalée. »
Or, c'étoit un cochet dont notre souriceau
    Fit à sa mère le tableau
Comme d'un animal venu de l'Amérique.
« Il se battoit, dit-il, les flancs avec ses bras,
    Faisant tel bruit et tel fracas,
Que moi, qui grâce aux dieux de courage me pique,
    En ai pris la fuite de peur,
    Le maudissant de très-bon cœur.
    Sans lui j'aurois fait connoissance
Avec cet animal qui m'a semblé si doux :
    Il est velouté comme nous,
Marqueté, longue queue, une humble contenance,
Un modeste regard, et pourtant l'œil luisant.
    Je le crois fort sympathisant

Avec messieurs les rats; car il a des oreilles
  En figure aux nôtres pareilles.
Je l'allois aborder, quand d'un son plein d'éclat
  L'autre m'a fait prendre la fuite.
— Mon fils, dit la souris, ce doucet est un chat,
  Qui, sous son minois hypocrite,
  Contre toute ta parenté
  D'un malin vouloir est porté.
  L'autre animal, tout au contraire,
  Bien éloigné de nous mal faire,
Servira quelque jour peut-être à nos repas.
Quant au chat, c'est sur nous qu'il fonde sa cuisine.

  Garde-toi, tant que tu vivras,
  De juger des gens sur la mine. »

FABLE VI. — *Le Renard, le Singe, et les Animaux.*

Les animaux, au décès d'un lion,
En son vivant prince de la contrée,
Pour faire un roi s'assemblèrent, dit-on.
De son étui la couronne est tirée :
Dans une chartre un dragon la gardoit.
Il se trouva que, sur tous essayée,
A pas un d'eux elle ne convenoit :
Plusieurs avoient la tête trop menue,
Aucuns trop grosse, aucuns même cornue.
Le singe aussi fit l'épreuve en riant;
Et, par plaisir, la tiare essayant,
Il fit autour force grimaceries,
Tours de souplesse, et mille singeries,
Passa dedans ainsi qu'en un cerceau.
Aux animaux cela sembla si beau,
Qu'il fut élu : chacun lui fit hommage.
Le renard seul regretta son suffrage,
Sans toutefois montrer son sentiment.
Quand il eut fait son petit compliment,

Il dit au roi : « Je sais, sire, une cache,
Et ne crois pas qu'autre que moi la sache.
Or tout trésor, par droit de royauté,
Appartient, sire, à votre majesté. »
Le nouveau roi bâille après la finance;
Lui-même y court pour n'être pas trompé.
C'étoit un piége : il y fut attrapé.
Le renard dit, au nom de l'assistance :
« Prétendrois-tu nous gouverner encor,
Ne sachant pas te conduire toi-même? »
Il fut démis; et l'on tomba d'accord
Qu'à peu de gens convient le diadème.

FABLE VII. — *Le Mulet se vantant de sa généalogie.*

Le mulet d'un prélat se piquoit de noblesse,
    Et ne parloit incessamment
    Que de sa mère la jument,
    Dont il contoit mainte prouesse.
Elle avoit fait ceci; puis avoit été là.
    Son fils prétendoit pour cela
    Qu'on le dût mettre dans l'histoire.
Il eût cru s'abaisser servant un médecin.
Étant devenu vieux, on le mit au moulin :
Son père l'âne alors lui revint en mémoire.

    Quand le malheur ne seroit bon
    Qu'à mettre un sot à la raison,
    Toujours seroit-ce à juste cause
    Qu'on le dit bon à quelque chose.

FABLE VIII. — *Le Vieillard et l'Ane.*

Un vieillard sur son âne aperçut en passant
    Un pré plein d'herbe et fleurissant :
Il y lâche sa bête; et le grison se rue

Au travers de l'herbe menue,
Se vautrant, grattant, et frottant,
Gambadant, chantant, et broutant,
Et faisant mainte place nette.
L'ennemi vient sur l'entrefaite.
« Fuyons, dit alors le vieillard.
— Pourquoi? répondit le paillard ;
Me fera-t-on porter double bât, double charge?
— Non pas, dit le vieillard, qui prit d'abord le large.
— Eh ! que m'importe donc, dit l'âne, à qui je sois?
Sauvez-vous, et me laissez paître.
Notre ennemi, c'est notre maître :
Je vous le dis en bon françois. »

Fable IX. — *Le Cerf se voyant dans l'eau.*

Dans le cristal d'une fontaine
Un cerf se mirant autrefois,
Louoit la beauté de son bois,
Et ne pouvoit qu'avecque peine
Souffrir ses jambes de fuseaux,
Dont il voyoit l'objet se perdre dans les eaux.
« Quelle proportion de mes pieds à ma tête !
Disoit-il en voyant leur ombre avec douleur :
Des taillis les plus hauts mon front atteint le faîte ;
Mes pieds ne me font point d'honneur. »
Tout en parlant de la sorte,
Un limier le fait partir.
Il tâche à se garantir ;
Dans les forêts il s'emporte :
Son bois, dommageable ornement,
L'arrêtant à chaque moment,
Nuit à l'office que lui rendent
Ses pieds, de qui ses jours dépendent.
Il se dédit alors, et maudit les présens
Que le ciel lui fait tous les ans.

Nous faisons cas du beau, nous méprisons l'utile ;
    Et le beau souvent nous détruit.
Ce cerf blâme ses pieds qui le rendent agile ;
    Il estime un bois qui lui nuit.

FABLE X. — *Le Lièvre et la Tortue.*

Rien ne sert de courir ; il faut partir à point :
Le lièvre et la tortue en sont un témoignage.

« Gageons, dit celle-ci, que vous n'atteindrez point
Sitôt que moi ce but. — Sitôt ! êtes-vous sage ?
    Repartit l'animal léger :
    Ma commère, il vous faut purger
    Avec quatre grains d'ellébore.
    — Sage ou non, je parie encore. »
    Ainsi fut fait, et de tous deux
    On mit près du but les enjeux.
    Savoir quoi, ce n'est pas l'affaire,
    Ni de quel juge l'on convint.
Notre lièvre n'avoit que quatre pas à faire ;
J'entends de ceux qu'il fait lorsque, près d'être atteint,
Il s'éloigne des chiens, les renvoie aux calendes,
    Et leur fait arpenter les landes.
Ayant, dis-je, du temps de reste pour brouter,
    Pour dormir, et pour écouter
    D'où vient le vent, il laisse la tortue
    Aller son train de sénateur.
    Elle part, elle s'évertue ;
    Elle se hâte avec lenteur.
Lui cependant méprise une telle victoire,
    Tient la gageure à peu de gloire,
    Croit qu'il y va de son honneur
    De partir tard. Il broute, il se repose ;
    Il s'amuse à tout autre chose
    Qu'à la gageure. A la fin, quand il vit
Que l'autre touchoit presque au bout de la carrière,

Il partit comme un trait; mais les élans qu'il fit
Furent vains : la tortue arriva la première.
« Eh bien ! lui cria-t-elle, avois-je pas raison?
   De quoi vous sert votre vitesse?
   Moi l'emporter ! et que seroit-ce
   Si vous portiez une maison? »

Fable XI. — *L'Ane et ses maîtres.*

L'âne d'un jardinier se plaignoit au Destin
De ce qu'on le faisoit lever devant l'aurore.
« Les coqs, lui disoit-il, ont beau chanter matin,
   Je suis plus matineux encore.
Et pourquoi? pour porter des herbes au marché!
Belle nécessité d'interrompre mon somme ! »
   Le Sort, de sa plainte touché,
Lui donne un autre maître ; et l'animal de somme
Passe du jardinier aux mains d'un corroyeur.
La pesanteur des peaux et leur mauvaise odeur
Eurent bientôt choqué l'impertinente bête.
« J'ai regret, disoit-il, à mon premier seigneur :
   Encor, quand il tournoit la tête,
   J'attrapois, s'il m'en souvient bien,
Quelque morceau de chou qui ne me coûtoit rien :
Mais ici point d'aubaine, ou, si j'en ai quelqu'une,
C'est de coups. » Il obtint changement de fortune;
   Et sur l'état d'un charbonnier
   Il fut couché tout le dernier.
Autre plainte. « Quoi donc! dit le Sort en colère.
   Ce baudet-ci m'occupe autant
   Que cent monarques pourroient faire !
Croit-il être le seul qui ne soit pas content?
   N'ai-je en l'esprit que son affaire ? »

Le Sort avoit raison. Tous gens sont ainsi faits :
Notre condition jamais ne nous contente;

La pire est toujours la présente.
Nous fatiguons le ciel à force de placets.
Qu'à chacun Jupiter accorde sa requête,
Nous lui romprons encor la tête.

Fable XII. — *Le Soleil et les Grenouilles.*

Aux noces d'un tyran tout le peuple en liesse
    Noyoit son souci dans les pots.
Ésope seul trouvoit que les gens étoient sots
    De témoigner tant d'allégresse.

Le Soleil, disoit-il, eut dessein autrefois
    De songer à l'hyménée.
    Aussitôt on ouït, d'une commune voix,
        Se plaindre de leur destinée
        Les citoyennes des étangs.
« Que ferons-nous s'il lui vient des enfans?
Dirent-elles au Sort : un seul Soleil à peine
    Se peut souffrir ; une demi-douzaine
Mettra la mer à sec et tous ses habitans.
Adieu joncs et marais : notre race est détruite ;
    Bientôt on la verra réduite
A l'eau du Styx. » Pour un pauvre animal,
Grenouilles, à mon sens, ne raisonnoient pas mal.

Fable XIII. — *Le Villageois et le Serpent.*

    Ésope conte qu'un manant,
    Charitable autant que peu sage,
    Un jour d'hiver se promenant
    A l'entour de son héritage,
Aperçut un serpent sur la neige étendu,
Transi, gelé, perclus, immobile, rendu,
    N'ayant pas à vivre un quart d'heure.
Le villageois le prend, l'emporte en sa demeure ;

Et, sans considérer quel sera le loyer
    D'une action de ce mérite,
    Il l'étend le long du foyer,
    Le réchauffe, le ressuscite.
L'animal engourdi sent à peine le chaud,
Que l'âme lui revient avecque la colère.
Il lève un peu la tête, et puis siffle aussitôt ;
Puis fait un long repli, puis tâche à faire un saut
Contre son bienfaiteur, son sauveur, et son père.
« Ingrat, dit le manant, voilà donc mon salaire !
Tu mourras. » A ces mots, plein d'un juste courroux,
Il vous prend sa cognée, il vous tranche la bête ;
    Il fait trois serpents de deux coups,
    Un tronçon, la queue, et la tête.
L'insecte, sautillant, cherche à se réunir ;
    Mais il ne put y parvenir.

    Il est bon d'être charitable :
    Mais envers qui? c'est là le point.
    Quant aux ingrats, il n'en est point
    Qui ne meure enfin misérable.

FABLE XIV. — *Le Lion malade et le Renard.*

    De par le roi des animaux,
    Qui dans son antre étoit malade,
    Fut fait savoir à ses vassaux
    Que chaque espèce en ambassade
    Envoyât gens le visiter ;
    Sous promesse de bien traiter
    Les députés, eux et leur suite,
    Foi de lion, très-bien écrite :
    Bon passe-port contre la dent,
    Contre la griffe tout autant.
    L'édit du prince s'exécute :
    De chaque espèce on lui député.
    Les renards gardant la maison,

Un d'eux en dit cette raison :
« Les pas empreints sur la poussière
Par ceux qui s'en vont faire au malade leur cour,
Tous, sans exception, regardent sa tanière,
  Pas un ne marque de retour :
  Cela nous met en méfiance.
  Que sa majesté nous dispense :
  Grand merci de son passe-port.
  Je le crois bon : mais dans cet antre
  Je vois fort bien comme l'on entre,
  Et ne vois pas comme on en sort. »

Fable XV. — *L'Oiseleur, l'Autour, et l'Alouette.*

  Les injustices des pervers
  Servent souvent d'excuse aux nôtres.
  Telle est la loi de l'univers :
Si tu veux qu'on t'épargne, épargne aussi les autres.

Un manant au miroir prenoit des oisillons.
Le fantôme brillant attire une alouette :
Aussitôt un autour, planant sur les sillons,
  Descend des airs, fond et se jette
Sur celle qui chantoit, quoique près du tombeau.
Elle avoit évité la perfide machine,
Lorsque, se rencontrant sous la main de l'oiseau,
  Elle sent son ongle maline.
Pendant qu'à la plumer l'autour est occupé,
Lui-même sous les rets demeure enveloppé :
« Oiseleur, laisse-moi, dit-il en son langage ;
  Je ne t'ai jamais fait de mal. »
L'oiseleur repartit : « Ce petit animal
  T'en avoit-il fait davantage ? »

Fable XVI. — Le Cheval et l'Ane.

En ce monde il se faut l'un l'autre secourir :
    Si ton voisin vient à mourir,
    C'est sur toi que le fardeau tombe.

Un âne accompagnoit un cheval peu courtois,
Celui-ci ne portant que son simple harnois,
Et le pauvre baudet si chargé qu'il succombe.
Il pria le cheval de l'aider quelque peu ;
Autrement il mourroit devant qu'être à la ville.
« La prière, dit-il, n'en est pas incivile :
Moitié de ce fardeau ne vous sera que jeu. »
Le cheval refusa, fit une pétarade ;
Tant qu'il vit sous le faix mourir son camarade,
    Et reconnut qu'il avoit tort.
    Du baudet en cette aventure
    On lui fit porter la voiture,
    Et la peau par-dessus encor.

Fable XVII. — Le Chien qui lâche sa proie pour l'ombre.

    Chacun se trompe ici-bas :
    On voit courir après l'ombre
    Tant de fous qu'on n'en sait pas,
    La plupart du temps, le nombre.
Au chien dont parle Ésope il faut les renvoyer.

Ce chien voyant sa proie en l'eau représentée
La quitta pour l'image, et pensa se noyer :
La rivière devint tout d'un coup agitée ;
    A toute peine il regagna les bords,
    Et n'eut ni l'ombre ni le corps.

FABLE XVIII. — *Le Chartier embourbé.*

Le phaéton d'une voiture à foin
Vit son char embourbé. Le pauvre homme étoit loin
De tout humain secours : c'étoit à la campagne,
Près d'un certain canton de la Basse-Bretagne
    Appelé Quimper-Corentin.
On sait assez que le Destin
Adresse là les gens quand il veut qu'on enrage.
    Dieu nous préserve du voyage !
Pour venir au chartier embourbé dans ces lieux,
Le voilà qui déteste et jure de son mieux,
    Pestant, en sa fureur extrême,
Tantôt contre les trous, puis contre ses chevaux,
    Contre son char, contre lui-même.
Il invoque à la fin le dieu dont les travaux
    Sont si célèbres dans le monde :
« Hercule, lui dit-il, aide moi ; si ton dos
    A porté la machine ronde,
    Ton bras peut me tirer d'ici. »
Sa prière étant faite, il entend dans la nue
    Une voix qui lui parle ainsi :
    « Hercule veut qu'on se remue ;
Puis il aide les gens. Regarde d'où provient
    L'achoppement qui te retient ;
    Ote d'autour de chaque roue
Ce malheureux mortier, cette maudite boue
    Qui jusqu'à l'essieu les enduit ;
Prends ton pic, et me romps ce caillou qui te nuit ;
Comble-moi cette ornière. As-tu fait ? — Oui, dit l'homme.
— Or bien je vas t'aider, dit la voix ; prends ton fouet.
— Je l'ai pris.... Qu'est-ce ci ? mon char marche à souhait !
Hercule en soit loué ! » Lors la voix : « Tu vois comme
Tes chevaux aisément se sont tirés de là.

    Aide toi, le ciel t'aidera. »

Fable XIX. — *Le Charlatan.*

Le monde n'a jamais manqué de charlatans :
    Cette science, de tout temps,
    Fut en professeurs très-fertile.
Tantôt l'un en théâtre affronte l'Achéron,
    Et l'autre affiche par la ville
    Qu'il est un passe-Cicéron.
    Un des derniers se vantoit d'être
    En éloquence si grand maître,
    Qu'il rendroit disert un badaud,
    Un manant, un rustre, un lourdaud :
« Oui, messieurs, un lourdeau, un animal, un âne :
Que l'on m'amène un âne, un âne renforcé,
    Je le rendrai maître passé,
    Et veux qu'il porte la soutane. »
Le prince sut la chose ; il manda le rhéteur :
    « J'ai, dit-il, en mon écurie,
    Un fort beau roussin d'Arcadie ;
    J'en voudrois faire un orateur.
—Sire, vous pouvez tout, » reprit d'abord notre homme.
    On lui donna certaine somme.
    Il devoit au bout de dix ans
    Mettre son âne sur les bancs ;
Sinon il consentoit d'être en place publique
Guindé la hart au col, étranglé court et net,
    Ayant au dos sa rhétorique,
    Et les oreilles d'un baudet.
Quelqu'un des courtisans lui dit qu'à la potence
Il vouloit l'aller voir, et que, pour un pendu,
Il auroit bonne grâce et beaucoup de prestance :
Surtout qu'il se souvînt de faire à l'assistance
Un discours où son art fût au long étendu ;
Un discours pathétique, et dont le formulaire
    Servît à certains Cicérons
    Vulgairement nommés larrons.
    L'autre reprit : « Avant l'affaire,
    Le roi, l'âne, ou moi, nous mourrons. »

Il avoit raison. C'est folie
De compter sur dix ans de vie.
Soyons bien buvans, bien mangeans :
Nous devons à la mort de trois l'un en dix ans.

Fable XX. — *La Discorde.*

La déesse Discorde ayant brouillé les dieux,
Et fait un grand procès là-haut pour une pomme,
    On la fit déloger des cieux.
    Chez l'animal qu'on appelle homme
    On la reçut à bras ouverts,
    Elle et Que-si-que-non son frère,
    Avecque Tien-et-mien son père.
Elle nous fit l'honneur en ce bas univers
    De préférer notre hémisphère
A celui des mortels qui nous sont opposés,
    Gens grossiers, peu civilisés,
Et qui, se mariant sans prêtre et sans notaire,
    De la Discorde n'ont que faire.
Pour la faire trouver aux lieux où le besoin
    Demandoit qu'elle fût présente,
    La Renommée avoit le soin
    De l'avertir; et l'autre, diligente,
Couroit vite aux débats, et prévenoit la Paix;
Faisoit d'une étincelle un feu long à s'éteindre,
La Renommée enfin commença de se plaindre
    Que l'on ne lui trouvoit jamais
    De demeure fixe et certaine ;
Bien souvent l'on perdoit, à la chercher, sa peine :
Il falloit donc qu'elle eût un séjour affecté,
Un séjour d'où l'on pût en toutes les familles
    L'envoyer à jour arrêté.
Comme il n'étoit alors aucun couvent de filles,
    On y trouva difficulté.
    L'auberge enfin de l'hyménée
    Lui fut pour maison assinée.

Fable XXI. — *La jeune Veuve.*

La perte d'un époux ne va point sans soupirs :
On fait beaucoup de bruit, et puis on se console.
Sur les ailes du Temps la tristesse s'envole ;
  Le Temps ramène les plaisirs.
  Entre la veuve d'une année
  Et la veuve d'une journée
La différence est grande : on ne croiroit jamais
  Que ce fût la même personne ;
L'une fait fuir les gens, et l'autre a mille attraits :
Aux soupirs vrais ou faux celle-là s'abandonne ;
C'est toujours même note et pareil entretien.
  On dit qu'on est inconsolable :
  On le dit ; mais il n'en est rien,
  Comme on verra par cette fable,
  Ou plutôt par la vérité.

  L'époux d'une jeune beauté
Partoit pour l'autre monde. A ses côtés sa femme
Lui crioit : « Attends-moi, je te suis ; et mon âme,
Aussi bien que la tienne, est prête à s'envoler »
  Le mari fait seul le voyage.
La belle avoit un père, homme prudent et sage :
  Il laissa le torrent couler.
  A la fin pour la consoler :
« Ma fille, lui dit-il, c'est trop verser de larmes :
Qu'a besoin le défunt que vous noyiez vos charmes ?
Puisqu'il est des vivans, ne songez plus aux morts.
  Je ne dis pas que tout à l'heure
  Une condition meilleure
  Change en des noces ces transports ;
Mais après certain temps souffrez qu'on vous propose
Un époux, beau, bien fait, jeune, et tout autre chose
  Que le défunt. — Ah ! dit-elle aussitôt,
  Un cloître est l'époux qu'il me faut. »
Le père lui laissa digérer sa disgrâce.
  Un mois de la sorte se passe ;

L'autre mois on l'emploie à changer tous les jours
Quelque chose à l'habit, au linge, à la coiffure :
  Le deuil enfin sert de parure,
  En attendant d'autres atours.
  Toute la bande des Amours
Revient au colombier; les jeux, les ris, la danse,
  Ont aussi leur tour à la fin :
  On se plonge soir et matin
  Dans la fontaine de Jouvence.
Le père ne craint plus ce défunt tant chéri ;
Mais comme il ne parloit de rien à notre belle :
  « Où donc est le jeune mari
  Que vous m'avez promis? » dit-elle.

ÉPILOGUE.

 Bornons ici cette carrière :
 Les longs ouvrages me font peur.
 Loin d'épuiser une matière,
 On n'en doit prendre que la fleur
 Il s'en va temps que je reprenne
 Un peu de forces et d'haleine
 Pour fournir à d'autres projets.
 Amour, ce tyran de ma vie,
  Veut que je change de sujets :
 Il faut contenter son envie.
Retournons à Psyché. Damon, vous m'exhortez
A peindre ses malheurs et ses félicités :
  J'y consens; peut-être ma veine
  En sa faveur s'échauffera.
Heureux si ce travail est la dernière peine
  Que son époux me causera!

LIVRE SEPTIÈME.

A MADAME DE MONTESPAN.

L'Apologue est un don qui vient des immortels;
    Ou, si c'est un présent des hommes,
Quiconque nous l'a fait mérite des autels :
    Nous devons, tous tant que nous sommes,
    Ériger en divinité
Le sage par qui fut ce bel art inventé.
C'est proprement un charme : il rend l'âme attentive,
    Ou plutôt il la tient captive,
    Nous attachant à des récits
Qui mènent à son gré les cœurs et les esprits.
O vous qui l'imitez, Olympe, si ma muse
A quelquefois pris place à la table des dieux,
Sur ces dons aujourd'hui daignez porter les yeux;
Favorisez les jeux où mon esprit s'amuse!
Le temps, qui détruit tout, respectant votre appui,
Me laissera franchir les ans dans c t ouvrage :
Tout auteur qui voudra vivre encore après lui
    Doit s'acquérir votre suffrage.
C'est de vous que mes vers attendent tout leur prix :
    Il n'est beauté dans nos écrits
Dont vous ne connoissiez jusques aux moindres traces.
Eh! qui connoît que vous les beautés et les grâces!
Paroles et regards, tout est charme dans vous.
    Ma muse, en un sujet si doux,
    Voudroit s'étendre davantage :
Mais il faut réserver à d'autres cet emploi;
    Et d'un plus grand maître que moi
    Votre louange est le partage.
Olympe, c'est assez qu'à mon dernier ouvrage
Votre nom serve un jour de rempart et d'abri;
Protégez désormais le livre favori
Par qui j'ose espérer une seconde vie :
    Sous vos seuls auspices ces vers

Seront jugés, maigré l'envie,
Dignes des yeux de l'univers.
Je ne mérite pas une faveur si grande ;
La fable en son nom la demande :
Vous savez quel crédit ce mensonge a sur nous.
S'il procure à mes vers le bonheur de vous plaire,
Je croirai lui devoir un temple pour salaire :
Mais je ne veux bâtir des temples que pour vous

FABLE I. — *Les Animaux malades de la peste.*

Un mal qui répand la terreur,
    Mal que le ciel en sa fureur
Inventa pour punir les crimes de la terre,
La peste (puisqu'il faut l'appeler par son nom),
Capable d'enrichir en un jour l'Achéron,
    Faisoit aux animaux la guerre.
Ils n'en mouroient pas tous, mais tous étoient frappés :
    On n'en voyoit point d'occupés
A chercher le soutien d'une mourante vie ;
    Nul mets n'excitoit leur envie ;
    Ni loups ni renards n'épioient
    La douce et l'innocente proie ;
    Les tourterelles se fuyoient :
    Plus d'amour, partant plus de joie.
Le lion tint conseil, et dit : « Mes chers amis,
    Je crois que le ciel a permis
    Pour nos péchés cette infortune.
    Que le plus coupable de nous
Se sacrifie aux traits du céleste courroux,
Peut-être il obtiendra la guérison commune.
L'histoire nous apprend qu'en de tels accidens
    On fait de pareils dévouemens.
Ne nous flattons donc point ; voyons sans indulgence
    L'état de notre conscience.
Pour moi, satisfaisant mes appétits gloutons,

J'ai dévoré force moutons.
    Que m'avoient-ils fait? nulle offense;
Même il m'est arrivé quelquefois de manger
    Le berger.
Je me dévouerai donc, s'il le faut : mais je pense
Qu'il est bon que chacun s'accuse ainsi que moi;
Car on doit souhaiter, selon toute justice,
    Que le plus coupable périsse.
— Sire, dit le renard, vous êtes trop bon roi;
Vos scrupules font voir trop de délicatesse.
Eh bien! manger moutons, canaille, sotte espèce,
Est-ce un péché? Non, non. Vous leur fîtes, seigneur,
    En les croquant, beaucoup d'honneur;
    Et quant au berger l'on peut dire
    Qu'il étoit digne de tous maux,
Étant de ces gens-là qui sur les animaux
    Se font un chimérique empire. »
Ainsi dit le renard; et flatteurs d'applaudir.
    On n'osa trop approfondir
Du tigre, ni de l'ours, ni des autres puissances,
    Les moins pardonnables offenses :
Tous les gens querelleurs, jusqu'aux simples mâtins,
Au dire de chacun étoient de petits saints.
L'âne vint à son tour, et dit : « J'ai souvenance
    Qu'en un pré de moines passant,
La faim, l'occasion, l'herbe tendre, et, je pense,
    Quelque diable aussi me poussant,
Je tondis de ce pré la largeur de ma langue;
Je n'en avois nul droit, puisqu'il faut parler net. »
A ces mots on cria haro sur le baudet.
Un loup, quelque peu clerc, prouva par sa harangue
Qu'il falloit dévouer ce maudit animal,
Ce pelé, ce galeux, d'où venoit tout leur mal.
Sa peccadille fut jugée un cas pendable.
Manger l'herbe d'autrui! quel crime abominable!
    Rien que la mort n'étoit capable
D'expier son forfait. On le lui fit bien voir.

Selon que vous serez puissant ou misérable,
Les jugemens de cour vous rendront blanc ou noir.

Fable II. — *Le mal Marié.*

Que le bon soit toujours camarade du beau,
    Dès demain je chercherai femme ;
Mais comme le divorce entre eux n'est pas nouveau,
Et que peu de beaux corps, hôtes d'une belle âme,
    Assemblent l'un et l'autre point,
Ne trouvez pas mauvais que je ne cherche point.
J'ai vu beaucoup d'hymens ; aucuns d'eux ne me tentent :
Cependant des humains presque les quatre parts
S'exposent hardiment au plus grands des hasards ;
Les quatre parts aussi des humains se repentent.
J'en vais alléguer un qui, s'étant repenti,
    Ne put trouver d'autre parti
    Que de renvoyer son épouse,
    Querelleuse, avare et jalouse.
Rien ne la contentoit, rien n'étoit comme il faut :
On se levoit trop tard, on se couchoit trop tôt ;
Puis du blanc, puis du noir, puis encore autre chose.
Les valets enrageoient ; l'époux étoit à bout :
« Monsieur ne songe à rien, monsieur dépense tout,
    Monsieur court, monsieur se repose. »
    Elle en dit tant, que monsieur, à la fin,
    Lassé d'entendre un tel lutin,
    Vous la renvoie à la campagne
    Chez ses parens. La voilà donc compagne
De certaines Philis qui gardent les dindons,
    Avec les gardeurs de cochons.
Au bout de quelque temps qu'on la crut adoucie,
Le mari la reprend. « Eh bien ! qu'avez-vous fait ?
    Comment passiez-vous votre vie ?
L'innocence des champs est-elle votre fait ?
    — Assez, dit-elle : mais ma peine
Étoit de voir les gens plus paresseux qu'ici :

Ils n'ont des troupeaux nul souci.
Je leur savois bien dire, et m'attirois la haine
De tous ces gens si peu soigneux.
— Eh! madame, reprit son époux tout à l'heure,
Si votre esprit est si hargneux
Que le monde qui ne demeure
Qu'un moment avec vous, et ne revient qu'au soir,
Est déjà lassé de vous voir,
Que feront des valets qui, toute la journée,
Vous verront contre eux déchaînée?
Et que pourra faire un époux
Que vous voulez qui soit jour et nuit avec vous?
Retournez au village : adieu. Si de ma vie
Je vous rappelle, et qu'il m'en prenne envie,
Puissé-je chez les morts avoir, pour mes péchés,
Deux femmes comme vous sans cesse à mes côtés ! »

FABLE III. — *Le Rat qui s'est retiré du monde.*

Les Levantins en leur légende
Disent qu'un certain rat, las des soins d'ici-bas,
Dans un fromage de Hollande
Se retira loin du tracas.
La solitude étoit profonde,
S'étendant partout à la ronde.
Notre ermite nouveau subsistoit là dedans.
Il fit tant, de pieds et de dents,
Qu'en peu de jours il eut au fond de l'ermitage
Le vivre et le couvert : que faut-il davantage?
Il devint gros et gras : Dieu prodigue ses biens
A ceux qui font vœu d'être siens.
Un jour, au dévot personnage
Des députés du peuple rat
S'en vinrent demander quelque aumône légère :
Ils alloient en terre étrangère
Chercher quelque secours contre le peuple chat :

Ratopolis[1] étoit bloquée :
On les avoit contraints de partir sans argent,
  Attendu l'état indigent
  De la république attaquée.
Ils demandoient fort peu, certains que le secours
  Seroit prêt dans quatre ou cinq jours.
  « Mes amis, dit le solitaire,
Les choses d'ici-bas ne me regardent plus :
  En quoi peut un pauvre reclus
  Vous assister? que peut-il faire
Que de prier le ciel qu'il vous aide en ceci?
J'espère qu'il aura de vous quelque souci. »
  Ayant parlé de cette sorte,
  Le nouveau saint ferma sa porte.

  Qui désigné-je, à votre avis,
  Par ce rat si peu secourable?
  Un moine? Non, mais un dervis :
Je suppose qu'un moine est toujours charitable.

  FABLE IV. — *Le Héron.*

Un jour, sur ses longs pieds, alloit je ne sais où
Le héron au long bec emmanché d'un long cou :
  Il côtoyoit une rivière.
L'onde étoit transparente ainsi qu'aux plus beaux jours;
Ma commère la carpe y faisoit mille tours
  Avec le brochet son compère.
Le héron en eût fait aisément son profit :
Tous approchoient du bord; l'oiseau n'avoit qu'à prendre,
  Mais il crut mieux faire d'attendre
  Qu'il eût un peu plus d'appétit :
Il vivoit de régime et mangeoit à ses heures.
Après quelques momens l'appétit vint : l'oiseau,

---

1. Le mot *polis*, en grec, veut dire *ville. Ratopolis*, ville des rats.

S'approchant du bord, vit sur l'eau
Des tanches qui sortoient du fond de ces demeures.
Le mets ne lui plut pas ; il s'attendoit à mieux,
  Et montroit un goût dédaigneux
  Comme le rat du bon Horace.
« Moi, des tanches ! dit-il ; moi, héron, que je fasse
Une si pauvre chère ! Et pour qui me prend-on ! »
La tanche rebutée, il trouva du goujon.
« Du goujon ! c'est bien là le dîner d'un héron !
J'ouvrirois pour si peu le bec ! aux dieux ne plaise ! »
Il l'ouvrit pour bien moins : tout alla de façon
  Qu'il ne vit plus aucun poisson.
La faim le prit : il fut tout heureux et tout aise
  De rencontrer un limaçon.

  Ne soyons pas si difficiles :
Les plus accommodans, ce sont les plus habiles ;
On hasarde de perdre en voulant trop gagner.
  Gardez-vous de rien dédaigner,
Surtout quand vous avez à peu près votre compte.
Bien des gens y sont pris. Ce n'est pas aux hérons
Que je parle : écoutez, humains, un autre conte ;
Vous verrez que chez vous j'ai puisé ces leçons.

Fable V. — *La Fille.*

  Certaine fille, un peu trop fière,
  Prétendoit trouver un mari
Jeune, bien fait, et beau, d'agréable manière,
Point froid et point jaloux : notez ces deux points-ci.
  Cette fille vouloit aussi
  Qu'il eût du bien, de la naissance,
De l'esprit, enfin tout. Mais qui peut tout avoir ?
Le Destin se montra soigneux de la pourvoir :
  Il vint des partis d'importance.
La belle les trouva trop chétifs de moitié :
« Quoi ! moi ! quoi ! ces gens-là ! l'on radote, je pense

A moi les proposer! hélas! ils font pitié :
    Voyez un peu la belle espèce! »
L'un n'avoit en l'esprit nulle délicatesse ;
L'autre avait le nez fait de cette façon-là ;
    C'étoit ceci, c'étoit cela :
    C'étoit tout, car les précieuses
    Font dessus tout les dédaigneuses.
Après les bons partis, les médiocres gens
    Vinrent se mettre sur les rangs.
Elle de se moquer. « Ah! vraiment je suis bonne
De leur ouvrir la porte! Ils pensent que je suis
    Fort en peine de ma personne :
    Grâce à Dieu, je passe les nuits
    Sans chagrin, quoique en solitude. »
La belle se sut gré de tous ces sentimens.
L'âge la fit déchoir : adieu tous les amans.
Un an se passe, et deux, avec inquiétude :
Le chagrin vient ensuite ; elle sent chaque jour
Déloger quelques Ris, quelques Jeux, puis l'Amour ;
    Puis ses traits choquer et déplaire ;
Puis cent sortes de fards. Ses soins ne purent faire
Qu'elle échappât au Temps, cet insigne larron.
    Les ruines d'une maison
Se peuvent réparer : que n'est cet avantage
    Pour les ruines du visage !
Sa préciosité changea lors de langage.
Son miroir lui disoit : « Prenez vite un mari. »
Je ne sais quel désir le lui disoit aussi :
Le désir peut loger chez une précieuse.
Celle-ci fit un choix qu'on n'auroit jamais cru,
Se trouvant à la fin tout aise et tout heureuse
    De rencontrer un malotru.

Fable VI. — *Les Souhaits.*

Il est au Mogol des follets
Qui font office de valets,

Tiennent la maison propre, ont soin de l'équipage,
   Et quelquefois du jardinage.
   Si vous touchez à leur ouvrage,
Vous gâtez tout. Un d'eux, près du Gange autrefois,
Cultivoit le jardin d'un assez bon bourgeois.
Il travailloit sans bruit, avoit beaucoup d'adresse,
   Aimoit le maître et la maîtresse,
Et le jardin surtout. Dieu sait si les Zéphyrs,
Peuple ami du démon, l'assistoient dans sa tâche!
Le follet, de sa part, travaillant sans relâche,
   Combloit ses hôtes de plaisirs.
   Pour plus de marques de son zèle,
Chez ces gens pour toujours il se fût arrêté,
   Nonobstant la légèreté
   A ses pareils si naturelle;
   Mais ses confrères les esprits
Firent tant que le chef de cette république,
   Par caprice ou par politique,
   Le changea bientôt de logis.
Ordre lui vient d'aller au fond de la Norwège
   Prendre le soin d'une maison
   En tout temps couverte de neige :
Et d'Indou qu'il étoit on vous le fait Lapon.
Avant que de partir, l'esprit dit à ses hôtes:
   « On m'oblige de vous quitter;
   Je ne sais pas pour quelles fautes :
Mais enfin il le faut. Je ne puis arrêter
Qu'un temps fort court, un mois, peut-être une semaine;
Employez-la; formez trois souhaits : car je puis
   Rendre trois souhaits accomplis;
Trois, sans plus. » Souhaiter, ce n'est pas une peine
   Étrange et nouvelle aux humains.
Ceux-ci, pour premier vœu, demandent l'abondance;
   Et l'abondance à pleines mains
   Verse en leurs coffres la finance,
En leurs greniers le blé, dans leurs caves les vins :
Tout en crève. Comment ranger cette chevance?
Quels registres, quels soins, quel temps il leur fallut!

Tous deux sont empêchés si jamais on le fut.
    Les voleurs contre eux complotèrent;
    Les grands seigneurs leur empruntèrent:
Le prince les taxa. Voilà les pauvres gens
    Malheureux par trop de fortune.
« Otez-nous de ces biens l'affluence importune,
Dirent-ils l'un et l'autre : heureux les indigens!
La pauvreté vaut mieux qu'une telle richesse.
Retirez-vous, trésors; fuyez : et toi, déesse,
Mère du bon esprit, compagne du repos,
O Médiocrité, reviens vite ! » A ces mots
La Médiocrité revient. On lui fait place :
    Avec elle ils rentrent en grâce,
Au bout de deux souhaits, étant aussi chanceux
    Qu'ils étoient, et que sont tous ceux
Qui souhaitent toujours et perdent en chimères
Le temps qu'ils feroient mieux de mettre à leurs affaires
    Le follet en rit avec eux.
    Pour profiter de sa largesse,
Quand il voulut partir et qu'il fut sur le point,
    Ils demandèrent la sagesse :
C'est un trésor qui n'embarrasse point.

FABLE VII. — *La Cour du Lion.*

Sa majesté lionne un jour voulut connoître
De quelles nations le ciel l'avoit fait maître.
    Il manda donc par députés
    Ses vassaux de toute nature,
    Envoyant de tous les côtés
    Une circulaire écriture
    Avec son sceau. L'écrit portoit
    Qu'un mois durant le roi tiendroit
    Cour plénière, dont l'ouverture
    Devoit être un fort grand festin,
    Suivi des tours de Fagotin.
    Par ce trait de magnificence

Le prince à ses sujets étaloit sa puissance.
    En son Louvre il les invita.
Quel Louvre! un vrai charnier, dont l'odeur se port
D'abord au nez des gens. L'ours boucha sa narine :
Il se fût bien passé de faire cette mine ;
Sa grimace déplut : le monarque irrité
L'envoya chez Pluton faire le dégoûté.
Le singe approuva fort cette sévérité ;
Et flatteur excessif, il loua la colère
Et la griffe du prince, et l'antre, et cette odeur :
    Il n'étoit ambre, il n'étoit fleur
Qui ne fût ail au prix. Sa sotte flatterie
Eut un mauvais succès, et fut encor punie :
    Ce monseigneur du lion-là
    Fut parent de Caligula.
Le renard étant proche : « Or ça, lui dit le sire,
Que sens-tu ? dis-le-moi : parle sans déguiser. »
    L'autre aussitôt de s'excuser,
Alléguant un grand rhume : il ne pouvoit que dire
    Sans odorat. Bref, il s'en tire.

    Ceci vous sert d'enseignement :
Ne soyez à la cour, si vous voulez y plaire,
Ni fade adulateur, ni parleur trop sincère,
Et tâchez quelquefois de répondre en Normand.

FABLE VIII. — *Les Vautours et les Pigeons.*

Mars autrefois mit tout l'air en émute.
Certain sujet fit naître la dispute
Chez les oiseaux ; non ceux que le Printemps
Mène à sa cour, et qui, sous la feuillée,
Par leur exemple et leurs sons éclatans,
Font que Vénus est en nous réveillée,
Ni ceux encor que la mère d'Amour
Met à son char ; mais le peuple vautour,
Au bec retors, à la tranchante serre,
Pour un chien mort se fit, dit-on, la guerre.

Il plut du sang : je n'exagère point.
Si je voulois conter de point en point
Tout le détail, je manquerois d'haleine.
Maint chef périt, maint héros expira ;
Et sur son roc Prométhée espéra
De voir bientôt une fin à sa peine.
C'étoit plaisir d'observer leurs efforts ;
C'étoit pitié de voir tomber les morts.
Valeur, adresse, et ruses, et surprises,
Tout s'employa. Les deux troupes, éprises
D'ardent courroux, n'épargnoient nuls moyens
De peupler l'air que respirent les ombres ;
Tout élément remplit de citoyens
Le vaste enclos qu'ont les royaumes sombres.
Cette fureur mit la compassion
Dans les esprits d'une autre nation
Au cou changeant, au cœur tendre et fidèle.
Elle employa sa médiation
Pour accorder une telle querelle :
Ambassadeurs par le peuple pigeon
Furent choisis, et si bien travaillèrent
Que les vautours plus ne se chamaillèrent.
Ils firent trêve ; et la paix s'ensuivit.
Hélas ! ce fut aux dépens de la race
A qui la leur auroit dû rendre grâce.
La gent maudite aussitôt poursuivit
Tous les pigeons, en fit ample carnage,
En dépeupla les bourgades, les champs.
Peu de prudence eurent les pauvres gens
D'accommoder un peuple si sauvage.

Tenez toujours divisés les méchans :
La sûreté du reste de la terre
Dépend de là. Semez entre eux la guerre,
Ou vous n'aurez avec eux nulle paix.
Ceci soit dit en passant : je me tais.

FABLE IX. — *Le Coche et la Mouche.*

Dans un chemin montant, sablonneux, malaisé,
Et de tous les côtés au soleil exposé,
    Six forts chevaux tiroient un coche.
Femmes, moine, vieillards, tout étoit descendu :
L'attelage suoit, souffloit, étoit rendu.
Une mouche survient, et des chevaux s'approche,
Prétend les animer par son bourdonnement,
Pique l'un, pique l'autre, et pense à tout moment
    Qu'elle fait aller la machine,
S'assied sur le timon, sur le nez du cocher.
    Aussitôt que le char chemine
    Et qu'elle voit les gens marcher,
Elle s'en attribue uniquement la gloire,
Va, vient, fait l'empressée : il semble que ce soit
Un sergent de bataille allant en chaque endroit
Faire avancer ses gens et hâter la victoire.
    La mouche, en ce commun besoin,
Se plaint qu'elle agit seule, et qu'elle a tout le soin;
Qu'aucun n'aide aux chevaux à se tirer d'affaire;
    Le moine disoit son bréviaire :
Il prenoit bien son temps! une femme chantoit :
C'étoit bien de chansons qu'alors il s'agissoit!
Dame mouche s'en va chanter à leurs oreilles,
    Et fait cent sottises pareilles.
Après bien du travail, le coche arrive au haut.
« Respirons maintenant! dit la mouche aussitôt :
J'ai tant fait que nos gens sont enfin dans la plaine.
Çà, messieurs les chevaux, payez-moi de ma peine. »

Ainsi certaines gens, faisant les empressés,
    S'introduisent dans les affaires :
    Ils font partout les nécessaires,
Et, partout importuns, devroient être chassés.

Fable X. — *La Laitière et le Pot au lait.*

Perrette, sur sa tête ayant un pot au lait
    Bien posé sur un coussinet,
Prétendoit arriver sans encombre à la ville.
Légère et court vêtue, elle alloit à grands pas,
Ayant mis ce jour-là, pour être plus agile,
    Cotillon simple et souliers plats.
    Notre laitière ainsi troussée
    Comptoit déjà dans sa pensée
Tout le prix de son lait; en employoit l'argent;
Achetoit un cent d'œufs; faisoit triple couvée :
La chose alloit à bien par son soin diligent
    « Il m'est, disoit-elle, facile
D'élever des poulets autour de ma maison;
    Le renard sera bien habile
S'il ne m'en laisse assez pour avoir un cochon.
Le porc à s'engraisser coûtera peu de son ;
Il étoit, quand je l'eus, de grosseur raisonnable :
J'aurai, le revendant, de l'argent bel et bon.
Et qui m'empêchera de mettre en notre étable,
Vu le prix dont il est[1], une vache et son veau,
Que je verrai sauter au milieu du troupeau ? »
Perrette là-dessus saute aussi, transportée :
Le lait tombe ; adieu veau, vache, cochon, couvée.
La dame de ces biens, quittant d'un œil marri
    Sa fortune ainsi répandue,
    Va s'excuser à son mari,
    En grand danger d'être battue.
    Le récit en farce en fut fait ;
    On l'appela le Pot au lait.

    Quel esprit ne bat la campagne ?
    Qui ne fait châteaux en Espagne ?
Picrochole[2], Pyrrhus, la laitière, enfin tous,
    Autant les sages que les fous.

---

1. Le prix dont est notre porc. — 2. Dans Rabelais.

Chacun songe en veillant ; il n'est rien de plus doux
Une flatteuse erreur emporte alors nos âmes ;
    Tout le bien du monde est à nous,
    Tous les honneurs, toutes les femmes.
Quand je suis seul, je fais au plus brave un défi ;
Je m'écarte, je vais détrôner le sophi ;
    On m'élit roi, mon peuple m'aime ;
Les diadèmes vont sur ma tête pleuvant :
Quelque accident fait-il que je rentre en moi-même ?
    Je suis gros Jean comme devant.

Fable XI. — *Le Curé et le Mort.*

    Un mort s'en alloit tristement
    S'emparer de son dernier gîte ;
    Un curé s'en alloit gaiement
    Enterrer ce mort au plus vite.
Notre défunt étoit en carrosse porté,
    Bien et dûment empaqueté,
Et vêtu d'une robe, hélas ! qu'on nomme bière,
    Robe d'hiver, robe d'été,
    Que les morts ne dépouillent guère.
    Le pasteur étoit à côté,
    Et récitoit, à l'ordinaire,
    Maintes dévotes oraisons,
    Et des psaumes et des leçons,
    Et des versets et des répons :
    « Monsieur le mort, laissez-nous faire,
On vous en donnera de toutes les façons ;
    Il ne s'agit que du salaire. »
Messire Jean Chouart couvoit des yeux son mort,
Comme si l'on eût dû lui ravir ce trésor ;
    Et, des regards, sembloit lui dire :
    « Monsieur le mort, j'aurai de vous
    Tant en argent, et tant en cire,
    Et tant en autres menus coûts. »
Il fondoit là-dessus l'achat d'une feuillette

Du meilleur vin des environs :
Certaine nièce assez proprette
Et sa chambrière Pâquette
Devoient avoir des cotillons.
Sur cette agréable pensée
Un heurt survient : adieu le char.
Voilà messire Jean Chouart
Qui du choc de son mort a la tête cassée :
Le paroissien en plomb entraîne son pasteur,
Notre curé suit son seigneur ;
Tous deux s'en vont de compagnie.
Proprement toute notre vie
Est le curé Chouart qui sur son mort comptoit,
Et la fable du Pot au lait.

FABLE XII. — *L'Homme qui court après la Fortune, et l'Homme qui l'attend dans son lit.*

Qui ne court après la Fortune ?
Je voudrois être en lieu d'où je pusse aisément
Contempler la foule importune
De ceux qui cherchent vainement
Cette fille du Sort de royaume en royaume,
Fidèles courtisans d'un volage fantôme.
Quand ils sont près du bon moment,
L'inconstante aussitôt à leurs désirs échappe.
Pauvres gens ! Je les plains ; car on a pour les fous
Plus de pitié que de courroux.
« Cet homme, disent-ils, étoit planteur de choux
Et le voilà devenu pape !
Ne le valons-nous pas ? » Vous valez cent fois mieux.
Mais que vous sert votre mérite ?
La Fortune a-t-elle des yeux ?
Et puis, la papauté vaut-elle ce qu'on quitte,
Le repos ? le repos, trésor si précieux
Qu'on en faisoit jadis le partage des dieux !
Rarement la Fortune à ses hôtes le laisse.

Ne cherchez point cette déesse,
Elle vous cherchera : son sexe en use ainsi.

Certain couple d'amis, en un bourg établi,
Possédoit quelque bien. L'un soupiroit sans cesse
    Pour la Fortune ; il dit à l'autre un jour :
      « Si nous quittions notre séjour?
    Vous savez que nul n'est prophète
En son pays : cherchons notre aventure ailleurs.
— Cherchez, dit l'autre ami : pour moi, je ne souhaite
    Ni climats ni destins meilleurs.
Contentez-vous, suivez votre humeur inquiète :
Vous reviendrez bientôt. Je fais vœu cependant
    De dormir en vous attendant. »
    L'ambitieux, ou, si l'on veut, l'avare,
    S'en va par voie et par chemin.
    Il arriva le lendemain
En un lieu que devoit la déesse bizarre
Fréquenter sur tout autre ; et ce lieu, c'est la cour.
Là donc pour quelque temps il fixe son séjour,
Se trouvant au coucher, au lever, à ces heures
    Que l'on sait être les meilleures ;
Bref, se trouvant à tout, et n'arrivant à rien.
« Qu'est-ce ci? se dit-il : cherchons ailleurs du bien.
La Fortune pourtant habite ces demeures ;
Je la vois tous les jours entrer chez celui-ci,
    Chez celui-là : d'où vient qu'aussi
Je ne puis héberger cette capricieuse?
On me l'avoit bien dit, que des gens de ce lieu
L'on n'aime pas toujours l'humeur ambitieuse.
Adieu, messieurs de cour ; messieurs de cour, adieu :
Suivez jusques au bout une ombre qui vous flatte.
La Fortune a, dit-on, des temples à Surate :
Allons là. » Ce fut un de dire et s'embarquer.
Ames de bronze, humains, celui-là fut sans doute
Armé de diamant qui tenta cette route,
Et le premier osa l'abîme défier !
    Celui-ci, pendant son voyage,

Tourna les yeux vers son village
Plus d'une fois, essuyant les dangers
Des pirates, des vents, du calme et des rochers,
Ministres de la Mort : avec beaucoup de peines
On s'en va la chercher en des rives lointaines,
La trouvant assez tôt sans quitter la maison.
L'homme arrive au Mogol : on lui dit qu'au Japon
La Fortune pour lors distribuoit ses grâces.
  Il y court. Les mers étoient lasses
    De le porter; et tout le fruit
    Qu'il tira de ses longs voyages,
Ce fut cette leçon que donnent les sauvages :
« Demeure en ton pays, par la nature instruit. »
Le Japon ne fut pas plus heureux à cet homme
    Que le Mongol l'avoit été :
    Ce qui lui fit conclure en somme
Qu'il avoit à grand tort son village quitté.
    Il renonce aux courses ingrates,
Revient en son pays, voit de loin ses pénates,
Pleure de joie, et dit : Heureux qui vit chez soi,
De régler ses désirs faisant tout son emploi !
    Il ne sait que par ouï-dire
Ce que c'est que la cour, la mer et ton empire,
Fortune, qui nous fais passer devant les yeux
Des dignités, des biens que jusqu'au bout du monde
On suit, sans que l'effet aux promesses réponde.
Désormais je ne bouge, et ferai cent fois mieux. »
    En raisonnant de cette sorte,
Et contre la Fortune ayant pris ce conseil,
    Il la trouve assise à la porte
De son ami, plongé dans un profond sommeil.

FABLE XIII. — *Les deux Coqs.*

Deux coqs vivoient en paix : une poule survint,
    Et voilà la guerre allumée.
Amour, tu perdis Troie ! et c'est de toi que vint

Cette querelle envenimée
Où du sang des dieux même on vit le Xanthe teint !
Longtemps entre nos coqs le combat se maintint.
Le bruit s'en répandit par tout le voisinage :
La gent qui porte crête au spectacle accourut;
Plus d'une Hélène au beau plumage
Fut le prix du vainqueur. Le vaincu disparut;
Il alla se cacher au fond de sa retraite,
Pleura sa gloire et ses amours,
Ses amours qu'un rival, tout fier de sa défaite,
Possédoit à ses yeux. Il voyoit tous les jours
Cet objet rallumer sa haine et son courage;
Il aiguisoit son bec, battoit l'air et ses flancs,
Et s'exerçant contre les vents,
S'armoit d'une jalouse rage.
Il n'en eut pas besoin. Son vainqueur sur les toits
S'alla percher, et chanter sa victoire.
Un vautour entendit sa voix :
Adieu les amours et la gloire;
Tout cet orgueil périt sous l'ongle du vautour.
Enfin, par un fatal retour,
Son rival autour de la poule
S'en revint faire le coquet.
Je laisse à penser quel caquet;
Car il eut des femmes en foule.

La Fortune se plaît à faire de ces coups :
Tout vainqueur insolent à sa perte travaille.
Défions-nous du Sort, et prenons garde à nous
Après le gain d'une bataille.

Fable XIV. — *L'ingratitude et l'injustice des Hommes envers la Fortune.*

Un trafiquant sur mer, par bonheur, s'enrichit.
Il triompha des vents pendant plus d'un voyage :
Gouffre, blanc, ni rocher, n'exigea de péage

D'aucun de ses ballots ; le Sort l'en affranchit.
Sur tous ses compagnons Atropos et Neptune
Recueillirent leurs droits, tandis que la Fortune
Prenoit soin d'amener son marchand à bon port.
Facteurs, associés, chacun lui fut fidèle.
Il vendit son tabac, son sucre, sa cannelle
    Ce qu'il voulut, sa porcelaine encor :
Le luxe et la folie enflèrent son trésor;
    Bref, il plut dans son escarcelle.
On ne parloit chez lui que par doubles ducats;
Et mon homme d'avoir chiens, chevaux et carrosses ;
    Ses jours de jeûne étoient des noces.
Un sien ami, voyant ces somptueux repas,
Lui dit : « Et d'où vient donc un si bon ordinaire?
— Et d'où me viendroit-il que de mon savoir-faire ?
Je n'en dois rien qu'à moi, qu'à mes soins, qu'au talent
De risquer à propos et bien placer l'argent. »
Le profit lui semblant une fort douce chose,
Il risqua de nouveau le gain qu'il avoit fait.
Mais rien, pour cette fois, ne lui vint à souhait.
    Son imprudence en fut la cause :
Un vaisseau mal frété périt au premier vent;
Un autre, mal pourvu des armes nécessaires,
    Fut enlevé par les corsaires ;
    Un troisième au port arrivant,
Rien n'eut cours ni débit : le luxe et la folie
    N'étoient plus tels qu'auparavant.
    Enfin, ses facteurs le trompant,
Et lui-même ayant fait grand fracas, chère lie,
Mis beaucoup en plaisirs, en bâtimens beaucoup,
    Il devint pauvre tout d'un coup.
Son ami, le voyant en mauvais équipage,
Lui dit : « D'où vient cela? — De la Fortune, hélas!
— Consolez-vous, dit l'autre ; et, s'il ne lui plaît pas
Que vous soyez heureux, tout au moins soyez sage. »

    Je ne sais s'il crut ce conseil :
Mais je sais que chacun impute, en cas pareil,

Son bonheur à son industrie ;
Et si de quelque échec notre faute est suivie,
Nous disons injures au Sort :
Chose n'est ici plus commune.
Le bien, nous le faisons ; le mal, c'est la Fortune :
On a toujours raison, le Destin toujours tort.

Fable XV. — *Les Devineresses.*

C'est souvent du hasard que naît l'opinion ;
Et c'est l'opinion qui fait toujours la vogue.
    Je pourrois fonder ce prologue
Sur gens de tous états : tout est prévention,
Cabale, entêtement ; point ou peu de justice.
C'est un torrent : qu'y faire ? il faut qu'il ait son cours :
    Cela fut, et sera toujours.

Une femme, à Paris, faisoit la pythonisse :
On l'alloit consulter sur chaque événement.
Perdoit-on un chiffon, avoit-on un amant,
Un mari vivant trop au gré de son épouse,
Une mère fâcheuse, une femme jalouse ;
    Chez la devineuse on couroit
Pour se faire annoncer ce que l'on désiroit.
    Son fait consistoit en adresse :
Quelques termes de l'art, beaucoup de hardiesse,
Du hasard quelquefois, tout cela concouroit,
Tout cela bien souvent faisoit crier miracle.
Enfin, quoique ignorante à vingt et trois carats,
    Elle passoit pour un oracle.
L'oracle étoit logé dedans un galetas :
    Là, cette femme emplit sa bourse,
    Et, sans avoir d'autre ressource,
Gagne de quoi donner un rang à son mari,
Elle achète un office, une maison aussi.
    Voilà le galetas rempli
D'une nouvelle hôtesse, à qui toute la ville.

Femmes, filles, valets, gros messieurs, tout enfin
Alloit, comme autrefois, demander son destin ;
Le galetas devint l'antre de la sibylle :
L'autre femelle avoit achalandé ce lieu.
Cette dernière femme eut beau faire, eut beau dire,
« Moi devine ! on se moque : eh ! messieurs, sais-je lire ?
« Je n'ai jamais appris que ma croix de par Dieu. »
Point de raisons : fallut deviner et prédire,
    Mettre à part force bons ducats,
Et gagner malgré soi plus que deux avocats.
Le meuble et l'équipage aidoient fort à la chose :
Quatre siéges boiteux, un manche de balai,
Tout sentoit son sabbat et sa métamorphose.
    Quand cette femme auroit dit vrai
    Dans une chambre tapissée,
On s'en seroit moqué : la vogue étoit passée
    Au galetas ; il avoit le crédit.
    L'autre femme se morfondit.

    L'enseigne fait la chalandise.
J'ai vu dans le palais une robe mal mise
    Gagner gros : les gens l'avoient prise
    Pour maître tel, qui traînoit après soi
    Force écoutans. Demandez-moi pourquoi.

FABLE XVI. — *Le Chat, la Belette, et le petit Lapin.*

    Du palais d'un jeune lapin
    Dame belette, un beau matin,
    S'empara : c'est une rusée.
Le maître étant absent, ce lui fut chose aisée.
Elle porta chez lui ses pénates, un jour
Qu'il étoit allé faire à l'aurore sa cour
    Parmi le thym et la rosée.
Après qu'il eut brouté, trotté, fait tous ses tours,
Jeannot lapin retourne aux souterrains séjours.
La belette avoit mis le nez à la fenêtre.

« O dieux hospitaliers! que vois-je ici paroître!
Dit l'animal chassé du paternel logis.
    Holà! madame la belette,
    Que l'on déloge sans trompette,
Ou je vais avertir tous les rats du pays. »
La dame au nez pointu répondit que la terre
    Étoit au premier occupant.
    C'étoit un beau sujet de guerre
Qu'un logis où lui-même il n'entroit qu'en rampant!
    « Et quand ce seroit un royaume,
Je voudrois bien savoir, dit-elle, quelle loi
    En a pour toujours fait l'octroi
A Jean, fils ou neveu de Pierre ou de Guillaume,
    Plutôt qu'à Paul, plutôt qu'à moi. »
Jean lapin allégua la coutume et l'usage :
« Ce sont, dit-il, leurs lois qui m'ont de ce logis
Rendu maître et seigneur, et qui, de père en fils,
L'ont de Pierre à Simon, puis à moi Jean, transmis.
Le premier occupant, est-ce une loi plus sage ?
    —Or bien, sans crier davantage,
Rapportons-nous, dit-elle, à Raminagrobis. »
C'étoit un chat vivant comme un dévot ermite,
    Un chat faisant la chattemite,
Un saint homme de chat, bien fourré, gros et gras,
    Arbitre expert sur tous les cas.
    Jean lapin pour juge l'agrée.
    Les voilà tous deux arrivés
    Devant sa majesté fourrée.
Grippeminaud leur dit : « Mes enfans, approchez,
Approchez; je suis sourd, les ans en sont la cause. »
L'un et l'autre approcha, ne craignant nulle chose.
Aussitôt qu'à portée il vit les contestans,
    Grippeminaud le bon apôtre,
Jetant des deux côtés la griffe en même temps,
Mit les plaideurs d'accord en croquant l'un et l'autre.

Ceci ressemble fort aux débats qu'ont parfois
Les petits souverains se rapportant aux rois.

Fable XVII. — *La Tête et la Queue
du Serpent.*

Le serpent a deux parties
Du genre humain ennemies,
Tête et queue ; et toutes deux
Ont acquis un nom fameux
Auprès des Parques cruelles :
Si bien qu'autrefois entre elles
Il survint de grands débats
    Pour le pas.
La tête avoit toujours marché devant la queue.
    La queue au ciel se plaignit
        Et lui dit :
    « Je fais mainte et mainte lieue
    Comme il plaît à celle-ci :
Croit-elle que toujours j'en veuille user ainsi ?
    Je suis son humble servante.
    On m'a faite, Dieu merci,
    Sa sœur, et non sa suivante.
    Toutes deux de même sang,
    Traitez-nous de même sorte :
    Aussi bien qu'elle je porte
    Un poison prompt et puissant.
    Enfin, voilà ma requête :
    C'est à vous de commander
    Qu'on me laisse précéder,
    A mon tour, ma sœur la tête.
    Je la conduirai si bien
    Qu'on ne se plaindra de rien. »
Le ciel eut pour ses vœux une bonté cruelle.
Souvent sa complaisance a de méchans effets.
Il devroit être sourd aux aveugles souhaits.
Il ne le fut pas lors ; et la guide nouvelle,
    Qui ne voyoit, au grand jour,
    Pas plus clair que dans un four,
    Donnoit tantôt contre un marbre,
    Contre un passant, contre un arbre :

Droit aux ondes du Styx elle mena sa sœur.

Malheureux les États tombés dans son erreur!

Fable XVIII. — *Un Animal dans la Lune.*

  Pendant qu'un philosophe assure
Que toujours par leurs sens les hommes sont dupés,
  Un autre philosophe jure
  Qu'ils ne nous ont jamais trompés.
Tous les deux ont raison ; et la philosophie
Dit vrai quand elle dit que les sens tromperont
Tant que sur leur rapport les hommes jugeront ;
  Mais aussi, si l'on rectifie
L'image de l'objet sur son éloignement,
  Sur le milieu qui l'environne,
  Sur l'organe et sur l'instrument,
  Les sens ne tromperont personne.
La nature ordonna ces choses sagement :
J'en dirai quelque jour les raisons amplement.
J'aperçois le soleil : quelle en est la figure ?
Ici-bas ce grand corps n'a que trois pieds de tour ;
Mais si je le voyois là-haut dans son séjour,
Que seroit-ce à mes yeux que l'œil de la nature ?
Sa distance me fait juger de sa grandeur ;
Sur l'angle et les côtés ma main la détermine.
L'ignorant le croit plat ; j'épaissis sa rondeur :
Je le rends immobile, et la terre chemine.
Bref, je démens mes yeux en toute sa machine :
Ce sens ne me nuit point par son illusion.
  Mon âme, en toute occasion,
Développe le vrai caché sous l'apparence ;
  Je ne suis point d'intelligence
Avecque mes regards peut-être un peu trop prompts,
Ni mon oreille, lente à m'apporter les sons.
Quand l'eau courbe un bâton, ma raison le redresse :
  La raison décide en maîtresse.

Mes yeux, moyennant ce secours,
Ne me trompent jamais en me mentant toujours.
Si je crois leur rapport, erreur assez commune,
Une tête de femme est au corps de la lune.
Y peut-elle être? Non. D'où vient donc cet objet?
Quelques lieux inégaux font de loin cet effet.
La lune nulle part n'a sa surface unie :
Montueuse en des lieux, en d'autres aplanie,
L'ombre avec la lumière y peut tracer souvent
  Un homme, un bœuf, un éléphant.
Naguère l'Angleterre y vit chose pareille.
La lunette placée, un animal nouveau
    Parut dans cet astre si beau ;
    Et chacun de crier merveille.
Il étoit arrivé là-haut un changement
Qui présageoit sans doute un grand événement.
Savoit-on si la guerre entre tant de puissances
N'en étoit point l'effet? Le monarque accourut :
Il favorise en roi ces hautes connoissances.
Le monstre dans la lune à son tour lui parut.
C'étoit une souris cachée entre les verres :
Dans la lunette étoit la source de ces guerres.
On en rit. Peuple heureux! quand pourront les François
Se donner, comme vous, entiers à ces emplois!
Mars nous fait recueillir d'amples moissons de gloire :
C'est à nos ennemis de craindre les combats,
A nous de les chercher, certains que la Victoire,
Amante de Louis, suivra partout ses pas.
Ses lauriers nous rendront célèbres dans l'histoire.
    Même les Filles de Mémoire
Ne nous ont point quittés ; nous goûtons des plaisirs :
La paix fait nos souhaits, et non point nos soupirs.
Charles en sait jouir : il sauroit dans la guerre
Signaler sa valeur, et mener l'Angleterre
A ces jeux qu'en repos elle voit aujourd'hui.
Cependant s'il pouvoit apaiser la querelle,
  Que d'encens! Est-il rien de plus digne de lui?
La carrière d'Auguste a-t-elle été moins belle

Que les fameux exploits du premier des Césars?
O peuple trop heureux! quand la paix viendra-t-elle
Nous rendre, comme vous, tout entiers aux beaux-arts?

LIVRE HUITIÈME.

FABLE I. — *La Mort et le Mourant.*

La mort ne surprend point le sage,
Il est toujours prêt à partir,
S'étant su lui-même avertir
Du temps où l'on se doit résoudre à ce passage.
Ce temps, hélas! embrasse tous les temps :
Qu'on le partage en jours, en heures, en momens,
Il n'en est point qu'il ne comprenne
Dans le fatal tribut; tous sont de son domaine,
Et le premier instant où les enfans des rois
Ouvrent les yeux à la lumière,
Est celui qui vient quelquefois
Fermer pour toujours leur paupière.
Défendez-vous par la grandeur;
Alléguez la beauté, la vertu, la jeunesse :
La mort ravit tout sans pudeur;
Un jour le monde entier accroîtra sa richesse.
Il n'est rien de moins ignoré;
Et, puisqu'il faut que je le die,
Rien où l'on soit moins préparé.

Un mourant qui comptoit plus de cent ans de vie,
Se plaignoit à la Mort que précipitamment
Elle le contraignoit de partir tout à l'heure,
Sans qu'il eût fait son testament,
Sans l'avertir au moins. « Est-il juste qu'on meure
Au pied levé? dit-il : attendez quelque peu;

Ma femme ne veut pas que je parte sans elle ;
Il me reste à pourvoir un arrière-neveu ;
Souffrez qu'à mon logis j'ajoute encore une aile
Que vous êtes pressante, ô déesse cruelle !
— Vieillard, lui dit la Mort, je ne t'ai point surpris ;
Tu te plains sans raison de mon impatience :
Eh ! n'as-tu pas cent ans ? Trouve-moi dans Paris
Deux mortels aussi vieux ; trouve-m'en dix en France.
Je devois, ce dis-tu, te donner quelque avis
   Qui te disposât à la chose :
 J'aurois trouvé ton testament tout fait,
Ton petit-fils pourvu, ton bâtiment parfait.
Ne te donna-t-on pas des avis, quand la cause
   Du marcher et du mouvement,
   Quand les esprits, le sentiment,
Quand tout faillit en toi ? Plus de goût, plus d'ouïe ;
Toute chose pour toi semble être évanouie ;
Pour toi l'astre du jour prend des soins superflus :
Tu regrettes des biens qui ne te touchent plus.
   Je t'ai fait voir tes camarades,
   Ou morts, ou mourans, ou malades :
Qu'est-ce que tout cela, qu'un avertissement ?
   Allons, vieillard, et sans réplique
   Il n'importe à la république
   Que tu fasses ton testament. »

La Mort avoit raison : je voudrois qu'à cet âge
On sortît de la vie ainsi que d'un banquet,
Remerciant son hôte ; et qu'on fit son paquet :
Car de combien peut-on retarder le voyage ?
Tu murmures, vieillard ! vois ces jeunes mourir ;
   Vois-les marcher, vois-les courir
A des morts, il est vrai, glorieuses et belles,
Mais sûres cependant, et quelquefois cruelles.
J'ai beau te le crier ; mon zèle est indiscret :
Le plus semblable aux morts meurt le plus à regret.

Fable II. — *Le Savetier et le Financier.*

Un savetier chantoit du matin jusqu'au soir :
    C'étoit merveille de le voir,
Merveille de l'ouïr ; il faisoit des passages,
    Plus content qu'aucun des sept sages.
Son voisin, au contraire, étant tout cousu d'or,
    Chantoit peu, dormoit moins encor :
    C'étoit un homme de finance.
Si sur le point du jour parfois il sommeilloit,
Le savetier alors en chantant l'éveilloit ;
    Et le financier se plaignoit
    Que les soins de la Providence
N'eussent pas au marché fait vendre le dormir,
    Comme le manger et le boire.
    En son hôtel il fait venir
Le chanteur, et lui dit : « Or çà, sire Grégoire,
Que gagnez-vous par an ? — Par an ! ma foi, monsieur,
    Dit avec un ton de rieur
Le gaillard savetier, ce n'est point ma manière
De compter de la sorte ; et je n'entasse guère
    Un jour sur l'autre : il suffit qu'à la fin
    J'attrape le bout de l'année ;
    Chaque jour amène son pain.
— Eh bien ! que gagnez-vous, dites-moi, par journée ?
— Tantôt plus, tantôt moins : le mal est que toujours
(Et sans cela nos gains seroient assez honnêtes),
Le mal est que dans l'an s'entremêlent des jours
    Qu'il faut chômer ; on nous ruine en fêtes :
L'une fait tort à l'autre ; et monsieur le curé
De quelque nouveau saint charge toujours son prône. »
Le financier, riant de sa naïveté,
Lui dit : « Je vous veux mettre aujourd'hui sur le trône
Prenez ces cent écus ; gardez-les avec soin,
    Pour vous en servir au besoin. »
Le savetier crut voir tout l'argent que la terre
    Avoit, depuis plus de cent ans,
    Produit pour l'usage des gens

Il retourne chez lui : dans sa cage il enserre
    L'argent, et sa joie à la fois.
    Plus de chant : il perdit la voix
Du moment qu'il gagna ce qui cause nos peines.
    Le sommeil quitta son logis ;
    Il eut pour hôtes les soucis,
    Les soupçons, les alarmes vaines.
Tout le jour il avoit l'œil au guet ; et la nuit,
    Si quelque chat faisoit du bruit,
Le chat prenoit l'argent. A la fin le pauvre homme
S'en courut chez celui qu'il ne réveilloit plus :
« Rendez-moi, lui dit-il, mes chansons et mon somme ;
    Et reprenez vos cent écus. »

FABLE III. — *Le Lion, le Loup, et le Renard.*

Un lion, décrépit, goutteux, n'en pouvant plus,
Vouloit que l'on trouvât remède à la vieillesse.
Alléguer l'impossible aux rois, c'est un abus.
    Celui-ci parmi chaque espèce
Manda des médecins : il en est de tous arts.
Médecins au lion viennent de toutes parts ;
De tous côtés lui vient des donneurs de recettes.
    Dans les visites qui sont faites
Le renard se dispense, et se tient clos et coi.
Le loup en fait sa cour, daube, au coucher du roi,
Son camarade absent. Le prince tout à l'heure
Veut qu'on aille enfumer renard dans sa demeure,
Qu'on le fasse venir. Il vient, est présenté ;
Et sachant que le loup lui faisoit cette affaire :
« Je crains, sire, dit-il, qu'un rapport peu sincère
    Ne m'ait à mépris imputé
    D'avoir différé cet hommage ;
    Mais j'étois en pèlerinage,
Et m'acquittois d'un vœu fait pour votre santé.
    Même j'ai vu dans mon voyage
Gens experts et savants ; leur ai dit la langueur

Dont votre majesté craint à bon droit la suite.
  Vous ne manquez que de chaleur;
  Le long âge en vous l'a détruite :
D'un loup écorché vif appliquez-vous la peau
   Toute chaude et toute fumante;
  Le secret sans doute en est beau
  Pour la nature défaillante.
  Messire loup vous servira,
  S'il vous plaît, de robe de chambre. »
  Le roi goûte cet avis-là.
  On écorche, on taille, on démembre
Messire loup. Le monarque en soupa,
  Et de sa peau s'enveloppa.

Messieurs les courtisans, cessez de vous détruire ;
Faites, si vous pouvez, votre cour sans vous nuire :
Le mal se rend chez vous au quadruple du bien.
Les daubeurs ont leur tour d'une ou d'autre manière :
  Vous êtes dans une carrière
  Où l'on ne se pardonne rien.

FABLE IV. — *Le Pouvoir des Fables.*

A M. DE BARILLON.

  La qualité d'ambassadeur
Peut-elle s'abaisser à des contes vulgaires?
Vous puis-je offrir mes vers et leurs grâces légères?
S'ils osent quelquefois prendre un air de grandeur,
Seront-ils point traités par vous de téméraires?
  Vous avez bien d'autres affaires
  A démêler que les débats
  Du lapin et de la belette.
  Lisez-les, ne les lisez pas ;
  Mais empêchez qu'on ne nous mette
  Toute l'Europe sur les bras.
  Que de mille endroits de la terre

Il nous vienne des ennemis,
J'y consens; mais que l'Angleterre
Veuille que nos deux rois se lassent d'être amis,
J'ai peine à digérer la chose.
N'est-il point encor temps que Louis se repose ?
Quel autre Hercule enfin ne se trouveroit las
De combattre cette hydre? et faut-il qu'elle oppose
Une nouvelle tête aux efforts de son bras?
Si votre esprit plein de souplesse,
Par éloquence et par adresse,
Peut adoucir les cœurs et détourner ce coup,
Je vous sacrifierai cent moutons : c'est beaucoup
Pour un habitant du Parnasse.
Cependant faites-moi la grâce
De prendre en don ce peu d'encens :
Prenez en gré mes vœux ardens,
Et le récit en vers qu'ici je vous dédie.
Son sujet vous convient; je n'en dirai pas plus :
Sur les éloges que l'envie
Doit avouer qui vous sont dus,
Vous ne voulez pas qu'on appuie.

Dans Athène autrefois, peuple vain et léger,
Un orateur, voyant sa patrie en danger,
Courut à la tribune; et, d'un art tyrannique,
Voulant forcer les cœurs dans une république,
Il parla fortement sur le commun salut.
On ne l'écoutoit pas. L'orateur recourut
A ces figures violentes
Qui savent exciter les âmes les plus lentes;
Il fit parler les morts, tonna, dit ce qu'il put;
Le vent emporta tout; personne ne s'émut.
L'animal aux têtes frivoles,
Étant fait à ces traits, ne daignoit l'écouter;
Tous regardoient ailleurs : il en vit s'arrêter
A des combats d'enfans, et point à ses paroles.
Que fit le harangueur? Il prit un autre tour.
« Cérès, commença-t-il, faisoit voyage un jour

Avec l'anguille et l'hirondelle :
Un fleuve les arrête ; et l'anguille en nageant,
　　Comme l'hirondelle en volant,
Le traversa bientôt. » L'assemblée à l'instant
Cria tout d'une voix : « Et Cérès, que fit-elle ?
　　— Ce qu'elle fit ! un prompt courroux
　　L'anima d'abord contre vous.
Quoi ! de contes d'enfans son peuple s'embarrasse ;
　　Et du péril qui le menace
Lui seul entre les Grecs il néglige l'effet !
Que ne demandez-vous ce que Philippe fait ? »
　　A ce reproche l'assemblée,
　　Par l'apologue réveillée,
　　Se donne entière à l'orateur.
　　Un trait de fable en eut l'honneur.

Nous sommes tous d'Athène en ce point ; et moi-même,
Au moment que je fais cette moralité,
　　Si *Peau d'âne* m'étoit conté,
　　J'y prendrois un plaisir extrême.
Le monde est vieux, dit-on : je le crois ; cependant
Il le faut amuser encor comme un enfant.

Fable V. — *L'Homme et la Puce.*

Par des vœux importuns nous fatiguons les dieux,
Souvent pour des sujets même indignes des hommes :
Il semble que le ciel sur tous tant que nous sommes
Soit obligé d'avoir incessamment les yeux,
Et que le plus petit de la race mortelle,
A chaque pas qu'il fait, à chaque bagatelle,
Doive intriguer l'Olympe et tous ses citoyens,
Comme s'il s'agissoit des Grecs et des Troyens.

Un sot par une puce eut l'épaule mordue.
Dans les plis de ses draps elle alla se loger.
« Hercule, se dit-il, tu devois bien purger
La terre de cette hydre au printemps revenue !

Que fais-tu, Jupiter, que du haut de la nue
Tu n'en perdes la race afin de me venger? »

Pour tuer une puce, il vouloit obliger
Ces dieux à lui prêter leur foudre et leur massue.

Fable VI. — *Les Femmes et le Secret.*

    Rien ne pèse tant qu'un secret :
  Le porter loin est difficile aux dames;
    Et je sais même sur ce fait
   Bon nombre d'hommes qui sont femmes.

Pour éprouver la sienne un mari s'écria,
La nuit, étant près d'elle : « O dieux! qu'est-ce cela?
    Je n'en puis plus! on me déchire!
Quoi! j'accouche d'un œuf! — D'un œuf! — Oui, le voilà
Frais et nouveau pondu : gardez bien de le dire;
On m'appelleroit poule. Enfin n'en parlez pas. »
    La femme, neuve sur ce cas,
   Ainsi que sur mainte autre affaire,
Crut la chose, et promit ses grands dieux de se taire;
    Mais ce serment s'évanouit
    Avec les ombres de la nuit.
   L'épouse, indiscrète et peu fine,
Sort du lit quand le jour fut à peine levé;
    Et de courir chez sa voisine :
« Ma commère, dit-elle, un cas est arrivé;
N'en dites rien surtout, car vous me feriez battre :
Mon mari vient de pondre un œuf gros comme quatre.
    Au nom de Dieu, gardez-vous bien
    D'aller publier ce mystère.
— Vous moquez-vous? dit l'autre : ah! vous ne savez guère
    Quelle je suis. Allez, ne craignez rien. »
La femme du pondeur s'en retourne chez elle.
L'autre grille déjà de conter la nouvelle :
Elle va la répandre en plus de dix endroits.

Au lieu d'un œuf elle en dit trois.
Ce n'est pas encor tout; car une autre commère
En dit quatre, et raconte à l'oreille le fait :
    Précaution peu nécessaire,
    Car ce n'étoit plus un secret.
Comme le nombre d'œufs, grâce à la renommée,
    De bouche en bouche alloit croissant,
    Avant la fin de la journée
    Ils se montoient à plus d'un cent.

FABLE VII. — *Le Chien qui porte à son cou le dîner de son Maître.*

Nous n'avons pas les yeux à l'épreuve des belles,
    Ni les mains à celle de l'or;
    Peu de gens gardent un trésor
    Avec des soins assez fidèles.

Certain chien, qui portoit la pitance au logis,
S'étoit fait un collier du dîner de son maître.
Il étoit tempérant, plus qu'il n'eût voulu l'être
    Quand il voyoit un mets exquis;
Mais enfin il l'étoit : et, tous tant que nous sommes,
Nous nous laissons tenter à l'approche des biens.
Chose étrange! on apprend la tempérance aux chiens,
    Et l'on ne peut l'apprendre aux hommes!
Ce chien-ci donc étant de la sorte atourné,
Un mâtin passe, et veut lui prendre le dîné.
    Il n'en eut pas toute la joie
Qu'il espéroit d'abord : le chien mit bas la proie
Pour la défendre mieux, n'en étant plus chargé.
    Grand combat. D'autres chiens arrivent;
    Ils étoient de ceux-là qui vivent
    Sur le public, et craignent peu les coups.
Notre chien, se voyant trop foible contre eux tous,
Et que la chair couroit un danger manifeste,
Voulut avoir sa part; et, lui sage, il leur dit ·

« Point de courroux, messieurs; mon lopin me suffit :
    Faites votre profit du reste. »
A ces mots, le premier, il vous happe un morceau,
Et chacun de tirer, le mâtin, la canaille,
    A qui mieux mieux : ils firent tous ripaille;
    Chacun d'eux eut part au gâteau.

Je crois voir en ceci l'image d'une ville
Où l'on met les deniers à la merci des gens.
    Échevins, prévôt des marchands,
    Tout fait sa main : le plus habile
Donne aux autres l'exemple, et c'est un passe-temps
De leur voir nettoyer un monceau de pistoles.
Si quelque scrupuleux, par des raisons frivoles,
Veut défendre l'argent, et dit le moindre mot,
    On lui fait voir qu'il est un sot.
    Il n'a pas de peine à se rendre :
    C'est bientôt le premier à prendre.

FABLE VIII. — *Le Rieur et les Poissons.*

On cherche les rieurs; et moi je les évite.
Cet art veut, sur tout autre, un suprême mérite :
    Dieu ne créa que pour les sots
    Les méchans diseurs de bons mots.
    J'en vais peut-être en une fable
    Introduire un; peut-être aussi
Que quelqu'un trouvera que j'aurai réussi.

    Un rieur étoit à la table
    D'un financier, et n'avoit en son coin
Que de petits poissons : tous les gros étoient loin.
Il prend donc les menus, puis leur parle à l'oreille;
    Et puis il feint, à la pareille,
D'écouter leur réponse. On demeura surpris :
    Cela suspendit les esprits.
    Le rieur alors, d'un ton sage,
    Dit qu'il craignoit qu'un sien ami,

Pour les grandes Indes parti,
N'eût depuis un an fait naufrage.
Il s'en informoit donc à ce menu fretin ;
Mais tous lui répondoient qu'ils n'étoient pas d'un âge
A savoir au vrai son destin ;
Les gros en sauroient davantage.
« N'en puis-je donc, messieurs, un gros interroger? »
De dire si la compagnie
Prit goût à sa plaisanterie,
J'en doute ; mais enfin il les sut engager
A lui servir d'un monstre assez vieux pour lui dire
Tous les noms des chercheurs de mondes inconnus
Qui n'en étoient pas revenus,
Et que depuis cent ans sous l'abîme avoient vus
Les anciens du vaste empire.

FABLE IX. — *Le Rat et l'Huître.*

Un rat, hôte d'un champ, rat de peu de cervelle,
Des lares paternels un jour se trouva soûl.
Il laisse là le champ, le grain, et la javelle,
Va courir le pays, abandonne son trou.
Sitôt qu'il fut hors de la case :
« Que le monde, dit-il, est grand et spacieux !
Voilà les Apennins, et voici le Caucase ! »
La moindre taupinée étoit mont à ses yeux.
Au bout de quelques jours le voyageur arrive
En un certain canton où Thétis sur la rive
Avoit laissé mainte huître ; et notre rat d'abord
Crut voir, en les voyant, des vaisseaux de haut bord.
« Certes, dit-il, mon père étoit un pauvre sire !
Il n'osoit voyager, craintif au dernier point.
Pour moi, j'ai déjà vu le maritime empire :
J'ai passé les déserts, mais nous n'y bûmes point. »
D'un certain magister le rat tenoit ces choses,
Et les disoit à travers champs ;
N'étant pas de ces rats qui, les livres rongeans

Se font savans jusques aux dents.
Parmi tant d'huîtres toutes closes
Une s'étoit ouverte ; et, bâillant au soleil,
Par un doux zéphyr réjouie,
Humoit l'air, respiroit, étoit épanouie,
Blanche, grasse, et d'un goût, à la voir, nonpareil.
D'aussi loin que le rat voit cette huître qui bâille :
« Qu'aperçois-je, dit-il ; c'est quelque victuaille !
Et, si je ne me trompe à la couleur du mets,
Je dois faire aujourd'hui bonne chère, ou jamais. »
Là-dessus maître rat, plein de belle espérance,
Approche de l'écaille, allonge un peu le cou,
Se sent pris comme aux lacs ; car l'huître tout d'un coup
Se referme. Et voilà ce que fait l'ignorance.

Cette fable contient plus d'un enseignement :
Nous y voyons premièrement
Que ceux qui n'ont du monde aucune expérience
Sont, aux moindres objets, frappés d'étonnement ;
Et puis nous y pouvons apprendre
Que tel est pris qui croyoit prendre.

Fable X. — *L'Ours et l'Amateur des jardins.*

Certain ours montagnard, ours à demi léché,
Confiné par le Sort dans un bois solitaire,
Nouveau Bellérophon, vivoit seul et caché.
Il fût devenu fou : la raison d'ordinaire
N'habite pas longtemps chez les gens séquestrés.
Il est bon de parler, et meilleur de se taire ;
Mais tous deux sont mauvais alors qu'ils sont outrés.
Nul animal n'avoit affaire
Dans les lieux que l'ours habitoit ;
Si bien que, tout ours qu'il étoit,
Il vint à s'ennuyer de cette triste vie.
Pendant qu'il se livroit à la mélancolie,
Non loin de là certain vieillard

S'ennuyoit aussi de sa part.
Il aimoit les jardins, étoit prêtre de Flore ;
    Il l'étoit de Pomone encore.
Ces deux emplois sont beaux ; mais je voudrois parmi
    Quelque doux et discret ami.
Les jardins parlent peu, si ce n'est dans mon livre :
    De façon que, lassé de vivre
Avec des gens muets, notre homme, un beau matin,
Va chercher compagnie, et se met en campagne.
    L'ours, porté d'un même dessein,
    Venoit de quitter sa montagne.
    Tous deux, par un cas surprenant,
    Se rencontrent en un tournant.
L'homme eut peur : mais comment esquiver ? et que faire ?
Se tirer en Gascon d'une semblable affaire
Est le mieux : il sut donc dissimuler sa peur.
    L'ours, très-mauvais complimenteur,
Lui dit : « Viens-t'en me voir. » L'autre reprit : « Seigneur,
Vous voyez mon logis ; si vous me vouliez faire
Tant d'honneur que d'y prendre un champêtre repas,
J'ai des fruits, j'ai du lait : ce n'est peut-être pas
De nos seigneurs les ours le manger ordinaire ;
Mais j'offre ce que j'ai. » L'ours l'accepte ; et d'aller.
Les voilà bons amis avant que d'arriver :
Arrivés, les voilà se trouvant bien ensemble ;
    Et bien qu'on soit, à ce qu'il semble,
    Beaucoup mieux seul qu'avec des sots,
Comme l'ours en un jour ne disoit pas deux mots,
L'homme pouvoit sans bruit vaquer à son ouvrage.
L'ours alloit à la chasse, apportoit du gibier ;
    Faisoit son principal métier
D'être bon émoucheur ; écartoit du visage
De son ami dormant ce parasite ailé
    Que nous avons mouche appelé.
Un jour que le vieillard dormoit d'un profond somme,
Sur le bout de son nez une allant se placer
Mit l'ours au désespoir ; il eut beau la chasser.
« Je t'attraperai bien, dit-il ; et voici comme. »

Aussitôt fait que dit : le fidèle émoucheur
Vous empoigne un pavé, le lance avec roideur,
Casse la tête à l'homme en écrasant la mouche;
Et, non moins bon archer que mauvais raisonneur,
Roide mort étendu sur la place il le couche.

Rien n'est si dangereux qu'un ignorant ami;
  Mieux vaudroit un sage ennemi.

Fable XI. — *Les deux Amis.*

Deux vrais amis vivoient au Monomotapa;
L'un ne possédoit rien qui n'appartînt à l'autre.
    Les amis de ce pays-là
    Valent bien, dit-on, ceux du nôtre.

Une nuit que chacun s'occupoit au sommeil,
Et mettoit à profit l'absence du soleil,
Un de nos deux amis sort du lit en alarme;
Il court chez son intime, éveille les valets :
Morphée avoit touché le seuil de ce palais.
L'ami couché s'étonne; il prend sa bourse, il s'arme,
Vient trouver l'autre, et dit : « Il vous arrive peu
De courir quand on dort; vous me paroissiez homme
A mieux user du temps destiné pour le somme :
N'auriez-vous point perdu tout votre argent au jeu?
En voici. S'il vous est venu quelque querelle,
J'ai mon épée; allons. Vous ennuyez-vous point
De coucher toujours seul? une esclave assez belle
Étoit à mes côtés; voulez-vous qu'on l'appelle?
— Non, dit l'ami, ce n'est ni l'un ni l'autre point :
    Je vous rends grâce de ce zèle.
Vous m'êtes, en dormant, un peu triste apparu;
J'ai craint qu'il ne fût vrai; je suis vite accouru.
    Ce maudit songe en est la cause. »

Qui d'eux aimoit le mieux? Que t'en semble, lecteur?

Cette difficulté vaut bien qu'on la propose.
Qu'un ami véritable est une douce chose !
Il cherche vos besoins au fond de votre cœur ;
  Il vous épargne la pudeur
  De les lui découvrir vous-même :
  Un songe, un rien, tout lui fait peur
  Quand il s'agit de ce qu'il aime.

  FABLE XII. — *Le Cochon, la Chèvre,
    et le Mouton.*

Une chèvre, un mouton, avec un cochon gras,
Montés sur même char, s'en alloient à la foire.
Leur divertissement ne les y portoit pas ;
On s'en alloit les vendre, à ce que dit l'histoire :
  Le charton[1] n'avoit pas dessein
  De les mener voir Tabarin.
  Dom pourceau crioit en chemin
Comme s'il avoit eu cent bouchers à ses trousses
C'étoit une clameur à rendre les gens sourds.
Les autres animaux, créatures plus douces,
Bonnes gens, s'étonnoient qu'il criât au secours ;
  Ils ne voyoient nul mal à craindre.
Le charton dit au porc : « Qu'as-tu tant à te plaindre ?
Tu nous étourdis tous : que ne te tiens-tu coi ?
Ces deux personnes-ci, plus honnêtes que toi,
Devroient t'apprendre à vivre, ou du moins à te taire :
Regarde ce mouton ; a-t-il dit un seul mot ?
  Il est sage. — Il est un sot,
Repartit le cochon ; s'il savoit son affaire,
Il crieroit, comme moi, du haut de son gosier ;
  Et cette autre personne honnête
  Crieroit tout du haut de sa tête.
Ils pensent qu'on les veut seulement décharger,
La chèvre de son lait, le mouton de sa laine :

---

  1. *Le charton,* vieux mot pour *charretier.*

Je ne sais pas s'ils ont raison;
Mais quant à moi, qui ne suis bon
Qu'à manger, ma mort est certaine.
Adieu mon toit et ma maison. »

Dom pourceau raisonnoit en subtil personnage :
Mais que lui servoit-il ? Quand le mal est certain,
La plainte ni la peur ne changent le destin ;
Et le moins prévoyant est toujours le plus sage.

FABLE XIII. — *Tircis et Amarante.*

POUR MADEMOISELLE DE SILLERY.

J'avois Ésope quitté,
Pour être tout à Boccace ;
Mais une divinité
Veut revoir sur le Parnasse
Des fables de ma façon.
Or, d'aller lui dire, Non,
Sans quelque valable excuse,
Ce n'est pas comme on en use
Avec des divinités,
Surtout quand ce sont de celles
Que la qualité de Belles
Fait reines des volontés.
Car, afin que l'on le sache,
C'est Sillery qui s'attache
A vouloir que, de nouveau,
Sire loup, sire corbeau,
Chez moi se parlent en rime.
Qui dit Sillery dit tout :
Peu de gens en leur estime
Lui refusent le haut bout ;
Comment le pourroit-on faire ?
Pour venir à notre affaire,
Mes contes, à son avis

Sont obscurs : les beaux esprits
N'entendent pas toute chose.
Faisons donc quelques récits
Qu'elle déchiffre sans glose :
Amenons des bergers; et puis nous rimerons
Ce que disent entre eux les loups et les moutons.

Tircis disoit un jour à la jeune Amarante :
« Ah! si vous connoissiez comme moi certain mal
  Qui nous plaît et qui nous enchante,
Il n'est bien sous le ciel qui vous parût égal!
  Souffrez qu'on vous le communique,
  Croyez-moi, n'ayez point de peur :
Voudrois-je vous tromper, vous, pour qui je me pique
Des plus doux sentimens que puisse avoir un cœur? »
  Amarante aussitôt réplique :
« Comment l'appelez-vous, ce mal? quel est son nom?
— L'amour. — Ce mot est beau! dites-moi quelques marques
A quoi je le pourrai connoître : que sent-on?
— Des peines près de qui le plaisir des monarques
Est ennuyeux et fade: on s'oublie, on se plaît
  Toute seule en une forêt.
  Se mire-t-on près d'un rivage,
Ce n'est pas soi qu'on voit; on ne voit qu'une image
Qui sans cesse revient, et qui suit en tous lieux :
  Pour tout le reste on est sans yeux.
  Il est un berger du village
Dont l'abord, dont la voix, dont le nom fait rougir :
  On soupire à son souvenir;
On ne sait pas pourquoi, cependant on soupire;
On a peur de le voir, encor qu'on le désire. »
  Amarante dit à l'instant :
« Oh! oh! c'est là ce mal que vous me prêchez tant!
Il ne m'est pas nouveau : je pense le connoître. »
  Tircis à son but croyoit être,
Quand la belle ajouta : « Voilà tout justement
  Ce que je sens pour Clidamant. »
L'autre pensa mourir de dépit et de honte

Il est force gens comme lui,
Qui prétendent n'agir que pour leur propre compte,
Et qui font le marché d'autrui.

Fable XIV. — *Les obsèques de la Lionne.*

La femme du lion mourut;
Aussitôt chacun accourut
Pour s'acquitter envers le prince
De certains complimens de consolation,
Qui sont surcroît d'affliction.
Il fit avertir sa province
Que les obsèques se feroient
Un tel jour, en tel lieu; ses prévôts y seroient
Pour régler la cérémonie,
Et pour placer la compagnie.
Jugez si chacun s'y trouva.
Le prince aux cris s'abandonna,
Et tout son antre en résonna :
Les lions n'ont point d'autre temple.
On entendit, à son exemple,
Rugir en leur patois messieurs les courtisans.

Je définis la cour, un pays où les gens,
Tristes, gais, prêts à tout, à tout indifférens,
Sont ce qu'il plaît au prince, ou, s'ils ne peuvent l'être,
Tâchent au moins de le paroître.
Peuple caméléon, peuple singe du maître;
On diroit qu'un esprit anime mille corps :
C'est bien là que les gens sont de simples ressorts.

Pour revenir à notre affaire,
Le cerf ne pleura point. Comment l'eût-il pu faire ?
Cette mort le vengeoit: la reine avoit jadis
Étranglé sa femme et son fils.
Bref, il ne pleura point. Un flatteur l'alla dire,
Et soutint qu'il l'avoit vu rire.

La colère du roi, comme dit Salomon,
Est terrible, et surtout celle du roi lion ;
Mais ce cerf n'avoit pas accoutumé de lire.
Le monarque lui dit : « Chétif hôte des bois,
Tu ris ! tu ne suis pas ces gémissantes voix !
Nous n'appliquerons point sur tes membres profanes
  Nos sacrés ongles : venez, loups,
  Vengez la reine ; immolez, tous,
  Ce traître à ses augustes mânes. »
Le cerf reprit alors : « Sire, le temps des pleurs
Est passé ; la douleur est ici superflue.
Votre digne moitié, couchée entre des fleurs,
  Tout près d'ici m'est apparue ;
  Et je l'ai d'abord reconnue.
« Ami, m'a-t-elle dit, garde que ce convoi,
« Quand je vais chez les dieux, ne t'oblige à des larmes.
« Aux champs élysiens j'ai goûté mille charmes,
« Conversant avec ceux qui sont saints comme moi
« Laisse agir quelque temps le désespoir du roi.
« J'y prends plaisir. » A peine on eut ouï la chose,
Qu'on se mit à crier : Miracle ! Apothéose !
Le cerf eut un présent, bien loin d'être puni.

  Amusez les rois par des songes,
Flattez-les, payez-les d'agréables mensonges :
Quelque indignation dont leur cœur soit rempli,
Ils goberont l'appât ; vous serez leur ami.

FABLE XV. — *Le Rat et l'Éléphant.*

Se croire un personnage est fort commun en France :
  On y fait l'homme d'importance,
  Et l'on n'est souvent qu'un bourgeois.
  C'est proprement le mal françois :
  La sotte vanité nous est particulière.
Les Espagnols sont vains, mais d'une autre manière :
  Leur orgueil me semble, en un mot,

Beaucoup plus fou, mais pas si sot.
Donnons quelque image du nôtre,
Qui sans doute en vaut bien un autre.

Un rat des plus petits voyoit un éléphant
Des plus gros, et railloit le marcher un peu lent
De la bête de haut parage,
Qui marchoit à gros équipage.
Sur l'animal à triple étage
Une sultane de renom,
Son chien, son chat, et sa guenon,
Son perroquet, sa vieille, et toute sa maison,
S'en alloit en pèlerinage.
Le rat s'étonnoit que les gens
Fussent touchés de voir cette pesante masse :
« Comme si d'occuper ou plus ou moins de place
Nous rendoit, disoit-il, plus ou moins importans!
Mais qu'admirez-vous tant en lui, vous autres hommes?
Seroit-ce ce grand corps qui fait peur aux enfans?
Nous ne nous prisons pas, tout petits que nous sommes,
D'un grain moins que les éléphans. »
Il en auroit dit davantage ;
Mais le chat, sortant de sa cage,
Lui fit voir en moins d'un instant
Qu'un rat n'est pas un éléphant.

Fable XVI. — *L'Horoscope.*

On rencontre sa destinée
Souvent par des chemins qu'on prend pour l'éviter.

Un père, eut pour toute lignée
Un fils qu'il aima trop, jusques à consulter
Sur le sort de sa géniture
Les diseurs de bonne aventure.
Un de ces gens lui dit que des lions surtout
Il éloignât l'enfant jusques à certain âge;

Jusqu'à vingt ans, point davantage
  Le père, pour venir à bout
D'une précaution sur qui rouloit la vie
De celui qu'il aimoit, défendit que jamais
On lui laissât passer le seuil de son palais.
Il pouvoit, sans sortir, contenter son envie,
Avec ses compagnons tout le jour badiner,
  Sauter, courir, se promener.
  Quand il fut en l'âge où la chasse
  Plaît le plus aux jeunes esprits,
  Cet exercice avec mépris
  Lui fut dépeint ; mais, quoi qu'on fasse,
  Propos, conseil, enseignement,
  Rien ne change un tempérament.
Le jeune homme, inquiet, ardent, plein de courage,
A peine se sentit des bouillons d'un tel âge
  Qu'il soupira pour ce plaisir.
Plus l'obstacle étoit grand, plus fort fut le désir.
Il savoit le sujet des fatales défenses ;
Et comme ce logis, plein de magnificences,
  Abondoit partout en tableaux,
  Et que la laine et les pinceaux
Traçoient de tous côtés chasses et paysages,
  En cet endroit des animaux,
  En cet autre des personnages,
Le jeune homme s'émeut, voyant peint un lion :
« Ah ! monstre ! cria-t-il ; c'est toi qui me fais vivre
Dans l'ombre et dans les fers ! » A ces mots il se livre
Aux transports violens de l'indignation,
  Porte le poing sur l'innocente bête.
Sous la tapisserie un clou se rencontra :
  Ce clou le blesse, il pénétra
Jusqu'aux ressorts de l'âme ; et cette chère tête,
Pour qui l'art d'Esculape en vain fit ce qu'il put,
Dut sa perte à ces soins qu'on prit pour son salut

Même précaution nuisit au poëte Eschyle.
  Quelque devin le menaça, dit-on,

De la chute d'une maison.
Aussitôt il quitta la ville,
Mit son lit en plein champ, loin des toits, sous les cieux
Un aigle, qui portoit en l'air une tortue,
Passa par là, vit l'homme, et sur sa tête nue,
Qui parut un morceau de rocher à ses yeux,
  Étant de cheveux dépourvue,
Laissa tomber sa proie afin de la casser :
Le pauvre Eschyle ainsi sut ses jours avancer.

  De ces exemples il résulte
Que cet art, s'il est vrai, fait tomber dans les maux
  Que craint celui qui le consulte ;
Mais je l'en justifie, et maintiens qu'il est faux.
  Je ne crois point que la Nature
Se soit lié les mains, et nous les lie encor
Jusqu'au point de marquer dans les cieux notre sort :
  Il dépend d'une conjoncture
  De lieux, de personnes, de temps ;
Non des conjonctions de tous ces charlatans.
Ce berger et ce roi sont sous même planète ;
L'un d'eux porte le sceptre, et l'autre la houlette.
  Jupiter le vouloit ainsi.
Qu'est-ce que Jupiter ? un corps sans connoissance.
  D'où vient donc que son influence
Agit différemment sur ces deux hommes-ci ?
Puis comment pénétrer jusques à notre monde ?
Comment percer des airs la campagne profonde ?
Percer Mars, le Soleil, et des vides sans fin ?
Un atome la peut détourner en chemin :
Où l'iront retrouver les faiseurs d'horoscope ?
  L'état où nous voyons l'Europe
Mérite que du moins quelqu'un d'eux l'ait prévu :
Que ne l'a-t-il donc dit ? Mais nul d'eux ne l'a su.
L'immense éloignement, le point, et sa vitesse
  Celle aussi de nos passions,
  Permettent-ils à leur foiblesse
De suivre pas à pas toutes nos actions ?

Notre sort en dépend : sa course entresuivie
Ne va, non plus que nous, jamais d'un même pas ;
  Et ces gens veulent au compas
  Tracer le cours de notre vie !

  Il ne se faut point arrêter
Aux deux faits ambigus que je viens de conter.
Ce fils par trop chéri, ni le bonhomme Eschyle
N'y font rien : tout aveugle et menteur qu'est cet art,
Il peut frapper au but une fois entre mille ;
  Ce sont des effets du hasard.

Fable XVII. — *L'Ane et le Chien.*

Il se faut entr'aider ; c'est la loi de nature.
  L'âne un jour pourtant s'en moqua :
  Et ne sais comme il y manqua,
  Car il est bonne créature.
Il alloit par pays, accompagné du chien,
  Gravement, sans songer à rien ;
  Tous deux suivis d'un commun maître.
Ce maître s'endormit. L'âne se mit à paître :
  Il étoit alors dans un pré
  Dont l'herbe étoit fort à son gré.
Point de chardons pourtant ; il s'en passa pour l'heure :
Il ne faut pas toujours être si délicat ;
  Et faute de servir ce plat,
  Rarement un festin demeure.
  Notre baudet s'en sut enfin
Passer pour cette fois. Le chien mourant de faim,
Lui dit : « Cher compagnon, baisse-toi, je te prie :
Je prendrai mon diner dans le panier au pain. »
Point de réponse ; mot : le roussin d'Arcadie
  Craignit qu'en perdant un moment
  Il ne perdit un coup de dent.
  Il fit longtemps la sourde oreille.
Enfin il répondit · « Ami, je te conseille

D'attendre que ton maître ait fini son sommeil ;
Car il te donnera sans faute à son réveil
    Ta portion accoutumée :
    Il ne sauroit tarder beaucoup. »
    Sur ces entrefaites un loup
Sort du bois, et s'en vient : autre bête affamée.
L'âne appelle aussitôt le chien à son secours.
Le chien ne bouge, et dit : « Ami, je te conseille
De fuir en attendant que ton maître s'éveille ;
Il ne sauroit tarder : détale vite, et cours.
Que si ce loup t'atteint, casse-lui la mâchoire :
On t'a ferré de neuf ; et, si tu me veux croire,
Tu l'étendras tout plat. » Pendant ce beau discours,
Seigneur loup étrangla le baudet sans remède.

    Je conclus qu'il faut qu'on s'entr'aide.

FABLE XVIII. — *Le Bassa et le Marchand.*

Un marchand grec en certaine contrée
Faisoit trafic. Un bassa l'appuyoit ;
De quoi le Grec en bassa le payoit,
Non en marchand : tant c'est chère denrée
Qu'un protecteur ! Celui-ci coûtoit tant
Que notre Grec s'alloit partout plaignant.
Trois autres Turcs, d'un rang moindre en puissance,
Lui vont offrir leur support en commun.
Eux trois vouloient moins de reconnoissance
Qu'à ce marchand il n'en coûtoit pour un.
Le Grec écoute ; avec eux il s'engage,
Et le bassa du tout est averti :
Même on lui dit qu'il jouera, s'il est sage,
A ces gens-là quelque méchant parti,
Les prévenant, les chargeant d'un message
Pour Mahomet, droit en son paradis,
Et sans tarder ; sinon ces gens unis
Le préviendront, bien certains qu'à la ronde

Il a des gens tout prêts pour le venger :
Quelque poison l'enverra protéger
Les trafiquans qui sont en l'autre monde.
Sur cet avis le Turc se comporta
Comme Alexandre ; et, plein de confiance,
Chez le marchand tout droit il s'en alla,
Se mit à table. On vit tant d'assurance
En ses discours et dans tout son maintien,
Qu'on ne crut point qu'il se doutât de rien.
« Ami, dit-il, je sais que tu me quittes ;
Même l'on veut que j'en craigne les suites ;
Mais je te crois un trop homme de bien ;
Tu n'as point l'air d'un donneur de breuvage.
Je n'en dis pas là-dessus davantage ;
Quant à ces gens qui pensent t'appuyer,
Écoute-moi : sans tant de dialogue
Et de raisons qui pourroient t'ennuyer,
Je ne te veux conter qu'un apologue.

Il étoit un berger, son chien, et son troupeau.
Quelqu'un lui demanda ce qu'il prétendoit faire
    D'un dogue de qui l'ordinaire
Étoit un pain entier. Il falloit bien et beau
Donner cet animal au seigneur du village.
    Lui, berger, pour plus de ménage,
    Auroit deux ou trois mâtineaux,
Qui, lui dépensant moins, veilleroient aux troupeaux
    Bien mieux que cette bête seule.
Il mangeoit plus que trois ; mais on ne disoit pas
    Qu'il avoit aussi triple gueule,
    Quand les loups livroient des combats.
Le berger s'en défait ; il prend trois chiens de taille
A lui dépenser moins, mais à fuir la bataille.
Le troupeau s'en sentit ; et tu te sentiras
    Du choix de semblable canaille.
  Si tu fais bien, tu reviendras à moi. »
    Le Grec le crut.

Ceci montre aux provinces
Que, tout compté, mieux vaut en bonne foi
S'abandonner à quelque puissant roi
Que s'appuyer de plusieurs petits princes

Fable XIX. — *L'avantage de la Science*

Entre deux bourgeois d'une ville
S'émut jadis un différend :
L'un étoit pauvre, mais habile;
L'autre, riche, mais ignorant.
Celui-ci sur son concurrent
Vouloit emporter l'avantage ;
Prétendoit que tout homme sage
Étoit tenu de l'honorer.
C'étoit tout homme sot : car pourquoi révérer
Des biens dépourvus de mérite?
La raison m'en semble petite.
« Mon ami, disoit-il souvent
Au savant,
Vous vous croyez considérable :
Mais, dites-moi, tenez-vous table?
Que sert à vos pareils de lire incessamment?
Ils sont toujours logés à la troisième chambre,
Vêtus au mois de juin comme au mois de décembre,
Ayant pour tout laquais leur ombre seulement
La république a bien affaire
De gens qui ne dépensent rien!
Je ne sais d'homme nécessaire
Que celui dont le luxe épand beaucoup de bien.
Nous en usons, Dieu sait! Notre plaisir occupe
L'artisan, le vendeur, celui qui fait la jupe,
Et celle qui la porte, et vous, qui dédiez
A messieurs les gens de finance
De méchans livres bien payés. »
Ces mots remplis d'impertinence
Eurent le sort qu'ils méritoient.

L'homme lettré se tut, il avoit trop à dire.
La guerre le vengea bien mieux qu'une satire.
Mars détruisit le lieu que nos gens habitoient :
    L'un et l'autre quitta sa ville.
    L'ignorant resta sans asile ;
    Il reçut partout des mépris :
L'autre reçut partout quelque faveur nouvelle.
    Cela décida leur querelle.

Laissez dire les sots : le savoir a son prix.

FABLE XX. — *Jupiter et les Tonnerres*

Jupiter, voyant nos fautes,
Dit un jour, du haut des airs :
« Remplissons de nouveaux hôtes
Les cantons de l'univers
Habités par cette race
Qui m'importune et me lasse.
Va-t'en, Mercure, aux enfers ;
Amène-moi la Furie
La plus cruelle des trois.
Race que j'ai trop chérie,
Tu périras cette fois ! »
Jupiter ne tarda guère
A modérer son transport.
O vous, rois, qu'il voulut faire
Arbitres de notre sort,
Laissez, entre la colère
Et l'orage qui la suit,
L'intervalle d'une nuit.

Le dieu dont l'aile est légère
Et la langue a des douceurs,
Alla voir les noires sœurs.
A Tisiphone et Mégère
Il préféra, ce dit-on,

L'impitoyable Alecton.
Ce choix la rendit si fière
Qu'elle jura par Pluton
Que toute l'engeance humaine
Seroit bientôt du domaine
Des déités de là-bas.
Jupiter n'approuva pas
Le serment de l'Euménide.
Il la renvoie; et pourtant
Il lance un foudre à l'instant
Sur certain peuple perfide.
Le tonnerre, ayant pour guide
Le père même de ceux
Qu'il menaçoit de ses feux,
Se contenta de leur crainte;
Il n'embrasa que l'enceinte
D'un désert inhabité;
Tout père frappe à côté.
Qu'arriva-t-il? Notre engeance
Prit pied sur cette indulgence.
Tout l'Olympe s'en plaignit;
Et l'assembleur de nuages
Jura le Styx, et promit
De former d'autres orages :
Ils seroient sûrs. On sourit;
On lui dit qu'il étoit père,
Et qu'il laissât, pour le mieux,
A quelqu'un des autres dieux
D'autres tonnerres à faire.
Vulcain entreprit l'affaire.
Ce dieu remplit ses fourneaux
De deux sortes de carreaux :
L'un jamais ne se fourvoie;
Et c'est celui que toujours
L'Olympe en corps nous envoie.
L'autre s'écarte en son cours;
Ce n'est qu'aux monts qu'il en coûte.
Bien souvent même il se perd;

Et ce dernier en sa route
Nous vient du seul Jupiter.

FABLE XXI. — *Le Faucon et le Chapon.*

Une traîtresse voix bien souvent vous appelle ;
    Ne vous pressez donc nullement :
Ce n'étoit pas un sot, non, non, et croyez-m'en,
    Que le chien de Jean de Nivelle[1].

Un citoyen du Mans, chapon de son métier,
    Étoit sommé de comparoître
    Par-devant les lares du maître,
Au pied d'un tribunal que nous nommons foyer.
Tous les gens lui crioient, pour déguiser la chose :
« Petit, petit, petit ! » mais, loin de s'y fier,
Le Normand et demi laissoit les gens crier.
« Serviteur, disoit-il ; votre appât est grossier :
    On ne m'y tient pas ; et pour cause. »
Cependant un faucon sur sa perche voyoit
    Notre Manseau qui s'enfuyoit.
Les chapons ont en nous fort peu de confiance,
    Soit instinct, soit expérience.
Celui-ci, qui ne fut qu'avec peine attrapé,
Devoit, le lendemain, être d'un grand soupé,
Fort à l'aise en un plat : honneur dont la volaille
    Se seroit passée aisément.
L'oiseau chasseur lui dit : « Ton peu d'entendement
Me rend tout étonné. Vous n'êtes que racaille,
Gens grossiers, sans esprit, à qui l'on n'apprend rien.
Pour moi, je sais chasser, et revenir au maître.

---

1. « *Qui s'en va quand on l'appelle.* » La Fontaine prend le proverbe dans le sens qu'on lui donne ordinairement ; mais en voici l'origine : Dans la guerre entre Louis XI et le duc de Bourgogne, le duc de Montmorency somma son fils Jean de Nivelle, qui était alors en Flandre, de venir se battre pour le roi Louis ; et *ce chien de Jean de Nivelle* ne vint pas.

Le vois-tu pas à la fenêtre ?
Il t'attend : es-tu sourd ? — Je n'entends que trop bien,
Repartit le chapon : mais que me veut-il dire ?
Et ce beau cuisinier armé d'un grand couteau ?
   Reviendrois-tu pour cet appeau ?
   Laisse-moi fuir ; cesse de rire
De l'indocilité qui me fait envoler
Lorsque d'un ton si doux on s'en vient m'appeler.
   Si tu voyois mettre à la broche
   Tous les jours autant de faucons
   Que j'y vois mettre de chapons,
Tu ne me ferois pas un semblable reproche. »

FABLE XXII. — *Le Chat et le Rat.*

Quatre animaux divers, le chat grippe-fromage,
Triste oiseau le hibou, ronge-maille le rat,
  Dame belette au long corsage,
  Toutes gens d'esprit scélérat,
Hantoient le tronc pourri d'un pin vieux et sauvage.
Tant y furent qu'un soir à l'entour de ce pin
L'homme tendit ses rets. Le chat, de grand matin,
  Sort pour aller chercher sa proie.
Les derniers traits de l'ombre empêchent qu'il ne voie
Le filet : il y tombe, en danger de mourir ;
Et mon chat de crier ; et le rat d'accourir :
L'un plein de désespoir, et l'autre plein de joie ;
Il voyoit dans les lacs son mortel ennemi.
  Le pauvre chat dit : « Cher ami,
  Les marques de ta bienveillance
  Sont communes en mon endroit ;
Viens m'aider à sortir du piége où l'ignorance
  M'a fait tomber. C'est à bon droit
Que seul entre les tiens, par amour singulière,
Je t'ai toujours choyé, t'aimant comme mes yeux.
Je n'en ai point regret, et j'en rends grâce aux dieux.
  J'allois leur faire ma prière,

Comme tout dévot chat en use les matins.
Ce réseau me retient : ma vie est en tes mains,
Viens dissoudre ces nœuds. — Et quelle récompense
    En aurai-je? reprit le rat.
    — Je jure éternelle alliance
    Avec toi, repartit le chat.
Dispose de ma griffe, et sois en assurance :
Envers et contre tous je te protégerai;
    Et la belette mangerai
    Avec l'époux de la chouette :
Ils t'en veulent tous deux. » Le rat dit : « Idiot !
Moi ton libérateur ! je ne suis pas si sot. »
    Puis il s'en va vers sa retraite :
    La belette étoit près du trou.
Le rat grimpe plus haut; il y voit le hibou.
Dangers de toutes parts : le plus pressant l'emporte
Ronge-maille retourne au chat, et fait en sorte
Qu'il détache un chaînon, puis un autre, et puis tant
    Qu'il dégâge enfin l'hypocrite.
    L'homme paroît en cet instant;
Les nouveaux alliés prennent tous deux la fuite.
A quelque temps de là, notre chat vit de loin
Son rat qui se tenoit alerte et sur ses gardes :
« Ah ! mon frère, dit-il, viens m'embrasser ; ton soin
    Me fait injure ; tu regardes
    Comme ennemi ton allié.
    Penses-tu que j'aie oublié
    Qu'après Dieu je te dois la vie?
— Et moi, reprit le rat, penses-tu que j'oublie
    Ton naturel ? Aucun traité
Peut-il forcer un chat à la reconnoissance?
    S'assure-t-on sur l'alliance
    Qu'a faite la nécessité? »

FABLE XXIII. — *Le Torrent et la Rivière.*

    Avec grand bruit et grand fracas

Un torrent tomboit des montagnes :
Tout fuyoit devant lui ; l'horreur suivoit ses pas ;
   Il faisoit trembler les campagnes.
   Nul voyageur n'osoit passer
   Une barrière si puissante :
Un seul vit des voleurs ; et, se sentant presser,
Il mit entre eux et lui cette onde menaçante.
Ce n'étoit que menace et bruit sans profondeur :
   Notre homme enfin n'eut que la peur.
   Ce succès lui donnant courage,
Et les mêmes voleurs le poursuivant toujours,
   Il rencontra sur son passage
   Une rivière dont le cours,
Image d'un sommeil doux, paisible et tranquille,
Lui fit croire d'abord ce trajet fort facile :
Point de bords escarpés, un sable pur et net.
   Il entre ; et son cheval le met
A couvert des voleurs, mais non de l'onde noire :
   Tous deux au Styx allèrent boire ;
   Tous deux, à nager malheureux,
Allèrent traverser, au séjour ténébreux,
   Bien d'autres fleuves que les nôtres.

   Les gens sans bruit sont dangereux ;
   Il n'en est pas ainsi des autres.

FABLE XXIV. — *L'Éducation.*

Laridon et César, frères dont l'origine
Venoit de chiens fameux, beaux, bien faits et hardis,
A deux maîtres divers échus au temps jadis,
Hantoient, l'un les forêts, et l'autre la cuisine.
Ils avoient eu d'abord chacun un autre nom ;
   Mais la diverse nourriture
Fortifiant en l'un cette heureuse nature,
En l'autre l'altérant, un certain marmiton
   Nomma celui-ci Laridon

Son frère, ayant couru mainte haute aventure,
Mis maint cerf aux abois, maint sanglier abattu,
Fut le premier César que la gent chienne ait eu.
On eut soin d'empêcher qu'une indigne maîtresse
Ne fît en ses enfans dégénérer son sang.
Laridon, négligé, témoignoit sa tendresse
    A l'objet le premier passant.
    Il peupla tout de son engeance :
Tourne-broches par lui rendus communs en France
Y font un corps à part, gens fuyant les hasards,
    Peuple antipode des Césars.

On ne suit pas toujours ses aïeux ni son père :
Le peu de soin, le temps, tout fait qu'on dégénère.
Faute de cultiver la nature et ses dons,
Oh ! combien de Césars deviendront Laridons !

FABLE XXV. — *Les deux Chiens et l'Ane mort.*

    Les vertus devroient être sœurs,
      Ainsi que les vices sont frères.
Dès que l'un de ceux-ci s'empare de nos cœurs,
Tous viennent à la file ; il ne s'en manque guères :
    J'entends de ceux qui, n'étant pas contraires,
      Peuvent loger sous même toit.
A l'égard des vertus, rarement on les voit
Toutes en un sujet éminemment placées
Se tenir par la main sans être dispersées.
L'un est vaillant, mais prompt ; l'autre est prudent, mais froid.
Parmi les animaux, le chien se pique d'être
    Soigneux et fidèle à son maître ;
    Mais il est sot, il est gourmand ;
Témoin ces deux mâtins qui, dans l'éloignement,
Virent un âne mort qui flottoit sur les ondes.
Le vent de plus en plus l'éloignoit de nos chiens.
« Ami, dit l'un, tes yeux sont meilleurs que les miens :
Porte un peu tes regards sur ces plaines profondes ;

J'y crois voir quelque chose. Est-ce un bœuf? un cheval?
— Eh! qu'importe quel animal?
Dit l'un de ces mâtins; voilà toujours curée.
Le point est de l'avoir : car le trajet est grand ;
Et de plus, il nous faut nager contre le vent.
Buvons toute cette eau ; notre gorge altérée
En viendra bien à bout : ce corps demeurera
  Bientôt à sec, et ce sera
  Provision pour la semaine. »
Voilà mes chiens à boire : ils perdirent l'haleine,
  Et puis la vie ; ils firent tant
  Qu'on les vit crever à l'instant.

L'homme est ainsi bâti : quand un sujet l'enflamme,
L'impossibilité disparoît à son âme.
Combien fait-il de vœux, combien perd-il de pas,
S'outrant pour acquérir des biens ou de la gloire ?
  « Si j'arrondissois mes États !
Si je pouvois remplir mes coffres de ducats !
Si j'apprenois l'hébreu, les sciences, l'histoire ! »
  Tout cela, c'est la mer à boire ;
  Mais rien à l'homme ne suffit.
Pour fournir aux projets que forme un seul esprit,
Il faudroit quatre corps ; encor, loin d'y suffire,
A mi-chemin je crois que tous demeureroient :
Quatre Mathusalem bout à bout ne pourroient
  Mettre à fin ce qu'un seul désire.

FABLE XXVI. — *Démocrite et les Abdéritains*

Que j'ai toujours haï les pensers du vulgaire !
Qu'il me semble profane, injuste et téméraire,
Mettant de faux milieux entre la chose et lui,
Et mesurant par soi ce qu'il voit en autrui !

Le maître d'Épicure en fit l'apprentissage.
Son pays le crut fou. Petits esprits ! mais quoi !

Aucun n'est prophète chez soi.
Ces gens étoient les fous, Démocrite, le sage.
L'erreur alla si loin qu'Abdère députa
    Vers Hippocrate, et l'invita,
    Par lettres et par ambassade,
A venir rétablir la raison du malade.
« Notre concitoyen, disoient-ils en pleurant,
Perd l'esprit : la lecture a gâté Démocrite.
Nous l'estimerions plus s'il étoit ignorant.
Aucun nombre, dit-il, les mondes ne limite :
    Peut-être même ils sont remplis
    De Démocrites infinis.
Non content de ce songe, il y joint les atomes,
Enfans d'un cerveau creux, invisibles fantômes;
Et, mesurant les cieux sans bouger d'ici-bas,
Il connoît l'univers, et ne se connoît pas.
Un temps fut qu'il savoit accorder les débats :
    Maintenant il parle à lui-même.
Venez, divin mortel; sa folie est extrême. »
Hippocrate n'eut pas trop de foi pour ces gens;
Cependant il partit. Et voyez, je vous prie,
    Quelles rencontres dans la vie
Le sort cause! Hippocrate arriva dans le temps
Que celui qu'on disoit n'avoir raison ni sens
    Cherchoit, dans l'homme et dans la bête,
Quel siége a la raison, soit le cœur, soit la tête.
Sous un ombrage épais, assis près d'un ruisseau,
    Les labyrinthes d'un cerveau
L'occupoient. Il avoit à ses pieds maint volume,
Et ne vit presque pas son ami s'avancer,
    Attaché selon sa coutume.
Leur compliment fut court, ainsi qu'on peut penser :
Le sage est ménager du temps et des paroles.
Ayant donc mis à part les entretiens frivoles,
Et beaucoup raisonné sur l'homme et sur l'esprit,
    Ils tombèrent sur la morale.
    Il n'est pas besoin que j'étale
    Tout ce que l'un et l'autre dit.

> Le récit précédent suffit
> Pour montrer que le peuple est juge récusable.
> En quel sens est donc véritable
> Ce que j'ai lu dans certain lieu,
> Que sa voix est la voix de Dieu ?

FABLE XXVII. — *Le Loup et le Chasseur.*

Fureur d'accumuler, monstre de qui les yeux
Regardent comme un point tous les bienfaits des dieux,
Te combattrai-je en vain sans cesse en cet ouvrage !
Quel temps demandes-tu pour suivre mes leçons ?
L'homme, sourd à ma voix comme à celle du sage,
Ne dira-t-il jamais : « C'est assez, jouissons ?
— Hâte-toi, mon ami, tu n'as pas tant à vivre.
Je te rebats ce mot, car il vaut tout un livre :
Jouis. — Je le ferai. — Mais quand donc ? — Dès demain.
— Eh ! mon ami, la mort te peut prendre en chemin :
Jouis dès aujourd'hui ; redoute un sort semblable
A celui du chasseur et du loup de ma fable.

Le premier de son arc avoit mis bas un daim,
Un faon de biche passe, et le voilà soudain
Compagnon du défunt ; tous deux gisent sur l'herbe.
La proie étoit honnête : un daim avec un faon ;
Tout modeste chasseur en eût été content :
Cependant un sanglier, monstre énorme et superbe,
Tente encor notre archer, friand de tels morceaux.
Autre habitant du Styx : la Parque et ses ciseaux
Avec peine y mordoient ; la déesse infernale
Reprit à plusieurs fois l'heure au monstre fatale.
De la force du coup pourtant il s'abattit.
C'étoit assez de biens. Mais quoi ! rien ne remplit
Les vastes appétits d'un faiseur de conquêtes.
Dans le temps que le porc revient à soi, l'archer
Voit le long d'un sillon une perdrix marcher,
> Surcroît chétif aux autres têtes :

De son arc toutefois il bande les ressorts.
Le sanglier, rappelant les restes de sa vie,
Vient à lui, le découd, meurt vengé sur son corps ;
    Et la perdrix le remercie.

Cette part du récit s'adresse au convoiteux :
L'avare aura pour lui le reste de l'exemple.

Un loup vit en passant ce spectacle piteux :
« O Fortune ! dit-il, je te promets un temple.
Quatre corps étendus ! que de biens ! mais pourtant
Il faut les ménager ; ces rencontres sont rares. »
    (Ainsi s'excusent les avares.)
« J'en aurai, dit le loup, pour un mois, pour autant :
Un, deux, trois, quatre corps ; ce sont quatre semaines,
    Si je sais compter, toutes pleines.
Commençons dans deux jours ; et mangeons cependant
La corde de cet arc : il faut que l'on l'ait faite
De vrai boyau ; l'odeur me le témoigne assez. »
    En disant ces mots, il se jette
Sur l'arc qui se détend, et fait de la sagette [1]
Un nouveau mort : mon loup a les boyaux percés.

Je reviens à mon texte. Il faut que l'on jouisse ;
Témoin ces deux gloutons punis d'un sort commun :
    La convoitise perdit l'un ;
    L'autre périt par l'avarice.

1. Vieux mot, pour *flèche*. du latin *sagitta*.

LIVRE NEUVIÈME.

Fable I. — *Le Dépositaire infidèle*

Grâce aux Filles de mémoire,
J'ai chanté des animaux ;
Peut-être d'autres héros
M'auroient acquis moins de gloire.
Le loup, en langue des dieux,
Parle au chien dans mes ouvrages :
Les bêtes, à qui mieux mieux,
Y font divers personnages,
Les uns fous, les autres sages ;
De telle sorte pourtant
Que les fous vont l'emportant :
La mesure en est plus pleine.
Je mets aussi sur la scène
Des trompeurs, des scélérats,
Des tyrans et des ingrats,
Mainte imprudente pécore,
Force sots, force flatteurs ;
Je pourrois y joindre encore
Des légions de menteurs :
Tout homme ment, dit le sage.
S'il n'y mettoit seulement
Que les gens du bas étage,
On pourroit aucunement
Souffrir ce défaut aux hommes ;
Mais que tous, tant que nous sommes,
Nous mentions, grand et petit,
Si quelque autre l'avoit dit,
Je soutiendrois le contraire.
Et même qui mentiroit
Comme Ésope et comme Homère,
Un vrai menteur ne seroit :
Le doux charme de maint songe
Par leur bel art inventé

Sous les habits du mensonge
Nous offre la vérité.
L'un et l'autre a fait un livre
Que je tiens digne de vivre
Sans fin, et plus, s'il se peut.
Comme eux ne ment pas qui veut :
Mais mentir comme sut faire
Un certain dépositaire,
Payé par son propre mot,
Est d'un méchant et d'un sot.
Voici le fait :
    Un trafiquant de Perse,
Chez son voisin, s'en allant en commerce,
Mit en dépôt un cent de fer un jour.
« Mon fer ? dit-il, quand il fut de retour.
— Votre fer ! il n'est plus : j'ai regret de vous dire
 Qu'un rat l'a mangé tout entier.
J'en ai grondé mes gens : mais qu'y faire ? un grenier
A toujours quelque trou. » Le trafiquant admire
Un tel prodige, et feint de le croire pourtant.
Au bout de quelques jours il détourne l'enfant
Du perfide voisin ; puis à souper convie
Le père, qui s'excuse, et lui dit en pleurant :
 « Dispensez-moi, je vous supplie ;
 Tous plaisirs pour moi sont perdus.
 J'aimois un fils plus que ma vie :
Je n'ai que lui ; que dis-je ! hélas ! je ne l'ai plus !
On me l'a dérobé : plaignez mon infortune. »
Le marchand repartit : « Hier au soir, sur la brune,
Un chat-huant s'en vint votre fils enlever ;
Vers un vieux bâtiment je le lui vis porter. »
Le père dit : « Comment voulez-vous que je croie
Qu'un hibou pût jamais emporter cette proie ?
Mon fils en un besoin eût pris le chat-huant.
— Je ne vous dirai point, reprit l'autre, comment :
Mais enfin je l'ai vu, vu de mes yeux, vous dis-je ;
 Et ne vois rien qui vous oblige
D'en douter un moment après ce que je dis.

Faut-il que vous trouviez étrange
Que les chats-huans d'un pays
Où le quintal de fer par un seul rat se mange,
Enlèvent un garçon pesant un demi-cent? »
L'autre vit où tendoit cette feinte aventure :
Il rendit le fer au marchand,
Qui lui rendit sa géniture.

Même dispute avint entre deux voyageurs.
L'un d'eux étoit de ces conteurs
Qui n'ont jamais rien vu qu'avec un microscope ;
Tout est géant chez eux : écoutez-les, l'Europe,
Comme l'Afrique, aura des monstres à foison.
Celui-ci se croyoit l'hyperbole permise :
« J'ai vu, dit-il, un chou plus grand qu'une maison.
— Et moi, dit l'autre, un pot aussi grand qu'une église. »
Le premier se moquant, l'autre reprit : « Tout doux ;
On le fit pour cuire vos choux. »

L'homme au pot fut plaisant, l'homme au fer fut habile.
Quand l'absurde est outré, l'on lui fait trop d'honneur
De vouloir par raison combattre son erreur :
Enchérir est plus court, sans s'échauffer la bile.

FABLE II. — *Les deux Pigeons.*

Deux pigeons s'aimoient d'amour tendre :
L'un d'eux, s'ennuyant au logis,
Fut assez fou pour entreprendre
Un voyage en lointain pays.
L'autre lui dit : « Qu'allez-vous faire ?
Voulez-vous quitter votre frère ?
L'absence est le plus grand des maux ;
Non pas pour vous, cruel ! Au moins, que les travaux,
Les dangers, les soins du voyage,
Changent un peu votre courage.
Encor, si la saison s'avançoit davantage !
Attendez les zéphyrs : qui vous presse ? un corbeau

Tout à l'heure annonçoit malheur à quelque oiseau.
Je ne songerai plus que rencontre funeste,
Que faucons, que réseaux. Hélas ! dirai-je, il pleut :
  Mon frère a-t-il tout ce qu'il veut,
  Bon souper, bon gite, et le reste ? »
  Ce discours ébranla le cœur
  De notre imprudent voyageur :
Mais le désir de voir et l'humeur inquiète
L'emportèrent enfin. Il dit : « Ne pleurez point ;
Trois jours au plus rendront mon âme satisfaite :
Je reviendrai dans peu conter de point en point
  Mes aventures à mon frère ;
Je le désennuierai. Quiconque ne voit guère
N'a guère à dire aussi. Mon voyage dépeint
  Vous sera d'un plaisir extrême.
Je dirai : J'étois là ; telle chose m'avint :
  Vous y croirez être vous-même. »
A ces mots, en pleurant, ils se dirent adieu.
Le voyageur s'éloigne : et voilà qu'un nuage
L'oblige de chercher retraite en quelque lieu.
Un seul arbre s'offrit, tel encor que l'orage
Maltraita le pigeon en dépit du feuillage.
L'air devenu serein, il part tout morfondu,
Sèche du mieux qu'il peut son corps chargé de pluie ;
Dans un champ à l'écart voit du blé répandu,
Voit un pigeon auprès : cela lui donne envie ;
Il y vole, il est pris : ce blé couvroit d'un lacs
  Les menteurs et traîtres appâts.
Le lacs étoit usé ; si bien que, de son aile,
De ses pieds, de son bec, l'oiseau le rompt enfin :
Quelque plume y périt ; et le pis du destin
Fut qu'un certain vautour à la serre cruelle
Vit notre malheureux, qui, traînant la ficelle
Et les morceaux du lacs qui l'avoit attrapé,
  Sembloit un forçat échappé.
Le vautour s'en alloit le lier[1], quand des nues

---

1. *Lier*, terme de fauconnerie, se dit lorsque le faucon enlève

Fond à son tour un aigle aux ailes étendues.
Le pigeon profita du conflit des voleurs,
S'envola, s'abattit auprès d'une masure,
    Crut pour ce coup que ses malheurs
    Finiroient par cette aventure;
Mais un fripon d'enfant (cet âge est sans pitié)
Prit sa fronde, et du coup tua plus d'à moitié
    La volatile malheureuse,
  Qui, maudissant sa curiosité,
    Traînant l'aile, et tirant le pied,
    Demi-morte et demi-boiteuse,
    Droit au logis s'en retourna :
    Que bien, que mal, elle arriva
    Sans autre aventure fâcheuse.
Voilà nos gens rejoints ; et je laisse à juger
De combien de plaisirs ils payèrent leurs peines.

Amans, heureux amans, voulez-vous voyager?
    Que ce soit aux rives prochaines.
Soyez-vous l'un à l'autre un monde toujours beau,
    Toujours divers, toujours nouveau ;
Tenez-vous lieu de tout, comptez pour rien le reste.
J'ai quelquefois aimé : je n'aurois pas alors,
    Contre le Louvre et ses trésors,
Contre le firmament et sa voûte céleste,
    Changé les bois, changé les lieux
Honorés par les pas, éclairés par les yeux
    De l'aimable et jeune bergère
    Pour qui, sous le fils de Cythère,
Je servis, engagé par mes premiers sermens.
Hélas! Quand reviendront de semblables momens!
Faut-il que tant d'objets si doux et si charmans
Me laissent vivre au gré de mon âme inquiète !
Ah ! si mon cœur osoit encor se renflammer !
Ne sentirai-je plus de charme qui m'arrête?
    Ai-je passé le temps d'aimer ?

---

en l'air sa proie dans ses serres, ou lorsque l'ayant assommée, il la *lie* de ses serres et la tient à terre.

FABLE III. — *Le Singe et le Léopard.*

Le singe avec le léopard
   Gagnoient de l'argent à la foire.
   Ils affichoient chacun à part.
L'un d'eux disoit : « Messieurs, mon mérite et ma gloire
Sont connus en bon lieu. Le roi m'a voulu voir ;
   Et si je meurs, il veut avoir
Un manchon de ma peau : tant elle est bigarrée,
   Pleine de taches, marquetée,
   Et vergetée, et mouchetée ! »
La bigarrure plaît : partant chacun le vit.
Mais ce fut bientôt fait ; bientôt chacun sortit
Le singe de sa part disoit : « Venez, de grâce ;
Venez, messieurs : je fais cent tours de passe-passe.
Cette diversité dont on vous parle tant,
Mon voisin léopard l'a sur soi seulement :
Moi, je l'ai dans l'esprit. Votre serviteur Gille,
   Cousin et gendre de Bertrand,
   Singe du pape en son vivant,
   Tout fraîchement en cette ville
Arrive en trois bateaux, exprès pour vous parler ;
Car il parle, on l'entend : il sait danser, baller,
   Faire des tours de toute sorte,
Passer en des cerceaux ; et le tout pour six blancs :
Non, messieurs, pour un sou ; si vous n'êtes contens,
Nous rendrons à chacun son argent à la porte. »
Le singe avoit raison. Ce n'est pas sur l'habit
Que la diversité me plaît ; c'est dans l'esprit :
L'une fournit toujours des choses agréables ;
L'autre, en moins d'un moment, lasse les regardans.
Oh ! que de grands seigneurs, au léopard semblables,
   N'ont que l'habit pour tous talens !

FABLE IV. — *Le Gland et la Citrouille.*

Dieu fait bien ce qu'il fait. Sans en chercher la preuve
En tout cet univers, et l'aller parcourant,

Dans les citrouilles je la treuvo.

Un villageois, considérant
Combien ce fruit est gros et sa tige menue :
« A quoi songeoit, dit-il, l'auteur de tout cela ?
Il a bien mal placé cette citrouille-là !
　　Eh parbleu ! je l'aurois pendue
　　A l'un des chênes que voilà ;
　　C'eût été justement l'affaire :
　　Tel fruit, tel arbre, pour bien faire.
C'est dommage, Garo, que tu n'es point entré
Au conseil de Celui que prêche ton curé ;
Tout en eût été mieux : car pourquoi, par exemple,
Le gland, qui n'est pas gros comme mon petit doigt,
　　Ne pend-il pas en cet endroit ?
　　Dieu s'est mépris : plus je contemple
Ces fruits ainsi placés, plus il semble à Garo
　　Que l'on a fait un quiproquo. »
Cette réflexion embarrassant notre homme :
« On ne dort point, dit-il, quand on a tant d'esprit ; »
Sous un chêne aussitôt il va prendre son somme.
Un gland tombe : le nez du dormeur en pâtit.
Il s'éveille ; et, portant la main sur son visage,
Il trouve encor le gland pris au poil du menton.
Son nez meurtri le force à changer de langage.
« Oh ! oh ! dit-il, je saigne ! Et que seroit-ce donc
S'il fût tombé de l'arbre une masse plus lourde,
　　Et que ce gland eût été gourde ?
Dieu ne l'a pas voulu : sans doute il eut raison ;
　　J'en vois bien à présent la cause. »
　　En louant Dieu de toute chose
　　Garo retourne à la maison.

Fable V. — *L'Écolier, le Pédant, et le Maître d'un jardin.*

　　Certain enfant qui sentoit son collége,
　　Doublement sot et doublement fripon
　　Par le jeune âge et par le privilége

Qu'ont les pédans de gâter la raison,
Chez un voisin déroboit, ce dit-on,
Et fleurs et fruits. Ce voisin, en automne,
Des plus beaux dons que nous offre Pomone
Avoit la fleur, les autres le rebut.
Chaque saison apportoit son tribut;
Car au printemps il jouissoit encore
Des plus beaux dons que nous présente Flore
Un jour dans son jardin il vit notre écolier,
Qui, grimpant sans égard, sur un arbre fruitier,
Gâtoit jusqu'aux boutons, douce et frêle espérance,
Avant-coureurs des biens que promet l'abondance :
Même il ébranchoit l'arbre ; et fit tant à la fin
    Que le possesseur du jardin
Envoya faire plainte au maître de la classe
Celui-ci vint suivi d'un cortége d'enfans :
    Voilà le verger plein de gens
Pires que le premier. Le pédant, de sa grâce,
    Accrut le mal en amenant
    Cette jeunesse mal instruite :
Le tout, à ce qu'il dit, pour faire un châtiment
Qui pût servir d'exemple, et dont toute sa suite
Se souvînt à jamais comme d'une leçon.
Là-dessus il cita Virgile et Cicéron,
    Avec force traits de science.
Son discours dura tant que la maudite engeance
Eut le temps de gâter en cent lieux le jardin.
    Je hais les pièces d'éloquence
  Hors de leur place, et qui n'ont point de fin ;
    Et ne sais bête au monde pire
    Que l'écolier, si ce n'est le pédant.
Le meilleur de ces deux pour voisin, à vrai dire,
    Ne me plairoit aucunement.

FABLE VI. — *Le Statuaire et la Statue de Jupiter.*

Un bloc de marbre étoit si beau

Qu'un statuaire en fit l'emplette.
« Qu'en fera, dit-il, mon ciseau ?
Sera-t-il dieu, table, ou cuvette ?

Il sera dieu : même je veux
Qu'il ait en sa main un tonnerre.
Tremblez, humains! faites des vœux :
Voilà le maître de la terre. »

L'artisan exprima si bien
Le caractère de l'idole
Qu'on trouva qu'il ne manquoit rien
A Jupiter que la parole :

Même l'on dit que l'ouvrier
Eut à peine achevé l'image,
Qu'on le vit frémir le premier,
Et redouter son propre ouvrage.

A la foiblesse du sculpteur
Le poëte autrefois n'en dut guère,
Des dieux dont il fut l'inventeur
Craignant la haine et la colère :

Il étoit enfant en ceci ;
Les enfans n'ont l'âme occupée
Que du continuel souci
Qu'on ne fâche point leur poupée

Le cœur suit aisément l'esprit :
De cette source est descendue
L'erreur païenne, qui se vit
Chez tant de peuples répandue.

Ils embrassoient violemment
Les intérêts de leur chimère :
Pygmalion devint amant
De la Vénus dont il fut père

Chacun tourne en réalités,
Autant qu'il peut, ses propres songes :
L'homme est de glace aux vérités,
Il est de feu pour les mensonges.

Fable VII. — *La Souris métamorphosée en Fille.*

Une souris tomba du bec d'un chat-huant :
    Je ne l'eusse pas ramassée;
Mais un bramin le fit : je le crois aisément;
    Chaque pays a sa pensée.
    La souris étoit fort froissée.
    De cette sorte de prochain
Nous nous soucions peu; mais le peuple bramin
    Le traite en frère. Ils ont en tête
    Que notre âme, au sortir d'un roi,
Entre dans un ciron, ou dans telle autre bête
Qu'il plaît au Sort : c'est là l'un des points de leur loi.
Pythagore chez eux a puisé ce mystère.
Sur un tel fondement, le bramin crut bien faire
De prier un sorcier qu'il logeât la souris
Dans un corps qu'elle eût eu pour hôte au temps jadis.
    Le sorcier en fit une fille
De l'âge de quinze ans, et telle et si gentille
Que le fils de Priam pour elle auroit tenté
Plus encor qu'il ne fit pour la grecque beauté.
Le bramin fut surpris de chose si nouvelle.
    Il dit à cet objet si doux :
« Vous n'avez qu'à choisir; car chacun est jaloux
    De l'honneur d'être votre époux.
    — En ce cas je donne, dit-elle,
    Ma voix au plus puissant de tous.
— Soleil, s'écria lors le bramin à genoux,
    C'est toi qui seras notre gendre.
    — Non, dit-il, ce nuage épais
Est plus puissant que moi, puisqu'il cache mes traits;
    Je vous conseille de le prendre.

— Hé bien! dit le bramin au nuage volant,
Es-tu né pour ma fille? — Hélas! non, car le vent
Me chasse à son plaisir de contrée en contrée :
Je n'entreprendrai point sur les droits de Borée
   Le bramin fâché s'écria :
   « O vent, donc, puisque vent y a,
   Viens dans les bras de notre belle! »
Il accouroit; un mont en chemin l'arrêta.
   L'éteuf passant à celui-là,
Il le renvoie, et dit : « J'aurois une querelle
   Avec le rat; et l'offenser
Ce seroit être fou, lui qui peut me percer.
   Au mot de rat, la demoiselle
   Ouvrit l'oreille : il fut l'époux.
   Un rat! un rat : c'est de ces coups
   Qu'Amour fait; témoin telle et telle.
   Mais ceci soit dit entre nous.

On tient toujours du lieu dont on vient. Cette fable
Prouve assez bien ce point : mais, à la voir de près
Quelque peu de sophisme entre parmi ses traits :
Car quel époux n'est point au Soleil préférable
En s'y prenant ainsi? Dirai-je qu'un géant
Est moins fort qu'une puce? elle le mord pourtant.
Le rat devoit aussi renvoyer, pour bien faire,
   La belle au chat, le chat au chien,
   Le chien au loup. Par le moyen
   De cet argument circulaire,
Pilpay jusqu'au Soleil eût enfin remonté;
Le Soleil eût joui de la jeune beauté.
Revenons, s'il se peut, à la métempsycose :
Le sorcier du bramin fit sans doute une chose
Qui, loin de la prouver, fait voir sa fausseté.
Je prends droit là-dessus contre le bramin même;
   Car il faut, selon son système,
Que l'homme, la souris, le ver, enfin chacun
Aille puiser son âme en un trésor commun :
   Toutes sont donc de même trempe;

Mais, agissant diversement
Selon l'organe seulement,
L'une s'élève, et l'autre rampe.
D'où vient donc que ce corps si bien organisé
Ne put obliger son hôtesse
De s'unir au Soleil? Un rat eut sa tendresse.

Tout débattu, tout bien pesé,
Les âmes des souris, et les âmes des belles
Sont très-différentes entre elles;
Il en faut revenir toujours à son destin,
C'est-à-dire à la loi par le ciel établie :
Parlez au diable, employez la magie,
Vous ne détournerez nul être de sa fin.

FABLE VIII. — *Le Fou qui vend la Sagesse.*

Jamais auprès des fous ne te mets à portée :
Je ne te puis donner un plus sage conseil.
Il n'est enseignement pareil
A celui-là, de fuir une tête éventée.
On en voit souvent dans les cours :
Le prince y prend plaisir; car ils donnent toujours
Quelque trait aux fripons, aux sots, aux ridicules.

Un fol alloit criant par tous les carrefours
Qu'il vendoit la sagesse, et les mortels crédules
De courir à l'achat : chacun fut diligent.
On essuyoit force grimaces;
Puis on avoit pour son argent,
Avec un bon soufflet, un fil long de deux brasses.
La plupart s'en fâchoient; mais que leur servoit-il?
C'étoient les plus moqués : le mieux étoit de rire,
Ou de s'en aller sans rien dire
Avec son soufflet et son fil.
De chercher du sens à la chose,
On se fût fait siffler ainsi qu'un ignorant.

La raison est-elle garant
De ce que fait un fou ? le hasard est la cause
De tout ce qui se passe en un cerveau blessé.
Du fil et du soufflet pourtant embarrassé,
Un des dupes un jour alla trouver un sage,
    Qui, sans hésiter davantage,
Lui dit : « Ce sont ici hiéroglyphes tout purs.
Les gens bien conseillés, et qui voudront bien faire,
Entre eux et les gens fous mettront, pour l'ordinaire,
La longueur de ce fil ; sinon je les tiens sûrs
    De quelque semblable caresse.
Vous n'êtes point trompé ; ce fou vend la sagesse »

FABLE IX — *L'Huître et les Plaideurs.*

Un jour deux pèlerins sur le sable rencontrent
Une huître, que le flot y venoit d'apporter :
Ils l'avalent des yeux, du doigt ils se la montrent,
A l'égard de la dent, il fallut contester.
L'un se baissoit déjà pour ramasser la proie ;
L'autre le pousse, et dit : « Il est bon de savoir
    Qui de nous en aura la joie.
Celui qui le premier a pu l'apercevoir
En sera le gobeur ; l'autre le verra faire.
    — Si par là l'on juge l'affaire,
Reprit son compagnon, j'ai l'œil bon, Dieu merci.
    — Je ne l'ai pas mauvais aussi,
Dit l'autre ; et je l'ai vue avant vous, sur ma vie.
— Hé bien ! vous l'avez vue ; et moi je l'ai sentie. »
    Pendant tout ce bel incident,
Perrin Dandin arrive : ils le prennent pour juge.
Perrin, fort gravement, ouvre l'huître, et la gruge,
    Nos deux messieurs le regardant.
Ce repas fait, il dit, d'un ton de président :
« Tenez, la cour vous donne à chacun une écaille
Sans dépens ; et qu'en paix chacun chez soi s'en aille. »

Mettez ce qu'il en coûte à plaider aujourd'hui ;
Comptez ce qu'il en reste à beaucoup de familles :
Vous verrez que Perrin tire l'argent à lui,
Et ne laisse aux plaideurs que le sac et les quilles.

Fable X. — *Le Loup et le Chien maigre.*

    Autrefois carpillon fretin
    Eut beau prêcher, il eut beau dire,
    On le mit dans la poêle à frire.
Je fis voir que lâcher ce qu'on a dans la main,
    Sous espoir de grosse aventure,
    Est imprudence toute pure.
Le pêcheur eut raison ; carpillon n'eut pas tort ·
Chacun dit ce qu'il peut pour défendre sa vie.
    Maintenant il faut que j'appuie
Ce que j'avançai lors, de quelque trait encor.

Certain loup, aussi sot que le pêcheur fut sage,
    Trouvant un chien hors du village,
S'en alloit l'emporter. Le chien représenta
Sa maigreur : « Jà ne plaise à votre seigneurie
    De me prendre en cet état-là ;
    Attendez : mon maître marie
    Sa fille unique, et vous jugez
Qu'étant de noce il faut malgré moi que j'engraisse. »
    Le loup le croit, le loup le laisse.
    Le loup, quelques jours écoulés,
Revient voir si son chien n'est pas meilleur à prendre,
    Mais le drôle étoit au logis.
    Il dit au loup par un treillis :
« Ami, je vais sortir ; et, si tu veux attendre,
    Le portier du logis et moi
    Nous serons tout à l'heure à toi. »
Ce portier du logis étoit un chien énorme,
    Expédiant les loups en forme.
Celui-ci s'en douta. « Serviteur au portier, »

Dit-il; et de courir. Il étoit fort agile;
　　Mais il n'étoit pas fort habile :
Ce loup ne savoit pas encor bien son métier.

─────────

　　FABLE XI. — *Rien de trop.*

　　Je ne vois point de créature
　　Se comporter modérément.
　　Il est certain tempérament
　　Que le maître de la nature
Veut que l'on garde en tout. Le fait-on? nullement :
Soit en bien, soit en mal, cela n'arrive guère.
Le blé, riche présent de la blonde Cérès,
Trop touffu bien souvent épuise les guérets :
En superfluités s'épandant d'ordinaire,
　　Et poussant trop abondamment,
　　Il ôte à son fruit l'aliment.
L'arbre n'en fait pas moins : tant le luxe sait plaire !
Pour corriger le blé, Dieu permit aux moutons
De retrancher l'excès des prodigues moissons.
　　Tout au travers ils se jetèrent,
　　Gâtèrent tout, et tout broutèrent;
　　Tant que le ciel permit aux loups
D'en croquer quelques-uns : ils les croquèrent tous;
S'ils ne le firent pas, du moins ils y tâchèrent.
　　Puis le ciel permit aux humains
De punir ces derniers : les humains abusèrent
　　A leur tour des ordres divins.
De tous les animaux, l'homme a le plus de pente
　　A se porter dedans l'excès.
　　Il faudroit faire le procès
Aux petits comme aux grands. Il n'est âme vivante
Qui ne pèche en ceci. *Rien de trop* est un point
Dont on parle sans cesse, et qu'on n'observe point

─────────

Fable XII. — *Le Cierge*.

C'est du séjour des dieux que les abeilles viennent
Les premières, dit-on, s'en allèrent loger
    Au mont Hymette, et se gorger
Des trésors qu'en ce lieu les zéphyrs entretiennent.
Quand on eut des palais de ces filles du ciel
Enlevé l'ambrosie en leurs chambres enclose,
    Ou, pour dire en françois la chose,
    Après que les ruches sans miel
N'eurent plus que la cire, on fit mainte bougie;
    Maint cierge aussi fut façonné.
Un d'eux voyant la terre en brique au feu durcie
Vaincre l'effort des ans, il eut la même envie;
Et, nouvel Empédocle aux flammes condamné
    Par sa propre et pure folie,
Il se lança dedans. Ce fut mal raisonné :
Ce cierge ne savoit grain de philosophie.

Tout en tout est divers : ôtez-vous de l'esprit
Qu'aucun être ait été composé sur le vôtre.
L'Empédocle de cire au brasier se fondit :
    Il n'étoit pas plus fou que l'autre.

Fable XIII. — *Jupiter et le Passager*.

Oh ! combien le péril enrichiroit les dieux,
Si nous nous souvenions des vœux qu'il nous fait faire !
Mais, le péril passé, l'on ne se souvient guère
    De ce qu'on a promis aux cieux;
On compte seulement ce qu'on doit à la terre.
« Jupiter, dit l'impie, est un bon créancier;
    Il ne se sert jamais d'huissier. »
    Eh ! qu'est-ce donc que le tonnerre ?
Comment appelez-vous ces avertissemens ?

    Un passager pendant l'orage

Avoit voué cent bœufs au vainqueur des Titans.
Il n'en avoit pas un : vouer cent éléphans
    N'auroit pas coûté davantage.
Il brûla quelques os quand il fut au rivage :
Au nez de Jupiter la fumée en monta.
« Sire Jupin, dit-il, prends mon vœu ; le voilà :
C'est un parfum de bœuf que ta grandeur respire
La fumée est ta part : je ne te dois plus rien. »
    Jupiter fit semblant de rire ;
Mais, après quelques jours, le dieu l'attrapa bien,
    Envoyant un songe lui dire
Qu'un tel trésor étoit en tel lieu. L'homme au vœu
    Courut au trésor comme au feu.
Il trouva des voleurs ; et, n'ayant dans sa bourse
    Qu'un écu pour toute ressource,
    Il leur promit cent talens d'or,
    Bien comptés, et d'un tel trésor.
On l'avoit enterré dedans telle bourgade.
L'endroit parut suspect aux voleurs ; de façon
Qu'à notre prometteur l'un dit : « Mon camarade,
Tu te moques de nous ; meurs, et va chez Pluton
    Porter tes cent talens en don. »

Fable XIV. — *Le Chat et le Renard.*

Le chat et le renard, comme beaux petits saints,
    S'en alloient en pèlerinage.
C'étoient deux vrais tartufs, deux archipatelins,
Deux francs patte-pelus, qui, des frais du voyage,
Croquant mainte volaille, escroquant maint fromage,
    S'indemnisoient à qui mieux mieux.
Le chemin étant long, et partant ennuyeux,
    Pour l'accourcir ils disputèrent.
    La dispute est d'un grand secours
    Sans elle on dormiroit toujours.
    Nos pèlerins s'égosillèrent.
Ayant bien disputé, l'on parla du prochain.

Le renard au chat dit enfin :
« Tu prétends être fort habile ;
En sais-tu tant que moi? J'ai cent ruses au sac.
— Non, dit l'autre : je n'ai qu'un tour dans mon bissac ;
　　Mais je soutiens qu'il en vaut mille. »
Eux de recommencer la dispute à l'envi.
Sur le que si, que non, tous deux étant ainsi,
　　Une meute apaisa la noise.
Le chat dit au renard : « Fouille en ton sac, ami ;
　　Cherche en ta cervelle matoise
Un stratagème sûr : pour moi, voici le mien. »
A ces mots, sur un arbre il grimpa bel et bien.
　　L'autre fit cent tours inutiles,
Entra dans cent terriers, mit cent fois en défaut
　　Tous les confrères de Brifaut.
　　Partout il tenta des asiles ;
　　Et ce fut partout sans succès :
La fumée y pourvut, ainsi que les bassets.
Au sortir d'un terrier deux chiens aux pieds agiles
　　L'étranglèrent du premier bond.

Le trop d'expédiens peut gâter une affaire :
On perd du temps au choix, on tente, on veut tout faire.
　　N'en ayons qu'un ; mais qu'il soit bon.

Fable XV. — *Le Mari, la Femme et le Voleur*

　　Un mari fort amoureux,
　　Fort amoureux de sa femme,
Bien qu'il fût jouissant, se croyoit malheureux.
　　Jamais œillade de la dame,
　　Propos flatteur et gracieux,
　　Mot d'amitié, ni doux sourire,
　　Déifiant le pauvre sire,
N'avoient fait soupçonner qu'il fût vraiment chéri.
　　Je le crois : c'étoit un mari.
　　Il ne tint point à l'hyménée

>   Que, content de sa destinée,
>   Il n'en remerciât les dieux.
>   Mais quoi, si l'amour n'assaisonne
>   Les plaisirs que l'hymen nous donne,
>   Je ne vois pas qu'on en soit mieux.
> Notre épouse étant donc de la sorte bâtie,
> Et n'ayant caressé son mari de sa vie,
> Il en faisoit sa plainte une nuit. Un voleur
>   Interrompit la doléance.
>   La pauvre femme eut si grand'peur
>   Qu'elle chercha quelque assurance
>   Entre les bras de son époux.
> « Ami voleur, dit-il, sans toi ce bien si doux
> Me seroit inconnu ! Prends donc en récompense
> Tout ce qui peut chez nous être à ta bienséance ;
> Prends le logis aussi. » Les voleurs ne sont pas
>   Gens honteux, ni fort délicats :
> Celui-ci fit sa main.

>   J'infère de ce conte
>   Que la plus forte passion
> C'est la peur ; elle fait vaincre l'aversion,
> Et l'amour quelquefois : quelquefois il la dompte ;
>   J'en ai pour preuve cet amant
> Qui brûla sa maison pour embrasser sa dame,
>   L'emportant à travers la flamme.
>   J'aime assez cet emportement ;
> Le conte m'en a plu toujours infiniment :
>   Il est bien d'une âme espagnole,
>   Et plus grande encore que folle.

Fable XVI. — *Le Trésor et les deux Hommes.*

Un homme n'ayant plus ni crédit ni ressource,
        Et logeant le diable en sa bourse,
        C'est-à-dire n'y logeant rien,
        S'imagina qu'il feroit bien

De se pendre, et finir lui-même sa misère,
Puisque aussi bien sans lui la faim le viendroit faire :
    Genre de mort qui ne duit pas
A gens peu curieux de goûter le trépas.
Dans cette intention, une vieille masure
Fut la scène où devoit se passer l'aventure :
Il y porte une corde, et veut avec un clou
Au haut d'un certain mur attacher le licou.
    La muraille, vieille et peu forte,
S'ébranle aux premiers coups, tombe avec un trésor.
Notre désespéré le ramasse, et l'emporte ;
Laisse là le licou, s'en retourne avec l'or,
Sans compter : ronde ou non, la somme plut au sire.
Tandis que le galant à grands pas se retire,
L'homme au trésor arrive, et trouve son argent
        Absent.
« Quoi ! dit-il, sans mourir je perdrai cette somme !
Je ne me pendrai pas ! Et vraiment si ferai,
    Ou de corde je manquerai. »
Le lacs étoit tout prêt ; il n'y manquoit qu'un homme :
Celui-ci se l'attache, et se pend bien et beau.
    Ce qui le consola, peut-être,
Fut qu'un autre eût, pour lui, fait les frais du cordeau
Aussi bien que l'argent le licou trouva maître.

L'avare rarement finit ses jours sans pleurs ;
Il a le moins de part au trésor qu'il enserre,
    Thésaurisant pour les voleurs,
    Pour ses parens, ou pour la terre.
Mais que dire du troc que la Fortune fit ?
Ce sont là de ses traits ; elle s'en divertit :
Plus le tour est bizarre, et plus elle est contente
      Cette déesse inconstante
      Se mit alors en l'esprit
      De voir un homme se pendre ;
      Et celui qui se pendit
      S'y devoit le moins attendre.

FABLE XVII. — *Le Singe et le Chat.*

Bertrand avec Raton, l'un singe et l'autre chat,
Commensaux d'un logis, avoient un commun maître.
D'animaux malfaisans c'étoit un très-bon plat :
Ils n'y craignoient tous deux aucun, quel qu'il pût être.
Trouvoit-on quelque chose au logis de gâté,
L'on ne s'en prenoit point aux gens du voisinage :
Bertrand déroboit tout ; Raton, de son côté,
Étoit moins attentif aux souris qu'au fromage.
Un jour, au coin du feu, nos deux maîtres fripons
    Regardoient rôtir des marrons.
Les escroquer étoit une très-bonne affaire :
Nos galans y voyoient double profit à faire ;
Leur bien premièrement, et puis le mal d'autrui.
Bertrand dit à Raton : « Frère, il faut aujourd'hui
    Que tu fasses un coup de maître ;
Tire-moi ces marrons. Si Dieu m'avoit fait naître
    Propre à tirer marrons du feu,
    Certes, marrons verroient beau jeu. »
Aussitôt fait que dit : Raton, avec sa patte,
    D'une manière délicate,
Écarte un peu la cendre, et retire les doigts ;
    Puis les reporte à plusieurs fois,
Tire un marron, puis deux, et puis trois en escroque ;
    Et cependant Bertrand les croque.
Une servante vient : adieu mes gens. Raton
    N'étoit pas content, ce dit-on.

Aussi ne le sont pas la plupart de ces princes
    Qui, flattés d'un pareil emploi,
    Vont s'échauder en des provinces
    Pour le profit de quelque roi.

FABLE XVIII. — *Le Milan et le Rossignol*

Après que le milan, manifeste voleur,

Eut répandu l'alarme en tout le voisinage,
Et fait crier sur lui les enfans du village,
Un rossignol tomba daus ses mains par malheur
Le héraut du printemps lui demande la vie.
« Aussi bien, que manger en qui n'a que le son?
　　　　Écoutez plutôt ma chanson :
Je vous raconterai Térée et son envie.
— Qui, Térée? est-ce un mets propre pour les milans?
— Non pas ; c'étoit un roi dont les feux violens
Me firent ressentir leur ardeur criminelle.
Je m'en vais vous en dire une chanson si belle
Qu'elle vous ravira : mon chant plaît à chacun. »
　　　　Le milan alors lui réplique :
« Vraiment, nous voici bien ! lorsque je suis à jeun,
　　　　Tu me viens parler de musique !
— J'en parle bien aux rois. — Quand un roi te prendra,
　　　　Tu peux lui conter ces merveilles :
　　　　Pour un milan, il s'en rira. »

　　　Ventre affamé n'a point d'oreilles.

FABLE XIX. — *Le Berger et son Troupeau.*

　　« Quoi ! toujours il me manquera
　　Quelqu'un de ce peuple imbécile !
　　Toujours le loup m'en gobera !
J'aurai beau les compter ! ils étoient plus de mille,
Et m'ont laissé ravir notre pauvre Robin !
　　Robin mouton, qui par la ville
　　Me suivoit pour un peu de pain,
Et qui m'auroit suivi jusques au bout du monde !
Hélas ! de ma musette il entendoit le son ;
Il me sentoit venir de cent pas à la ronde.
　　Ah ! le pauvre Robin mouton ! »
Quand Guillot eut fini cette oraison funèbre,
Et rendu de Robin la mémoire célèbre,
　　Il harangua tout le troupeau,

Les chefs, la multitude, et jusqu'au moindre agneau,
    Les conjurant de tenir ferme :
Cela seul suffiroit pour écarter les loups.
Foi de peuple d'honneur ils lui promirent tous
    De ne bouger non plus qu'un terme.
« Nous voulons, dirent-ils, étouffer le glouton
    Qui nous a pris Robin mouton. »
    Chacun en répond sur sa tête.
    Guillot les crut, et leur fit fête.
    Cependant, devant qu'il fût nuit,
    Il arriva nouvel encombre :
Un loup parut; tout le troupeau s'enfuit.
Ce n'étoit pas un loup, ce n'en étoit que l'ombre.

    Haranguez de méchants soldats;
    Ils promettront de faire rage :
Mais, au moindre danger, adieu tout leur courage;
Votre exemple et vos cris ne les retiendront pas.

LIVRE DIXIÈME.

FABLE I. — *Les deux Rats, le Renard et l'Œuf.*

DISCOURS A MADAME DE LA SABLIÈRE.

Iris, je vous louerois; il n'est que trop aisé :
Mais vous avez cent fois notre encens refusé;
En cela peu semblable au reste des mortelles,
Qui veulent tous les jours des louanges nouvelles.
Pas une ne s'endort à ce bruit si flatteur.
Je ne les blâme point; je souffre cette humeur :
Elle est commune aux dieux, aux monarques, aux belles
Ce breuvage vanté par le peuple rimeur,
Le nectar, que l'on sert au maître du tonnerre,
Et dont nous enivrons tous les dieux de la tere,
C'est la louange, Iris. Vous ne la goûtez point :

D'autre propos chez vous récompensent ce point.
Propos, agréables commerces,
Où le hasard fournit cent matières diverses ;
Jusque-là qu'en votre entretien
La bagatelle a part : le monde n'en croit rien.
Laissons le monde et sa croyance.
La bagatelle, la science,
Les chimères, le rien, tout est bon : je soutiens
Qu'il faut de tout aux entretiens ;
C'est un parterre où Flore épand ses biens ;
Sur différentes fleurs l'abeille s'y repose,
Et fait du miel de toute chose.
Ce fondement posé, ne trouvez pas mauvais
Qu'en ces fables aussi j'entremêle des traits
De certaine philosophie,
Subtile, engageante, et hardie.
On l'appelle nouvelle : en avez-vous ou non
Ouï parler ? Ils disent donc
Que la bête est une machine ;
Qu'en elle tout se fait sans choix et par ressorts :
Nul sentiment, point d'âme ; en elle tout est corps.
Telle est la montre qui chemine
A pas toujours égaux, aveugle et sans dessein.
Ouvrez-la, lisez dans son sein :
Mainte roue y tient lieu de tout l'esprit du monde ;
La première y meut la seconde ;
Une troisième suit : elle sonne à la fin.
Au dire de ces gens, la bête est toute telle.
L'objet la frappe en un endroit ;
Ce lieu frappé s'en va tout droit,
Selon nous, au voisin en porter la nouvelle.
Le sens de proche en proche aussitôt la reçoit.
L'impression se fait : mais comment se fait-elle ?
Selon eux, par nécessité,
Sans passion, sans volonté :
L'animal se sent agité
De mouvemens que le vulgaire appelle
Tristesse, joie, amour, plaisir, douleur cruelle,

Ou quelque autre de ces états.
Mais ce n'est point cela : ne vous y trompez pas.
Qu'est-ce donc? Une montre. Et nous? C'est autre chose
Voici de la façon que Descartes l'expose :
Descartes, ce mortel dont on eût fait un dieu
  Chez les païens, et qui tient le milieu
Entre l'homme et l'esprit; comme entre l'huître et l'homme
Le tient tel de nos gens, franche bête de somme;
Voici, dis-je, comment raisonne cet auteur :
Sur tous les animaux, enfans du Créateur,
J'ai le don de penser; et je sais que je pense;
Or, vous savez, Iris, de certaine science,
  Que, quand la bête penseroit,
  La bête ne réfléchiroit
  Sur l'objet ni sur sa pensée.
Descartes va plus loin, et soutient nettement
  Qu'elle ne pense nullement.
  Vous n'êtes point embarrassée
De le croire; ni moi. Cependant, quand au bois
 Le bruit des cors, celui des voix,
N'a donné nul relâche à la fuyante proie,
  Qu'en vain elle a mis ses efforts
  A confondre et brouiller la voie,
L'animal chargé d'ans, vieux cerf, et de dix cors,
En suppose un plus jeune, et l'oblige, par force,
A présenter aux chiens une nouvelle amorce.
Que de raisonnemens pour conserver ses jours !
Le retour sur ses pas, les malices, les tours,
  Et le change, et cent stratagèmes
Dignes des plus grands chefs, dignes d'un meilleur sort!
  On le déchire après sa mort :
  Ce sont tous ses honneurs suprêmes.

   Quand la perdrix
   Voit ses petits
En danger, et n'ayant qu'une plume nouvelle
Qui ne peut fuir encor par les airs le trépas,
Elle fait la blessée, et va traînant de l'aile,

Attirant le chasseur et le chien sur ses pas,
Détourne le danger, sauve ainsi sa famille ;
Et puis, quand le chasseur croit que son chien la pille,
Elle lui dit adieu, prend sa volée, et rit
De l'homme qui, confus, des yeux en vain la suit.

    Non loin du nord il est un monde
    Où l'on sait que les habitans
    Vivent, ainsi qu'aux premiers temps,
    Dans une ignorance profonde :
Je parle des humains ; car, quant aux animaux,
    Ils y construisent des travaux
Qui des torrens grossis arrêtent le ravage,
Et font communiquer l'un et l'autre rivage.
L'édifice résiste et dure en son entier :
Après un lit de bois est un lit de mortier
Chaque castor agit : commune en est la tâche ;
Le vieux y fait marcher le jeune sans relâche ;
Maint maître d'œuvre y court, et tient haut le bâton.
    La république de Platon
    Ne seroit rien que l'apprentie
    De cette famille amphibie.
Ils savent en hiver élever leurs maisons,
    Passent les étangs sur des ponts,
    Fruit de leur art, savant ouvrage ;
    Et nos pareils ont beau le voir,
    Jusqu'à présent tout leur savoir
    Est de passer l'onde à la nage.

Que ces castors ne soient qu'un corps vide d'esprit,
Jamais on ne pourra m'obliger à le croire :
Mais voici beaucoup plus ; écoutez ce récit,
    Que je tiens d'un roi plein de gloire.
Le défenseur du nord vous sera mon garant :
Je vais citer un prince aimé de la Victoire ;
Son nom seul est un mur à l'empire ottoman :
C'est le roi polonois. Jamais un roi ne ment.
    Il dit donc que, sur sa frontière,

Des animaux entre eux ont guerre de tout temps :
Le sang, qui se transmet des pères aux enfans,
    En renouvelle la matière.
Ces animaux, dit-il, sont germains du renard
    Jamais la guerre avec tant d'art
    Ne s'est faite parmi les hommes,
    Non pas même au siècle où nous sommes
Corps de garde avancé, vedettes, espions,
Embuscades, partis, et mille inventions
D'une pernicieuse et maudite science,
    Fille du Styx, et mère des héros,
    Exercent de ces animaux
    Le bon sens et l'expérience.
Pour chanter leurs combats, l'Achéron nous devroit
    Rendre Homère. Ah ! s'il le rendoit,
Et qu'il rendît aussi le rival d'Épicure,
Que diroit ce dernier sur ces exemples-ci ?
Ce que j'ai déjà dit ; qu'aux bêtes la nature
Peut par les seuls ressorts opérer tout ceci ;
    Que la mémoire est corporelle ;
Et que, pour en venir aux exemples divers
    Que j'ai mis en jour dans ces vers,
    L'animal n'a besoin que d'elle.
L'objet, lorsqu'il revient, va dans son magasin
    Chercher, par le même chemin,
    L'image auparavant tracée,
Qui sur les mêmes pas revient pareillement,
    Sans le secours de la pensée,
    Causer un même événement.
    Nous agissons tout autrement :
    La volonté nous détermine,
Non l'objet, ni l'instinct. Je parle, je chemine :
    Je sens en moi certain agent ;
    Tout obéit dans ma machine
    A ce principe intelligent ;
Il est distinct du corps, se conçoit nettement,
    Se conçoit mieux que le corps même :
De tous nos mouvemens c'est l'arbitre suprême.

Mais comment le corps l'entend-il?
C'est là le point. Je vois l'outil
Obéir à la main: mais la main, qui la guide?
Eh! qui guide les cieux et leur course rapide?
Quelque ange est attaché peut-être à ces grands corps.
Un esprit vit en nous, et meut tous nos ressorts;
L'impression se fait : le moyen, je l'ignore;
On ne l'apprend qu'au sein de la Divinité;
Et, s'il faut en parler avec sincérité,
    Descartes l'ignoroit encore.
Nous et lui là-dessus nous sommes tous égaux :
Ce que je sais, Iris, c'est qu'en ces animaux
    Dont je viens de citer l'exemple,
Cet esprit n'agit pas : l'homme seul est son temple.
Aussi faut-il donner à l'animal un point
    Que la plante après tout n'a point :
    Cependant la plante respire.
Mais que répondra-t-on à ce que je vais dire?

Deux rats cherchoient leur vie; ils trouvèrent un œuf
Le diner suffisoit à gens de cette espèce :
Il n'étoit pas besoin qu'ils trouvassent un bœuf.
    Pleins d'appétit et d'allégresse,
Ils alloient de leur œuf manger chacun sa part,
Quand un quidam parut : c'étoit maître renard;
    Rencontre incommode et fâcheuse :
Car comment sauver l'œuf? Le bien empaqueter,
Puis des pieds de devant ensemble le porter,
    Ou le rouler, ou le traîner,
C'étoit chose impossible autant que hasardeuse.
    Nécessité l'ingénieuse
    Leur fournit une invention.
Comme ils pouvoient gagner leur habitation,
L'écornifleur étant à demi-quart de lieue,
L'un se mit sur le dos, prit l'œuf entre ses bras;
Puis, malgré quelques heurts et quelques mauvais pas,
    L'autre le traîna par la queue.
Qu'on m'aille soutenir, après un tel récit,

Que les bêtes n'ont point d'esprit!

Pour moi, si j'en étois le maître,
Je leur en donnerois aussi bien qu'aux enfans.
Ceux-ci pensent-ils pas dès leurs plus jeunes ans?
Quelqu'un peut donc penser ne se pouvant connoître.
　　　Par un exemple tout égal,
　　　J'attribuerois à l'animal,
Non point une raison selon notre maniere,
Mais beaucoup plus aussi qu'un aveugle ressort :
Je subtiliserois un morceau de matière,
Que l'on ne pourroit plus concevoir sans effort,
Quintessence d'atome, extrait de la lumière,
Je ne sais quoi plus vif et plus mobile encor
Que le feu; car enfin, si le bois fait la flamme,
La flamme, en s'épurant, peut-elle pas de l'âme
Nous donner quelque idée? et sort-il pas de l'or
Des entrailles du plomb? Je rendrois mon ouvrage
Capable de sentir, juger, rien davantage,
　　　Et juger imparfaitement,
Sans qu'un singe jamais fît le moindre argument.
　　　A l'égard de nous autres hommes,
Je ferois notre lot infiniment plus fort;
　　　Nous aurions un double trésor :
L'un, cette âme pareille en tous tant que nous sommes,
　　　Sages, fous, enfans, idiots,
Hôtes de l'univers sous le nom d'animaux;
L'autre, encore une autre âme, entre nous et les anges
　　　Commune en un certain degré;
　　　Et ce trésor à part créé
Suivroit parmi les airs les célestes phalanges,
Entreroit dans un point sans en être pressé,
Ne finiroit jamais quoique ayant commencé :
　　　Choses réelles quoique étranges.
　　　Tant que l'enfance dureroit,
Cette fille du ciel en nous ne paroîtroit
　　　Qu'une tendre et foible lumière
L'organe étant plus fort, la raison perceroit

Les ténèbres de la matière,
Qui toujours envelopperoit
L'autre âme imparfaite et grossière.

Fable II. — *L'Homme et la Couleuvre.*

Un homme vit une couleuvre :
« Ah ! méchante, dit-il, je m'en vais faire une œuvre
Agréable à tout l'univers ! »
A ces mots l'animal pervers
(C'est le serpent que je veux dire,
Et non l'homme ; on pourroit aisément s'y tromper),
A ces mots le serpent, se laissant attraper,
Est pris, mis en un sac ; et, ce qui fut le pire,
On résolut sa mort, fût-il coupable ou non.
Afin de le payer toutefois de raison,
L'autre lui fit cette harangue :
« Symbole des ingrats ! être bon aux méchans,
C'est être sot ; meurs donc : ta colère et tes dents
Ne me nuiront jamais. » Le serpent, en sa langue,
Reprit du mieux qu'il put : « S'il falloit condamner
Tous les ingrats qui sont au monde,
A qui pourroit-on pardonner?
Toi-même tu te fais ton procès : je me fonde
Sur tes propres leçons ; jette les yeux sur toi.
Mes jours sont en tes mains, tranche-les ; ta justice,
C'est ton utilité, ton plaisir, ton caprice :
Selon ces lois, condamne-moi ;
Mais trouve bon qu'avec franchise
En mourant au moins je te dise
Que le symbole des ingrats
Ce n'est point le serpent, c'est l'homme. » Ces paroles
Firent arrêter l'autre ; il recula d'un pas.
Enfin il repartit : « Tes raisons sont frivoles.
Je pourrois décider, car ce droit m'appartient ;
Mais rapportons-nous-en. — Soit fait, » dit le reptile.
Une vache étoit là : l'on l'appelle ; elle vient :

Le cas est proposé. C'étoit chose facile :
« Falloit-il pour cela, dit-elle, m'appeler?
La couleuvre a raison : pourquoi dissimuler?
Je nourris celui-ci depuis longues années;
Il n'a sans mes bienfaits passé nulles journées;
Tout n'est que pour lui seul; mon lait et mes enfans
Le font à la maison revenir les mains pleines :
Même j'ai rétabli sa santé, que les ans
   Avoient altérée; et mes peines
Ont pour but son plaisir ainsi que son besoin.
Enfin me voilà vieille; il me laisse en un coin
Sans herbe : s'il vouloit encor me laisser paître !
Mais je suis attachée : et si j'eusse eu pour maitre
Un serpent, eût-il su jamais pousser si loin
L'ingratitude? Adieu : j'ai dit ce que je pense. »
L'homme, tout étonné d'une telle sentence,
Dit au serpent : « Faut-il croire ce qu'elle dit!
C'est une radoteuse; elle a perdu l'esprit.
Croyons ce bœuf. — Croyons, » dit la rampante bête
Ainsi dit, ainsi fait. Le bœuf vient à pas lents.
Quand il eut ruminé tout le cas en sa tête,
   Il dit que du labeur des ans
Pour nous seuls il portoit les soins les plus pesans,
Parcourant sans cesser ce long cercle de peines
Qui, revenant sur soi, ramenoit dans nos plaines
Ce que Cérès nous donne, et vend aux animaux ;
   Que cette suite de travaux
Pour récompense avoit, de tous tant que nous sommes,
Force coups, peu de gré : puis, quand il étoit vieux,
On croyoit l'honorer chaque fois que les hommes
Achetoient de son sang l'indulgence des dieux.
Ainsi parla le bœuf. L'homme dit : « Faisons taire
   Cet ennuyeux déclamateur;
Il cherche de grands mots, et vient ici se faire,
   Au lieu d'arbitre, accusateur.
Je le récuse aussi. » L'arbre étant pris pour juge,
Ce fut bien pis encore. Il servoit de refuge
Contre le chaud, la pluie, et la fureur des vents;

Pour nous seuls il ornoit les jardins et les champs :
L'ombrage n'étoit pas le seul bien qu'il sût faire ;
Il courboit sous les fruits. Cependant pour salaire
Un rustre l'abattoit : c'étoit là son loyer ;
Quoique, pendant tout l'an, libéral il nous donne
Ou des fleurs au printemps, ou du fruit en automne,
L'ombre l'été, l'hiver les plaisirs du foyer.
Que ne l'émondoit-on, sans prendre la cognée ?
De son tempérament, il eût encor vécu.
L'homme, trouvant mauvais que l'on l'eût convaincu,
Voulut à toute force avoir cause gagnée.
« Je suis bien bon, dit-il, d'écouter ces gens-là ! »
Du sac et du serpent aussitôt il donna
  Contre les murs, tant qu'il tua la bête

  On en use ainsi chez les grands :
  La raison les offense, ils se mettent en tête
  Que tout est né pour eux, quadrupèdes et gens,
    Et serpens.
   Si quelqu'un desserre les dents,
C'est un sot. J'en conviens : mais que faut-il donc faire ?
  Parler de loin, ou bien se taire.

FABLE III. — *La Tortue et les deux Canards.*

Une tortue étoit, à la tête légère,
Qui, lasse de son trou, voulut voir le pays.
Volontiers on fait cas d'une terre étrangère ;
Volontiers gens boiteux haïssent le logis.
  Deux canards, à qui la commère
  Communiqua ce beau dessein,
Lui dirent qu'ils avoient de quoi la satisfaire.
  « Voyez-vous ce large chemin ?
Nous vous voiturerons, par l'air, en Amérique :
  Vous verrez mainte république,
Maint royaume, maint peuple ; et vous profiterez
Des différentes mœurs que vous remarquerez.
Ulysse en fit autant. » On ne s'attendoit guère

De voir Ulysse en cette affaire.
La tortue écouta la proposition.
Marché fait, les oiseaux forgent une machine
    Pour transporter la pèlerine.
Dans la gueule, en travers, on lui passe un bâton.
« Serrez bien, dirent-ils, gardez de lâcher prise. »
Puis chaque canard prend ce bâton par un bout.
La tortue enlevée, on s'étonne partout
    De voir aller en cette guise
    L'animal lent et sa maison,
Justement au milieu de l'un et l'autre oison.
« Miracle ! crioit-on : venez voir dans les nues
    Passer la reine des tortues.
— La reine ! vraiment oui : je la suis en effet ;
Ne vous en moquez point. » Elle eût beaucoup mieux fait
De passer son chemin sans dire aucune chose ;
Car, lâchant le bâton en desserrant les dents,
Elle tombe, elle crève aux pieds des regardans.
Son indiscrétion de sa perte fut cause.

Imprudence, babil et sotte vanité,
    Et vaine curiosité,
    Ont ensemble étroit parentage :
    Ce sont enfans tous d'un lignage.

Fable IV. — *Les Poissons et le Cormoran.*

Il n'étoit point d'étang dans tout le voisinage
Qu'un cormoran n'eût mis à contribution :
Viviers et réservoirs lui payoient pension.
Sa cuisine alloit bien : mais, lorsque le long âge
    Eut glacé le pauvre animal,
    La même cuisine alla mal.
Tout cormoran se sert de pourvoyeur lui-même.
Le nôtre, un peu trop vieux pour voir au fond des eaux,
    N'ayant ni filets ni réseaux,
    Souffroit une disette extrême.
Que fit-il ? Le besoin, docteur en stratagème,

Lui fournit celui-ci. Sur le bord d'un étang
  Cormoran vit une écrevisse.
« Ma commère, dit-il, allez tout à l'instant
  Porter un avis important
  A ce peuple : il faut qu'il périsse ;
Le maître de ce lieu dans huit jours pêchera. »
  L'écrevisse en hâte s'en va
  Conter le cas. Grande est l'émute ;
  On court, on s'assemble, on député
  A l'oiseau : « Seigneur Cormoran,
D'où vous vient cet avis ? Quel est votre garant ?
  Êtes-vous sûr de cette affaire ?
N'y savez-vous remède ? Et qu'est-il bon de faire ?
— Changer de lieu, dit-il. — Comment le ferons-nous ?
— N'en soyez point en soin : je vous porterai tous,
  L'un après l'autre, en ma retraite.
Nul que Dieu seul et moi n'en connoît les chemins :
  Il n'est demeure plus secrète.
Un vivier que Nature y creusa de ses mains,
  Inconnu des traîtres humains,
  Sauvera votre république. »
  On le crut. Le peuple aquatique
  L'un après l'autre fut porté
  Sous ce rocher peu fréquenté.
  Là, Cormoran le bon apôtre,
  Les ayant mis en un endroit
  Transparent, peu creux, fort étroit,
Vous les prenoit sans peine, un jour l'un, un jour l'autre,
  Il leur apprit à leurs dépens
Que l'on ne doit jamais avoir de confiance
  En ceux qui sont mangeurs de gens.
Ils y perdirent peu, puisque l'humaine engeance
En auroit aussi bien croqué sa bonne part.
Qu'importe qui vous mange, homme ou loup ? toute panse
  Me paroît une à cet égard :
  Un jour plus tôt, un jour plus tard,
  Ce n'est pas grande différence.

Fable V. — *L'Enfouisseur et son Compère*

Un pincemaille avoit tant amassé
Qu'il ne savoit où loger sa finance.
L'avarice, compagne et sœur de l'ignorance,
    Le rendoit fort embarrassé
    Dans le choix d'un dépositaire ;
Car il en vouloit un, et voici sa raison :
« L'objet tente ; il faudra que ce monceau s'altère
    Si je le laisse à la maison :
Moi-même de mon bien je serai le larron. »
Le larron ! Quoi ! jouir, c'est se voler soi-même ?
Mon ami, j'ai pitié de ton erreur extrême.
    Apprends de moi cette leçon :
Le bien n'est bien qu'en tant que l'on s'en peut défaire ;
Sans cela c'est un mal. Veux-tu le réserver
Pour un âge et des temps qui n'en ont plus que faire ?
La peine d'acquérir, le soin de conserver,
Otent le prix à l'or, qu'on croit si nécessaire.
    Pour se décharger d'un tel soin,
Notre homme eût pu trouver des gens sûrs au besoin :
Il aima mieux la terre ; et, prenant son compère,
Celui-ci l'aide. Ils vont enfouir le trésor.
Au bout de quelque temps l'homme va voir son or :
    Il ne retrouva que le gîte.
Soupçonnant à bon droit le compère, il va vite
Lui dire : « Apprêtez-vous ; car il me reste encor
Quelques deniers : je veux les joindre à l'autre masse. »
Le compère aussitôt va remettre en sa place
    L'argent volé, prétendant bien
Tout reprendre à la fois, sans qu'il y manquât rien.
    Mais, pour ce coup, l'autre fut sage :
Il retint tout chez lui, résolu de jouir,
    Plus n'entasser, plus n'enfouir ;
Et le pauvre voleur, ne trouvant plus son gage,
    Pensa tomber de sa hauteur.

Il n'est pas malaisé de tromper un trompeur.

FABLE VI. — *Le Loup et les Bergers.*

Un loup rempli d'humanité
(S'il en est de tels dans le monde)
Fit un jour sur sa cruauté,
Quoiqu'il ne l'exerçât que par nécessité,
Une réflexion profonde.
« Je suis haï, dit-il; et de qui? de chacun.
Le loup est l'ennemi commun :
Chiens, chasseurs, villageois, s'assemblent pour sa perte;
Jupiter est là-haut étourdi de leurs cris :
C'est par là que de loups l'Angleterre est déserte,
On y mit notre tête à prix.
Il n'est hobereau qui ne fasse
Contre nous tels bans publier;
Il n'est marmot osant crier
Que du loup aussitôt sa mère ne menace.
Le tout pour un âne rogneux,
Pour un mouton pourri, pour quelque chien hargneux,
Dont j'aurai passé mon envie.
Eh bien! ne mangeons plus de chose ayant eu vie :
Paissons l'herbe, broutons, mourons de faim plutôt.
Est-ce une chose si cruelle?
Vaut-il mieux s'attirer la haine universelle? »
Disant ces mots, il vit des bergers, pour leur rôt,
Mangeant un agneau cuit en broche.
« Oh! oh! dit-il, je me reproche
Le sang de cette gent : voilà ses gardiens
S'en repaissant eux et leurs chiens;
Et moi, loup, j'en ferai scrupule !
Non, par tous les dieux, non; je serois ridicule :
Thibaut l'agnelet passera,
Sans qu'à la broche je le mette;
Et non-seulement lui, mais la mère qu'il tette,
Et le père qui l'engendra ! »

Ce loup avoit raison. Est-il dit qu'on nous voie
Faire festin de toute proie,

Manger les animaux; et nous les réduirons
Aux mets de l'âge d'or autant que nous pourrons!
   Ils n'auront ni croc ni marmite!
   Bergers, bergers! le loup n'a tort
   Que quand il n'est pas le plus fort :
   Voulez-vous qu'il vive en ermite?

FABLE VII. — *L'Araignée et l'Hirondelle.*

« O Jupiter, qui sus de ton cerveau,
 Par un secret d'accouchement nouveau,
 Tirer Pallas, jadis mon ennemie,
 Entends ma plainte une fois en ta vie!
 Progné me vient enlever les morceaux;
 Caracolant, frisant l'air et les eaux,
 Elle me prend mes mouches à ma porte :
 Miennes je puis les dire; et mon réseau
 En seroit plein sans ce maudit oiseau :
 Je l'ai tissu de matière assez forte. »
   Ainsi, d'un discours insolent,
Se plaignoit l'araignée autrefois tapissière,
  Et qui lors étant filandière
Prétendoit enlacer tout insecte volant.
La sœur de Philomèle, attentive à sa proie,
Malgré le bestion happoit mouches dans l'air,
Pour ses petits, pour elle, impitoyable joie,
Que ses enfans gloutons, d'un bec toujours ouvert,
D'un ton demi-formé, bégayante couvée,
Demandoient par des cris encor mal entendus.
   La pauvre aragne n'ayant plus
Que la tête et les pieds, artisans superflus,
   Se vit elle-même enlevée :
L'hirondelle, en passant, emporta toile, et tout,
   Et l'animal pendant au bout.

Jupin pour chaque état mit deux tables au monde :
L'adroit, le vigilant, et le fort sont assis

A la première; et les petits
Mangent leur reste à la seconde.

Fable VIII. — *La Perdrix et les Coqs.*

Parmi de certains coqs, incivils, peu galans,
    Toujours en noise, et turbulens,
    Une perdrix étoit nourrie.
    Son sexe, et l'hospitalité,
De la part de ces coqs, peuple à l'amour porté,
Lui faisoient espérer beaucoup d'honnêteté :
Ils feroient les honneurs de la ménagerie.
Ce peuple, cependant, fort souvent en furie,
Pour la dame étrangère ayant peu de respec,
Lui donnoit fort souvent d'horribles coups de bec.
    D'abord elle en fut affligée;
Mais, sitôt qu'elle eut vu cette troupe enragée
S'entre-battre elle-même et se percer les flancs,
Elle se consola. « Ce sont leurs mœurs, dit-elle;
Ne les accusons point, plaignons plutôt ces gens :
    Jupiter sur un seul modèle
    N'a pas formé tous les esprits;
Il est des naturels de coqs et de perdrix.
S'il dépendoit de moi, je passerois ma vie
    En plus honnête compagnie.
Le maître de ces lieux en ordonne autrement;
    Il nous prend avec des tonnelles,
Nous loge avec des coqs, et nous coupe les ailes :
C'est de l'homme qu'il faut se plaindre seulement. »

Fable IX. — *Le Chien à qui on a coupé les oreilles.*

    « Qu'ai-je fait, pour me voir ainsi
    Mutilé par mon propre maître?
    Le bel état où me voici!
Devant les autres chiens oserai-je paroître?

O rois des animaux, ou plutôt leurs tyrans,
    Qui vous feroit choses pareilles ! »
Ainsi crioit Mouflar, jeune dogue ; et les gens,
Peu touchés de ses cris douloureux et perçans,
Venoient de lui couper sans pitié les oreilles.
Mouflar y croyoit perdre. Il vit avec le temps
Qu'il y gagnoit beaucoup ; car, étant de nature
A piller ses pareils, mainte mésaventure
    L'auroit fait retourner chez lui
Avec cette partie en cent lieux altérée :
Chien hargneux a toujours l'oreille déchirée.

Le moins qu'on peut laisser de prise aux dents d'autrui,
C'est le mieux. Quand on n'a qu'un endroit à défendre,
    On le munit, de peur d'esclandre.
Témoin maître Mouflar armé d'un gorgerin ;
Du reste ayant d'oreille autant que sur ma main,
    Un loup n'eût su par où le prendre.

FABLE X. — *Le Berger et le Roi.*

Deux démons à leur gré partagent notre vie,
Et de son patrimoine ont chassé la raison ;
Je ne vois point de cœur qui ne leur sacrifie :
Si vous me demandez leur état et leur nom,
J'appelle l'un, Amour ; et l'autre, Ambition.
Cette dernière étend le plus loin son empire ;
    Car même elle entre dans l'amour.
Je le ferois bien voir ; mais mon but est de dire
Comme un roi fit venir un berger à sa cour.
Le conte est du bon temps, non du siècle où nous sommes

Ce roi vit un troupeau qui couvroit tous les champs,
Bien broutant, en bon corps, rapportant tous les ans,
Grâce aux soins du berger, de très-notables sommes.
Le berger plut au roi par ces soins diligens.
« Tu mérites, dit-il, d'être pasteur de gens :
Laisse là tes moutons, viens conduire des hommes ;

Je te fais juge souverain. »
Voilà notre berger la balance à la main.
Quoiqu'il n'eût guère vu d'autres gens qu'un ermite,
Son troupeau, ses mâtins, le loup, et puis c'est tout,
Il avoit du bon sens ; le reste vient ensuite :
    Bref, il en vint fort bien à bout.
L'ermite son voisin accourut pour lui dire :
« Veillé-je ? et n'est-ce point un songe que je vois ?
Vous, favori ! vous, grand ! Défiez-vous des rois ;
Leur faveur est glissante : on s'y trompe ; et le pire,
C'est qu'il en coûte cher : de pareilles erreurs
Ne produisent jamais que d'illustres malheurs.
Vous ne connoissez pas l'attrait qui vous engage :
Je vous parle en ami ; craignez tout. » L'autre rit ;
    Et notre ermite poursuivit :
« Voyez combien déjà la cour vous rend peu sage.
Je crois voir cet aveugle à qui, dans un voyage,
    Un serpent engourdi de froid
Vint s'offrir sous la main : il le prit pour un fouet ;
Le sien s'étoit perdu, tombant de sa ceinture.
Il rendoit grâce au ciel de l'heureuse aventure,
Quand un passant cria : « Que tenez-vous ! ô dieux !
« Jetez cet animal traître et pernicieux,
« Ce serpent ! — C'est un fouet. — C'est un serpent ! vous
« A me tant tourmenter quel intérêt m'oblige ?
« — Prétendez-vous garder ce trésor ? — Pourquoi non '
« Mon fouet étoit usé ; j'en retrouve un fort bon :
    « Vous n'en parlez que par envie. »
    L'aveugle enfin ne le crut pas :
    Il en perdit bientôt la vie.
L'animal dégourdi piqua son homme au bras.
    Quant à vous, j'ose vous prédire
Qu'il vous arrivera quelque chose de pire,
— Eh ! que me sauroit-il arriver que la mort ?
— Mille dégoûts viendront, » dit le prophète ermite.
Il en vint en effet : l'ermite n'eut pas tort.
Mainte peste de cour fit tant, par maint ressort,
Que la candeur du juge, ainsi que son mérite,

Furent suspects au prince. On cabale, on suscite
Accusateurs, et gens grevés par ses arrêts.
« De nos biens, dirent-ils, il s'est fait un palais. »
Le prince voulut voir ces richesses immenses.
Il ne trouva partout que médiocrité,
Louange du désert et de la pauvreté :
  C'étoient là ses magnificences.
« Son fait, dit-on, consiste en des pierres de prix :
Un grand coffre en est plein, fermé de dix serrures. »
Lui-même ouvrit ce coffre, et rendit bien surpris
  Tous les machineurs d'impostures.
Le coffre étant ouvert, on y vit des lambeaux,
  L'habit d'un gardeur de troupeaux,
Petit chapeau, jupon, panetière, houlette,
  Et, je pense, aussi sa musette.
« Doux trésors, ce dit-il, chers gages, qui jamais
N'attirâtes sur vous l'envie et le mensonge,
Je vous reprends : sortons de ces riches palais
  Comme l'on sortiroit d'un songe !
Sire, pardonnez-moi cette exclamation :
J'avois prévu ma chute en montant sur le faîte.
Je m'y suis trop complu : mais qui n'a dans la tête
  Un petit grain d'ambition ? »

FABLE XI. — *Les Poissons et le Berger qui joue de la flûte.*

  Tircis, qui pour la seule Annette
  Faisoit résonner les accords
  D'une voix et d'une musette
  Capables de toucher les morts,
  Chantoit un jour le long des bords
  D'une onde arrosant des prairies
Dont Zéphyre habitoit les campagnes fleuries.
Annette cependant à la ligne pêchoit ;
  Mais nul poisson ne s'approchoit :
  La bergère perdoit ses peines.

Le berger, qui par ses chansons
  Eût attiré des inhumaines,
Crut, et crut mal, attirer des poissons.
Il leur chanta ceci : « Citoyens de cette onde,
Laissez votre naïade en sa grotte profonde;
Venez voir un objet mille fois plus charmant.
Ne craignez point d'entrer aux prisons de la belle
  Ce n'est qu'à nous qu'elle est cruelle.
  Vous serez traités doucement;
  On n'en veut point à votre vie :
Un vivier vous attend, plus clair que fin cristal;
Et quand à quelques-uns l'appât seroit fatal,
Mourir des mains d'Annette est un sort que j'envie. ¹
Ce discours éloquent ne fit pas grand effet;
L'auditoire étoit sourd aussi bien que muet :
Tircis eut beau prêcher. Ses paroles miellées
  S'en étant aux vents envolées,
Il tendit un long rets. Voilà les poissons pris;
Voilà les poissons mis aux pieds de la bergère.

O vous, pasteurs d'humains et non pas de brebis,
Rois, qui croyez gagner par raison les esprits
  D'une multitude étrangère,
Ce n'est jamais par là que l'on en vient à bout!
  Il y faut une autre manière :
Servez-vous de vos rets; la puissance fait tout.

FABLE XII. — *Les deux Perroquets, le Roi, et son Fils.*

Deux perroquets, l'un père et l'autre fils,
Du rôt d'un roi faisoient leur ordinaire;
Deux demi-dieux, l'un fils et l'autre père,
De ces oiseaux faisoient leurs favoris.
L'âge lioit une amitié sincère
  Entre ces gens : les deux pères s'aimoient;
Les deux enfans, malgré leur cœur frivole,

L'un avec l'autre aussi s'accoutumoient,
Nourris ensemble, et compagnons d'école.
C'étoit beaucoup d'honneur au jeune perroquet :
Car l'enfant étoit prince, et son père monarque.
Par le tempérament que lui donna la Parque
Il aimoit les oiseaux. Un moineau fort coquet,
Et le plus amoureux de toute la province,
Faisoit aussi sa part des délices du prince.
Ces deux rivaux un jour ensemble se jouans.
  Comme il arrive aux jeunes gens,
  Le jeu devint une querelle.
  Le passereau, peu circonspec,
  S'attira de tels coups de bec
  Que, demi-mort et traînant l'aile,
  On crut qu'il n'en pourroit guérir.
  Le prince indigné fit mourir
Son perroquet. Le bruit en vint au père.
L'infortuné vieillard crie et se désespère,
  Le tout en vain, ses cris sont superflus ;
  L'oiseau parleur est déjà dans la barque.
  Pour dire mieux, l'oiseau ne parlant plus
  Fait qu'en fureur sur le fils du monarque
Son père s'en va fondre, et lui crève les yeux.
Il se sauve aussitôt, et choisit pour asile
  Le haut d'un pin : là, dans le sein des dieux,
Il goûte sa vengeance en lieu sûr et tranquille.
Le roi lui-même y court ; et dit pour l'attirer :
« Ami, reviens chez moi ; que nous sert de pleurer ?
Haine, vengeance, et deuil, laissons tout à la porte.
  Je suis contraint de déclarer,
  Encor que ma douleur soit forte,
Que le tort vient de nous ; mon fils fut l'agresseur :
Mon fils ! non ; c'est le Sort qui du coup est l'auteur.
La Parque avoit écrit de tout temps en son livre
Que l'un de nos enfans devoit cesser de vivre,
  L'autre de voir, par ce malheur.
Consolons-nous tous deux, et reviens dans ta cage. »
  Le perroquet dit : « Sire roi,

Crois-tu qu'après un tel outrage
Je me doive fier à toi?
Tu m'allègues le Sort : prétends-tu, par ta foi,
Me leurrer de l'appât d'un profane langage?
Mais que la Providence, ou bien que le Destin
Règle les affaires du monde,
Il est écrit là-haut qu'au faîte de ce pin,
Ou dans quelque forêt profonde,
J'achèverai mes jours loin du fatal objet
Qui doit t'être un juste sujet
De haine et de fureur. Je sais que la vengeance
Est un morceau de roi ; car vous vivez en dieux.
Tu veux oublier cette offense;
Je le crois : cependant il me faut, pour le mieux,
Éviter ta main et tes yeux.
Sire roi, mon ami, va-t'en ; tu perds ta peine :
Ne me parle point de retour;
L'absence est aussi bien un remède à la haine
Qu'un appareil contre l'amour. »

Fable XIII. — *La Lionne et l'Ourse.*

Mère lionne avoit perdu son faon :
Un chasseur l'avoit pris. La pauvre infortunée
Poussoit un tel rugissement
Que toute la forêt étoit importunée.
La nuit ni son obscurité,
Son silence, et ses autres charmes,
De la reine des bois n'arrêtoient les vacarmes :
Nul animal n'étoit du sommeil visité.
L'ourse enfin lui dit : « Ma commère,
Un mot sans plus; tous les enfans
Qui sont passés entre vos dents
N'avoient-ils ni père ni mère?
— Ils en avoient. — S'il est ainsi,
Et qu'aucun de leur mort n'ait nos têtes rompues,
Si tant de mères se sont tues,

Que ne vous taisez-vous aussi?
— Moi, me taire! moi malheureuse!
Ah! j'ai perdu mon fils! il me faudra traîner
Une vieillesse douloureuse!
— Dites-moi, qui vous force à vous y condamner!
— Hélas! c'est le Destin qui me hait. » Ces paroles
Ont été de tout temps de la bouche de tous.

Misérables humains, ceci s'adresse à vous!
Je n'entends résonner que des plaintes frivoles.
Quiconque, en pareil cas, se croit haï des cieux,
Qu'il considère Hécube, il rendra grâce aux dieux.

Fable XIV. — *Les deux Aventuriers et le Talisman.*

Aucun chemin de fleurs ne conduit à la gloire.
Je n'en veux pour témoin qu'Hercule et ses travaux :
  Ce dieu n'a guère de rivaux;
J'en vois peu dans la fable, encor moins dans l'histoire.
En voici pourtant un, que de vieux talismans
Firent chercher fortune au pays des romans.
  Il voyageoit de compagnie.
Son camarade et lui trouvèrent un poteau
  Ayant au haut cet écriteau :
« Seigneur aventurier, s'il te prend quelque envie
« De voir ce que n'a vu nul chevalier errant,
  « Tu n'as qu'à passer ce torrent;
« Puis, prenant dans tes bras un éléphant de pierre
  « Que tu verras couché par terre,
« Le porter, d'une haleine, au sommet de ce mont
« Qui menace les cieux de son superbe front. »
L'un des deux chevaliers saigna du nez. « Si l'onde
  Est rapide autant que profonde,
Dit-il.., et supposé qu'on la puisse passer,
Pourquoi de l'éléphant s'aller embarrasser?
  Quelle ridicule entreprise!
Le sage l'aura fait par tel art et de guise

Qu'on le pourra porter peut-être quatre pas :
Mais jusqu'au haut du mont! d'une haleine ! il n'est pas
Au pouvoir d'un mortel : à moins que la figure
Ne soit d'un éléphant nain, pygmée, avorton,
   Propre à mettre au bout d'un bâton :
Auquel cas, où l'honneur d'une telle aventure?
On nous veut attraper dedans cette écriture ;
Ce sera quelque énigme à tromper un enfant :
C'est pourquoi je vous laisse avec votre éléphant. »
Le raisonneur parti, l'aventureux se lance,
  Les yeux clos, à travers cette eau.
  Ni profondeur ni violence
Ne purent l'arrêter ; et, selon l'écriteau,
Il vit son éléphant couché sur l'autre rive.
Il le prend, il l'emporte, au haut du mont arrive,
Rencontre une esplanade, et puis une cité.
Un cri par l'éléphant est aussitôt jeté :
  Le peuple aussitôt sort en armes.
Tout autre aventurier, au bruit de ces alarmes,
Auroit fui : celui-ci, loin de tourner le dos,
Veut vendre au moins sa vie, et mourir en héros.
Il fut tout étonné d'ouïr cette cohorte
Le proclamer monarque au lieu de son roi mort.
Il ne se fit prier que de la bonne sorte ;
« Encor que le fardeau fût, dit-il, un peu fort. »
Sixte en disoit autant quand on le fit saint-père :
  Seroit-ce bien une misère
  Que d'être pape ou d'être roi?
On reconnut bientôt son peu de bonne foi.

Fortune aveugle suit aveugle hardiesse.
Le sage quelquefois fait bien d'exécuter
Avant que de donner le temps à la sagesse
D'envisager le fait, et sans la consulter.

Fable XV. — *Les Lapins.*

DISCOURS A M. LE DUC DE LA ROCHEFOUCAULD.

Je me suis souvent dit, voyant de quelle sorte
　　L'homme agit, et qu'il se comporte
En mille occasions comme les animaux :
Le roi de ces gens-là n'a pas moins de défauts
　　　Que ses sujets; et la Nature
　　　A mis dans chaque créature
Quelque grain d'une masse où puisent les esprits :
J'entends les esprits-corps, et pétris de matière.
　　　Je vais prouver ce que je dis.

A l'heure de l'affût, soit lorsque la lumière
Précipite ses traits dans l'humide séjour,
Soit lorsque le soleil rentre dans sa carrière,
Et que n'étant plus nuit, il n'est pas encor jour,
Au bord de quelque bois sur un arbre je grimpe,
Et, nouveau Jupiter, du haut de cet Olympe,
　　　Je foudroie à discrétion
　　　Un lapin qui n'y pensoit guère.
Je vois fuir aussitôt toute la nation
　　　Des lapins qui, sur la bruyère,
　　　L'œil éveillé, l'oreille au guet,
S'égayoient, et de thym parfumoient leur banquet.
　　　Le bruit du coup fait que la bande
　　　S'en va chercher sa sûreté
　　　Dans la souterraine cité :
Mais le danger s'oublie, et cette peur si grande
S'évanouit bientôt; je revois les lapins,
Plus gais qu'auparavant, revenir sous mes mains

Ne reconnoît-on pas en cela les humains?
　　　Dispersés par quelque orage,
　　　A peine ils touchent le port
　　　Qu'ils vont hasarder encor
　　　Même vent, même naufrage.

Vrais lapins, on les revoit
Sous les mains de la Fortune.
Joignons à cet exemple une chose commune.

Quand des chiens étrangers passent par quelque endroit
    Qui n'est pas de leur détroit,
    Je laisse à penser quelle fête!
    Les chiens du lieu, n'ayant en tête
Qu'un intérêt de gueule, à cris, à coups de dents
    Vous accompagnent ces passans
    Jusqu'aux confins du territoire.
Un intérêt de bien, de grandeur, et de gloire,
Aux gouverneurs d'états, à certains courtisans,
A gens de tous métiers, en fait tout autant faire.
    On nous voit tous, pour l'ordinaire,
Piller le survenant, nous jeter sur sa peau.
La coquette et l'auteur sont de ce caractère :
    Malheur à l'écrivain nouveau!
Le moins de gens qu'on peut à l'entour du gâteau,
    C'est le droit du jeu, c'est l'affaire.
Cent exemples pourroient appuyer mon discours;
    Mais les ouvrages les plus courts
Sont toujours les meilleurs. En cela j'ai pour guide
Tous les maîtres de l'art, et tiens qu'il faut laisser
Dans les plus beaux sujets quelque chose à penser :
    Ainsi ce discours doit cesser.

Vous qui m'avez donné ce qu'il a de solide,
Et dont la modestie égale la grandeur,
Qui ne pûtes jamais écouter sans pudeur
    La louange la plus permise,
    La plus juste et la mieux acquise;
Vous enfin, dont à peine ai-je encore obtenu
Que votre nom reçût ici quelques hommages,
Du temps et des censeurs défendant mes ouvrages,
Comme un nom qui, des ans et des peuples connu,
Fait honneur à la France, en grands noms plus féconde
    Qu'aucun climat de l'univers,

Permettez-moi du moins d'apprendre à tout le monde
Que vous m'avez donné le sujet de ces vers.

FABLE XVI. — *Le Marchand, le Gentilhomme,
le Pâtre, et le Fils de Roi.*

Quatre chercheurs de nouveaux mondes,
Presque nus échappés à la fureur des ondes,
Un trafiquant, un noble, un pâtre, un fils de roi,
    Réduits au sort de Bélisaire,
    Demandoient aux passans de quoi
    Pouvoir soulager leur misère.
De raconter quel sort les avoit assemblés,
Quoique sous divers points tous quatre ils fussent nés,
    C'est un récit de longue haleine.
Ils s'assirent enfin au bord d'une fontaine :
Là, le conseil se tint entre les pauvres gens.
Le prince s'étendit sur le malheur des grands.
Le pâtre fut d'avis qu'éloignant la pensée
    De leur aventure passée
Chacun fît de son mieux, et s'appliquât au soin
    De pourvoir au commun besoin.
« La plainte, ajouta-t-il, guérit-elle son homme?
Travaillons : c'est de quoi nous mener jusqu'à Rome. »
Un pâtre ainsi parler! Ainsi parler? croit-on
Que le ciel n'ait donné qu'aux têtes couronnées
    De l'esprit et de la raison ;
Et que de tout berger, comme de tout mouton,
    Les connoissances soient bornées?
L'avis de celui-ci fut d'abord trouvé bon
Par les trois échoués aux bords de l'Amérique.
L'un, c'étoit le marchand, savoit l'arithmétique :
« A tant par mois, dit-il, j'en donnerai leçon.
    — J'enseignerai la politique, »
Reprit le fils de roi. Le noble poursuivit :
« Moi, je sais le blason ; j'en veux tenir école. »
Comme si, devers l'Inde, on eût eu dans l'esprit

La sotte vanité de ce jargon frivole !
Le pâtre dit : « Amis, vous parlez bien ; mais quoi !
Le mois a trente jours : jusqu'à cette échéance
    Jeûnerons-nous, par votre foi?
    Vous me donnez une espérance
Belle, mais éloignée ; et cependant j'ai faim.
Qui pourvoira de nous au dîner de demain ?
    Ou plutôt sur quelle assurance
Fondez-vous, dites-moi, le souper d'aujourd'hui?
    Avant tout autre, c'est celui
    Dont il s'agit. Votre science
Est courte là-dessus : ma main y suppléera. »
    A ces mots le pâtre s'en va
Dans un bois : il y fit des fagots, dont la vente,
Pendant cette journée et pendant la suivante,
Empêcha qu'un long jeûne à la fin ne fît tant
Qu'ils allassent là-bas exercer leur talent.

    Je conclus de cette aventure
Qu'il ne faut pas tant d'art pour conserver ses jours
    Et, grâce aux dons de la nature,
La main est le plus sûr et le plus prompt secours.

LIVRE ONZIÈME.

Fable I. — *Le Lion.*

    Sultan léopard autrefois
    Eut, ce dit-on, par mainte aubaine,
Force bœufs dans ses prés, force cerfs dans ses bois,
    Force moutons parmi la plaine.
Il naquit un lion dans la forêt prochaine.
Après les complimens et d'une et d'autre part,
    Comme entre grands il se pratique,

Le sultan fit venir son vizir le renard,
    Vieux routier, et bon politique.
« Tu crains, ce lui dit-il, lionceau mon voisin :
    Son père est mort; que peut-il faire?
    Plains plutôt le pauvre orphelin.
    Il a chez lui plus d'une affaire;
    Et devra beaucoup au Destin
S'il garde ce qu'il a, sans tenter de conquête. »
    Le renard dit, branlant la tête :
« Tels orphelins, seigneur, ne me font point pitié;
Il faut de celui-ci conserver l'amitié,
    Ou s'efforcer de le détruire
    Avant que la griffe et la dent
Lui soit crue, et qu'il soit en état de nous nuire
    N'y perdez pas un seul moment.
J'ai fait son horoscope : il croîtra par la guerre;
    Ce sera le meilleur lion
    Pour ses amis, qui soit sur terre :
    Tâchez donc d'en être; sinon
Tâchez de l'affoiblir. » La harangue fut vaine.
Le sultan dormoit lors; et dedans son domaine
Chacun dormoit aussi, bêtes, gens : tant qu'enfin
Le lionceau devint vrai lion. Le tocsin
Sonne aussitôt sur lui; l'alarme se promène
    De toutes parts; et le vizir,
Consulté là-dessus, dit avec un soupir :
« Pourquoi l'irritez-vous? La chose est sans remède.
En vain nous appelons mille gens à notre aide :
Plus ils sont, plus il coûte; et je ne les tiens bons
    Qu'à manger leur part des moutons.
Apaisez le lion : seul il passe en puissance
Ce monde d'alliés vivant sur notre bien.
Le lion en a trois qui ne lui coûtent rien :
Son courage, sa force, avec sa vigilance.
Jetez-lui promptement sous la griffe un mouton;
S'il n'en est pas content, jetez-en davantage :
Joignez-y quelque bœuf; choisissez, pour ce don,
    Tout le plus gras du pâturage.

Sauvez le reste ainsi. » Ce conseil ne plut pas
　　Il en prit mal ; et force États
　　Voisins du sultan en pâtirent :
　　Nul n'y gagna, tous y perdirent.
　　Quoi que fît ce monde ennemi,
　　Celui qu'ils craignoient fut le maître

Proposez-vous d'avoir le lion pour ami,
　　Si vous voulez le laisser craître.

Fable II. — *Les Dieux voulant instruire un fils de Jupiter.*

POUR MONSEIGNEUR LE DUC DU MAINE.

Jupiter eut un fils, qui, se sentant du lieu
　　Dont il tiroit son origine,
　　Avoit l'âme toute divine.
L'enfance n'aime rien : celle du jeune dieu
　　Faisoit sa principale affaire
　　Des doux soins d'aimer et de plaire.
　　En lui l'amour et la raison
Devancèrent le temps, dont les ailes légères
N'amènent que trop tôt, hélas ! chaque saison.
Flore aux regards rians, aux charmantes manières,
Toucha d'abord le cœur du jeune Olympien.
Ce que la passion peut inspirer d'adresse,
Sentimens délicats et remplis de tendresse,
Pleurs, soupirs, tout en fut : bref, il n'oublia rien
Le fils de Jupiter devoit, par sa naissance,
Avoir un autre esprit, et d'autres dons des cieux,
　　Que les enfans des autres dieux :
Il sembloit qu'il n'agît que par réminiscence,
Et qu'il eût autrefois fait le métier d'amant,
　　Tant il le fit parfaitement !
Jupiter cependant voulut le faire instruire.
Il assembla les dieux, et dit : « J'ai su conduire,
Seul et sans compagnon, jusqu'ici l'univers

Mais il est des emplois divers
Qu'aux nouveaux dieux je distribue.
Sur cet enfant chéri j'ai donc jeté la vue :
C'est mon sang ; tout est plein déjà de ses autels.
Afin de mériter le rang des immortels,
Il faut qu'il sache tout. » Le maître du tonnerre
Eut à peine achevé, que chacun applaudit.
Pour savoir tout, l'enfant n'avoit que trop d'esprit.
« Je veux, dit le dieu de la guerre,
Lui montrer moi-même cet art
Par qui maints héros ont eu part
Aux honneurs de l'Olympe et grossi cet empire.
— Je serai son maître de lyre,
Dit le blond et docte Apollon.
— Et moi, reprit Hercule à la peau de lion,
Son maître à surmonter les vices,
A dompter les transports, monstres empoisonneurs,
Comme hydres renaissans sans cesse dans les cœurs :
Ennemi des molles délices,
Il apprendra de moi les sentiers peu battus
Qui mènent aux honneurs sur les pas des vertus. »
Quand ce vint au dieu de Cythère,
Il dit qu'il lui montreroit tout.
L'Amour avoit raison. De quoi ne vient à bout
L'esprit joint au désir de plaire ?

FABLE III. — *Le Fermier, le Chien, et le Renard*

Le loup et le renard sont d'étranges voisins !
Je ne bâtirai point autour de leur demeure.
Ce dernier guettoit à toute heure
Les poules d'un fermier ; et, quoique des plus fins,
Il n'avoit pu donner d'atteinte à la volaille.
D'une part l'appétit, de l'autre le danger,
N'étoient pas au compère un embarras léger.
« Hé quoi ! dit-il, cette canaille
Se moque impunément de moi

Je vais, je viens, je me travaille,
J'imagine cent tours : le rustre, en paix chez soi,
Vous fait argent de tout, convertit en monnoie
Ses chapons, sa poulaille; il en a même au croc;
Et moi, maître passé, quand j'attrape un vieux coq,
 Je suis au comble de la joie!
Pourquoi sire Jupin m'a-t-il donc appelé
Au métier de renard? Je jure les puissances
De l'Olympe et du Styx, il en sera parlé. »
 Roulant en son cœur ces vengeances,
Il choisit une nuit libérale en pavots :
Chacun étoit plongé dans un profond repos;
Le maître du logis, les valets, le chien même,
Poules, poulets, chapons, tout dormoit. Le fermier,
 Laissant ouvert son poulailler,
 Commit une sottise extrême.
Le voleur tourne tant qu'il entre au lieu guetté,
Le dépeuple, remplit de meurtres la cité.
 Les marques de sa cruauté
Parurent avec l'aube : on vit un étalage
 De corps sanglans et de carnage.
 Peu s'en fallut que le soleil
Ne rebroussât d'horreur vers le manoir liquide.
 Tel, et d'un spectacle pareil,
Apollon irrité contre le fier Atride
Joncha son camp de morts; on vit presque détruit
L'ost des Grecs; et ce fut l'ouvrage d'une nuit.
 Tel encore autour de sa tente
 Ajax, à l'âme impatiente,
De moutons et de boucs fit un vaste débris,
Croyant tuer en eux son concurrent Ulysse
 Et les auteurs de l'injustice
 Par qui l'autre emporta le prix.
Le renard, autre Ajax aux volailles funeste,
Emporte ce qu'il peut, laisse étendu le reste.
Le maître ne trouva de recours qu'à crier
Contre ses gens, son chien : c'est l'ordinaire usage.
« Ah! maudit animal, qui n'es bon qu'à noyer,

Que n'avertissois-tu dès l'abord du carnage!
— Que ne l'évitiez-vous? c'eût été plus tôt fait :
Si vous, maître et fermier, à qui touche le fait,
Dormez sans avoir soin que la porte soit close,
Voulez-vous que moi, chien, qui n'ai rien à la chose,
Sans aucun intérêt je perde le repos? »
  Ce chien parloit très à propos :
  Son raisonnement pouvoit être
  Fort bon dans la bouche d'un maître,
  Mais n'étant que d'un simple chien,
  On trouva qu'il ne valoit rien :
  On vous sangla le pauvre drille.

Toi donc, qui que tu sois, ô père de famille
(Et je ne t'ai jamais envié cet honneur),
T'attendre aux yeux d'autrui quand tu dors, c'est erreur!
Couche-toi le dernier, et vois fermer ta porte.
  Que si quelque affaire t'importe,
  Ne la fais point par procureur.

 Fable IV. — *Le Songe d'un habitant du Mogol.*

Jadis certain Mogol vit en songe un vizir
Aux champs élysiens possesseur d'un plaisir
Aussi pur qu'infini, tant en prix qu'en durée :
Le même songeur vit en une autre contrée
  Un ermite entouré de feux,
Qui touchoit de pitié même les malheureux.
Le cas parut étrange, et contre l'ordinaire :
Minos en ces deux morts sembloit s'être mépris.
Le dormeur s'éveilla, tant il en fut surpris!
Dans ce songe pourtant soupçonnant du mystère,
  Il se fit expliquer l'affaire.
L'interprète lui dit : « Ne vous étonnez point;
Votre songe a du sens; et, si j'ai sur ce point
  Acquis tant soit peu d'habitude,
C'est un avis des dieux. Pendant l'humain séjour,

Ce vizir quelquefois cherchoit la solitude ;
Cet ermite aux vizirs alloit faire sa cour. »
Si j'osois ajouter au mot de l'interprète,
J'inspirerois ici l'amour de la retraite :
Elle offre à ses amans des biens sans embarras,
Biens purs, présens du ciel, qui naissent sous les pas.
Solitude, où je trouve une douceur secrète,
Lieux que j'aimai toujours, ne pourrai-je jamais,
Loin du monde et du bruit, goûter l'ombre et le frais !
Oh ! qui m'arrêtera sous vos sombres asiles !
Quand pourront les neuf sœurs, loin des cours et des villes
M'occuper tout entier, et m'apprendre des cieux
Les divers mouvemens inconnus à nos yeux,
Les noms et les vertus de ces clartés errantes
Par qui sont nos destins et nos mœurs différentes !
Que si je ne suis né pour de si grands projets,
Du moins que les ruisseaux m'offrent de doux objets !
Que je peigne en mes vers quelque rive fleurie !
La Parque à filets d'or n'ourdira point ma vie,
Je ne dormirai point sous de riches lambris :
Mais voit-on que le somme en perde de son prix ?
En est-il moins profond, et moins plein de délices ?
Je lui voue au désert de nouveaux sacrifices.
Quand le moment viendra d'aller trouver les morts,
J'aurai vécu sans soins, et mourrai sans remords.

FABLE V. — *Le Lion, le Singe, et les deux Anes.*

Le lion, pour bien gouverner,
Voulant apprendre la morale,
Se fit, un beau jour, amener
Le singe, maître ès-arts chez la gent animale.
La première leçon que donna le régent
Fut celle-ci : « Grand roi, pour régner sagement,
    Il faut que tout prince préfère
Le zèle de l'État à certain mouvement
    Qu'on appelle communément

Amour-propre ; car c'est le père,
C'est l'auteur de tous les défauts
Que l'on remarque aux animaux.
Vouloir que de tout point ce sentiment vous quitte.
Ce n'est pas chose si petite
Qu'on en vienne à bout en un jour :
C'est beaucoup de pouvoir modérer cet amour.
Par là, votre personne auguste
N'admettra jamais rien en soi
De ridicule ni d'injuste.
— Donne-moi, repartit le roi,
Des exemples de l'un et l'autre.
— Toute espèce, dit le docteur,
Et je commence par la nôtre,
Toute profession s'estime dans son cœur,
Traite les autres d'ignorantes,
Les qualifie impertinentes ;
Et semblables discours qui ne nous coûtent rien.
L'amour-propre, au rebours, fait qu'au degré suprême
On porte ses pareils ; car c'est un bon moyen
De s'élever aussi soi-même.
De tout ce que dessus, j'argumente très-bien
Qu'ici-bas maint talent n'est que pure grimace,
Cabale, et certain art de se faire valoir,
Mieux su des ignorans que des gens de savoir.

L'autre jour, suivant à la trace
Deux ânes qui, prenant tour à tour l'encensoir,
Se louoient tour à tour, comme c'est la manière,
J'ouïs que l'un des deux disoit à son confrère :
« Seigneur, trouvez-vous pas bien injuste et bien sot
« L'homme, cet animal si parfait ? Il profane
    « Notre auguste nom, traitant d'âne
« Quiconque est ignorant, d'esprit lourd, idiot :
        « Il abuse encore d'un mot,
« Et traite notre rire et nos discours de braire.
« Les humains sont plaisans de prétendre exceller
« Par-dessus nous ! Non, non ; c'est à vous de parler,

« A leurs orateurs de se taire :
« Voilà les vrais braillards. Mais laissons là ces gens :
« Vous m'entendez, je vous entends ;
« Il suffit. Et quant aux merveilles
« Dont votre divin chant vient frapper les oreilles,
« Philomèle est, au prix, novice dans cet art :
« Vous surpassez Lambert. » L'autre baudet repart :
« Seigneur, j'admire en vous des qualités pareilles. »
Ces ânes, non contens de s'être ainsi grattés,
S'en allèrent dans les cités
L'un l'autre se prôner ; chacun d'eux croyoit faire,
En prisant ses pareils, une fort bonne affaire,
Prétendant que l'honneur en reviendroit sur lui.
J'en connois beaucoup aujourd'hui,
Non parmi les baudets, mais parmi les puissances
Que le ciel voulut mettre en de plus hauts degrés,
Qui changeroient entre eux les simples excellences,
S'ils osoient, en des majestés.
J'en dis peut-être plus qu'il ne faut, et suppose
Que votre majesté gardera le secret.
Elle avoit souhaité d'apprendre quelque trait
Qui lui fît voir, entre autre chose,
L'amour-propre donnant du ridicule aux gens.
L'injuste aura son tour : il y faut plus de temps. »
Ainsi parla ce singe. On ne m'a pas su dire
S'il traita l'autre point, car il est délicat ;
Et notre maître ès-arts, qui n'étoit pas un fat,
Regardoit ce lion comme un terrible sire

Fable VI. — *Le Loup et le Renard.*

Mais d'où vient qu'au renard Ésope accorde un point,
C'est d'exceller en tour plein de matoiseries?
J'en cherche la raison, et ne la trouve point.
Quand le loup a besoin de défendre sa vie,
Ou d'attaquer celle d'autrui,
N'en sait-il pas autant que lui?

Je crois qu'il en sait plus ; et j'oserois peut-être
Avec quelque raison contredire mon maître.
Voici pourtant un cas où tout l'honneur échut
A l'hôte des terriers. Un soir il aperçut
La lune au fond d'un puits : l'orbiculaire image
  Lui parut un ample fromage.
  Deux seaux alternativement
  Puisoient le liquide élément :
Notre renard, pressé par une faim canine,
S'accommode en celui qu'au haut de la machine
  L'autre seau tenoit suspendu.
  Voilà l'animal descendu,
  Tiré d'erreur, mais fort en peine,
  Et voyant sa perte prochaine :
Car comment remonter, si quelque autre affamé,
  De la même image charmé,
  Et succédant à sa misère,
Par le même chemin ne le tiroit d'affaire?
Deux jours s'étoient passés sans qu'aucun vînt au puits.
Le temps, qui toujours marche, avoit pendant deux nuits
  Échancré, selon l'ordinaire,
De l'astre au front d'argent la face circulaire.
  Sire Renard étoit désespéré.
  Compère loup, le gosier altéré,
  Passe par là. L'autre dit : « Camarade,
Je vous veux régaler : voyez-vous cet objet?
C'est un fromage exquis. Le dieu Faune l'a fait :
  La vache Io donna le lait.
  Jupiter, s'il étoit malade,
Reprendroit l'appétit en tâtant d'un tel mets.
  J'en ai mangé cette échancrure ;
Le reste vous sera suffisante pâture.
Descendez dans un seau que j'ai là mis exprès. »
Bien qu'au moins mal qu'il pût il ajustât l'histoire,
  Le loup fut un sot de le croire :
Il descend ; et son poids emportant l'autre part,
  Reguinde en haut maître renard.

Ne nous en moquons point : nous nous laissons séduire
    Sur aussi peu de fondement;
    Et chacun croit fort aisément
    Ce qu'il craint et ce qu'il désire.

Fable VII. — *Le Paysan du Danube.*

Il ne faut point juger des gens sur l'apparence.
Le conseil en est bon; mais il n'est pas nouveau.
    Jadis l'erreur du souriceau
Me servit à prouver le discours que j'avance :
    J'ai, pour le fonder à présent,
Le bon Socrate, Ésope, et certain paysan
Des rives du Danube, homme dont Marc-Aurèle
    Nous fait un portrait fort fidèle.
On connoît les premiers : quant à l'autre, voici
    Le personnage en raccourci.
Son menton nourrissoit une barbe touffue ;
    Toute sa personne velue
Représentoit un ours, mais un ours mal léché :
Sous un sourcil épais il avoit l'œil caché,
Le regard de travers, nez tortu, grosse lèvre,
    Portoit sayon de poil de chèvre,
    Et ceinture de joncs marins.
Cet homme ainsi bâti fut député des villes
Que lave le Danube. Il n'étoit point d'asiles
    Où l'avarice des Romains
Ne pénétrât alors et ne portât les mains.
Le député vint donc, et fit cette harangue :
«Romains, et vous sénat assis pour m'écouter,
Je supplie avant tout les dieux de m'assister :
Veuillent les immortels, conducteurs de ma langue,
Que je ne dise rien qui doive être repris!
Sans leur aide, il ne peut entrer dans les esprits
    Que tout mal et toute injustice :
Faute d'y recourir, on viole leurs lois.
Témoin nous, que punit la romaine avarice ;

Rome est, par nos forfaits, plus que par ses exploits,
 L'instrument de notre supplice.
Craignez, Romains, craignez que le ciel quelque jour
Ne transporte chez vous les pleurs et la misère ;
Et mettant en nos mains, par un juste retour,
Les armes dont se sert sa vengeance sévère,
 Il ne vous fasse, en sa colère,
 Nos esclaves à votre tour.
Et pourquoi sommes-nous les vôtres? Qu'on me die
En quoi vous valez mieux que cent peuples divers.
Quel droit vous a rendus maîtres de l'univers?
Pourquoi venir troubler une innocente vie?
Nous cultivions en paix d'heureux champs; et nos mains
Étoient propres aux arts ainsi qu'au labourage.
 Qu'avez-vous appris aux Germains?
 Ils ont l'adresse et le courage :
 S'ils avoient eu l'avidité,
 Comme vous, et la violence,
Peut-être en votre place ils auroient la puissance,
Et sauroient en user sans inhumanité.
Celle que vos préteurs ont sur nous exercée
 N'entre qu'à peine en la pensée.
 La majesté de vos autels
 Elle-même en est offensée ;
 Car sachez que les immortels
Ont les regards sur nous. Grâces à vos exemples,
Ils n'ont devant les yeux que des objets d'horreur,
 De mépris d'eux et de leurs temples,
D'avarice qui va jusques à la fureur.
Rien ne suffit aux gens qui nous viennent de Rome :
 La terre et le travail de l'homme
Font pour les assouvir des efforts superflus.
 Retirez-les : on ne veut plus
 Cultiver pour eux les campagnes;
Nous quittons les cités, nous fuyons aux montagnes;
 Nous laissons nos chères compagnes;
Nous ne conversons plus qu'avec des ours affreux,
Découragés de mettre au jour des malheureux,

Et de peupler pour Rome un pays qu'elle opprime.
  Quant à nos enfans déjà nés,
Nous souhaitons de voir leurs jours bientôt bornés :
Vos préteurs au malheur nous font joindre le crime.
  Retirez-les : ils ne nous apprendront
    Que la mollesse et que le vice ;
    Les Germains comme eux deviendront
    Gens de rapine et d'avarice.
C'est tout ce que j'ai vu dans Rome à mon abord.
  N'a-t-on point de présent à faire,
Point de pourpre à donner? c'est en vain qu'on espère
Quelque refuge aux lois : encor leur ministère
A-t-il mille longueurs. Ce discours un peu fort
    Doit commencer à vous déplaire.
    Je finis. Punissez de mort
    Une plainte un peu trop sincère. »
A ces mots, il se couche ; et chacun étonné
Admire le grand cœur, le bon sens, l'éloquence,
    Du sauvage ainsi prosterné.
On le créa patrice ; et ce fut la vengeance
Qu'on crut qu'un tel discours méritoit. On choisit
    D'autres préteurs ; et par écrit
Le sénat demanda ce qu'avoit dit cet homme,
Pour servir de modèle aux parleurs à venir.
    On ne sut pas longtemps à Rome
    Cette éloquence entretenir.

FABLE VIII.— *Le Vieillard et les trois jeunes Hommes.*

    Un octogénaire plantoit.
« Passe encor de bâtir ; mais planter à cet âge ! »
Disoient trois jouvenceaux, enfans du voisinage :
    Assurément il radotoit.
    « Car, au nom des dieux, je vous prie,
Quel fruit de ce labeur pouvez-vous recueillir?
Autant qu'un patriarche il vous faudroit vieillir.

A quoi bon charger votre vie
Des soins d'un avenir qui n'est pas fait pour vous?
Ne songez désormais qu'à vos erreurs passées :
Quittez le long espoir et les vastes pensées ;
    Tout cela ne convient qu'à nous.
    — Il ne convient pas à vous-mêmes,
Repartit le vieillard. Tout établissement
Vient tard, et dure peu. La main des Parques blêmes
De vos jours et des miens se joue également.
Nos termes sont pareils par leur courte durée.
Qui de nous des clartés de la voûte azurée
Doit jouir le dernier? Est-il aucun moment
Qui vous puisse assurer d'un second seulement?
Mes arrière-neveux me devront cet ombrage :
    Eh bien! défendez-vous au sage
De se donner des soins pour le plaisir d'autrui?
Cela même est un fruit que je goûte aujourd'hui :
J'en puis jouir demain, et quelques jours encore ;
    Je puis enfin compter l'aurore
    Plus d'une fois sur vos tombeaux. »
Le vieillard eut raison : l'un des trois jouvenceaux
Se noya dès le port, allant à l'Amérique ;
L'autre, afin de monter aux grandes dignités,
Dans les emplois de Mars servant la république,
Par un coup imprévu vit ses jours emportés ;
    Le troisième tomba d'un arbre
    Que lui-même il voulut enter ;
Et, pleurés du vieillard, il grava sur leur marbre
    Ce que je viens de raconter.

FABLE IX. — *Les Souris et le Chat-Huant.*

    Il ne faut jamais dire aux gens :
« Écoutez un bon mot, oyez une merveille. »
    Savez-vous si les écoutans
En feront une estime à la vôtre pareille?

Voici pourtant un cas qui peut être excepté :
Je le maintiens prodige, et tel que d'une fable
Il a l'air et les traits, encor que véritable.

On abattit un pin pour son antiquité,
Vieux palais d'un hibou, triste et sombre retraite
De l'oiseau qu'Atropos prend pour son interprète.
Dans son tronc caverneux, et miné par le temps,
  Logeoient, entre autres habitans,
Force souris sans pieds, toutes rondes de graisse.
L'oiseau les nourrissoit parmi des tas de blé,
Et de son bec avoit leur troupeau mutilé.
Cet oiseau raisonnoit : il faut qu'on le confesse.
En son temps, aux souris le compagnon chassa :
Les premières qu'il prit du logis échappées,
Pour y remédier, le drôle estropia
Tout ce qu'il prit ensuite ; et leurs jambes coupées
Firent qu'il les mangeoit à sa commodité,
  Aujourd'hui l'une, et demain l'autre.
Tout manger à la fois, l'impossibilité
S'y trouvoit, joint aussi le soin de sa santé.
Sa prévoyance alloit aussi loin que la nôtre :
  Elle alloit jusqu'à leur porter
  Vivres et grains pour subsister.
  Puis, qu'un cartésien s'obstine
A traiter ce hibou de montre et de machine !
  Quel ressort lui pouvoit donner
Le conseil de tronquer un peuple mis en mue !
  Si ce n'est pas là raisonner,
  La raison m'est chose inconnue.
  Voyez que d'argumens il fit :
« Quand ce peuple est pris, il s'enfuit;
Donc il faut le croquer aussitôt qu'on le happe.
Tout ! il est impossible. Et puis pour le besoin
N'en dois-je point garder? Donc il faut avoir soin
  De le nourrir sans qu'il échappe.
Mais comment? Otons-lui les pieds. » Or, trouvez-moi
Chose par les humains à sa fin mieux conduite!

Quel autre art de penser Aristote et sa suite
  Enseignent-ils, par votre foi?

Ceci n'est point une fable ; et la chose, quoique merveilleuse et presque incroyable, est véritablement arrivée. J'ai peut-être porté trop loin la prévoyance de ce hibou ; car je ne prétends pas établir dans les bêtes un progrès de raisonnement tel que celui-ci : mais ces exagérations sont permises à la poésie, surtout dans la manière d'écrire dont je me sers.

ÉPILOGUE.

C'est ainsi que ma muse, aux bords d'une onde pure,
  Traduisoit en langue des dieux
  Tout ce que disent sous les cieux
Tant d'êtres empruntant la voix de la nature.
  Truchement de peuples divers,
Je les faisois servir d'acteurs en mon ouvrage :
  Car tout parle dans l'univers ;
  Il n'est rien qui n'ait son langage.
Plus éloquens chez eux qu'ils ne sont dans mes vers,
Si ceux que j'introduis me trouvent peu fidèle,
Si mon œuvre n'est pas un assez bon modèle,
  J'ai du moins ouvert le chemin :
D'autres pourront y mettre une dernière main.
Favoris des neuf sœurs, achevez l'entreprise :
Donnez mainte leçon que j'ai sans doute omise ;
Sous ces inventions il faut l'envelopper.
Mais vous n'avez que trop de quoi vous occuper :
Pendant le doux emploi de ma muse innocente,
Louis dompte l'Europe ; et, d'une main puissante
Il conduit à leur fin les plus nobles projets
  Qu'ait jamais formés un monarque.
Favoris des neuf sœurs, ce sont là des sujets
  Vainqueurs du Temps et de la Parque.

LIVRE DOUZIÈME.

Fable I. — *Les Compagnons d'Ulysse.*

A MONSEIGNEUR LE DUC DE BOURGOGNE.

Prince, l'unique objet du soin des immortels,
Souffrez que mon encens parfume vos autels.
Je vous offre un peu tard ces présents de ma muse :
Les ans et les travaux me serviront d'excuse.
Mon esprit diminue ; au lieu qu'à chaque instant
On aperçoit le vôtre aller en augmentant :
Il ne va pas, il court ; il semble avoir des ailes.
Le héros dont il tient des qualités si belles
Dans le métier de Mars brûle d'en faire autant :
Il ne tient pas à lui que, forçant la victoire,
      Il ne marche à pas de géant
      Dans la carrière de la gloire.
Quelque dieu le retient : c'est notre souverain,
Lui qu'un mois a rendu maître et vainqueur du Rhin.
Cette rapidité fut alors nécessaire ;
Peut-être elle seroit aujourd'hui téméraire.
Je m'en tais : aussi bien les Ris et les Amours
Ne sont pas soupçonnés d'aimer les longs discours.
De ces sortes de dieux votre cour se compose :
Ils ne vous quittent point. Ce n'est pas qu'après tout
D'autres divinités n'y tiennent le haut bout :
Le sens et la raison y règlent toute chose.
Consultez ces derniers sur un fait où les Grecs,
      Imprudens et peu circonspects,
      S'abandonnèrent à des charmes
Qui métamorphosoient en bêtes les humains.

Les compagnons d'Ulysse, après dix ans d'alarmes,
Erroient au gré du vent, de leur sort incertains.
      Ils abordèrent un rivage
      Où la fille du dieu du jour,

Circé, tenoit alors sa cour.
Elle leur fit prendre un breuvage
Délicieux, mais plein d'un funeste poison.
D'abord ils perdent la raison ;
Quelques momens après, leur corps et leur visage
Prennent l'air et les traits d'animaux différens :
Les voilà devenus ours, lions, éléphans ;
Les uns sous une masse énorme,
Les autres sous une autre forme :
Il s'en vit de petits; EXEMPLUM, UT TALPA.
Le seul Ulysse en échappa ;
Il sut se défier de la liqueur traîtresse.
Comme il joignoit à la sagesse
La mine d'un héros et le doux entretien,
Il fit tant que l'enchanteresse
Prit un autre poison peu différent du sien.
Une déesse dit tout ce qu'elle a dans l'âme :
Celle-ci déclara sa flamme.
Ulysse étoit trop fin pour ne pas profiter
D'une pareille conjoncture :
Il obtint qu'on rendroit à ses Grecs leur figure.
« Mais la voudront-ils bien, dit la nymphe, accepter ?
Allez le proposer de ce pas à la troupe. »
Ulysse y court, et dit : « L'empoisonneuse coupe
A son remède encore ; et je viens vous l'offrir :
Chers amis, voulez-vous hommes redevenir ?
On vous rend déjà la parole. »
Le lion dit, pensant rugir :
« Je n'ai pas la tête si folle ;
Moi renoncer aux dons que je viens d'acquérir !
J'ai griffe et dents, et mets en pièces qui m'attaque.
Je suis roi : deviendrai-je un citadin d'Ithaque !
Tu me rendras peut-être encor simple soldat :
Je ne veux point changer d'état. »
Ulysse du lion court à l'ours : « Eh ! mon frère,
Comme te voilà fait ! je t'ai vu si joli !
— Ah ! vraiment nous y voici,
Reprit l'ours à sa manière :

Comme me voilà fait! comme doit être un ours.
Qui t'a dit qu'une forme est plus belle qu'une autre?
Est-ce à la tienne à juger de la nôtre?
Je m'en rapporte aux yeux d'une ourse mes amours
Te déplais-je? va-t'en ; suis ta route, et me laisse.
Je vis libre, content, sans nul soin qui me presse,
  Et te dis tout net et tout plat :
  Je ne veux point changer d'état. »
Le prince grec au loup va proposer l'affaire ;
Il lui dit, au hasard d'un semblable refus :
  « Camarade, je suis confus
  Qu'une jeune et belle bergère
Conte aux échos les appétits gloutons
  Qui t'ont fait manger ses moutons.
Autrefois on t'eût vu sauver sa bergerie :
  Tu menois une honnête vie.
  Quitte ces bois, et redevien,
  Au lieu de loup, homme de bien.
— En est-il? dit le loup; pour moi, je n'en vois guère.
Tu t'en viens me traiter de bête carnassière ;
Toi qui parles, qu'es-tu? N'auriez-vous pas, sans moi,
Mangé ces animaux que plaint tout le village?
  Si j'étois homme, par ta foi,
  Aimerois-je moins le carnage?
Pour un mot quelquefois vous vous étranglez tous:
Ne vous êtes-vous pas l'un à l'autre des loups?
Tout bien considéré, je te soutiens en somme
  Que, scélérat pour scélérat,
  Il vaut mieux être un loup qu'un homme :
  Je ne veux point changer d'état. »
Ulysse fit à tous une même semonce :
  Chacun d'eux fit même réponce,
  Autant le grand que le petit.
La liberté, les bois, suivre leur appétit,
  C'étoit leurs délices suprêmes :
Tous renonçoient au los des belles actions.
Ils croyoient s'affranchir, suivant leurs passions :
  Ils étoient esclaves d'eux-mêmes.

Prince, j'aurois voulu vous choisir un sujet
Où je pusse mêler le plaisant à l'utile :
  C'étoit sans doute un beau projet,
  Si ce choix eût été facile.
Les compagnons d'Ulysse enfin se sont offerts :
Ils ont force pareils en ce bas univers,
  Gens à qui j'impose pour peine
  Votre censure et votre haine.

Fable II. — *Le Chat et les deux Moineaux*

A MONSEIGNEUR LE DUC DE BOURGOGNE.

Un chat, contemporain d'un fort jeune moineau,
Fut logé près de lui dès l'âge du berceau :
La cage et le panier avoient mêmes pénates.
Le chat étoit souvent agacé par l'oiseau :
L'un s'escrimoit du bec ; l'autre jouoit des pattes.
Ce dernier toutefois épargnoit son ami,
  Ne le corrigeant qu'à demi :
  Il se fût fait un grand scrupule
  D'armer de pointes sa férule.
  Le passereau, moins circonspec,
  Lui donnoit force coups de bec.
  En sage et discrète personne,
  Maître chat excusoit ces jeux :
Entre amis il ne faut jamais qu'on s'abandonne
  Aux traits d'un courroux sérieux.
Comme ils se connoissoient tous deux dès leur bas âge,
Une longue habitude en paix les maintenoit ;
Jamais en vrai combat le jeu ne se tournoit :
  Quand un moineau du voisinage
S'en vint les visiter, et se fit compagnon
Du pétulant Pierrot et du sage Raton ;
Entre les deux oiseaux il arriva querelle,
  Et Raton de prendre parti.
« Cet inconnu, dit-il, nous la vient donner belle,
  D'insulter ainsi notre ami !

Le moineau du voisin viendra manger le nôtre !
Non, de par tous les chats ! » Entrant lors au combat,
Il croque l'étranger. « Vraiment, dit maître chat,
Les moineaux ont un goût exquis et délicat ! »
Cette réflexion fit aussi croquer l'autre.

Quelle morale puis-je inférer de ce fait ?
Sans cela, toute fable est un œuvre imparfait.
J'en crois voir quelques traits ; mais leur ombre m'abuse.
Prince, vous les aurez incontinent trouvés :
Ce sont des jeux pour vous, et non point pour ma muse ;
Elle et ses sœurs n'ont pas l'esprit que vous avez.

FABLE III. — *Le Thésauriseur et le Singe*

Un homme accumuloit. On sait que cette erreur
    Va souvent jusqu'à la fureur.
Celui-ci ne songeoit que ducats et pistoles.
Quand ces biens sont oisifs, je tiens qu'ils sont frivoles.
    Pour sûreté de son trésor,
Notre avare habitoit un lieu dont Amphitrite
Défendoit aux voleurs de toutes parts l'abord.
Là, d'une volupté selon moi fort petite,
Et selon lui fort grande, il entassoit toujours :
    Il passoit les nuits et les jours
A compter, calculer, supputer sans relâche,
Calculant, supputant, comptant comme à la tâche,
Car il trouvoit toujours du mécompte à son fait.
Un gros singe, plus sage, à mon sens, que son maître,
Jetoit quelques doublons toujours par la fenêtre,
    Et rendoit le compte imparfait :
    La chambre, bien cadenassée,
Permettoit de laisser l'argent sur le comptoir.
Un beau jour dom Bertrand se mit dans la pensée
D'en faire un sacrifice au liquide manoir.
    Quant à moi, lorsque je compare
Les plaisirs de ce singe à ceux de cet avare,

Je ne sais bonnement auquel donner le prix :
Dom Bertrand gagneroit près de certains esprits ;
Les raisons en seroient trop longues à déduire.
Un jour donc l'animal, qui ne songeoit qu'à nuire,
Détachoit du monceau, tantôt quelque doublon,
   Un jacobus, un ducaton,
   Et puis quelque noble à la rose ;
Éprouvoit son adresse et sa force à jeter
Ces morceaux de métal, qui se font souhaiter
   Par les humains sur toute chose.
S'il n'avoit entendu son compteur à la fin
   Mettre la clef dans la serrure,
Les ducats auroient tous pris le même chemin,
   Et couru la même aventure ;
Il les auroit fait tous voler jusqu'au dernier
Dans le gouffre enrichi par maint et maint naufrage.

Dieu veuille préserver maint et maint financier
   Qui n'en fait pas meilleur usage !

Fable IV. — *Les deux Chèvres.*

  Dès que les chèvres ont brouté,
  Certain esprit de liberté
Leur fait chercher fortune : elles vont en voyage
  Vers les endroits du pâturage
  Les moins fréquentés des humains.
Là, s'il est quelque lieu sans route et sans chemins,
Un rocher, quelque mont pendant en précipices,
C'est où ces dames vont promener leurs caprices.
Rien ne peut arrêter cet animal grimpant.
  Deux chèvres donc s'émancipant,
  Toutes deux ayant patte blanche,
Quittèrent les bas prés, chacune de sa part :
L'une vers l'autre alloit pour quelque bon hasard.
Un ruisseau se rencontre, et pour pont une planche.
Deux belettes à peine auroient passé de front

Sur ce pont :
D'ailleurs, l'onde rapide et le ruisseau profond
Devoient faire trembler de peur ces amazones.
Malgré tant de dangers, l'une de ces personnes
Pose un pied sur la planche, et l'autre en fait autant.
Je m'imagine voir, avec Louis le Grand
  Philippe Quatre qui s'avance
  Dans l'île de la Conférence :
  Ainsi s'avançoient pas à pas,
  Nez à nez, nos aventurières,
  Qui, toutes deux étant fort fières,
Vers le milieu du pont ne se voulurent pas
L'une à l'autre céder. Elles avoient la gloire
De compter dans leur race, à ce que dit l'histoire,
L'une, certaine chèvre, au mérite sans pair,
Dont Polyphème fit présent à Galatée ;
  Et l'autre, la chèvre Amalthée,
  Par qui fut nourri Jupiter.
Faute de reculer, leur chute fut commune :
  Toutes deux tombèrent dans l'eau.

  Cet accident n'est pas nouveau
  Dans le chemin de la fortune.

A MONSEIGNEUR LE DUC DE BOURGOGNE,

QUI AVOIT DEMANDÉ A M. DE LA FONTAINE UNE FABLE
QUI FUT NOMMÉE *le Chat et la Souris*

Pour plaire au jeune prince à qui la Renommée
  Destine un temple en mes écrits,
Comment composerai-je une fable nommée
  Le chat et la souris ?

Dois-je représenter dans ces vers une belle,

Qui, douce en apparence, et toutefois cruelle,
Va se jouant des cœurs que ses charmes ont pris
    Comme le chat de la souris?

Prendrai-je pour sujet les jeux de la Fortune?
Rien ne lui convient mieux : et c'est chose commune
Que de lui voir traiter ceux qu'on croit ses amis
    Comme le chat fait la souris.

Introduirai-je un roi qu'entre ses favoris
Elle respecte seul, roi qui fixe sa roue,
Qui n'est point empêché d'un monde d'ennemis,
Et qui des plus puissans, quand il lui plaît, se joue
    Comme le chat de la souris?

Mais insensiblement, dans le tour que j'ai pris,
Mon dessein se rencontre; et si je ne m'abuse,
Je pourrois tout gâter par de plus longs récits :
Le jeune prince alors se joueroit de ma muse
    Comme le chat de la souris.

FABLE V. — *Le vieux Chat et la jeune Souris.*

Une jeune souris, de peu d'expérience,
Crut fléchir un vieux chat, implorant sa clémence,
Et payant de raisons le Raminagrobis.
    « Laissez-moi vivre : une souris
    De ma taille et de ma dépense
    Est-elle à charge en ce logis?
    Affamerois-je, à votre avis,
    L'hôte, l'hôtesse, et tout leur monde?
    D'un grain de blé je me nourris :
    Une noix me rend toute ronde.
A présent je suis maigre; attendez quelque temps :
Réservez ce repas à messieurs vos enfans. »
Ainsi parloit au chat la souris attrapée.
    L'autre lui dit : « Tu t'es trompée;

Est-ce à moi que l'on tient de semblables discours?
Tu gagnerois autant de parler à des sourds.
Chat, et vieux, pardonner! cela n'arrive guères.
    Selon ces lois, descends là-bas,
    Meurs, et va-t'en, tout de ce pas,
    Haranguer les sœurs filandières :
Mes enfans trouveront assez d'autres repas. »
    Il tint parole. Et pour ma fable
Voici le sens moral qui peut y convenir :

La jeunesse se flatte, et croit tout obtenir :
    La vieillesse est impitoyable.

FABLE VI. — *Le Cerf malade.*

En pays plein de cerfs un cerf tomba malade.
    Incontinent maint camarade
Accourt à son grabat le voir, le secourir,
Le consoler du moins : multitude importune.
    « Eh! messieurs, laissez-moi mourir :
    Permettez qu'en forme commune
La parque m'expédie, et finissez vos pleurs. »
    Point du tout ; les consolateurs
De ce triste devoir tout au long s'acquittèrent,
    Quand il plut à Dieu s'en allèrent :
    Ce ne fut pas sans boire un coup,
C'est-à-dire sans prendre un droit de pâturage.
Tout se mit à brouter les bois du voisinage.
La pitance du cerf en déchut de beaucoup.
    Il ne trouva plus rien à frire :
    D'un mal il tomba dans un pire,
    Et se vit réduit à la fin
    A jeûner et mourir de faim.

    Il en coûte à qui vous réclame,
    Médecins du corps et de l'âme!

O temps! ô mœurs! j'ai beau crier,
Tout le monde se fait payer.

FABLE VII. — *La Chauve-Souris, le Buisson,
et le Canard.*

Le buisson, le canard, et la chauve-souris,
　　Voyant tous trois qu'en leur pays
　　Ils faisoient petite fortune,
Vont trafiquer au loin, et font bourse commune.
Ils avoient des comptoirs, des facteurs, des agens
　　Non moins soigneux qu'intelligens,
Des registres exacts de mise et de recette.
　　Tout alloit bien; quand leur emplette,
　　En passant par certains endroits
　　Remplis d'écueils et fort étroits,
　　Et de trajet très-difficile,
Alla tout emballée au fond des magasins
　　Qui du Tartare sont voisins.
Notre trio poussa maint regret inutile;
　　Ou plutôt il n'en poussa point :
Le plus petit marchand est savant sur ce point :
Pour sauver son crédit, il faut cacher sa perte.
Celle que, par malheur, nos gens avoient soufferte
Ne put se réparer : le cas fut découvert.
Les voilà sans crédit, sans argent, sans ressource,
　　Prêts à porter le bonnet vert.
　　Aucun ne leur ouvrit sa bourse.
Et le sort principal, et les gros intérêts,
　　Et les sergens, et les procès,
　　Et le créancier à la porte
　　Dès devant la pointe du jour,
N'occupoient le trio qu'à chercher maint détour
　　Pour contenter cette cohorte.
Le buisson accrochoit les passans à tous coups.
« Messieurs, leur disoit-il, de grâce, apprenez-nous
　　En quel lieu sont les marchandises

Que certains gouffres nous ont prises. »
Le plongeon sous les eaux s'en alloit les chercher.
L'oiseau chauve-souris n'osoit plus approcher
    Pendant le jour nulle demeure :
    Suivi de sergens à toute heure,
    En des trous il s'alloit cacher.

Je connois maint detteur, qui n'est ni souris-chauve,
Ni buisson, ni canard, ni dans tel cas tombé,
Mais simple grand seigneur, qui tous les jours se sauve
    Par un escalier dérobé.

Fable VIII. — *La Querelle des Chiens et des Chats,
et celle des Chats et des Souris.*

La Discorde a toujours régné dans l'univers ;
Notre monde en fournit mille exemples divers :
Chez nous cette déesse a plus d'un tributaire.
    Commençons par les élémens :
Vous serez étonnés de voir qu'à tous momens
    Ils seront appointés contraire.
    Outre ces quatre potentats,
    Combien d'êtres de tous états
    Se font une guerre éternelle !
Autrefois un logis plein de chiens et de chats,
Par cent arrêts rendus en forme solennelle,
    Vit terminer tous leurs débats.
Le maître ayant réglé leurs emplois, leurs repas,
Et menacé du fouet quiconque auroit querelle,
Ces animaux vivoient entre eux comme cousins.
Cette union si douce, et presque fraternelle,
    Édifioit tous les voisins.
Enfin elle cessa. Quelque plat de potage,
Quelque os, par préférence, à quelqu'un d'eux donné,
Fit que l'autre parti s'en vint tout forcené
    Représenter un tel outrage.
J'ai vu des chroniqueurs attribuer le cas

Aux passe-droits qu'avoit une chienne en gésine.
    Quoi qu'il en soit, cet altercas
Mit en combustion la salle et la cuisine :
Chacun se déclara pour son chat, pour son chien.
On fit un règlement dont les chats se plaignirent,
    Et tout le quartier étourdirent.
Leur avocat disoit qu'il falloit bel et bien
Recourir aux arrêts. En vain ils les cherchèrent
Dans un coin où d'abord leurs agens les cachèrent
    Les souris enfin les mangèrent.
Autre procès nouveau. Le peuple souriquois
En pâtit : maint vieux chat, fin, subtil et narquois,
Et d'ailleurs en voulant à toute cette race,
    Les guetta, les prit, fit main basse.
Le maître du logis ne s'en trouva que mieux.

J'en reviens à mon dire. On ne voit sous les cieux
Nul animal, nul être, aucune créature
Qui n'ait son opposé : c'est la loi de nature.
D'en chercher la raison, ce sont soins superflus.
Dieu fit bien ce qu'il fit, et je n'en sais pas plus.
    Ce que je sais, c'est qu'aux grosses paroles
On en vient, sur un rien, plus des trois quarts du temps.
Humains, il vous faudroit encore à soixante ans
    Renvoyer chez les barbacoles.

FABLE IX. — *Le Loup et le Renard.*

D'où vient que personne en la vie
N'est satisfait de son état?
Tel voudroit bien être soldat
A qui le soldat porte envie.

Certain renard voulut, dit-on,
Se faire loup. Eh! qui peut dire
Que pour le métier de mouton
Jamais aucun loup ne soupire?

Ce qui m'étonne est qu'à huit ans
Un prince en fable ait mis la chose,
Pendant que sous mes cheveux blancs
Je fabrique à force de temps
Des vers moins sensés que sa prose.

Les traits dans sa fable semés
Ne sont en l'ouvrage du poëte
Ni tous ni si bien exprimés :
Sa louange en est plus complète.

De la chanter sur la musette,
C'est mon talent ; mais je m'attends
Que mon héros, dans peu de temps,
Me fera prendre la trompette.

Je ne suis pas un grand prophète,
Cependant je lis dans les cieux
Que bientôt ses faits glorieux
Demanderont plusieurs Homères :
Et ce temps-ci n'en produit guères.
Laissant à part tous ces mystères,
Essayons de conter la fable avec succès.

Le renard dit au loup : « Notre cher, pour tout mets
J'ai souvent un vieux coq, ou de maigres poulets :
    C'est une viande qui me lasse.
Tu fais meilleure chère avec moins de hasard :
J'approche des maisons ; tu te tiens à l'écart.
Apprends-moi ton métier, camarade, de grâce ;
    Rends-moi le premier de ma race
Qui fournisse son croc de quelque mouton gras :
Tu ne me mettras point au nombre des ingrats.
— Je le veux, dit le loup : il m'est mort un mien frère ;
Allons prendre sa peau, tu t'en revêtiras. »
Il vint ; et le loup dit : « Voici comme il faut faire,
Si tu veux écarter les mâtins du troupeau. »
    Le renard, ayant mis la peau,

Répétoit les leçons que lui donnoit son maître.
D'abord il s'y prit mal, puis un peu mieux, puis bien,
　　　Puis enfin il n'y manqua rien.
A peine il fut instruit autant qu'il pouvoit l'être,
Qu'un troupeau s'approcha. Le nouveau loup y court,
Et répand la terreur dans les lieux d'alentour.
　　　Tel, vêtu des armes d'Achille,
Patrocle mit l'alarme au camp et dans la ville:
Mères, brus et vieillards, au temple couroient tous.
L'ost du peuple bêlant crut voir cinquante loups :
Chien, berger, et troupeau, tout fuit vers le village,
Et laisse seulement une brebis pour gage.
Le larron s'en saisit. A quelques pas de là
Il entendit chanter un coq du voisinage.
Le disciple aussitôt droit au coq s'en alla,
　　　Jetant bas sa robe de classe,
Oubliant les brebis, les leçons, le régent,
　　　Et courant d'un pas diligent.

　　　Que sert-il qu'on se contrefasse ?
Prétendre ainsi changer est une illusion :
　　　L'on reprend sa première trace
　　　A la première occasion.

　　De votre esprit, que nul autre n'égale,
Prince, ma muse tient tout entier ce projet :
　　　Vous m'avez donné le sujet,
　　　Le dialogue et la morale.

FABLE X. — *L'Écrevisse et sa Fille.*

Les sages quelquefois, ainsi que l'écrevisse,
Marchent à reculons, tournent le dos au port.
C'est l'art des matelots : c'est aussi l'artifice
De ceux qui, pour couvrir quelque puissant effort,
Envisagent un point directement contraire,
Et font vers ce lieu-là courir leur adversaire.

Mon sujet est petit, cet accessoire est grand :
Je pourrois l'appliquer à certain conquérant
Qui tout seul déconcerte une ligue à cent têtes.
Ce qu'il n'entreprend pas, et ce qu'il entreprend,
N'est d'abord qu'un secret, puis devient des conquêtes.
En vain l'on a les yeux sur ce qu'il veut cacher,
Ce sont arrêts du sort qu'on ne peut empêcher :
Le torrent à la fin devient insurmontable.
Cent dieux sont impuissans contre un seul Jupiter.
Louis et le Destin me semblent de concert
Entraîner l'univers. Venons à notre fable.

Mère écrevisse un jour à sa fille disoit :
« Comme tu vas, bon Dieu ! ne peux-tu marcher droit ?
— Et comme vous allez vous-même ! dit la fille :
Puis-je autrement marcher que ne fait ma famille ?
Veut-on que j'aille droit quand on y va tortu ? »

   Elle avoit raison : la vertu
   De tout exemple domestique
   Est universelle, et s'applique
En bien, en mal, en tout ; fait des sages, des sots ;
Beaucoup plus de ceux-ci. Quant à tourner le dos
A son but, j'y reviens ; la méthode en est bonne,
   Surtout au métier de Bellone :
   Mais il faut le faire à propos.

FABLE XI. — *L'Aigle et la Pie.*

L'aigle, reine des airs, avec Margot la pie,
Différentes d'humeur, de langage, et d'esprit,
   Et d'habit,
  Traversoient un bout de prairie.
Le hasard les assemble en un coin détourné.
L'agace eut peur : mais l'aigle, ayant fort bien dîné,
La rassure, et lui dit : « Allons de compagnie :
Si le maître des dieux assez souvent s'ennuie,

Lui qui gouverne l'univers,
J'en puis bien faire autant, moi qu'on sait qui le sers.
Entretenez-moi donc, et sans cérémonie. »
Caquet-bon-bec alors de jaser au plus dru,
Sur ceci, sur cela, sur tout. L'homme d'Horace,
Disant le bien, le mal, à travers champs, n'eût su
Ce qu'en fait de babil y savoit notre agace.
Elle offre d'avertir de tout ce qui se passe,
  Sautant, allant de place en place,
Bon espion, Dieu sait. Son offre ayant déplu,
  L'aigle lui dit tout en colère :
  « Ne quittez point votre séjour,
Caquet-bon-bec, m'amie : adieu ; je n'ai que faire
  D'une babillarde à ma cour :
  C'est un fort méchant caractère. »
  Margot ne demandoit pas mieux.

Ce n'est pas ce qu'on croit que d'entrer chez les dieux :
Cet honneur a souvent de mortelles angoisses.
Rediseurs, espions, gens à l'air gracieux,
Au cœur tout différent, s'y rendent odieux :
Quoique ainsi que la pie il faille dans ces lieux
  Porter habit de deux paroisses.

FABLE XII. — *Le Roi, le Milan, et le Chasseur.*

A S. A. S. MONSEIGNEUR LE PRINCE DE CONTI.

Comme les dieux sont bons, ils veulent que les rois
  Le soient aussi : c'est l'indulgence
  Qui fait le plus beau de leurs droits,
  Non les douceurs de la vengeance.
Prince, c'est votre avis. On sait que le courroux
S'éteint en votre cœur sitôt qu'on l'y voit naître.
Achille, qui du sien ne put se rendre maître,
  Fut par là moins héros que vous.
Ce titre n'appartient qu'à ceux d'entre les hommes

Qui, comme en l'âge d'or, font cent biens ici-bas.
Peu de grands sont nés tels en cet âge où nous sommes.
L'univers leur sait gré du mal qu'ils ne font pas.
  Loin que vous suiviez ces exemples,
Mille actes généreux vous promettent des temples.
Apollon, citoyen de ces augustes lieux,
Prétend y célébrer votre nom sur sa lyre.
Je sais qu'on vous attend dans le palais des dieux
Un siècle de séjour doit ici vous suffire.
Hymen veut séjourner tout un siècle chez vous.
   Puissent ses plaisirs les plus doux
    Vous composer des destinées
    Par ce temps à peine bornées !
Et la princesse et vous n'en méritez pas moins.
   J'en prends ses charmes pour témoins;
   Pour témoins j'en prends les merveilles
Par qui le ciel, pour vous prodigue en ses présens,
De qualités qui n'ont qu'en vous seul leurs pareilles
   Voulut orner vos jeunes ans.
Bourbon de son esprit ses grâces assaisonne :
   Le ciel joignit en sa personne
   Ce qui sait se faire estimer
   A ce qui sait se faire aimer :
Il ne m'appartient pas d'étaler votre joie
   Je me tais donc, et vais rimer
   Ce que fit un oiseau de proie.

Un milan, de son nid antique possesseur,
   Étant pris vif par un chasseur,
D'en faire au prince un don cet homme se propose.
La rareté du fait donnoit prix à la chose.
L'oiseau, par le chasseur humblement présenté,
   Si ce conte n'est apocryphe,
   Va tout droit imprimer sa griffe
   Sur le nez de sa majesté.
— Quoi ! sur le nez du roi ? — Du roi même en personne.
— Il n'avoit donc alors ni sceptre ni couronne ?
— Quand il en auroit eu, ç'auroit été tout un :

Le nez royal fut pris comme un nez du commun.
Dire des courtisans les clameurs et la peine
Seroit se consumer en efforts impuissans.
Le roi n'éclata point : les cris sont indécens
    A la majesté souveraine.
L'oiseau garda son poste : on ne put seulement
    Hâter son départ d'un moment.
Son maître le rappelle, et crie, et se tourmente,
Lui présente le leurre, et le poing, mais en vain.
    On crut que jusqu'au lendemain
Le maudit animal à la serre insolente
    Nicheroit là malgré le bruit,
Et sur le nez sacré voudroit passer la nuit.
Tâcher de l'en tirer irritoit son caprice.
Il quitte enfin le roi, qui dit : « Laissez aller
Ce milan, et celui qui m'a cru régaler.
Ils se sont acquittés tous deux de leur office,
L'un en milan, et l'autre en citoyen des bois :
Pour moi, qui sais comment doivent agir les rois,
    Je les affranchis du supplice. »
Et la cour d'admirer. Les courtisans ravis
Élèvent de tels faits, par eux si mal suivis :
Bien peu, même des rois, prendroient un tel modèle,
    Et le veneur l'échappa belle ;
Coupables seulement, tant lui que l'animal,
D'ignorer le danger d'approcher trop du maître
    Ils n'avoient appris à connoître
Que les hôtes des bois : étoit-ce un si grand mal?

Pilpay fait près du Gange arriver l'aventure.
    Là, nulle humaine créature
Ne touche aux animaux pour leur sang épancher :
Le roi même feroit scrupule d'y toucher.
« Savons-nous, disent-ils, si cet oiseau de proie
    N'étoit point au siége de Troie?
Peut-être y tint-il lieu d'un prince ou d'un héros
    Des plus huppés et des plus hauts :
Ce qu'il fut autrefois il pourra l'être encore.

Nous croyons, après Pythagore,
Qu'avec les animaux de forme nous changeons;
Tantôt milans, tantôt pigeons,
Tantôt humains, puis volatiles
Ayant dans les airs leurs familles. »

Comme l'on conte en deux façons
L'accident du chasseur, voici l'autre manière :

Un certain fauconnier ayant pris, ce dit-on,
A la chasse un milan (ce qui n'arrive guère),
En voulut au roi faire un don,
Comme de chose singulière :
Ce cas n'arrive pas quelquefois en cent ans;
C'est le *non plus ultra* de la fauconnerie.
Ce chasseur perce donc un gros de courtisans,
Plein de zèle, échauffé, s'il le fut de sa vie
Par ce parangon des présens
Il croyoit sa fortune faite :
Quand l'animal porte-sonnette,
Sauvage encore et tout grossier,
Avec ses ongles tout d'acier,
Prend le nez du chasseur, happe le pauvre sire.
Lui de crier; chacun de rire,
Monarque et courtisans. Qui n'eût ri? Quant à moi,
Je n'en eusse quitté ma part pour un empire.
Qu'un pape rie, en bonne foi
Je ne l'ose assurer; mais je tiendrois un roi
Bien malheureux s'il n'osoit rire :
C'est le plaisir des dieux. Malgré son noir souci,
Jupiter et le peuple immortel rit aussi.
Il en fit des éclats, à ce que dit l'histoire,
Quand Vulcain, clopinant, lui vint donner à boire.
Que le peuple immortel se montrât sage, ou non,
J'ai changé mon sujet avec juste raison;
Car, puisqu'il s'agit de morale,
Que nous eût du chasseur l'aventure fatale

Enseigné de nouveau? L'on a vu de tout temps
Plus de sots fauconniers que de rois indulgens.

FABLE XIII. — *Le Renard, les Mouches, et le Hérisson.*

Aux traces de son sang un vieux hôte des bois,
  Renard fin, subtil, et matois,
Blessé par des chasseurs, et tombé dans la fange
Autrefois attira ce parasite ailé
  Que nous avons mouche appelé.
Il accusoit les dieux, et trouvoit fort étrange
Que le sort à tel point le voulût affliger,
  Et le fît aux mouches manger.
« Quoi! se jeter sur moi, sur moi le plus habile
  De tous les hôtes des forêts!
Depuis quand les renards sont-ils un si bon mets?
Et que me sert ma queue? est-ce un poids inutile?
Va, le ciel te confonde, animal importun!
  Que ne vis-tu sur le commun! »
  Un hérisson du voisinage,
  Dans mes vers nouveau personnage,
Voulut le délivrer de l'importunité
  Du peuple plein d'avidité :
« Je les vais de mes dards enfiler par centaines,
Voisin renard, dit-il, et terminer tes peines.
— Garde-t'en bien, dit l'autre; ami, ne le fais pas :
Laisse-les, je te prie, achever leur repas.
Ces animaux sont soûls; une troupe nouvelle
Viendroit fondre sur moi, plus âpre et plus cruelle. »

Nous ne trouvons que trop de mangeurs ici-bas :
Ceux-ci sont courtisans, ceux-là sont magistrats.
Aristote appliquoit cet apologue aux hommes.
  Les exemples en sont communs,
  Surtout au pays où nous sommes.
Plus telles gens sont pleins, moins ils sont importuns.

Fable XIV. — *L'Amour et la Folie.*

Tout est mystère dans l'Amour,
Ses flèches, son carquois, son flambeau, son enfance :
    Ce n'est pas l'ouvrage d'un jour
    Que d'épuiser cette science.
Je ne prétends donc point tout expliquer ici ·
Mon but est seulement de dire à ma manière,
    Comment l'aveugle que voici
(C'est un dieu), comment, dis-je, il perdit la lumière,
Quelle suite eut ce mal, qui peut-être est un bien :
J'en fais juge un amant, et ne décide rien.

La Folie et l'Amour jouoient un jour ensemble :
Celui-ci n'étoit pas encor privé des yeux.
Une dispute vint : l'Amour veut qu'on assemble
    Là-dessus le conseil des dieux ;
    L'autre n'eut pas la patience ;
    Elle lui donne un coup si furieux,
    Qu'il en perd la clarté des cieux.
    Vénus en demande vengeance.
Femme et mère, il suffit pour juger de ses cris :
    Les dieux en furent étourdis,
    Et Jupiter, et Némésis,
Et les juges d'enfer, enfin toute la bande.
Elle représenta l'énormité du cas ;
Son fils, sans un bâton, ne pouvoit faire un pas :
Nulle peine n'étoit pour ce crime assez grande :
Le dommage devoit être aussi réparé.
    Quand on eut bien considéré
L'intérêt du public, celui de la partie,
Le résultat enfin de la suprême cour
    Fut de condamner la Folie
    A servir de guide à l'Amour.

FABLE XV. — *Le Corbeau, la Gazelle, la Tortue, et le Rat.*

A MADAME DE LA SABLIÈRE.

Je vous gardois un temple dans mes vers :
Il n'eût fini qu'avecque l'univers.
Déjà ma main en fondoit la durée
Sur ce bel art qu'ont les dieux inventé,
Et sur le nom de la divinité
Que dans ce temple on auroit adorée.
Sur le portail j'aurois ces mots écrits :
« Palais sacré de la déesse Iris : »
Non celle-là qu'a Junon à ses gages ;
Car Junon même et le maître des dieux
Serviroient l'autre, et seroient glorieux
Du seul honneur de porter ses messages.
L'apothéose à la voûte eût paru :
Là, tout l'Olympe en pompe eût été vu
Plaçant Iris sous un dais de lumière.
Les murs auroient amplement contenu
Toute sa vie ; agréable matière,
Mais peu féconde en ces événemens
Qui des États font les renversemens.
Au fond du temple eût été son image,
Avec ses traits, son souris, ses appas,
Son art de plaire et de n'y penser pas,
Ses agrémens à qui tout rend hommage.
J'aurois fait voir à ses pieds des mortels
Et des héros, des demi-dieux encore,
Même des dieux : ce que le monde adore
Vient quelquefois parfumer ses autels.
J'eusse en ses yeux fait briller de son âme
Tous les trésors, quoique imparfaitement :
Car ce cœur vif et tendre infiniment
Pour ses amis, et non point autrement ;
Car cet esprit, qui, né du firmament,
A beauté d'homme avec grâce de femme,
Ne se peut pas, comme on veut, exprimer

O vous, Iris, qui savez tout charmer,
Qui savez plaire en un degré suprême,
Vous que l'on aime à l'égal de soi-même
(Ceci soit dit sans nul soupçon d'amour,
Car c'est un mot banni de votre cour,
Laissons-le donc), agréez que ma muse
Achève un jour cette ébauche confuse.
J'en ai placé l'idée et le projet,
Pour plus de grâce, au-devant d'un sujet
Où l'amitié donne de telles marques,
Et d'un tel prix, que leur simple récit
Peut quelque temps amuser votre esprit ;
Non que ceci se passe entre monarque :
Ce que chez vous nous voyons estimer
N'est pas un roi qui ne sait point aimer ;
C'est un mortel qui sait mettre sa vie
Pour son ami. J'en vois peu de si bons.
Quatre animaux, vivant de compagnie,
Vont aux humains en donner des leçons.

La gazelle, le rat, le corbeau, la tortue,
Vivoient ensemble unis : douce société.
Le choix d'une demeure aux humains inconnue
    Assuroit leur félicité.
Mais quoi! l'homme découvre enfin toutes retraites.
    Soyez au milieu des déserts,
    Au fond des eaux, au haut des airs,
Vous n'éviterez point ses embûches secrètes.
La gazelle s'alloit ébattre innocemment,
    Quand un chien, maudit instrument
    Du plaisir barbare des hommes,
Vint sur l'herbe éventer les traces de ses pas.
Elle fuit. Et le rat, à l'heure du repas,
Dit aux amis restans : « D'où vient que nous ne sommes
    Aujourd'hui que trois conviés?
La gazelle déjà nous a-t-elle oubliés? »
    A ces paroles, la tortue
    S'écrie, et dit : « Ah! si j'étois

Comme un corbeau d'ailes pourvue,
Tout de ce pas je m'en irois
Apprendre au moins quelle contrée,
Quel accident tient arrêtée
Notre compagne au pied léger :
Car, à l'égard du cœur, il en faut mieux juger. »
Le corbeau part à tire-d'aile :
Il aperçoit de loin l'imprudente gazelle
Prise au piége et se tourmentant.
Il retourne avertir les autres à l'instant ;
Car, de lui demander quand, pourquoi, ni comment
Ce malheur est tombé sur elle,
Et perdre en vains discours cet utile moment,
Comme eût fait un maître d'école,
Il avoit trop de jugement.
Le corbeau donc vole et revole.
Sur son rapport les trois amis
Tiennent conseil. Deux sont d'avis
De se transporter sans remise
Aux lieux où la gazelle est prise.
« L'autre, dit le corbeau, gardera le logis :
Avec son marcher lent, quand arriveroit-elle ?
Après la mort de la gazelle. »
Ces mots à peine dits, ils s'en vont secourir
Leur chère et fidèle compagne,
Pauvre chevrette de montagne.
La tortue y voulut courir :
La voilà comme eux en campagne,
Maudissant ses pieds courts avec juste raison,
Et la nécessité de porter sa maison.
Rongemaille (le rat eut à bon droit ce nom)
Coupe les nœuds du lacs : on peut penser la joie.
Le chasseur vient, et dit : « Qui m'a ravi ma proie ? »
Rongemaille, à ces mots, se retire en un trou,
Le corbeau sur un arbre, en un bois la gazelle
Et le chasseur, à demi fou
De n'en avoir nulle nouvelle,
Aperçoit la tortue, et retient son courroux.

« D'où vient, dit-il, que je m'effraye ?
Je veux qu'à mon souper celle-ci me défraye. »
Il la mit dans son sac. Elle eût payé pour tous,
Si le corbeau n'en eût averti la chevrette.
   Celle-ci, quittant sa retraite,
Contrefait la boiteuse et vient se présenter.
   L'homme de suivre, et de jeter
Tout ce qui lui pesoit : si bien que Rongemaille
Autour des nœuds du sac tant opère et travaille,
   Qu'il délivre encor l'autre sœur,
Sur qui s'étoit fondé le souper du chasseur.

Pilpay conte qu'ainsi la chose s'est passée.
Pour peu que je voulusse invoquer Apollon,
J'en ferois, pour vous plaire, un ouvrage aussi long
   Que l'*Iliade* ou l'*Odyssée*.
Rongemaille feroit le principal héros,
Quoiqu'à vrai dire ici chacun soit nécessaire.
Porte-maison l'infante y tient de tels propos,
   Que monsieur du corbeau va faire
Office d'espion, et puis de messager.
La gazelle a d'ailleurs l'adresse d'engager
Le chasseur à donner du temps à Rongemaille
   Ainsi chacun dans son endroit
   S'entremet, agit, et travaille.
A qui donner le prix ? Au cœur, si l'on m'en croit.
Que n'ose et que ne peut l'amitié violente !
Cet autre sentiment que l'on appelle amour
Mérite moins d'honneur ; cependant chaque jour
   Je le célèbre et je le chante.
Hélas ! il n'en rend pas mon âme plus contente !
Vous protégez sa sœur, il suffit ; et mes vers
Vont s'engager pour elle à des tons tout divers.
Mon maître étoit l'Amour ; j'en vais servir un autre,
   Et porter par tout l'univers
   Sa gloire aussi bien que la vôtre

FABLE XVI. — *La Forêt et le Bûcheron.*

Un bûcheron venoit de rompre ou d'égarer
Le bois dont il avoit emmanché sa cognée.
Cette perte ne put sitôt se réparer
Que la forêt n'en fût quelque temps épargnée.
  L'homme enfin la prie humblement
  De lui laisser tout doucement
  Emporter une unique branche,
  Afin de faire un autre manche :
Il iroit employer ailleurs son gagne-pain ;
Il laisseroit debout maint chêne et maint sapin
Dont chacun respectoit la vieillesse et les charmes.
L'innocente forêt lui fournit d'autres armes.
Elle en eut du regret. Il emmanche son fer :
  Le misérable ne s'en sert
  Qu'à dépouiller sa bienfaitrice
  De ses principaux ornemens.
  Elle gémit à tous momens :
  Son propre don fait son supplice.

Voilà le train du monde et de ses sectateurs :
On s'y sert du bienfait contre les bienfaiteurs.
Je suis las d'en parler. Mais que de doux ombrages
  Soient exposés à ces outrages,
  Qui ne se plaindroit là-dessus ?
Hélas ! j'ai beau crier et me rendre incommode,
  L'ingratitude et les abus
  N'en seront pas moins à la mode.

FABLE XVII. — *Le Renard, le Loup, et le Cheval.*

Un renard, jeune encor, quoique des plus madrés,
Vit le premier cheval qu'il eût vu de sa vie.
Il dit à certain loup, franc novice : « Accourez,
  Un animal paît dans nos prés,
Beau, grand ; j'en ai la vue encor toute ravie.

— Est-il plus fort que nous? dit le loup en riant :
Fais-moi son portrait, je te prie.
— Si j'étois quelque peintre ou quelque étudiant,
Repartit le renard, j'avancerois la joie
Que vous aurez en le voyant.
Mais venez. Que sait-on? peut-être est-ce une proie
Que la fortune nous envoie. »
Ils vont; et le cheval, qu'à l'herbe on avoit mis,
Assez peu curieux de semblables amis,
Fut presque sur le point d'enfiler la venelle.
« Seigneur, dit le renard, vos humbles serviteurs
Apprendroient volontiers comment on vous appelle. »
Le cheval, qui n'étoit dépourvu de cervelle,
Leur dit : « Lisez mon nom, vous le pouvez, messieurs;
Mon cordonnier l'a mis autour de ma semelle. »
Le renard s'excusa sur son peu de savoir.
« Mes parens, reprit-il, ne m'ont point fait instruire
Ils sont pauvres, et n'ont qu'un trou pour tout avoir :
Ceux du loup, gros messieurs, l'ont fait apprendre à lire.»
Le loup, par ce discours flatté,
S'approcha. Mais sa vanité
Lui coûta quatre dents : le cheval lui desserre
Un coup; et haut le pied. Voilà mon loup par terre,
Mal en point, sanglant, et gâté.
« Frère, dit le renard, ceci nous justifie
Ce que m'ont dit des gens d'esprit :
Cet animal vous a sur la mâchoire écrit
Que de tout inconnu le sage se méfie. »

FABLE XVIII. — *Le Renard et les Poulets d'Inde.*

Contre les assauts d'un renard
Un arbre à des dindons servoit de citadelle.
Le perfide ayant fait tout le tour du rempart,
Et vu chacun en sentinelle,
S'écria : « Quoi! ces gens se moqueront de moi!
Eux seuls seront exempts de la commune loi !

Non, par tous les dieux! non. » Il accomplit son dire.
La lune, alors luisant, sembloit, contre le sire,
Vouloir favoriser la dindonnière gent.
Lui, qui n'étoit novice au métier d'assiégeant,
Eut recours à son sac de ruses scélérates,
Feignit vouloir gravir, se guinda sur ses pattes,
Puis contrefit le mort, puis le ressuscité
  Arlequin n'eût exécuté
  Tant de différens personnages.
Il élevoit sa queue, il la faisoit briller,
  Et cent mille autres badinages,
Pendant quoi nul dindon n'eût osé sommeiller.
L'ennemi les lassoit en leur tenant la vue
  Sur même objet toujours tendue.
Les pauvres gens étant à la longue éblouis,
Toujours il en tomboit quelqu'un : autant de pris,
Autant de mis à part : près de moitié succombe
Le compagnon les porte en son garde-manger.

Le trop d'attention qu'on a pour le danger
  Fait le plus souvent qu'on y tombe.

  Fable XIX. — *Le Singe.*

  Il est un singe dans Paris
  A qui l'on avoit donné femme :
  Singe en effet d'aucuns maris,
  Il la battoit. La pauvre dame
En a tant soupiré, qu'enfin elle n'est plus.
  Leur fils se plaint d'étrange sorte,
  Il éclate en cris superflus.
  Le père en rit : sa femme est morte;
  Il a déjà d'autres amours,
  Que l'on croit qu'il battra toujours;
Il hante la taverne, et souvent il s'enivre.

N'attendez rien de bon du peuple imitateur,

Qu'il soit singe ou qu'il fasse un livre :
La pire espèce, c'est l'auteur.

Fable XX. — *Le Philosophe scythe.*

Un philosophe austère, et né dans la Scythie,
Se proposant de suivre une plus douce vie,
Voyagea chez les Grecs, et vit en certains lieux
Un sage assez semblable au vieillard de Virgile,
Homme égalant les rois, homme approchant des dieux,
Et comme ces derniers, satisfait et tranquille.
Son bonheur consistoit aux beautés d'un jardin.
Le Scythe l'y trouva qui, la serpe à la main,
De ses arbres à fruit retranchoit l'inutile,
Ébranchoit, émondoit, ôtoit ceci, cela,
    Corrigeant partout la nature,
Excessive à payer ses soins avec usure.
    Le Scythe alors lui demanda
Pourquoi cette ruine : étoit-il d'homme sage
De mutiler ainsi ces pauvres habitants?
« Quittez-moi votre serpe, instrument de dommage;
    Laissez agir la faux du temps :
Ils iront assez tôt border le noir rivage.
— J'ôte le superflu, dit l'autre; et l'abattant,
    Le reste en profite d'autant. »
Le Scythe, retourné dans sa triste demeure,
Prend la serpe à son tour, coupe et taille à toute heure;
Conseille à ses voisins, prescrit à ses amis
    Un universel abatis.
Il ôte de chez lui les branches les plus belles,
Il tronque son verger contre toute raison,
    Sans observer temps ni saison,
    Lunes ni vieilles ni nouvelles.
Tout languit et tout meurt.

                Ce Scythe exprime bien
    Un indiscret stoïcien :

      Celui-ci retranche de l'âme
Désirs et passions, le bon et le mauvais,
      Jusqu'aux plus innocens souhaits.
Contre de telles gens, quant à moi, je réclame.
Ils ôtent à nos cœurs le principal ressort ;
Ils font cesser de vivre avant que l'on soit mort.

FABLE XXI. — *L'Éléphant et le Singe de Jupiter.*

Autrefois l'éléphant et le rhinocéros,
En dispute du pas et des droits de l'empire,
Voulurent terminer la querelle en champ clos.
Le jour en étoit pris, quand quelqu'un vint leur dire
      Que le singe de Jupiter,
Portant un caducée, avoit paru dans l'air.
Ce singe avoit nom Gille, à ce que dit l'histoire.
      Aussitôt l'éléphant de croire
      Qu'en qualité d'ambassadeur
      Il venoit trouver sa grandeur.
      Tout fier de ce sujet de gloire,
Il attend maître Gille, et le trouve un peu lent
      A lui présenter sa créance.
      Maître Gille enfin, en passant,
      Va saluer son excellence.
L'autre étoit préparé sur la légation :
      Mais pas un mot. L'attention
Qu'il croyoit que les dieux eussent à sa querelle
N'agitoit pas encor chez eux cette nouvelle.
      Qu'importe à ceux du firmament
      Qu'on soit mouche ou bien éléphant ?
Il se vit donc réduit à commencer lui-même.
« Mon cousin Jupiter, dit-il, verra dans peu
Un assez beau combat, de son trône suprême ;
      Toute sa cour verra beau jeu.
— Quel combat ? » dit le singe, avec un front sévère.
L'éléphant repartit : « Quoi ! vous ne savez pas
Que le rhinocéros me dispute le pas ;

Qu'Éléphantide a guerre avecque Rhinocère?
Vous connoissez ces lieux, ils ont quelque renom.
— Vraiment je suis ravi d'en apprendre le nom,
Repartit maître Gille : on ne s'entretient guère
De semblables sujets dans nos vastes lambris. »
    L'éléphant, honteux et surpris
Lui dit : « Eh! parmi nous que venez-vous donc faire?
— Partager un brin d'herbe entre quelques fourmis :
Nous avons soin de tout. Et quant à votre affaire,
On n'en dit rien encor dans le conseil des dieux.
Les petits et les grands sont égaux à leurs yeux. »

FABLE XXII. — *Un Fou et un Sage.*

Certain fou poursuivoit à coups de pierre un sage.
Le sage se retourne, et lui dit : « Mon ami,
C'est fort bien fait à toi, reçois cet écu-ci.
Tu fatigues assez pour gagner davantage ;
Toute peine, dit-on, est digne de loyer :
Vois cet homme qui passe, il a de quoi payer ;
Adresse-lui tes dons, ils auront leur salaire. »
Amorcé par le gain, notre fou s'en va faire
    Même insulte à l'autre bourgeois.
On ne le paya pas en argent cette fois.
Maint estafier accourt : on vous happe notre homme,
    On vous l'échine, on vous l'assomme.

    Auprès des rois il est de pareils fous :
    A vos dépens ils font rire le maître.
    Pour réprimer leur babil, irez-vous
    Les maltraiter? vous n'êtes pas peut-être
    Assez puissant. Il faut les engager
    A s'adresser à qui peut se venger.

Fable XXIII. — *Le Renard anglois.*

A MADAME HARVEY.

Le bon cœur est chez vous compagnon du bon sens ;
Avec cent qualités trop longues à déduire,
Une noblesse d'âme, un talent pour conduire
    Et les affaires et les gens,
Une humeur franche et libre, et le don d'être amie
Malgré Jupiter même et les temps orageux,
Tout cela méritoit un éloge pompeux :
Il en eût été moins selon votre génie ;
La pompe vous déplaît, l'éloge vous ennuie.
J'ai donc fait celui-ci court et simple. Je veux
    Y coudre encore un mot ou deux
    En faveur de votre patrie :
Vous l'aimez. Les Anglois pensent profondément ;
Leur esprit, en cela, suit leur tempérament ;
Creusant dans les sujets, et forts d'expériences,
Ils étendent partout l'empire des sciences.
Je ne dis point ceci pour vous faire ma cour :
Vos gens, à pénétrer, l'emportent sur les autres ;
    Même les chiens de leur séjour
    Ont meilleur nez que n'ont les nôtres.
Vos renards sont plus fins : je m'en vais le prouver
    Par un d'eux, qui, pour se sauver,
    Mit en usage un stratagème
Non encor pratiqué, des mieux imaginés.

Le scélérat, réduit en un péril extrême,
Et presque mis à bout par ces chiens au bon nez,
    Passa près d'un patibulaire.
    Là, des animaux ravissans,
Blaireaux, renards, hiboux, race encline à mal faire,
Pour l'exemple pendus, instruisoient les passans.
Leur confrère aux abois, entre ces morts s'arrange.
Je crois voir Annibal, qui, pressé des Romains,
Met leur chef en défaut, ou leur donne le change,

Et sait, en vieux renard, s'échapper de leurs mains.
　　　　Les clefs de meute, parvenues
A l'endroit où pour mort le traître se pendit,
Remplirent l'air de cris : leur maître les rompit,
Bien que de leurs abois, ils perçassent les nues.
Il ne put soupçonner ce tour assez plaisant.
« Quelque terrier, dit-il, a sauvé mon galant :
Mes chiens n'appellent point au delà des colonnes
　　　　Où sont tant d'honnêtes personnes.
Il y viendra, le drôle ! » Il y vint, à son dam.
　　　　Voilà maint basset clabaudant;
Voilà notre renard au charnier se guindant.
Maître pendu croyoit qu'il en iroit de même
Que le jour qu'il tendit de semblables panneaux;
Mais le pauvret, ce coup, y laissa ses houseaux.
Tant il est vrai qu'il faut changer de stratagème!
Le chasseur, pour trouver sa propre sûreté,
N'auroit pas cependant un tel tour inventé;
Non point par peu d'esprit : est-il quelqu'un qui nie
Que tout Anglois n'en ait bonne provision?
　　　　Mais le peu d'amour pour la vie
　　　　Leur nuit en mainte occasion.

　　　　Je reviens à vous, non pour dire
　　　　D'autres traits sur votre sujet;
　　　　Tout long éloge est un projet
　　　　Peu favorable pour ma lyre :
　　　　Peu de nos chants, peu de nos vers,
Par un encens flatteur amusent l'univers,
Et se font écouter des nations étranges.
　　　　Votre prince vous dit un jour
　　　　Qu'il aimoit mieux un trait d'amour
　　　　Que quatre pages de louanges.
Agréez seulement le don que je vous fais
　　　　Des derniers efforts de ma muse.
　　　　C'est peu de chose ; elle est confuse
　　　　De ces ouvrages imparfaits.
　　　　Cependant ne pourriez-vous faire

Que le même hommage pût plaire
A celle qui remplit vos climats d'habitans
　　Tirés de l'île de Cythère ?
　　Vous voyez par là que j'entends
Mazarin, des Amours déesse tutélaire.

FABLE XXIV. — *Le Soleil et les Grenouilles.*

Les filles du limon tiroient du roi des astres
　　　　Assistance et protection :
Guerre ni pauvreté, ni semblables désastres,
Ne pouvoient approcher de cette nation ;
Elle faisoit valoir en cent lieues son empire.
Les reines des étangs, grenouilles veux-je dire,
　　(Car que coûte-t-il d'appeler
　　Les choses par noms honorables?)
Contre leur bienfaiteur osèrent cabaler,
　　Et devinrent insupportables.
L'imprudence, l'orgueil, et l'oubli des bienfaits,
　　　　Enfans de la bonne fortune,
Firent bientôt crier cette troupe importune :
　　　　On ne pouvoit dormir en paix.
　　　　Si l'on eût cru leur murmure,
　　　　Elles auroient par leurs cris
　　　　Soulevé grands et petits
　　　　Contre l'œil de la Nature.
Le soleil, à leur dire, alloit tout consumer ;
　　　　Il falloit promptement s'armer,
　　　　Et lever des troupes puissantes.
　　　　Aussitôt qu'il faisoit un pas,
　　　　Ambassades coassantes
　　　　Alloient dans tous les États :
　　　　A les ouïr, tout le monde,
　　　　Toute la machine ronde
　　　　Rouloit sur les intérêts
　　　　De quatre méchans marais.
　　　　Cette plainte téméraire

Dure toujours : et pourtant
Grenouilles doivent se taire,
Et ne murmurer pas tant :
Car si le soleil se pique,
Il le leur fera sentir ;
La république aquatique
Pourroit bien s'en repentir.

FABLE XXV. — *La Ligue des Rats.*

Une souris craignoit un chat
  Qui dès longtemps la guettoit au passage
Que faire en cet état ? Elle, prudente et sage,
Consulte son voisin : c'étoit un maître rat,
    Dont la rateuse seigneurie
  S'étoit logée en bonne hôtellerie,
  Et qui cent fois s'étoit vanté, dit-on,
    De ne craindre ni chat, ni chatte,
    Ni coup de dent, ni coup de patte.
« Dame souris, lui dit ce fanfaron,
    Ma foi ! quoi que je fasse,
Seul, je ne puis chasser le chat qui vous menace :
  Mais assemblons tous les rats d'alentour,
  Je lui pourrai jouer d'un mauvais tour. »
  La souris fait une humble révérence ;
    Et le rat court en diligence
A l'office, qu'on nomme autrement la dépense,
    Où maints rats assemblés
Faisoient, aux frais de l'hôte, une entière bombance.
    Il arrive, les sens troublés,
    Et tous les poumons essoufflés.
« Qu'avez-vous donc ? lui dit un de ces rats ; parlez.
— En deux mots, répond-il, ce qui fait mon voyage,
C'est qu'il faut promptement secourir la souris ;
    Car Raminagrobis
  Fait en tous lieux un étrange carnage.
  Ce chat, le plus diable des chats,

S'il manque de souris, voudra manger des rats. »
Chacun dit : « Il est vrai. Sus! sus! courons aux armes! »
Quelques rates, dit-on, répandirent des larmes.
N'importe, rien n'arrête un si noble projet :
       Chacun se met en équipage ;
Chacun met dans son sac un morceau de fromage ;
Chacun promet enfin de risquer le paquet.
        Ils alloient tous comme à la fête,
        L'esprit content, le cœur joyeux.
        Cependant, le chat, plus fin qu'eux,
     Tenoit déjà la souris par la tête.
        Ils s'avancèrent à grands pas
        Pour secourir leur bonne amie :
        Mais le chat, qui n'en démord pas,
Gronde, et marche au-devant de la troupe ennemie.
        A ce bruit nos très-prudens rats,
        Craignant mauvaise destinée,
Font, sans pousser plus loin leur prétendu fracas,
        Une retraite fortunée.
        Chaque rat rentre dans son trou :
Et si quelqu'un en sort, gare encor le matou.

FABLE XXVI. — *Daphnis et Alcimadure.*

IMITATION DE THÉOCRITE.

A MADAME DE LA MÉSANGÈRE.

       Aimable fille d'une mère
A qui seule aujourd'hui mille cœurs font la cour,
Sans ceux que l'amitié rend soigneux de vous plaire,
Et quelques-uns encor que vous garde l'amour,
        Je ne puis qu'en cette préface
        Je ne partage entre elle et vous
Un peu de cet encens qu'on recueille au Parnasse,
Et que j'ai le secret de rendre exquis et doux.
        Je vous dirai donc.... Mais tout dire,
        Ce seroit trop ; il faut choisir,

Ménageant ma voix et ma lyre
Qui bientôt vont manquer de force et de loisir.
Je louerai seulement un cœur plein de tendresse,
Ces nobles sentiments, ces grâces, cet esprit :
Vous n'auriez en cela ni maître ni maîtresse,
Sans celle dont sur vous l'éloge rejaillit.
  Gardez d'environner ces roses
  De trop d'épines, si jamais
  L'amour vous dit les mêmes choses :
  Il les dit mieux que ne fais ;
Aussi sait-il punir ceux qui ferment l'oreille
  A ses conseils. Vous l'allez voir.

  Jadis une jeune merveille
Méprisoit de ce dieu le souverain pouvoir ;
  On l'appeloit Alcimadure :
Fier et farouche objet, toujours courant aux bois,
Toujours sautant aux prés, dansant sur la verdure,
  Et ne connoissant autres lois
Que son caprice ; au reste, égalant les plus belles,
  Et surpassant les plus cruelles ;
N'ayant trait qui ne plût, pas même en ses rigueurs :
Quelle l'eût-on trouvée au fort de ses faveurs !
Le jeune et beau Daphnis, berger de noble race,
L'aima pour son malheur : jamais la moindre grâce,
Ni le moindre regard, le moindre mot enfin,
Ne lui fut accordé par ce cœur inhumain.
Las de continuer une poursuite vaine,
  Il ne songea plus qu'à mourir.
  Le désespoir le fit courir
  A la porte de l'inhumaine.
Hélas ! ce fut aux vents qu'il raconta sa peine,
  On ne daigna lui faire ouvrir
Cette maison fatale, où, parmi ses compagnes,
L'ingrate, pour le jour de sa nativité,
  Joignoit aux fleurs de sa beauté
Les trésors des jardins et des vertes campagnes.
« J'espérois, cria-t-il, expirer à vos yeux ;

Mais je vous suis trop odieux,
Et ne m'étonne pas qu'ainsi que tout le reste
Vous me refusiez même un plaisir si funeste.
Mon père, après ma mort, et je l'en ai chargé,
    Doit mettre à vos pieds l'héritage
    Que votre cœur a négligé.
Je veux que l'on y joigne aussi le pâturage,
    Tous mes troupeaux, avec mon chien;
    Et que du reste de mon bien
    Mes compagnons fondent un temple
    Où votre image se contemple,
Renouvelant de fleurs l'autel à tout moment.
J'aurai près de ce temple un simple monument :
    On gravera sur la bordure ·
« Daphnis mourut d'amour. Passant, arrête-toi;
« Pleure, et dis : Celui-ci succomba sous la loi
    « De la cruelle Alcimadure. »

A ces mots, par la Parque il se sentit atteint :
Il auroit poursuivi; la douleur le prévint.
Son ingrate sortit triomphante et parée.
On voulut, mais en vain, l'arrêter un moment
Pour donner quelques pleurs au sort de son amant :
Elle insulta toujours au fils de Cythérée,
Menant dès ce soir même, au mépris de ses lois,
Ses compagnes danser autour de sa statue.
Le dieu tomba sur elle, et l'accabla du poids :
    Une voix sortit de la nue,
Écho redit ces mots dans les airs épandus :
« Que tout aime à présent : l'insensible n'est plus. »
Cependant de Daphnis l'ombre au Styx descendue
Frémit et s'étonna la voyant accourir.
Tout l'Érèbe entendit cette belle homicide
S'excuser au berger qui ne daigna l'ouïr,
Non plus qu'Ajax Ulysse, et Didon son perfide.

Fable XXVII. — *Le Juge arbitre, l'Hospitalier, et le Solitaire.*

Trois saints, également jaloux de leur salut,
Portés d'un même esprit, tendoient à même but.
Ils s'y prirent tous trois par des routes diverses :
Tous chemins vont à Rome ; ainsi nos concurrens
Crurent pouvoir choisir des sentiers différens.
L'un, touché des soucis, des longueurs, des traverses,
Qu'en apanage on voit aux procès attachés,
S'offrit de les juger sans récompense aucune,
Peu soigneux d'établir ici-bas sa fortune.
Depuis qu'il est des lois, l'homme, pour ses péchés,
Se condamne à plaider la moitié de sa vie :
La moitié, les trois quarts, et bien souvent le tout.
Le conciliateur crut qu'il viendroit à bout
De guérir cette folle et détestable envie.
Le second de nos saints choisit les hôpitaux.
Je le loue ; et le soin de soulager les maux
Est une charité que je préfère aux autres.
Les malades d'alors, étant tels que les nôtres,
Donnoient de l'exercice au pauvre hospitalier ;
Chagrins, impatiens, et se plaignant sans cesse :
« Il a pour tels et tels un soin particulier,
    Ce sont ses amis ; il nous laisse. »
Ces plaintes n'étoient rien au prix de l'embarras
Où se trouva réduit l'appointeur de débats :
Aucun n'étoit content ; la sentence arbitrale
    A nul des deux ne convenoit :
    Jamais le juge ne tenoit
    A leur gré la balance égale.
De semblables discours rebutoient l'appointeur.
Il court aux hôpitaux, va voir leur directeur.
Tous deux ne recueillant que plainte et que murmure,
Affligés, et contraints de quitter ces emplois,
Vont confier leur peine au silence des bois.
Là, sous d'âpres rochers, près d'une source pure,
Lieu respecté des vents, ignorés du soleil,

Ils trouvent l'autre saint, lui demandent conseil.
« Il faut, dit leur ami, le prendre de soi-même.
   Qui, mieux que vous, sait vos besoins?
Apprendre à se connoître est le premier des soins
Qu'impose à tout mortel la majesté suprême.
Vous êtes-vous connus dans le monde habité?
L'on ne le peut qu'aux lieux pleins de tranquillité
Chercher ailleurs ce bien est une erreur extrême.
   Troublez l'eau : vous y voyez-vous?
Agitez celle-ci. — Comment nous verrions-nous?
   La vase est un épais nuage
Qu'aux effets du cristal nous venons d'opposer.
— Mes frères, dit le saint, laissez-la reposer,
   Vous verrez alors votre image.
Pour vous mieux contempler, demeurez au désert. »
   Ainsi parla le solitaire.
Il fut cru ; l'on suivit ce conseil salutaire.

Ce n'est pas qu'un emploi ne doive être souffert.
Puisqu'on plaide et qu'on meurt, et qu'on devient malade,
Il faut des médecins, il faut des avocats ;
Ces secours, grâce à Dieu, ne nous manqueront pas :
Les honneurs et le gain, tout me le persuade.
Cependant on s'oublie en ces communs besoins.
O vous, dont le public emporte tous les soins,
   Magistrats, princes et ministres,
Vous que doivent troubler mille accidens sinistres,
Que le malheur abat, que le bonheur corrompt,
Vous ne vous voyez point, vous ne voyez personne.
Si quelque bon moment à ces pensers vous donne,
   Quelque flatteur vous interrompt.

Cette leçon sera la fin de ces ouvrages :
Puisse-t-elle être utile aux siècles à venir !
Je la présente aux rois, je la propose aux sages :
   Par où saurois-je mieux finir?

FIN DES FABLES.

PHILÉMON ET BAUCIS.

SUJET TIRÉ DES MÉTAMORPHOSES D'OVIDE.

A MONSEIGNEUR LE DUC DE VENDOME[1].

Ni l'or ni la grandeur ne nous rendent heureux.
Ces deux divinités n'accordent à nos vœux
Que des biens peu certains, qu'un plaisir peu tranquille :
Des soucis dévorans c'est l'éternel asile ;
Véritables vautours, que le fils de Japet
Représente, enchaîné sur son triste sommet[2].
L'humble toit est exempt d'un tribut si funeste.
Le sage y vit en paix, et méprise le reste :
Content de ses douceurs, errant parmi les bois,
Il regarde à ses pieds les favoris des rois ;
Il lit au front de ceux qu'un vain luxe environne
Que la Fortune vend ce qu'on croit qu'elle donne.
Approche-t-il du but, quitte-t-il ce séjour ;
Rien ne trouble sa fin : c'est le soir d'un beau jour.

Philémon et Baucis nous en offrent l'exemple :
Tous deux virent changer leur cabane en un temple.
Hyménée et l'Amour, par des désirs constans,
Avoient uni leurs cœurs dès leur plus doux printemps :
Ni le temps ni l'hymen n'éteignirent leur flamme.
Clothon prenoit plaisir à filer cette trame
Ils surent cultiver, sans se voir assistés,
Leur enclos et leur champ par deux fois vingt étés.
Eux seuls ils composoient toute leur république :
Heureux de ne devoir à pas un domestique
Le plaisir ou le gré des soins qu'ils se rendoient !
Tout vieillit : sur leur front les rides s'étendoient ;
L'amitié modéra leurs feux sans les détruire,

---

1. Le duc de Vendôme, arrière-petit-fils de Henri IV et de Gabrielle d'Estrées, et général célèbre.
2. Prométhée enchaîné sur le Caucase.

Et par des traits d'amour sut encor se produire.
Ils habitoient un bourg plein de gens dont le cœur
Joignoit aux duretés un sentiment moqueur.
Jupiter résolut d'abolir cette engeance.
Il part avec son fils, le dieu de l'éloquence [1] ;
Tous deux en pèlerins vont visiter ces lieux.
Mille logis y sont, un seul ne s'ouvre aux dieux.
Prêts enfin à quitter un séjour si profane,
Ils virent à l'écart une étroite cabane,
Demeure hospitalière, humble et chaste maison.
Mercure frappe : on ouvre. Aussitôt Philémon
Vient au-devant des dieux, et leur tient ce langage :
« Vous me semblez tous deux fatigués du voyage :
Reposez-vous. Usez du peu que nous avons ;
L'aide des dieux a fait que nous le conservons :
Usez-en. Saluez ces pénates d'argile :
Jamais le ciel ne fut aux humains si facile,
Que quand Jupiter même étoit de simple bois ;
Depuis qu'on l'a fait d'or, il est sourd à nos voix.
Baucis, ne tardez point : faites tiédir cette onde :
Encor que le pouvoir au désir ne réponde,
Nos hôtes agréeront les soins qui leur sont dus. »
Quelques restes de feu sous la cendre épandus
D'un souffle haletant par Baucis s'allumèrent :
Des branches de bois sec aussitôt s'enflammèrent :
L'onde tiède, on lava les pieds des voyageurs.
Philémon les pria d'excuser ces longueurs :
Et pour tromper l'ennui d'une attente importune,
Il entretint les dieux, non point sur la fortune,
Sur ses jeux, sur la pompe et la grandeur des rois ;
Mais sur ce que les champs, les vergers et les bois
Ont de plus innocent, de plus doux, de plus rare.

Cependant par Baucis le festin se prépare.
La table où l'on servit le champêtre repas
Fut d'ais non façonnés à l'aide du compas :

---

1. Mercure.

Encore assure-t-on, si l'histoire en est crue,
Qu'en un de ses supports le temps l'avoit rompue.
Baucis en égala les appuis chancelans
Du débris d'un vieux vase, autre injure des ans.
Un tapis tout usé couvrit deux escabelles :
Il ne servoit pourtant qu'aux fêtes solennelles.
Le linge orné de fleurs fut couvert, pour tout mets,
D'un peu de lait, de fruits, et des dons de Cérès.
Les divins voyageurs, altérés de leur course,
Mêloient au vin grossier le cristal d'une source.
Plus le vase versoit, moins il s'alloit vidant.
Philémon reconnut ce miracle évident;
Baucis n'en fit pas moins : tous deux s'agenouillèrent;
A ce signe d'abord leurs yeux se dessillèrent.
Jupiter leur parut avec ces noirs sourcils
Qui font trembler les cieux sur leurs pôles assis.
« Grand dieu, dit Philémon, excusez notre faute :
Quels humains auroient cru recevoir un tel hôte?
Ces mets, nous l'avouons, sont peu délicieux :
Mais, quand nous serions rois, que donner à des dieux?
C'est le cœur qui fait tout : que la terre et que l'onde
Apprêtent un repas pour les maîtres du monde;
Ils lui préféreront les seuls présens du cœur. »
Baucis sort à ces mots pour réparer l'erreur.
Dans le verger couroit une perdrix privée,
Et par de tendres soins dès l'enfance élevée;
Elle en veut faire un mets, et la poursuit en vain :
La volatille échappe à sa tremblante main;
Entre les pieds des dieux elle cherche un asile.
Ce recours à l'oiseau ne fut pas inutile :
Jupiter intercède. Et déjà les vallons
Voyoient l'ombre en croissant tomber du haut des monts.

Les dieux sortent enfin, et font sortir leurs hôtes.
« De ce bourg, dit Jupin, je veux punir les fautes :
Suivez-nous. Toi, Mercure, appelle les vapeurs.
O gens durs! vous n'ouvrez vos logis ni vos cœurs! »
Il dit : et les autans troublent déjà la plaine.

Nos deux époux suivoient, ne marchant qu'avec peine;
Un appui de roseau soulageoit leurs vieux ans :
Moitié secours des dieux, moitié peur se hâtans,
Sur un mont assez proche enfin ils arrivèrent.
A leurs pieds aussitôt cent nuages crevèrent.
Des ministres du dieu les escadrons flottans
Entraînèrent, sans choix, animaux, habitans,
Arbres, maisons, vergers, toute cette demeure;
Sans vestiges du bourg, tout disparut sur l'heure.
Les vieillards déploroient ces sévères destins.
Les animaux périr! car encor les humains,
Tous avoient dû tomber sous les célestes armes :
Baucis en répandit en secret quelques larmes.

Cependant l'humble toit devient temple, et ses murs
Changent leur frêle enduit aux marbres les plus durs.
De pilastres massifs les cloisons revêtues
En moins de deux instans s'élèvent jusqu'aux nues;
Le chaume devient or, tout brille en ce pourpris.
Tous ces événemens sont peints sur le lambris.
Loin, bien loin les tableaux de Zeuxis et d'Apelle!
Ceux-ci furent tracés d'une main immortelle.
Nos deux époux, surpris, étonnés, confondus,
Se crurent, par miracle, en l'Olympe rendus.
« Vous comblez, dirent-ils, vos moindres créatures :
Aurions-nous bien le cœur et les mains assez pures
Pour présider ici sur les honneurs divins,
Et prêtres vous offrir les vœux des pèlerins? »
Jupiter exauça leur prière innocente.
« Hélas! dit Philémon, si votre main puissante
Vouloit favoriser jusqu'au bout deux mortels,
Ensemble nous mourrions en servant vos autels.
Clothon feroit d'un coup ce double sacrifice;
D'autres mains nous rendroient un vain et triste office :
Je ne pleurerois point celle-ci, ni ses yeux
Ne troubleroient non plus de leurs larmes ces lieux. »
Jupiter à ce vœu fut encor favorable
Mais oserai-je dire un fait presque incroyable?

Un jour qu'assis tous deux dans le sacré parvis
Ils contoient cette histoire aux pèlerins ravis,
La troupe à l'entour d'eux debout prêtoit l'oreille;
Philémon leur disoit : « Ce lieu plein de merveille
N'a pas toujours servi de temple aux immortels :
Un bourg étoit autour, ennemi des autels,
Gens barbares, gens durs, habitacle d'impies;
Du céleste courroux tous furent les hosties.
Il ne resta que nous d'un si triste débris :
Vous en verrez tantôt la suite en nos lambris;
Jupiter l'y peignit. » En contant ces annales,
Philémon regardoit Baucis par intervalles;
Elle devenoit arbre, et lui tendoit les bras;
Il veut lui tendre aussi les siens, et ne peut pas.
Il veut parler, l'écorce a sa langue pressée.
L'un et l'autre se dit adieu de la pensée :
Le corps n'est tantôt plus que feuillage et que bois.
D'étonnement la troupe, ainsi qu'eux, perd la voix.
Même instant, même sort à leur fin les entraîne;
Baucis devient tilleul, Philémon devient chêne.
On les va voir encore, afin de mériter
Les douceurs qu'en hymen Amour leur fit goûter.
Ils courbent sous le poids des offrandes sans nombre.
Pour peu que des époux séjournent sous leur ombre,
Ils s'aiment jusqu'au bout, malgré l'effort des ans.
Ah! si... Mais autre part j'ai porté mes présens.
Célébrons seulement cette métamorphose.
De fidèles témoins m'ayant conté la chose,
Clio me conseilla de l'étendre en ces vers,
Qui pourront quelque jour l'apprendre à l'univers.
Quelque jour on verra chez les races futures,
Sous l'appui d'un grand nom passer ces aventures.
Vendôme, consentez au los que j'en attends;
Faites-moi triompher de l'Envie et du Temps :
Enchaînez ces démons, que sur nous ils n'attentent,
Ennemis des héros et de ceux qui les chantent.
Je voudrois pouvoir dire en un style assez haut
Qu'ayant mille vertus vous n'avez nul défaut.

Toutes les célébrer seroit œuvre infinie ;
L'entreprise demande un plus vaste génie :
Car quel mérite enfin ne vous fait estimer?
Sans parler de celui qui force à vous aimer.
Vous joignez à ces dons l'amour des beaux ouvrages ;
Vous y joignez un goût plus sûr que nos suffrages ;
Don du ciel, qui peut seul tenir lieu des présens
Que nous font à regret le travail et les ans.
Peu de gens élevés, peu d'autres encor même,
Font voir par ces faveurs que Jupiter les aime.
Si quelque enfant des dieux les possède, c'est vous ;
Je l'ose dans ces vers soutenir devant tous.
Clio, sur son giron, à l'exemple d'Homère,
Vient de les retoucher, attentive à vous plaire :
On dit qu'elle et ses sœurs, par l'ordre d'Apollon,
Transportent dans Anet[1] tout le sacré vallon :
Je le crois. Puissions-nous chanter sous les ombrages
Des arbres dont ce lieu va border ses rivages!
Puissent-ils tout d'un coup élever leurs sourcils,
Comme on vit autrefois Philémon et Baucis!

---

1. *Anet*, près de Dreux, était alors la résidence du duc de Vendôme. C'était un château bâti en 1552 pour Diane de Poitiers, par les ordres de Henri II ; il est aujourd'hui détruit en partie, et l'on en peut admirer la façade transportée pierre par pierre dans la cour de l'école des Beaux-Arts à Paris. Le château était de Philibert Delorme, les sculptures de Jean Goujon, les arabesques et les peintures sur verre de Jean Cousin

NOTES

Page 1 *line* 1—Monseigneur le Dauphin : Louis, Dauphin of France, born in 1663, died in 1711, now five years old. Bossuet was his tutor.

1   3—Encor que mensongère : Although fabulous.

1   16—Agréer : Usually means "to accept graciously"—here, to make oneself agreeable to. Etym., *Gré*, Lat. *gratum*, Gr. χαρις.

1   17—Etiam tentâsse decorum. Virg.

BOOK I.

FABLE I.

1   19—Cigale : From *cicala*, Lat. cicadula ; *fourmi* from Lat. *formica*. *Cf.* amicus, *ami*.

1   22—Bise : The cold season ; properly the north wind. (Etym. unknown).

2   9—Avant l'oût : *Oût* for *août*, August. The form *août* is even nowadays generally pronounced as one syllable.

2   12—Son moindre défaut : The last fault you can reproach her with ; *i.e.*, the one she shares in the slightest degree. *Cf.* Molière "Ecole des Maris," act i., sc. 6 : "Je coquette fort peu, c'est mon moindre talent."

FABLE II.

2   20—Maître corbeau : *Maître*, a title given to barristers, solicitors and attorneys.

2   23—Langage : The substance of the speech, as opposed to *langue*, the language or tongue in which it is spoken.

2   24—M. du corbeau : Observe the flattery conveyed in the particle of nobility *du*.

2   26—Ramage : Song of birds, because sung amongst the branches, *ramée* (Lat. *ramus*). The old form was *chant ramage*.

2   29—Ne se sent pas de joie : Cannot contain himself for joy.

3   2—Qu'on ne l'y prendrait plus : That he would not be taken in again.

FABLE III.

Cf. Horace, Sat. iii., Book ii., 314, *seqq.*

Page 3 line 8—Se travaille : Strives her utmost.
3   11—N'y suis-je point encore? Am I not yet big enough?
3   12—Nenni: Nothing like it ! Lat. *non illud*, as *oui* is derived from *hoc illud*.
3   13—La chétive pécore : The silly creature; *chétif* (fem. ve.), is derived from Ital. *cattivo*, Lat. *captivus*, Eng, *caitiff*. *Pécore* is from Ital. *pecora*, Lat. *pecus*.

FABLE IV.

3   21—Gabelle: Properly salt tax ; by extension, any tax. *Cf.* Old English *gabel*, German *geben*, to give.
3   27—Il en voulait à : He wished to get.
3   28—Du fisc : That carried the tax money. Lat. *fiscus*, the basket in which it was collected.
4   5—Meunier : Formerly *meulnier*. Ital. *molinaro*, Lat. *molinarius*. The Latin *o* into French *eu* is very common : focus, *feu;* folium, *feuille;* colligere, *ceuillir*.

FABLE V.

4   10—Dogue : From the English *dog*, found in French writings of the fifteenth century.
4   11—Fourvoyé : Strayed, originally spelt *forvoyé*—foris (out), via (way). *Cf. forfaire* and *forfait*.
4   15—Mâtin: Mastiff. L.L. *mansatinus*—a dog who guards the house, *mansum*. *Cf.* Angl. *mansion*, Scot. *manse*.
4   18—Entre en propos : Opens the conversation.
4   20—Il ne tiendra qu'à vous : It is quite in your own power.
4   24—Cancres : Poor half-starved individuals (*cancer*).
4   24—Hères : Miserable wretches. Origin unknown ; some derive it from Ger. *herr* or Lat. *herus*.
4   26—Franche lipée : Food easily come at. *Lipée*, that which is taken into the lips. German *lippe*, lip. *Cf. bouchée*, a mouthful.
4   33—Moyennant quoi: In return for which.
5   1—Mainte caresse : Many a caress. *Maint*, derived from German *mansch*, cognate with English *many*.
5   6—Mais encor : But still, it must be something.
5   13—Et court encor : And may be running yet (for all we know).

FABLE VI.

5   16—La génisse : Lat. *junicem*. Chèvre, *capra*, by the ordinary transition of *p* into *v* (ripa, *rive*). Brebis

NOTES—BOOK I. 297

	is from *berbecem*, the more modern form of the classical Latin *vervecem*.
Page 5 line 18—	Jadis: Lat. *jam-dies*.
5 22—	Eux venus: Like the Lat. *abl. absol.*—when they had come.
5 29—	Echoir: To fall due. Fut. *écherra*, subst *échéance* (said of a bill of exchange falling due). Original verb (obsolete) *choir*, to fall. Lat. *cadere*.
5 31—	Je prétends: I lay claim to. Remark the peculiarity of *prétendre* governing accusative case without a preposition.

FABLE VII.

6 1—	Besace: From the Italian (and L.L.) *bisaccia*, sac à double poche.
6 7—	Et pour cause: And with good reason (as being the cleverest and ugliest).
6 16—	Tant s'en faut: "Far from it." Faut from *faillir*, to be wanting.
6 17—	Gloser: To comment. From *glossa*. G. γλῶσσα, (glossary).
6 27—	Du reste: in other respects.
6 29—	Taupe: From *talpa*, as chauve from *calvus*, chaud from *calidus*, &c., &c.

FABLE VIII.

7 6—	Éclos: Fully formed, hatched (of an egg), of a flower—blown. Lat. *excludere*.
7 8—	Chanvre: Cannabis. The *ch* from Lat. *ca* is common, *canis*, chien, &c., &c.
7 9—	Manant: A labourer, one who remains (*manentem*) attached to the soil; as Angl. tenant from *tenentem*.
7 10—	Oisillon: Dimin. of *oiseau*, as carpillon from *carpe*, &c., &c.
7 21—	Chaudron: Boiler; Ang. *cauldron*.
7 25—	Trop de quoi: Elliptical for *de quoi manger*, what to eat.
7 26—	Chènevière: Field sown with *chanvre*.
7 33—	Éplucher: To clear; properly to take off the *peluche*. L.L. *piluccium*, dimin. of *pilum*; Ang. *plush*.
7 36—	Mauvaise: Ill weeds grow apace.
8 5—	Reginglettes: Traps. *Reginguer*, to kick against; *gigue*, leg.
8 19—	Il en prit: It befell.

FABLE IX.

Cf. Horace, Sat. vi, Book ii.

8 27—	Relief: Ce qu'on relève de la table

21

NOTES—BOOK I.

Page 9 *line* 3—En train: In full swing.
9   9—Rats en campagne aussitôt: Immediately our rats return to their business (*i.e.*, the feast).
9   10—De dire: (Began) to say. The historic infinitive, so common in Latin, is not unusual in French. *Cf.* liv. ii., fable xiv., page 34, lines 18, 19.

FABLE X.

9   23—Se désaltérait: Was slaking its thirst. *Altérer* properly means to change for some other (L *alter*) state. *Cf.* German *ändern*, from *ander*, another; thence by extension "to thirst."
9   25—Jeun: Lat. *jejunus*.
10   2—Je me vas. For *vais*. The lamb is young and uneducated.
10   13—*Guère*: This word originally signified *much*, and is derived from old German *weigaro*.

FABLE XI.

10   20—M. le duc de la Rochefoucauld, friend and protector of La Fontaine; born 1613, died 1680.
10   21—*Cf.* Horace, Ars poet., 444: "Quin sine rivali teque et tua solus amares."
10   27—Les conseillers muets: So in "Les Précieuses Ridicules," sc. 7., Madelon calls a looking-glass "Le conseiller des grâces."
11   14—Les Maximes: La Rochefoucauld's famous work, in which he attributes all the actions of men, good or bad, to self-interest.

FABLE XII.

11   22—De leur chef: On their own account.
11   23—Soudoyer: Same origin as *soldat, i.e., soldat.* (Ital.). The transition of *l* into *u* is common colpo, *coup*, mollis, *mou*, ψαλμον, psaume, &c.
11   24—Chiaoux: Turkish word, envoy; word often occurring in Voltaire's "Charles XII."
11   32—Et je crois, etc.: And I think that one might be frightened at less.
12   4—Chef: Head.
12   6—Derechef: Again; Ital. *da capo*.
12   10—Il en est ainsi: It is just the same.

FABLE XIII.

12   15—Trottaient: Were being exchanged.
12   18—Maître aliboron: Master donkey. The opinions are divided about the etymology of this word. Some give "aliborum" a gentitive of *alibi* proclaimed in the speech of an ignorant barrister;

NOTES—BOOK I.   299

others *Ad elleworum!* He is mad! give him hellebore! The most probable seems *alt boran*, the old enemy.—Old German.

Page 12 line 23—Il est assez: There are plenty.
12   25—Un quart voleur: For un quatrième. *Cf. le tiers parti.*

FABLE XIV.

13   1—Malherbe: The great reformer of French poetry, born at Caen, 1555. *See* Boileau, "Art Poétique," chant 1, line 131—
> Enfin Malherbe vint, et le premier en France
> Fit sortir dans les vers une juste cadence.

13   9—Gens inconnus: The adj. or part. following *gens* is masculine; if it precedes it, *fem.*; *de bonnes gens*. So that it is possible for *gens* to be coupled with two adjectives of different genders—*Les vieilles gens sont soupçonneux.*

13   14—Il se jette a côté: He leaves his main subject.
13   32—Le gré: The pleasure.
14   4—Ils l'avertissent qu'il déloge: They advise him to decamp.
14   8—Etaie: Etymol. Flemish word, *staye*. *Cf.* Ang. *stay*.
14   10—Échanson: Lat., *scantionem*. German, *schenken*, to give (to drink).
14   19—Il n'était fils de bonne mère: Every mother's son of them.
14   20—A qui mieux mieux: Vieing with each other who should do it best.
14   23—On ne saurait: One cannot.
14   25—Trafique de sa peine: Turns her labours to account. *Cf.* Boileau "Art Poét.," ch. iv.—
> Je sais qu'un noble esprit peut sans honte et sans crime,
> Tirer de son travail un tribut légitime.

14   27—Dès lors que: As soon as ever.

FABLE XV.

15   9—Cul de-jatte: A body without legs, and so like the bottom of a jug. *Manchot*, mancus.
15   11—On t'en dit autant: That's all I've got to say to you.

FABLE XVI.

This fable is imitated from Æsop. The former was La Fontaine's original idea, written (as he tells us) to introduce this fine sentiment of Mecænas (!)

15   14—Le faix: Fascis (mas.). All French substantives in *x* derived from Latin words in *x*, as *paix* from pax, *croix* from crux, are fem.

Page 15 *line* 16—Chaumine : *i.e.*, chaumière ; deriv. *chaume*, calamus, because thatched with reeds.

15   17— N'en pouvant plus : Completely worn out.

15   23— La corvée : Forced labour. Low Lat., *corvada, corrogata opera*.

15   28— "Tu ne tarderas guère" may either mean, it will not delay you much ; or, you will not be long before you come back. *Cf.* Horace, Ode xxiii., lib. 1.—

        Quanquam festinas, non est mora longa, licebit
          Injecto ter pulvere curras.

15   29— Le trépas : From trans-passare. The Latin prefix *trans* often becomes *tré* in French, thus *trans-salire* gives tressaillir ; *transtellum*, tréteau, &c.

15   32— Devise : The motto, because it was originally in one of the *divisions* of the coat of arms.

FABLE XVII.

16   7—Du comptant : Ready money (he was well off).

16   8—Partant : Consequently. *Cf.* Book vii, Fable 1, "Plus d'amour partant plus de joie." In commercial language, "partant quitte" means *all square*.

16   11—Bien adresser, for s'adresser : To make a good choice.

16   16—Badinant : Badiner means to trifle. From a Provençal word, *bader*, to chatter ; traceable to a Low Latin origin, *badare*, to yawn.

16   22—Guise, from old German *wisa* ; Modern German, *weise* : Manner, fashion.

16   25—Se douta du tour : Suspected what trick they had been playing him.

16   29—Point de nouvelles : There is no question of marriage any longer.

16   32—Qui tienne : That can stand that.

FABLE XVIII.

17   4—Régal : Makes in its plural *régals*. Etym., doubtful, probably same as *gala, galant*.

17   5—Pour toute besogne : For all purposes, *i.e.*, for the whole feast ; Etym., *besogne* is another form of *besoin*, necessity ; Low Latin, *bisonium* ; probable etym., *bes*, a prefix signifying ill, and *soin*, care.

17   6—Brouet : Angl., *broth* ; Old French, *breu* ; Old German, *brod*.

17   6—Chichement : Sparingly. From L. Latin, *ciccum* ; Spanish, *chico* ; signifying diminutive.

17   14—Logis is from an old Latin word, *laubia* ; Old Germ., *laubja* ; Mod. Germ., *laube*, a "leafy bower."

17   17—Cuit à point : Done to a turn.

Page 17 *line* 20—Menu : From *minutus.* *Cf.* Angl., *minniver—* menu-vair—small, fine fur.

17   27—Serrant la queue : With his tail between his legs.

FABLE XIX.

18   1—Choir : Obsolete from *cadere* ; as *chien* from canis ; *cheval,* caballus, &c., &c.
18   10—Tancer : Formally written *tencer.* From Lat., *tentiare*—from a Middle Age *contentiare.*
18   10—Babouin : Little monkey ; Ital., *babuino;* Angl., baboon.
18   14—Canaille : Ragamuffins. O. F., *chienaille;* Ital., *canaglia,* from canis.
18   21—Engeance : Race, growth ; from *enger,* to plant. Etym. unknown ; perhaps from *ingignere.*

FABLE XX.

18   29—Au beau premier : To the very first.
18   31—Mil : Lat. *milium.*

FABLE XXI.

19   8—Rayons : Pieces of comb. Old French, *rais,* from radius ; Angl., *ray.*
19   9—Frelons : Deriv., *frêle,* from *fragilis.*
19   24—Depuis tantôt six mois : For six months now.
19   25—Nous voici : We are no better off than we were at first.
19   28—Lêcher l'ours : A proverbial expression (found in Rabelais) signifying to waste time over anything.
19   29—Contredits : Pleas. (Leg.)
19   29—Interlocutoires : Interlocutory judgments. (Leg.)
19   30—Fatras : Rubbish ; confused mass. From *fartus, farciri.*
19   30—Grimoires : Unintelligible stuff. Originally "grimoire" meant a book of magic. The old form of the word, "gramaire," would show it to be derived from γράμμα.
20   2—A leurs parties : *Partie* in legal language means adversary.
20   3—Plût à Dieu : Would to heaven !
20   7—Gruger : Properly to munch, or crunch with the teeth ; to consume one's own or another person's property to no purpose.
20   9, 10—*See* fable ix., book ix.

FABLE XXII.

20   15—D'aventure : By chance.
20   18—Cependant que : For *pendant que.*
20   22—Encor si : If only.
20   30—Souci : Etym., sollicitare, contracted first to sol'ci'nre, then soucier.

BOOK II.

FABLE I.

Page 21 *line* 15—De tout temps : Time out of mind.
21   19—Un plus savant le fasse : (*que* omitted). Let a better man than me do it (if he can).
21   20—Langage. *Cf.* Book i., Fable 2.
22   2—Fière : from *ferus*. But the original idea of "fierce" or "cruel" has entirely disappeared.
22   13—La période. This word has two genders. In the masc. it means "the highest pitch attainable."
22   17—Cajole : From *cageoler*, to sing like a bird in a cage, and so seduce and flatter.
22   19—Baissons d'un ton : Let us lower our style one degree (*fam.*, come down a peg).
22   30—Remettez. *Cf.* Horace, Ars Poet., 441. Et male tornatos incudi reddere versus.
22   32—Ne saurais-je : Can I not ? *Savoir, oser, pouvoir*, can be negatived by *ne* without *pas*.

FABLE II.

Compare with this Fable the story of Archibald Douglas ("Bell the Cat"), A.D. 1482.
23   2—Rodilardus : *Ronge-lard*, bacon-nibbler. A word employed by Rabelais.
23   5—Dedans : For *dans*.
23   7—Son soûl : Its fill ; Lat., *satullus*.
23   8—La gent : Obsolete French word for *race*. See Book ii., Fable v., page 25, line 21, and Book iii., Fable iv., page 47, lines 2 and 3.
23   10—Or : Now ; formerly written *ore*. From Lat., *hora*. The same root is found in the words *désormais, dorénavant, encore, lors, alors*.
23   10—Au haut et au loin : Far and wide.
23   12—Sabbat : Witch's frolic. Sabbath (in Arabic *sehabat*) properly means "rest," and as the early Christians were supposed to be sorcerers, their day of rest came to mean a day given up to sorcery.
23   13—Le demeurant des rats : All that were left (*i.e.*, not eaten) of the rats.
23   13—Chapitre : Capitulum.
23   15—Doyen : The eldest member. *Decanus*.
23   16—Et plus tôt que plus tard : And the sooner the better.
23   22—Chose ne leur parut : For *aucune chose ne leur parut*.
23   23—Le grelot ; Bell. Etym., *crotalum* (Diez), or *graal*, a little pot. (*Cf.* Holy Grail).
23   24—Je n'y vas point : This rat was as uneducated as the lamb in Book i, Fable 10.

Page 23 line 26—Maints. *Cf.* Book i., Fable v., page 5, line 1.
23   29—Voire: Old word signifying "of a truth." Etym., *verum*.
23   31—Foisonne: Abounds. From *fusionem*. *Cf.* Ang., profusion.

FABLE III.

24   7—Par chaque partie: By the principals in the case. *Cf.* Book i., Fable 21, page 20, line 2.
24   8—Thémis: Goddess of Justice.
24   10—Lit de justice: Here simply "judgment-seat." The *Lit de justice* meant an extraordinary session at which the king presided in person.

FABLE IV.

24   23—Grenouille: Ranuncula.
24   25—Le peuple coassant: The croaking people, *i.e.*, the frogs, from the Greek onomatop. Κόαξ. *Cf. La gent marécageuse, l'animal bêlant*, &c., &c.
24   32—Foulant: This nom. agreeing with *il* (line 30), is not here followed by any verb. The construction is faulty.
24   33—Et puis: One would have expected here a second tantôt; but then the verse would not have scanned.
25   7—Les petits, &c.: *Cf.* Horace, Ep. i., 2, 14.
       Quicquid delirant reges, plectuntur Achivi.

FABLE V.

25   7—Une chauve-souris: A bat, bald mouse. So called because the wings are devoid of hair.
25   10—Belette: Properly the "pretty little animal," from *belle*. This diminutive is common in French: *fourchette, trompette*, &c.
25   11—Souris: *Soricem*.
25   11—De longtemps; Long since.
25   22—La gent. *Cf.* Book ii., Fable 2, page 23, line 8.
25   26—Etourdie: From *extorpidire*, to reduce to a state of torpor.
25   27—Aveuglément: Observe the accent found in the adverb, and *not* in the subst. *aveuglement*.
25   29—Derechef: A second time. *Da capo*.
25   30—La dame, &c.: Book vii., Fable 16, page 143, line 6.
       La dame au nez pointu.
26   5—Echarpe: Scarf (of office). *Cf.* for the change of *é* in French to *s* in English, *échafaud*, scaffold; *état*, state; *éperon*, spur; &c.
26   6—Faire la figue: To mock. A metaphor taken from a Milanese story unfit for repetition.

Page 26 *line* 8—La Ligue : Of the Catholics under the Guises against Henry III., dispersed by Henry IV. in 1594.

FABLE VI.

26   15—De quoi : Wherewithal.
26   16—Engeance : *Cf.* Book i., Fable 19, page 18, line 21.
26   18—Les enfans de Japet : The human race. Imitated from Horace, *Audax Japeti genus*, who, however, applies the expression to *Prometheus* alone.

FABLE VII.

26   21—Une lice : Origin doubtful. Perhaps Low Lat., lycisca ; contracted into Provençal *leissa*—lisse—lice.
26   21—Sur son terme : On the point of bringing forth her litter.
26   23—Fait si bien que : Uses such good arguments that.
26   26—Une quinzaine : A fortnight ; as *une huitaine*, Angl. (sennight), a week.
26   29—Echu : Having expired. From *échoir*, to fall due as a bill (of exchange) : subst., *échéance*.
27   2—Hors : Lat., *foris*.

FABLE VIII.

27   10—Escarbot : A sort of beetle. *Scarabæus*.
27   14—Gîte : A refuge ; home. From obsolete *gésir*, jacere, found in the form *ci gît* (here lies) on tombstones.
27   15—S'y blottit : Gathered himself up there ; the proper expression for a falcon on its perch. *Blot*.
27   22—Donnez-la-lui, &c. : Observe the position of the pronoun *before* the second imperative, *ou l'ôtez*. *Cf.* Boileau, "Art Poét." "Polissez-*le* sans cesse, et *le* repolissez."
27   31—Ménage : Properly "state of the household," from old French *maisnage*, derived from Low Latin mansionaticum.
28   1—En mère affligée : As a disconsolate mother.
28   3—Fait faire le saut : Pitches out. Lit., causes to make a jump.
28   9—Giron : Lap. Giron originally signified the part of the dress hanging between the waist and the knee, which could be gathered up. L. L. *giro*.
28   13—Aussi, &c., &c. : And (you may be sure) that no one went and took them away from there.

FABLE IX.

28   33—Va-t'en, &c. : This line is almost word for word the same as the beginning of an ode of Malherbe to the Maréchal d'Ancre :

Va-t'en à la malheure, excrément de la terre.

Page 29 *line* 3—Me fasse peur ni me soucie : *Ni* not preceded by a negative is unusual. *Cf.* same Book, Fable 11, last line.

29   8—Le trompette : The trumpeter. *La trompette*, the instrument. So *le cornette* and *la cornette*.

29   9—Dans l'abord : For d'abord. *Se met au large :* goes to a little distance so as to pounce with more force on the lion.

29   12—Écume : Foams. From German, schaum ; Eng., *scum*. *Etincelle*, scintilla.

29   16—Avorton : Abortion. From *ab* (male) *ortus*.

29   17—Echine : Old German *skina*, the spine. *Cf.* Ang. *chine*.

29   19—Faîte : L., fastigium.

29   21—Qu'il n'est, &c. : That there is neither claw nor tooth of the irritated beast *but* (Lat., quin) does its duty in making his blood flow.

29   25—Qui n'en peut mais : Is at his wit's end. *Mais* is from Lat. magis. A common French expression is N'en pouvoir *plus*, to be thoroughly exhausted.

29   26—Sur les dents : Fatigued, reduced to extremities, as a horse when tired leans with his teeth on the bit.

29   30—Araignée : Lat., aranea ; formerly *araigne* meant a spider, and *araignée* the web.

29   35—Tel a pu : Many a man has been able, &c. *Cf.* Racine, " Plaideurs," act i., sc. 1 :

Tel qui rit Vendredi Dimanche pleurera.

FABLE X.

30   8—Portait les bouteilles : Went along slowly and steadily, like a person carrying bottles. Proverbial.

30   9—Gaillards : Jovial. Derivation uncertain.
30   11—Gué : Lat., *vadum*.
30   12—Empêchés : Here, puzzled. Empêchés is derived from a L. Latin word *impactare*, derived from impictus, impingere.

30   21—Baudet : Donkey, from an obsolete French word, *baud*, merry ; cognate to German *bald*. In modern French *s'ébaudir* means to enjoy oneself.

30   23—Camarade épongier : His sponge-laden comrade ; a word invented by La Fontaine.

30   24—Comme un mouton : Alluding to *les moutons de Panurge*, which jumped into the sea one after another.—*Rabelais*. *See* note, Book v., Fable 20, page 100, line 14.

30   27—Burent d'autant : Drank their fill.
30   27—Grison : Angl., " grizzle."
30   28—Firent à l'éponge raison : Held their own with the sponge—*i.e.*, drank as much.

31   2—J'en voulais, &c. : " This is what I wanted to prove."

FABLE XI.

This fable had been related by Marot one hundred years earlier with much greater spirit and detail.

Page 31 line 9—A l'étourdie : *See* Fable 5, page 25, line 25.
    31   14—Eût affaire : Should have dealings with ; should be indebted to for a service.
    31   15—Il avint : For *advint*.
    31   15—Au sortir : On going out. The French often use the verb as a substantive. *See* Book viii. Fable 2, page 149, lines 13 and 14.

> N'eussent pas au marché fait vendre le dormir
> Comme le manger et le boire.

    31   19—Maille : Latin, *macula*.

FABLE XII.

    31   25—Fourmis : La Fontaine employs a poetical license in writing *fourmis* with an *s*, though before his time the nom. of substantives ended in *s*, which disappeared in the other cases.
    31   26—Océan : So in Book viii., Fable 9, the young rat makes "mountains of molehills," and says, "Voici les Apennins et voici le Caucase !"
    31   28—Usa de charité : Did an act of charity.
    31   29—Brin d'herbe : A blade of grass ; *brin* means a piece, a bit. Etym. unknown.
    32   1—Croquant : A peasant. Deriv. unknown ; either from the hard substances which they eat (*croquer*, to crunch)—"O dura messorum ilia !"—or from a village called Croc (d'Aubigné).
    32   2—Arbalète : Arcubalista.
    32   4—Lui fait fête : Welcomes her (thinks he has her safe).
    32   7—Vilain : Another word for peasant. From Lat. *villanus*, a labourer ; *villa*, a farm.
    32   8—Tire de long : Flies far away. *Cf. tirer de l'aile ; à tire d'aile*, as fast as a bird can fly.
    32   10—Point de pigeon pour une obole : Not even a farthing's worth of pigeon for him.

FABLE XIII.

    32   15—Tandis que : Etym., Lat, *tam-dies*, as *jadis*, from *jam-dies*.
    32   19—Parmi : Lat., *per medium*.
    32   19—Ce que de gens sur la terre nous sommes : All us inhabitants of the earth ; for *ce que de gens*. *Cf.* Horace, Epod. v., 1 :—

> At, o Deorum quicquid in cœlo regit
> Terras et humanum genus.

    32   20—Il en est peu : There are few ; *peu*, L. *pauci*.
    33   1—A quelle utilité : Obsolete ; *à quel usage* is modern.

NOTES—BOOK II.

Page 33 *line* 4—De plaisirs incapables : Transpose—*incapables de plaisirs*.
33 6—Devant que : For *avant que*.
33 7—C'est erreur, c'est crime : For *c'est une erreur, c'est un crime*.
33 17—Charlatans : Quacks. From Italian, *ciarlatano*.
33 17—Horoscope. Faire, *or* tirer un horoscope, meant to foretel the destiny of men from the position of the stars at their birth.
33 19—Souffleurs : Alchemists ; because they blow their forges.
33 19—Tout d'un temps : All at once.
33 22—De boire : To be drowned.
33 24—Bâiller aux chimères, means to gape at mysteries ; to lose one's time.
33 25—Cependant que : For *pendant que*. *Cf.* Book i., Fable 22, page 20, line 18.

FABLE XIV.

33 28—Lièvre : Lat., *lepus*. The change from *b* or *p* in Latin to *v* in French, is very common : habeo, *avoir ;* ripa, *rive ;* liber, *livre ;* &c., &c.
33 28—Gîte : A hare's form. *See* Fable 8, page 27, line 14.
34 2—Toujours assauts divers : Always a succession of struggles. *Cf.* Book i , Fable 5, page 4, line 27.
   Tout à la pointe de l'épée.
34 6—Eh ! la peur . . . : La Rochefoucauld says : "La faiblesse est le seul défaut qu'on ne puisse corriger."
34 10—Guet (faire le) : To be on the watch. From Old German, *wahtan*, to watch.
34 12—Souffle : From *sufflare*.
34 16—Tanière : Originally *taissonnière*, the hole of the badger. *Taisson*, Middle-Age Latin, *taxus* · German, *dachs*.
34 18—Grenouilles aussitôt de sauter : *Cf.*, for this infinitive, imitated from the Latin, Book i., Fable 9, page 9, line 10.
   Et le citadin de dire.
34 20—J'en fais faire . . . : I make others do what I am made to do myself.
34 25—Un foudre : *Foudre*, in its literal sense of "lightning," "thunderbolt," is fem. ; used figuratively, it is masc.
34 26—Il n'est . . . : *Cf.* Boileau, "Art Poétique," chant i.—
   Un sot trouve toujours un plus sot qui l'admire.

FABLE XV.

34 30—Matois : Cunning. Etym. La Mate, a place in

308   NOTES—BOOK II.

Paris where thieves assembled. "Compagnon de la matte," sixteenth century.

Page 35 *line* 5—Faites-en les feux, &c. : *i.e.*, *Feux de joie.* Light up your bonfires this very evening ; *en* to celebrate it (the peace).

35   14—Je m'assure : For *j'en suis sûr*—expression often found in writers of the seventeenth century.

35   18—Traite : Journey ; from *tirer* (Lat. *trahere*). See Fable xii., near the end, *tire de long*.

35   21—Tire ses grègues : Draws off his breeches—to run faster. Grègue is from *grechesco*, because the Greeks wore them.

35   21—Gagne au haut : Is off like a shot.

FABLE XVI.

35   30—En : Redundant.
35   31—A l'entour de : Obsolete for *autour de*.
36   3—Couvant : From Lat. *cubare;* literally to hatch, here to *gloat over*.
36   7—L'animal bêlant : The bleating animal ; *balans*.
36   8—La moutonnière créature : Another of La Fontaine's favourite coinages. Compare *camarade épongier* of Fable x.
36   9—Toison : From *tonsionem*. All feminine words in *son* can be traced to Latin fem. origin : *maison*, mansio, &c., &c.
36   13—Empêtra : Entangled. *Empêtrer* and *dépêtrer* are derived from *pastorium*, a shackle with which horses were tethered at pasture.
36   18—Mal prend aux volereaux : It ill suits small thieves. *Volereaux*, a coinage of La Fontaine.
36   19—Leurre : Angl., *lure*, from old German, *luodr*.

FABLE XVII.

36   23—Paon : *Pavo*.
36   28—Rossignol, formerly written *lossignol*, from Latin *lusciniolus* (Plautus) ; dim of *luscinia*.
36   28—Chétive. *See* Book i., Fable 3, page 3, line 13.
37   2—Qui te panades : *Se panader* is to spread the tail like a peacock ; *se pavaner*, to strut like one ; both are derived from *pavo*, the former following the French form.
37   10—L'aigle : Masc. when it means the bird ; fem. if used figuratively, as *les aigles impériales* of Rome (or France).
37   12—La corneille, &c.
Sæpe sinistra cavâ prædixit ab ilice cornix.
37   13—Ramage. *See* Book i., Fable 2, page 2, line 26.

FABLE XVIII.

37   18—Mignonne : A darling. From root *mign*, traceable to old German *minnia*, love, (*minnesinger*).

NOTES—BOOK II.

Page 37 *line* 26—En fait sa moitié : Marries her ; makes her his (better) half.

37   27—Le voilà, &c., &c. : There you have him mad with love who before was mad in his friendship.

37   31—Que fait : One would expect : *que ne fait*.

37   33—Amadoue : Fondles. From *madouer* (a word of German origin, from old Scandinavian *mata*), to attract with a bait.

38   5—Elle manque, &c. : She missed her object—*i.e.*, did not catch the mouse.

38   6—Souris de revenir : *Cf.* for this infin., Book i., Fable 9, page 9, line 10.

38   7—Elle accourut à point : She ran up in time, *i.e.*, to catch the mouse.

38   10—Amorce : A bait. Old French, *amorse*, from *amordre*, to bite at ; *ad-mordeo*.

38   12—*Il* (*i.e.*, *le naturel*) : Nature ; to which all the subsequent masc. pronouns refer.

38   13—Le vase, &c. :
> Quo semel est imbuta recens, servabit odorem
> Testa diu.
> Horace, Epist. i., Lib. 2.

38   14—Train : Course (of action), manner of living.

38   18—Coups de fourches :
> Naturam expellas *furcâ*, tamen usque recurret.
> Horace, Epist. Lib. i., 10, 24.

38   20—Embâtonnés : Armed with sticks (*bâton*).

FABLE XIX.

38   27—Gibier : Etymology uncertain ; perhaps from a root, *gib*, whence *gibe* and *gibet*, a staff or hunting-spear.

38   27—Moineau : Old form *moisnel*, contr. from *moissonel*, dimin. of *moisson*, Lat. *muscionem*, from *musca*. *Cf. oiseau-mouche*, the humming-bird.

38   28—Daim : from *dama*, fallow-deer. The old French was *dain*, which gives the modern fem. *daine*.

38   28—Cerf : From *cervus*, red-deer.

38   32—Messer : Old French for *monsieur*. See Book iii., Fable 2, page 44, line 18.

38   33—Ramée : From *ramus*. *Cf.* Book i., Fable 16, page 15, line 13.

38   35—Les moins intimidés : The bravest.

39   4—Les hôtes de ces bois : *Cf.* Book i., Fable 2, page 2, line 28.

39   5—Piége : Pedica, as *juger* from judicare ; *manger*, manducare ; &c.

39   13—Encor que : Even though. *Cf.* Book i., Dedication, line 2. In the seventeenth century encore was written *encor, encore*, or *encores, ad lib.*

39   15—Fanfaron : A boaster ; one who sounds his own *fanfare*—military music ; probably onomatop.

FABLE XX.

Page 39 *line* 21—Une histoire, etc. : One of the prettiest stories (on record).

39   28—Selon : *Secundum* is the usual etym. given of this word. M. Brachet suggests (from the old forms of the word *selonc, solonc, sullunc*) the Lat. *sub-longum* ; Angl. *along*.

39   32—Sa contingente part : The share that was to accrue to her.

40   4—Chacune sœur : The pron. for the adjective *chaque*.

40   8—*Que* is here redundant, as "C'était un grand homme que César " : Cæsar was a great man.

40   10—Consultée : Discussed.

40   13—Y jettent leur bonnet : Give it up. Idiomatic. The modern locution is *donner sa langue aux chats*.

40   17—Treuve : *Trouver* was so written in the sixteenth century, but Molière, in the "Misanthrope," act 1, sc. 1, has—

> L'amour que je ressens pour cette jeune veuve,
> Ne ferme point mes yeux aux défauts qu'on lui treuve.

40   20—Si mieux, &c. : Unless the mother prefers levying an annuity payable (*courante*) from the moment of the death of deceased.

40   23—Les maisons de bouteille : Small country houses for pleasure parties.

40   24—Treille : L. L. *trichila*, an arbour. Angl. *trellis*.

40   25—Vaisselle d'argent : Silver plate. L. *vascellum—vas*.

40   27—Les esclaves de bouche : The slaves who wait at table.

40   28—L'attirail de la goinfrerie : All that has to do with eating and drinking, (Lit. stuffing) ; *goinfre*, a glutton ; deriv. unknown.

40   29—Celui : *i.e.*, *l'attirail*.

40   34—Le ménage : *Cf*. Book ii., Fable viii., page 27, line 31.

40   36—De labeur : Used for ploughing. Modern word *labour*, ploughed land. L. *laborem* ; Ital. *lavoro*, *terra di lavoro*.

40   37—Ces lots faits, &c. : When the property had been thus divided into three lots, people considered that chance (*i.e.*, if the distribution was left to chance) might bring about that perhaps no one sister would get what would please her : and so each took her choice, all (of course) according to a fair estimate.

41   10—Le contre-pied du testament : The contrary to what was intended by the will.

Page 41 *line* 11—Que l'Attique aurait de reproches de lui : How he would make all Attica ring with reproaches.
41   20—Partant. *See* Book i., Fable 17, page 16, line 8.
41   21—L'attirail, &c. : All the paraphernalia of persons given to free living.
41   23—La biberonne : The lady who was fond of the bottle. A word of La Fontaine's coining.
41   30—On leur verrait de l'argent : People saw that they had money.
41   31—Tout comptant : Down on the nail.
41   34—Comme il se pouvait faire : How it could possibly happen.

BOOK III.

FABLE I.

Page 42 *line* 2—Un droit d'aînesse : A prescriptive right of primogeniture. *Aîné* (old French *aisné*) is from antenatus, as puîné, post-natus. *Cf.* Angl. *puisne, puny.*
42   4—Ne se peut tellement moissonner : Cannot be so well reaped.
42   5—Que...... ne : *Quin.*
42   6—La feinte : Fiction. *Cf.* Book vi., Fable 1, page 102, line 5.
42   9—Malherbe : *See* Book i., Fable 14.
42   14—Racan : Disciple of Malherbe, born 1589; author of "Les Bergeries," a dramatic pastoral, had been page to the Duc de Bellegarde. Boileau, Sat. 9, says of him (with some exaggeration)—

       Sur un ton si hardi, sans être téméraire,
       Racan pourrait chanter au défaut d'un Homère.

42   17—Que rien ne doit fuir : Whom nothing escapes. *Quem nil fugit—i.e.*, who know everything.
42   22—Amertume : From amaritudinem, as *coutume*, consuetudinem; *enclume*, incudinem (old form).
42   24—Où buter : What to aim at. *Quel but choisir.*
42   26—Malherbe là-dessus : Subaud., *dit.*
42   28—Meunier. *Cf.* Book i., Fable 4, page 4, line 5.
42   29—Des plus petits. *Cf.* Book ii, Fable 20, page 39, line 6.
42   31—Foire : Lat. *feria* (middle ages) *feriæ.*
42   32—De meilleur débit : In better condition for sale.
42   33—On vous le suspendit : The *vous* here is redundant. *Cf.* Shakespeare—"Knock *me* at this gate and rap me well." "Taming of the Shrew," act 1, sc. 1.
43   6—Détaler : Walk on. *Etaler* means to display one's goods on a stall ; *détaler*, to clear them off and be gone.

Page 43 *line* 7— Qui goûtait fort : Who appreciated immensely.
43   8— l'atois : Provincial dialect. Old form of word, *patrois*, from *patrie*, native country.
43   8— N'en a cure : Pays no attention.
43   9— D'aventure : Book i., Fable 22, page 20, line 15.
43   12— Que l'on ne vous le dise : And don't wait to be told.
43   17— Passant : Observe that the pres. part. does not change in *gender* or *number*.
43   17— Grand'honte : Observe the suppression of the *e*, as in *grand'mère*, *grand'rue*, *grand'messe*, &c.
43   18— Clocher : To limp along ; from a Provençal form, *clopchar*, from L.L. *cloppicare ; cloppus*, from Greek Χωλοίπους.
43   19— Nigaud : A booby ; deriv. unknown. *Cf.* Angl., *niggard*.
43   20— Fait le veau : Swaggers along.
43   22— Et m'en croyez : And take my advice. Pronouns precede the second of two imperatives.
43   23— Quolibet : Chaff. A *quolibet* originally meant a theme set at school in which one could write what one liked ; L., *quod libet*.
43   26— Gloser : *Cf.* Book i., Fable 7, page 6, line 17.
43   27— N'en peut plus : Is thoroughly exhausted.
43   28— Bourrique : Donkey ; L.L., *burricus*, a wretched little horse.
43   33— Toutefois : Anyhow.
43   34— Nous en viendrons à bout : We shall succeed (in doing so).
43   35— Se prélassant : Strutting along like a prelate.
43   36— Un quidam : A certain man.
43   37— Baudet : *See* Book ii., Fable 10, page 30, line 22.
44   1— Enchâsser : Enshrined. From *châsse*—L. Capsa.
44   3— Au rebours : On the contrary. *Rebours* means the wrong way of the stuff ; L.L., *reburrus*.
44   3— Quand il va voir Jeanne : From an old song—

        Adieu ! cruelle Jeanne,
        Puisque tu n'aimes pas,
        Je remonte mon âne.

44   7— Dorénavant : Formerly written *d'ore en avant ;* from this time forward.
44   9— Faire à ma tête : Follow my own counsel.
44   10— Quant à vous . . . : Malherbe, having finished his story, goes on to advise Racan.
44   12— Abbaye : From L., *abbatia*. The suppression of the Latin *t* is very common—*dévouer*, devotare ; *douer*, dotare ; *empereur*, imperatorem ; *poêle*, patella ; &c., &c.

FABLE II.

44   18— Messer Gaster : Master Belly ; for *messer*, *see* Book ii., Fable 19, page 38, line 32.

Page 44 *line* 24—Bêtes de somme: Beasts of burden; Italian, *sommaro*. *Somme* is from It., *salma;* L.L., *salma*, corruption of *sagma*, pack, or burden.

44   27—Chômons: Let us take a rest. *Chômer* is from *chaume*; Καῦμα, the heat of the day, when one cannot work. *Cf.* Book viii., Fable 2, page 149, line 28.

44   27—Métier: Old form, *mes'ier; mistier*, from L. *ministerium*.

44   30—Qu'il en allât chercher: To go and look out for himself. *En* here means nourishment.

45   12—Gage: The active verb, *gager* for "to pay a stipend to" is unusual.

45   16—Ménénius: *i.e.*, M. Agrippa, A.U.C. 492.

45   16—Le sut bien dire: Knew how to put it to them well.

45   17—S'allait séparer=*allait se séparer*.

45   18—Il: That is "the Senate."

FABLE III.

45   29—D'avoir petite part: To have but small share—*i.e.*, he caught so few.

45   31—La peau du renard: "Cunning."

45   33—Hoqueton: Smock. The old form was *hauqueton*, from *alqueton*, a word of Eastern origin.

46   6—Faite: *i.e.*, *contrefaite*.

46   8—Guillot le sycophante: The false, hypocritical Guillot (as opposed to the real one in next line).

46   11—Musette: Same as *cornemuse*.

46   14—Son fort: His stronghold—*i.e.*, his den.

46   23—Esclandre: From *scandalum*; as *espérer* from spero; *esprit* from spiritus; &c., &c.

46   24—Empêché: Hampered; L.L., *impactare*.

46   26—Fourbes: From Italian *furbo;* from L., *fur*.

46   27—Quiconque ...: Let wolves be wolves.

FABLE IV.

47   2—La gent marécageuse: The people that inhabit the marshes. *Cf.* Book ii., Fable 4, page 24, line 25—*le peuple coassant*.

47   4—S'alla cacher = Alla se cacher.

47   9—*Or*, now; formerly written *ore*, from L. *hora* at this hour. This word is found in *lors, alor, encore, désormais*, and *dorénavant*.

47   9—Soliveau: A log, from *solive*, a stay or support. L. *sublevare*.

47   12—Tanière. *See* Book ii., Fable 14, page 34, line 16.

47   15—Fourmilière: A crowd, as of ants on an ant-hill.

47   18—Coi: Fem. *coite*. L. *quietus*.

47   23—Gober: To swallow—fam. bolt. Form a Celtic word, *gob*, meaning mouth.

Page 47 line 24—Grenouilles, etc. : For this infinitive *see* Book ii., Fable 14, page 34, lines 18, 19.

47   27—Vous avez dû (for *vous auriez dû*) : You ought to have.

47   30—Débonnaire : Good natured. Old Fr. *de bon aire* = air.

FABLE V.

47   33—Bouc : He-goat. This word is of similar form in many languages; Wallon *bo*, Provençal and Gaelic, *boc*; O. F., *li boug*.

47   35—Des plus haut encornés : One of the longest-horned of his kind. *Cf.* Book ii., Fable 20, page 39, line 22.

48   2—Passé maître : Consummate master.

48   4—Se désaltère : *See* Book i., Fable 10, page 9, line 23.

48   9—Echine : *Cf.* Book ii., Fable 9, page 29, line 17.

48   20—Et vous lui fait, etc. : The *vous* is redundant, as Book iii , Fable 1, page 42, line 33, *et passim*.

48   22—Par excellence : Above all other animals.

48   24—A la légère : Inconsiderately. In this and similar expressions the word *mode*, fashion, is understood—*à l'Anglaise, à la Française*, &c.

FABLE VI.

48   30—Laie : The female of the wild boar, as *truie* is a domestic sow. Origin unknown.

48   33—Moyennant : By means of. *Moyen* from L. L. *medianus*.

48   34—Faisaient leur tripotage : Carried on their (respective) business.

49   1—*Fourbe* means either a "cheat," or "cheating"; treachery.

49   3—Au moins de nos enfants : At all events that of our children. The dem. pron. is omitted.

49   4—Ne tardera possible guères : Cannot possibly be far off. *Guère*, Old German, *weigaro*, much.

49   5—*Fouir*, fodere.

49   10—Qu'ils s'en tiennent, &c. : Let them take my word for it.

49   12—Au partir : *Cf.* Book ii., Fable 11, page 31, line 15—
      Au sortir des forêts.

49   15—En gésine : About to litter , from *gésir* (jacere), *ci gît*, here lies ; *gîte*, a refuge, hare's form.

49   28—Dedans : For *dans*.

49   32—De la gent marcassine et de la gent aiglonne · Words coined by La Fontaine, meaning, "the young of the wild sow," which are called *marcassins*, and "the eaglets" (*aiglon*). *Cf.* for such

	expressions—*La gent marécageuse, le peuple coassant*, &c.
Page 49 line 33	—Qui n'allât, &c. : But passed from life to death. The qui—ne same as *quin* in Latin.
49	33—Trépas: Deriv. *trans-passare*, to pass from life into death.
49	34—Grand renfort, &c. : Fine feeding for the cat and her family !
49	35—*Ourdir*, ordiri.

FABLE VII.

50	5—Où: To which.
50	6—Honte ni peur : For omission of first negative *cf.* Book ii., Fable 11, page 31, lines 20, 21.
50	7—Il me souvient : I recollect.
50	8—Que—ne = *quin*.
50	9—Un suppôt de Bacchus : A devotee of Bacchus—*i e.*, a drunkard. Suppôt (L. suppositus) means a subordinate attached to the service of some person.
50	10—Altérait : Was undermining.
50	11—Telles gens : Before such people have run half their course, they have got to the end of their money.
50	17—Cuvèrent : Fermented; from *cuve* (L. cupa), a wine-vat. The wine is said *cuver* (verb n.), when it ferments in the vat; and *cuver son vin* (verb trans.), means to sleep off the effects of wine.
50	17—Treuve. *Cf.* Book ii., Fable 20, page 40, line 17.
50	18—L'attirail : The paraphernalia.
50	19—Un luminaire : The collection of candles lighted round a bier.
50	24—Un chaudeau : A basin of hot broth.
50	26—Que—ne = quin.
50	26—Citoyen d'enfer : An inhabitant of Hades; *i.e.*, defunct.
50	28—Cellerière : The keeper of the larder. Lat., *cellarium*, a larder.
50	30—Enclôt : From obsolete verb *enclore*, to enclose.

FABLE VIII.

51	4—L'humaine lignée : The human race. Lat., *linea*.
51	6—Avisons : Let us think.
51	7—Etrètes, *or* étraites—the old form of writing and pronouncing *étroites*, and which brings it nearer the English *strait;* narrow, confined, from *strictus*. *Cf. droit*, from directus.
51	10—Tenez donc : Look now.
51	10—Bûchettes : Small pieces of wood (to draw lots with).
51	11—Tirez : Draw lots.

Page 51 *line* 12—Il n'est rien, &c. : There is nothing in the dwellings of the poor (*cases*) that pleases me, said the spider. *Aragne* is the obsolete form of *araignée*. *Cf.* Book ii., Fable 9, page 29, line 30.

51   13—Au rebours : On the contrary. *Cf.* Book iii., Fable 1, page 44, line 3.

51   16—Plante le piquet : Pitches her tent, takes up her abode.

51   18—Chôme : *Cf.* Book iii , Fable 2, page 44, line 27.

51   19—Faire mon paquet : Pack up my traps (and be off).

51   20—Sommer : To require   Angl., *summon*.

51   21—Lambris : Wainscot. Because formed sometimes of plates of metal—Lat., *laminæ*.

51   22—Elle eût fait bail a vie : She had a lease for life.

51   23—A demeurer : With the intention of remaining.

51   23—Ourdie : *Cf.* Book iii., Fable 6, page 49, line 35.

51   24—De pris : The *de* is redundant.

51   26—Tissue : Past part. of obsolete word, *tistre*, from Lat., *texere*. The modern word is *tisser*.

51   27—Bestion=petite bête.

51   27.—Déménage : Shifts her quarters.

51   29—En campagne : A field ; *i.e.*, obliged to go out and about with her victim.

51   33—Houer : To hoe.

51   33—Goutte, &c. : A well-worried gout—*i.e.*, obliged to move about from place to place—is, they say, (as good as) half cured.

51   34—Pansée : Old form *penser*, from Low Lat. *pensare*, to think about, tend.

51   36—D'écouter : For this infin., *see* Book ii., Fable 14, page 34, line 19.

52   4—A jamais, &c. : (Transpose thus) A ne jamais bouger du lit.

52   7—Trouva son compte : Got suited.

FABLE IX.

52   9—Cigogne : Lat., *ciconia*. The change of the Latin *c* into French *g* is very common. *Cf.* acris, aigre ; cicuta, cigüe ; pedica, piége : ficus, figue, &c.

52   11—Un loup étant de frairie : Being at a feast. *Frairie*=réunion de plaisir. Gr., φρατρία.

52   12—Se pressa : Eat so fast and greedily.

52   13—Il pensa perdre la vie : He was very nearly losing his life (*en*) in consequence.

52   14—Bien avant au gosier : Far down in his throat.

52   15—Qui ne pouvait : *Pouvoir, savoir, oser* do not necessarily require *pas* to negative them.

52   19—Bon tour : Angl., good turn.

52   22—Vous riez : You can't be serious.

FABLE X.

Page 52 *line* 31—Terrassé : Angl. (fam) floored.
53   1—Rabattit leur caquet : Made them lower their tone (took them down a peg).
53   6—Le dessus : The upper hand.

FABLE XI.

53   10—Treille : *Cf.* Book ii., Fable 20, page 40, line 24.
53   15—Goujats : Low, common fellows ; properly, soldiers' drudges. *Gouge* and *goujat* are Gascon words, signifying young boy or girl.
53   16—Fit-il pas mieux : Observe the suppression of *ne*, a poetical license.

FABLE XII.

53   20—L'oison : From *oie*. It., *oca* ; Low Lat., *auca*, from *avica*. *Cf. navita—nauta*.
53   22—Se piquait, &c. : Was proud of having the run of the garden. *Commensal*, of course, literally means "one who shares the same table."
53   24—Galeries : Places to walk about and enjoy oneself in. Same etym. as *gala*, *régaler*, &c.
53   28—Ayant trop bu d'un coup : Having drunk a drop too much.
53   31—Ramage. *Cf.* Book i., Fable 2, page 2, line 26.
54   4—Ne plaise aux dieux : Heaven forbid !
54   5—A qui s'en sert si bien : Of one who makes such good use of it.
54   6—Qui nous suivent en croupe : *Cf.* Horace, Od. iii, 1, 40 :—
          Post equitem *sedet* atra cura.
54   7—Le doux parler : Another instance of the infinitive mood used *substantively*. *Cf.* Book viii., Fable 2, page 149, lines 13, 14.

FABLE XIII.

54   10—Avecque : Another form of *avec*, for convenience in poetry. *Cf. encor, encore*.
54   11—Apparemment : Evidently (*not* apparently), the original meaning of the word. *Cf.* Book iii., Fable xi., page 53, line 11.
54   12—Mainte : *Cf.* Book i, Fable 5, page 5, line 1.
54   16—Ils ne, &c. : Join *jouir* to *de leurs biens*.
54   18—Louveteaux : Young wolves. *Cf. lièvre*, levraut ; *carpe*, carpeau ; *lion*, lionceau.
54   19—Aux formes : For *dans les formes*.
54   20—Commissaires : Commissioners (appointed for any temporary function).
54   21—Louvats : Same as *louveteaux* above.
54   22—Friands de tuerie : Greedy for butchery.

Page 54 line 23—Vous: Redundant. *Cf.* Book iii., Fable i.,
page 42, line 33: *on vous le suspendit.*
54 26—Aux dents: For *dans leurs dents.*
54 28—Sûrement : securely.
54 31—Un seul : For *pas un seul.*

FABLE XIV.

55 6—Prouesse: From *prou,* an old adverb signifying *much,* inusit., *peu ou prou,* little or much, cognate with *preux (preux chevalier)*; perhaps from *proesse,* to be forward, to the front.

55 10—Le loup. *Cf.* Horace :—
Dente lupus, cornu taurus petit.—Sat. ii., line 52.

55 12—Estropié : Worn out, crippled. Ital. *stroppiare.*

FABLE XV.

55 23—Voici tantôt, &c. : It is nearly a thousand years since we have seen you.
55 25—Depuis le tems de Thrace : μετὰ Θράκην. Since we were in Thrace. .Translated literally from the same fable by Babrias.
55 28—En est-il un plus doux? Is there any sweeter (habitation)?
55 29—Cette musique: Is all this beautiful music to be thrown away?
56 1—Leurs : *i.e.,* Those of your musical talent.
56 2—Aussi bien : For of a certainty.
56 9—Il m'en souvient : I recollect it.

FABLE XVI.

56 15—Hors de propos : Out of place.
56 16—Il s'agit : The question (or matter) is—*agitur.*
56 23—Auteur de sa disgrâce : Cause of his misfortune.
56 30—Rebroussez : Try back. *Rebrousser* was originally written *rebrosser,* to brush back the wrong way. *Brosse* is from L. Latin *brustia,* a heather or broom twig, of which brushes were made.
56 31—Inclination: More properly *inclinaison dont,* etc.— in which the water carries her along in its course.
57 1—D'autre sorte : In the other direction.
57 2—Se raillait : Joked=*se moquait.*

FABLE XVII.

57 12—Damoiselle: For *demoiselle.*
57 12—Belette: *See* Book ii., Fable 5, page 25, line 10.
57 12—Fluet *or* flouet : Thin, spare, slim. From *flou,* an obsolete word signifying *soft*—still employed, by painters. *Le flou d'un tableau. Cf.* Molière "Avare" i., 6—
Voilà de ces damoiseaux flouets !

Page 57 *line* 13—Etroit : Pronounced *étret*. *Cf*. Book iii., Fable 8, page 51, line 7.
57   14—Elle sortait . . . : She was just recovering from an illness.
57   16—Chère lie: Good cheer. From *lie, lætus ;* and *chère*, which is from L.L., *cara*, the face. *Fain chère lie=faire bon visage*.
57   17—Dieu sait la vie : Heaven only knows what a life she led.
57   20—Maflue : Chubby-faced.
57   21—Son soûl : Her fill; to her heart's content. Lat., *satullus*.
57   27—En peine : Perplexed.
57   28—La panse : The belly ; Lat., *panticem*.
57   29—Vous êtes . . . : *Cf*. Horace, Epist. I., vii, 32 :—
       Macra cavum repetes arctum, quem macra subisti.
57   30—Bien d'autres : Many other persons.
57   31—Par trop approfondir : For *en approfondisant trop*, by going too deep into the matter.

FABLE XVIII.

58   3—Rodilard : *Cf*. Book ii., Fable 2, page 23, line 2.
58   4—Le fléau des rats : As Attila was *Le fléau de Dieu*.
58   12—Aux prix de lui : Compared with him.
58   13—Tanières : *Cf*. Book ii., Fable 14, page 34, line 16.
58   15—Il avait beau chercher : It was no use his hunting.
58   16—Fait le mort : Shams dead.
58   20—Larcin : Latrocinium.
58   22—Le mauvais garnement : The good-for-nothing rascal.
58   28—Se mettent en quête : Begin to look about (for food.)
58   29—Mais voici . . . : But here's another game.
58   32—Nous en savons plus d'un : I think I know more than one trick (*i e.*, a trick or two).
58   33—C'est tour de vieille guerre : It's an old stratagem in war.
58   35—Au logis : To (my) home.
58   36—Mitis : Name given to *a cat* from an old story.
58   37—Les affine : Takes them in.
59   3—Se blottit : *See* Book ii., Fable 8, page 27, line 6.
59   3—Huche : Angl., *hutch* ; L.L., *hutica*.
59   5—La gent trotte-menu : The small-footed race. Another word of La Fontaine's coining.
59   6—Sans plus : One, and no more.
59   7—Un vieux routier : An old stager.
59   7—Il savait plus d'un tour : He knew a trick or two.

Page 59 line 9—Ne me dit rien qui vaille : Bodes no good.
Nihil quod valeat.
59   13—Quand tu serais sac : Even if you were a sack.

BOOK IV.

FABLE I.

59   19—Mademoiselle de Sévigné : The daughter of Mme. de Sévigné now (1688) 20 years old, afterwards married M. de Grignan, and it is to her that most of the celebrated letters of Mme. de S. are addressed.

59   21—Servent, &c. : (Transpose thus) *Servent de modèle aux grâces.*

59   23—A votre, &c : If we do not take into consideration your indifference. (Ang. fam., *barring* your indifference.)

59   26—Epouvanter : From Italian *spaventare;* L.L., expaventare, ex-pavere.

59   28—Amour, &c. : *Cf.* old song :
Amour, tu as été mon maître,
Je t'ai servi sur tous les dieux, &c.

60   1—Qui peut ne : Transpose —*qui ne peut.*
60   12—Engeance : *Cf.* Book i., Fable 19, page 18, line 21.
60   15—Hure : Head of wild boar or other wild animal. Etym., doubtful.
60   16—Comme il en alla : How it happened.
60   19—Bergère : For *une bergère.*
60   25—Possible = *Peut-être.* For *possible,* used adverbially, *cf.* Book iii., Fable 6, page 49, line 4.
60   29—Pour : Inclined to ; fond of.
60   30—Fille se coiffe, &c. : A young lady is easily attracted by a long-haired lover. *Se coiffer,* idiomatic. *Se coiffer d'une idée,* to indulge an idea. There is a play on the words *se coiffer* and *crinière.*

61   1—Rogner, formerly *roogner,* meant to clip the hair round, from *roond—rond* (rotundus).
61   10—Démantelée : Because a place devoid of its defences is as a man deprived of his cloak—L.L., *mantum.*

FABLE II.

61   15—Berger : Vervecarius—berbecarius. *See* deriv. of *brebis,* Book i., Fable 6, page 5, line 16.
61   16—Du rapport : With the profits.
61   17—Un voisin d'Amphitrite : An inhabitant of the sea-shore.
61   20—Plage . From L. *plaga,* a tract of country, region.

NOTES—BOOK IV.

Page 61 *line* 25—Jadis : Jam-dies.
61   27—Celui qui, &c. : He who had been a Corydon or Thyrsis (shepherds celebrated by Virgil) became a simple *Pierrot*, "country bumpkin." *Cf.* Boileau, "Art Poét.," chant ii :
> Sans respect de l'oreille et du son,
> Lucidas en Pierrot et Philis en Toinon.

61   30—Bëtes à laine : Lanigeræ.
62   6—Un tiens vaut mieux que deux tu l'auras.—*Prov.* A bird in the hand, &c.

FABLE III.

62   15—De leur prix : About their respective merits; value.
62   22—Devant for *avant*. See Book i, Fable 8, page 7, line 6.
62   24—Chétive : *Cf.* Book i., Fable 3, page 3, line 13.
62   24—Fétu : A wisp of straw. Etym., doubtful; probably from L.L., fistuca, fistula, fustis. (Littré.)
62   25—Mais, &c. : The ant here replies.
62   31—La dernière main : The last touches, by the application of *mouches—i.e.*, beauty-spots, a practice carried far on into the eighteenth century.
62   34—Puis, &c. : And then go and split my head (*i.e.*, worry me) with talking about your granaries and such like.
63   2—La ménagère : *Cf.* Book ii., Fable 8, page 27, line 31.
63   6—Croyez-vous, &c. : Do you think it is any the better for that?
63   10—Trépas. *Cf.* Book i., Fable 16, page 15, line 29.
63   16—Nomme-t-on pas : For *ne nomme-t-on pas*?
63   20—Mouchard : A spy. Etym. doubtful. Voltaire inclines to adopt the following from Mézeray (Francois II.) A famous inquisitor was named "De Mouchy," and his myrmidons *mouchards*.
63   24—Par monts ni par vaux : Over hill and dale.
63   32—A babiller : For *à force de babiller*, by dint of chattering.

FABLE IV.

63   35—Demi-manant : For *manant*. See Book i., Fable 8, page 7, line 9.
64   2—Le clos attenant : The neighbouring enclosure; *clos* from *clore*, claudere.
64   3—De plant vif : With a quickset hedge.
64   5—Margot : Any country girl.
64   6—Force serpolet : Plenty of wild thyme.
64   8—Fit que, etc. : Caused our friend to make a complaint to the Lord of the Manor.

NOTES—BOOK IV.

Page 64 line 9—Sa goulée: His fill. From *gueule*, as lippée from lippe.
64 11—Y perdent leur crédit: Are not of the slightest use.
64 13—Fût-il diable?: Were he the devil in person. *Miraut*, a name for a hound, from *mirer*, a hunting term, meaning to seek, hunt carefully.
64 16—Et dès demain: No later than to-morrow. *Et* is emphatic; *dès* from *de-ipso* (*i.e., tempore.*)
64 18—Cà: Now then!
64 19—Qu'on vous voie: Let's have a look at you.
64 20—Des gendres = Un gendre.
64 21—Bonhomme, etc.: My good fellow, now's the time to untie your purse strings. *Escarcelle* from LL. *scarpa, scarpicella*, a little purse.
64 26—Sottises: Liberties.
64 29—On se rue en cuisine: There is a great commotion in the kitchen. Imit. from Rabelais.
64 34—Bien endentés: Well furnished with teeth.
65 1—Tintamarre: Row. Onomatop.
65 3—Equipage: State, condition.
65 4—Planches, carreaux: Beds and borders.
65 7—Gîté: Concealed. See *gîte*, Book ii., Fable 8, p. 27, line 14.
65 9—Trou: Any hole. *Trouée*, a large gap or rent.
65 13—Jeux de prince: A proverb which complete runs as follows—*Ce sont jeux de prince, ils plaisent à ceux qui les font*—but probably to no one else.
65 18—Videz: Settle.

FABLE V.

65 25—Lourdaud: A lout.
65 28—Infus: Intuitive (*infusus*).
65 30—Et ne pas ressembler: This inf. depends on the preceding *il faut*—" and they should not be like."
65 35—De pair à compagnon: On intimate terms.
66 8—En joie: In a good humour.
66 8—S'en vient = *vient*.
66 10—La lui porte au menton: Lays it on his chin.
66 14—Martin-bâton: Martin (the farm servant—Angl. "Giles") with the stick.

FABLE VI.

66 18—Belette: *See* Book ii., Fable 5, page 25, line 10.
66 21—Etrètes: *See* Book iii., Fable 8, page 51, line 7.
66 23—L'animal à longue échine=La belette.
66 27—Qu'il en étoit à foison: That they were in great abundance. For *foison, see* Book ii., Fable 2, page 23, line 31.
66 34—Guéret: Field: properly, fallow-land. Etym., veractum, from L.L. *vervactum*.

Page 67 *line* 2—Le peuple souriquois: The mousey tribe. So *la gent marécageuse, le peuple coassant,* &c.

67   4, 5—Artapax, &c.: Names taken from Homer's (?) " Batrachomyomachia."—*Artapax*, the pilferer of bread, ἄρτος—*Psicarpax*, the pilferer of crumbs, ψίξ; *Méridarpax*, the pilferer of little bits, μερίδιον.

67   11—Au plus fort: As fast as he could.

67   14—La racaille: The rank and file — " ignobile vulgus "—from Old English, *rack*, a hound, as *canaille* from canis. (Query, cognate with *ruck* ?)

67   18—Plumail: Inusitat. for *plumet*, a bunch of feathers for ornament; rank.

67   20—Soit—soit: Whether—or.

67   24—Trou ni fente: For suppression of first *ni see* Book ii., Fable 11, page 31, line 21.

67   28—Jonchée: Properly " strewing," as of leaves on the ground. Here "*slaughter.*" Etym., *jonc*, because the original idea is that of strewing *reeds* on the floor.

67   36—Esquivent: Inusit. for s'esquivent.

FABLE VII.

68   5—Bateleurs: Jugglers, conjurors. Etym., doubtful; probably from O. F. basteau, a conjuror's wand (?)

68   6—En cet équipage: Thus equipped; with such a freight.

68   15—Lui pensa devoir son salut: Was nearly owing his safety to him.

68   19—Ce chanteur; Arion.

68   24—S'il vous y survient, etc.: If you should happen to have any business there.

68   27—Un mien cousin: A cousin of mine.

68   27—Juge-maire: Judge and mayor.

68   29—A part aussi, etc.: Also shares the honour.

68   34—Magot: Monkey. Etym. unknown.

69   1—Vaugirard: A suburb of Paris.

69   2—Caquetant au plus dru: Chattering to their heart's content. *Dru* means thick, close; a word of Celtic origin.

69   8—Y: In the water.

FABLE VIII.

69   12—Bien que: Although.

69   17—Il: *Idole* is now feminine.

69   18—Cuisine si grasse: Such a luxurious table (kept for him).

69   19—Echût: Imperf. subj., from *échoir*, to fall to the lot of; from *choir*, cadere.

Page 69 *line* 21—Pour un sou d'orage : A halfpenny worth of storm—*i.e.*, ever so little storm. *Cf.* Book ii., Fable 12, " Point de pigeon pour une obole."

69   24—Pitance : Properly the *dole* given out to a monk at his meals—*pietantia*.

69   24—Forte : Considerable.

69   26—Il vous, &c. : *Vous* redundant. *Cf.* Shakespeare, " Taming of The Shrew," act i. sc. 2, " Knock *me* at this gate."

69   32—Avecque (for avec). So *encor—encore*.

FABLE IX.

70   2—Muoit : From *mutare* (was moulting).

70   2—Geai : From *gai*.

70   3—Se l'accommoda : Put it on himself.

70   4—Se panada : *Cf.* Book ii., Fable 17, page 37, line 2.

70   6—Bafoué : Chaffed. Old French *baffer*, Dutch *beffe*.

70   7—Berné : *Hustled* ; properly "tossed in a blanket." From *berne* O. F., a cloth mantle.

70   8—Plumé : " Furtivis nudata coloribus."—Horace.

70   11—Il est : There are.

70   12—Plagiaire : L. *plagiarius* (Martial).

70   14—Je m'en tais : I will say nothing about them.

FABLE X.

70   20—Licou : Formerly written *licol ;* from *lier—cou*.

70   21—L'accoutumance : Inusitat. for *l'habitude*.

70   23—S'apprivoise avec : Transposition of ideas ; as it is the sight that gets accustomed to an object— and not *vice versâ*.

70   24—A la continue : Inusitat., in frequent repetition.

70   26—On avait mis, &c. : Certain people had been set to watch.

70   31—Nacelle : Navicella, dim. of *navis*.

70   33—De par le monde : in the world.

FABLE XI.

71   4—M A_ a one, says Merlin, thinks to deceive another who often deceives himself. *Tel, many a one. Cf.* Book ii., Fable ix., page 29, line 35. Merlin: M. Geruzez is of opinion that the enchanter Merlin is here meant, and M. Walckenaer quotes the passage from "Le Premier Volume de Merlin" as follows : "*tels cuident engigner ung autre, qui s'engignent eulx-mêmes.*" *Cuider* (O. F. for *croire*; etym. cogitare *;* as coquere gives *cuire,* nocere, *nuire*, &c., &c). *Engeigner* or *engigner;* etym. *engin,* engine, trap, from *ingenium*.

Page 71	line 9—	Des mieux nourris: *Cf.* Book ii., Fable xx., page 39, line 22: "*une histoire des plus gentilles.*"
71	10—	Avent ni carême : Neither Advent (Adventus) nor Lent Carême, It. Caresima (Lat. *quadragesima*) 40th day before Easter.
71	14—	Soudain : For *soudainement*.
71	21—	La chose publique=Respublica.
71	23—	Un point sans plus : One objection, and only one. *Cf.* Book iii., Fable xviii., page 59, line 6.
71	23—	Le galant : *Cf.* Book iii, Fable 11, page 53, line 13.
71	24—	Quelque peu. For *un peu*, much used by La Fontaine.
71	31—	Prétend, etc. : Intends to banquet and feast on him.
71	31—	Gorge chaude : Properly, the warm meat given to hawks (Hawking).
71	31—	Curee : (Quarry). The dead game given to the hounds to break-up ; from L.L., *corata ;* because the entrails and heart (*cor*) were given to the hounds.
72	1—	La galande : Fem. of *galant.*
72	4—	Faisait la ronde : Was wheeling round and round.
72	6—	Par même moyen : At the same time.
72	8—	Tout en fut : Nothing escaped. Lit., everything was of it.
72	10—	L'oiseau se donne au cœur joie : The bird rejoices in her heart. The more usual (modern) expression for taking anything to one's heart's content is *S'en donner à cœur joie.*
72	13—	Ourdie : *Cf.* Book iii., Fable 6, page 49, line 35.
72	16—	Retourne=*retombe.*

FABLE XII.

72	19—	Avait cours : Was current.
72	28—	Vermisseaux : *Cf.* Book i., Fable 1, page 2, line 2. *Vermisseau* was in the Old French *vermicel ;* from L.L., *vermicellus*, dim. of *vermis*.
72	30—	La déesse aux cent bouches=*La Renommée*, ἑκατόστομος.
72	33—	Lige de son seul appétit : Recognising no other master (liege lord) than their appetites. "Animalia ventri obedientia" (Sall.). The etym. of *lige* is doubtful.
73	3—	Tanière : *See* Book ii., Fable 14, page 34, line 16.
73	8—	Ce que l'on, etc. : What they wished should be said.
73	9—	Le seul tribut, etc. : The only thing that puzzled them was, what sort of tribute to send.
73	21—	Tout à point : Very opportunely.

Page 73 *line* 23—Mon fait : My contribution.
73   24—Fardeau : Burden. Etym. unknown.
73   26—Que : (Redundant.)
73   30—Et que l'on en vienne au combat : And in case we should come to blows.
73   31—Econduire : Properly to show to the door ; "dismiss"; here "to reject the offers of."
73   33—Issu : From an obsolete verb *issir*, Lat., *exire*.
73   34—Faisant chère : Making (good) cheer.
73   36—Diapré : Enamelled ; variegated. The old form was *diaspré*, from the Italian *diaspro*, jasper. *Cf.* Ang., *diaper*.
73   37—Maint : *Cf.* Book i., Fable 5, page 5, line 1.
73   37—Cherchait sa vie : *Cf.* Book vii., Fable 1, page 122, line 19.
73   38—Du frais : Of freshness. Ital., *del fresco*.
74   1—N'y fut pas : Was no sooner there.
74   7—Affaire : Need.
74   10—Que de filles : How many daughters.
74   13—Le croît : The interest. *Lit.*, the growth ; what has grown.
74   14—Guères : *Cf.* Book iii., Fable 6, page 49, line 4.
74   15—Sommiers : Beasts of burden. It., *sommaro*.
74   18—Et n'en eurent, &c. : And got no redress from him.
74   20—Corsaires, &c. : When Greek meets Greek.

FABLE XIII.

Cf. Horace, Epist., lib I., 40.

74   23—De tout tems, &c. : Horses have not always been at the service of men.
74   25—Habitait : This singular verb after three substantives is faulty, unless we consider ass, horse, and mule as one idea.
74   27—Bâts : O.F., *bast* ; L.L., *bastum* : a saddle (for packages).
74   28—Harnais : Old form, *harnas*, armour, a word of Celtic origin. *Cf.* Ang., *harness*.
74   32—Eut différend : Had a quarrel.
75   3—Que...ne=*Quin*.
75   5—Je suis à vous : I am your very humble servant.
75   16—En traînant son lien : *Lit.* dragging his halter ; *i.e.* never again at liberty.
75   17—Remis : Pardoned.
75   19—Que : (Redundant).

FABLE XIV.

75   27—Que leur fait n'est que bonne mine : That their only merit is their good looks.

NOTES—BOOK IV.

Page 75 *line* 29—Lui fit dire : Suggested to him.
    75   32—Belle tête, etc. : This line has become proverbial.

FABLE XV.

76   3—Bique : She-goat. Etym. It. *becco*, he-goat.
76   6—Biquet : Kid.
76   8—Que l'on ne vous die : Unless one says to you. *Die* for *dise*. So Molière, in the famous sonnet of the "Femmes Savantes," "Quoiqu'on die."
76   9—Mot de guet : Watchword, password.
76   10—Foin du loup : A fig for, a plague on the wolf! Etym. doubtful ; some say from *fouin* (*fouine*), to stink like a polecat. *Cf.* Angl. Pah !
76   12—De fortune : By chance.
76   18—Papelarde : Hypocritical. It. *pappalardo. Pappa,* babies' food (pap), and lard.
76   23—Patte blanche, etc. : White feet are a commodity not often met with in wolves.
76   31—Et le trop, etc. : Excess in such cases has never been thrown away.

FABLE XVI.

77   6—A l'écart : In an out-of-the-way spot ; *écarter,* formerly *escarter* (*ex-carte*), meant to throw out cards, as in the game *écarté,* thence to put on one side, out of the way.
77   7—Chape-chute : Some lucky windfall. From *chape,* a cope (rich ecclesiastical vestment), and *chute,* fall ; the idea being that of a thief picking up a dress that has been let fall. *Littré* would suggest that *chute* is past part. fem. from *cheoir,* to fall.
77   9—Veaux de lait : Sucking calves.
77   13—Gourmande : Scolds. From *gourmer,* to curb a horse.
77   20—Dire d'un, puis d'un autre ! First say one thing then another !
77   22—Marmot : Brat. Etym. uncertain.
77   25—Epieux : Boar spears. Formerly spelt *espieu, espicil* ; L. *spiculum*.
77   25—Fourches-fières : Pitch-forks, with which one strikes a blow, *ferio. Cf.* "fier à bras."
77   26—L'ajustent, etc. : Soon settle his account for him.
77   33—Manant. *See* Book i., Fable 8, page 7, line 9.
77   35—Dicton : Saying, saw.
78   1, 2—Biaux, etc. :—Beaux sires loups, n'écoutez jamais mère tançant [grondant] son fils qui crie.

FABLE XVII.

78   4—Socrate un jour faisant bâtir : As Socrates one day was building a house.

Page 78 *line* 10—L'on y tournait à peine: You could hardly turn round in it.

78 11—Plût au ciel: Would to heaven, said he, (order), que, telle qu'elle est, elle pût être pleine de vrais amis !

78 15—Fou qui s'y repose: Mad is he who trusts to it (*i.e.*, the assertion). *Cf.* the dictum—

> Souvent femme varie
> Bien fou qui s'y fie !

FABLE XVIII.

78 19—A moins que d'être: Unless it is.
78 20—L'esclave de Phrygie: Æsop.
78 21—Du mien: Something of my own.
78 24—Enchérit: Improves upon him (or tries to do so).
78 25—De tels pensers: Such thoughts.
78 25—Mal séans: Ill becoming. From *scoir*.
79 1—L'aîné: Old form *aisné* (ante-natus, as *puiné* (*puisné*) (post-natus).
79 4—Cadet: Younger brother. Etym. Provençal, *capdet*, which is from L.L. *capiteltum*, dim. of *caput*, the eldest brother being considered the chief of the family; the younger brethren are *little chiefs*.
79 5—Faisceau: Fascellus; dim. of fascis.
79 6—Ne s'éclata: The modern form is *n'éclata*.
79 8—En semblable rencontre: In similar circumstances.
79 13—Tant que, etc.: As long as his illness lasted he preached no other sermon.
79 15—Où sont nos pères: *Cf.* Horace: Quo pater Æneas, quo dives Tullus et Ancus; Od. iv., vi., 15.
79 21—Procès: A law suit (processus); the development of a case.
79 23—Leur amitié : Their union was as short as it was uncommon.
79 25—Consultans: Fees for consultation; literally, *barristers*, etc. The person put for the fee charged.
79 27—On en vient au partage: They proceed to the division of the property.
79 27—On chicane: They cavil and dispute. *Chicane* is a word of Byzantine origin, originally signifying a game of mall. Thence disputes about the game.
79 32—S'accommoder: To come to terms.
79 34—Profiter, etc. : To profit by (the lesson of) the lances, etc.

FABLE XIX.

80 2—C'est folie à la terre: Is madness on the part of (an inhabitant of) the earth.

NOTES—BOOK IV.   329

Page 80 *line* 3—Le dédale : The labyrinth of men's hearts can conceal nothing within its windings which, etc.
80   7—Un païen : Etym., L. Paganus.
80   7—Qui sentait le fagot : Who smelt of the stake (*i.e.*, at which heretics were burnt).
80   9—Par bénéfice d'inventaire : Under certain restrictions. A legal term thus rendered by Spiers, "Without liability to debts beyond assets descended." Direct heirs are at liberty to accept or refuse a legacy according as the inventory (inventaire) of the effects of the deceased offers advantages or not.
80   11—Dès que : *Cf.* Fable 4, page 64, line 16.
80   13—Moineau : *Cf.* Book ii., Fable 19, page 38, line 27.
80   19—Et ne me tends plus de panneau : Do not try any more tricks upon me.
80   20—Tu te trouverais mal, &c. : You would have reason to repent.
80   21—Je vois de loin, &c. : *Cf.* the epithet ἱκηβόλος applied to Apollo.

FABLE XX.

80   27—La bas : Down below there ; *i.e.*, in Hades.
80   28—Ici-haut : Up here (on earth).
80   28—Gueux : Rascal. Old form *queux*, which is from L. *coquus*.
81   1—Enfouie : L. *fodio*.
81   2—Déduit=plaisir : From *déduire*, to turn away from other (more serious) pursuits. *Cf. divertir.*
81   4—Chevance=property. M. Littré explains this term: *Ce dont on est venu à chef=ce que l'on possède.*
81   5—Qu'il allât, &c. : Whether he came or went, drank or ate.
81   6—On l'eût pris, &c. : You would have had to look sharp to catch him not thinking of the spot where his money lay hidden. *Prendre quelqu'un de court* =to have but a short space of time in which to catch a person. For *gisait* see Book ii. Fable viii., page 27, line 14.
81   8—Il y fit tant de tours : He went there so often.
81   9—Se douta du dépôt : Suspected, &c.
81   11—Aux pleurs : In tears (inusit.)
81   15—Où pris ? Taken ! whence ?
81   15—Tout joignant : Just close to.
81   20—Puiser : From *puits*. L. *puteus*.
81   21—Ne tient-il qu'à cela ? Do you think that is the way to use one's hoardings ?

FABLE XXI.

81   30—D'abord : Straightway.
81   33—Les pâtis=*les pâturages* (inusit.).

23

Page 82 line 3—À toute fin : At last ; at the very end. This is not the common signif. of *à toute fin*, which means *for all uses*.

82 8—D'aventure. *Cf.* Book i., Fable 22, page 20, line 15.
82 9—Ramure : Branching antlers (*ramus*).
82 15—Mais quoi ! but wait a bit.
82 20—Râteliers : Rack. From *rateau* (rake) ; old form *ratel, rastel*, Low Lat., *rastellum*.
82 27—Epieu. *Cf.* Fable 16, page 77, line 25.
82 29—Trépas. *Cf.* Book i., Fable 16, page 15, line 29.
82 30—Maint. *Cf.* Book i., Fable 5, page 5, line 1.
82 31—S'éjouit=*se réjouit*.
82 33—Il n'est, pour voir, &c., &c. : There is nothing (like) the eye of the master for seeing things.

FABLE XXII.

83 3—Ne t'attends qu' à toi seul : Depend upon yourself only.
83 14—Amours printanières : Spring-time loves. *Amours* is generally fem. in the plural, masc. in singular.
83 15—A toute force : Anyhow , in spite of herself.
83 17—Fait éclore : Hatches (her eggs). *Cf.* Book i., Fable 8, page 7, line 6.
83 19—Nitée : Inusit. for *nichée*, a brood.
83 21—L'essor : Flight. From *essorer* (Old French), to leap into the air. *Ex-aura*.
83 33—Dès. *Cf.* Fable 4, page 64, line 16.
83 34—De retour : On her return.
84 6—Eux repus : When they had taken their fill. *Cf.* abl. abs., Lat , or gen. abs , Greek.
84 7—Aube : The old form of the word was *albe*, from L., *aiba*.
84 8—L'alouette à l'essor : The lark having taken her flight.
84 11—Et tort : Elliptic for *et celui là a tort qui*, etc.
84 14—Les prier de la même chose : To do the same.
84 18—Ne bougeons : Remark the omission of *pas*.
84 26—Dès : *Cf.* Fable 4, page 64, line 16.
84 28—Moisson : L.L., *messionem*.
84 29—Dès lors : As soon as ever. *Lors* like *or, encore, désormais*, etc., derived from *hora*.
84 30—C'est ce coup qu'il faut partir : Now's the time to be off !
84 32—Se culebutants : Tumbling one over the other. La Fontaine has imitated Regnier and Marot in inserting the *e* in *culebutant*, the verse requiring four syllables.

BOOK V.

FABLE I.

Page 85 *line* 6—Horace, Ars Poet., 447— Ambitiosa Ornamenta.

85   12—J'y tombe, etc. : I (endeavour to) attain ... ...e best of my ability. *Tomber au but*, as M. Geruzez says, is a *locution suspecte*.

85   15—Un point : *Point* meaning "object," to rhyme with *point*, the negation, is of frequent occurrence in the poets of the seventeenth century.

85   21—Avecque. *Cf.* Book iii., Fable 13, page 54, line 10.

85   23—Chétif. *Cf.* Book i., Fable 3, page 3, line 13.

86   1—Qui porte, etc. : Who carries messages from him to the fair sex ; *i.e*, Mercury.

86   2—De cela : *i.e.*, Carrying messages to the fair.

86   3—Bûcheron. From L.L. *boscum, buscum*, wood.

86   4—Cognée : Old French, *coignée* ; L.L. *cuneata*, coin.

86   6—A revendre : To spare.

86   12—Je tiendrai, etc. : Transpose *je le tiendrai être* ; I shall consider it as being another favour from thee.

86   17—Lors, etc. : Then one of gold being shown to the man. *Lors*, as *alors, encore, désormais, &c.*, derived from *hora*.

86   18—Je n'y demande rien : I don't ask for that one.

86   26—Dispersée : *i.e.*, *Répandue*, circulated amongs the other wood-cutters.

86   27—Et boquillons de perdre, etc. : For this infinitive *see* Book ii., Fable 14, page 34, lines 18, 19. Boquillons, O.F. from *bosquillon*, wood-cutters, who work at the *boquets (bosquets)*.

86   35—En : With it. In Rabelais' version of this fable Jupiter bids Mercury cut off the heads of the lying wood-cutters.

FABLE II.

87   8—Que sage = *Ce que sage doit faire*.

87   12—Débris : Breaking.

87   13—Il n'en, etc. : There would not be a bit of him left to come back.

87   16—Qui vous tienne : To stop you.

87   20—D'aventure : With any misfortune.

87   27—Clopin clopant : Stumbling along. Etym. *cloppus*, L.L., lame, from which the modern word, *écloppé*, maimed, halt, is derived.

87   29—Hoquet : Obstacle (onomatop.).

87   29—Treuvent. *See* Book ii., Fable 20, page 40, line 17.

88   1—Avecque. Book iii., Fable 13, page 54, line 10 (*et passim*).

FABLE III.

Page 88 *line* 10—Carpeau: Dim. of carpe, as *louveteau* of *loup;* *lionceau* of *lion, &c.*
88 10—Fretin: Small-fry.
88 12—Butin: Word of German origin. Angl. *booty.*
88 13—Chère: *Cheer,* from L. L. *cara,* face, countenance; *faire bonne chère* meant originally *faire bon accueil,* thence *good cheer. Cf.* Book iii., Fable 17, page 57, line 16.
88 16—Je ne saurais: I cannot possibly; *pas* is always omitted with the condit. of *savoir.*
88 20—Partisan: Capitalist; formerly *partisan* meant one who formed a *parti* or society to raise certain taxes.
88 23—Rien qui vaille: Nothing worth speaking of.
88 25—Qui faites le prêcheur: Who play the preacher.
88 26—Poêle: fem. frying-pan, from L. *patella; poêle,* masc., *stove,* L. *pensile.* One finds in Pliny the expression, *balneæ pensiles.,*
88 26—Vous avez beau dire: It's of no use your talking.
88 27—Dès ce soir: This very evening.
88 28—Un Tiens, etc.: One " Hold it " is better, they say, than two " You shall have it." Angl., A bird in the hand is worth two in the bush.

FABLE IV.

89 2—Pour ne plus, etc.: So as not to be exposed to such danger again.
89 5—Bélier: Ram, from a word of Flemish origin, signifying the *bell* (L. L. *bella*), which was hung round the neck of the leading sheep; *bell-wether.*
89 6—Daims et cerfs. *Cf.* Book ii., Fable 19, page 38, line 28.
89 10—Should go and ascribe their length to (the fact that they were) horns.
89 11—And should maintain that they were in every point (*en tout*) similar to horns.
89 12—Grillon. Lat. *grillus.*
89 14—Quand je les aurais: Even supposing I had them.
89 16—Cruche: A fool. *Cruche* properly means a jug; origin Celtic.
89 19—Licornes. It. *licorno.*
89 20—Mon dire: All that I can say. For infinitive used as a substantive, *cf.* Book viii., Fable 2, page 149, lines 13, 14.
89 21—Petites-Maisons: Formerly a famous mad-house in Paris. Ang. Bedlam. *Cf. tribus Anticyris caput insanabile,* Horace, Ars Poet., 300.

FABLE V.

Page 89 *line* 23—Des plus fins. *Cf.* Book ii., Fable 20, page 39 line 21.
89   25—Sentant son renard, etc. : Smelling of the fox a league off. *Cf.* Book iv., Fable 19, page 80, line 7—
> Un païen qui sentait quelque peu le fagot.

89   28—Non pas franc : Not quite whole.
89   30—Des pareils : Some companions in his misfortune.
89   33—Fangeux : From *fange*. Etym. L. L. *famicem*.
90   2—This line has become proverbial.
90   3—Huée : Shout of derision (onomatop.).
90   4—Écourté : Curtailed one.

FABLE VI.

90   8—Il était : There was (once upon a time).
90   9—Les sœurs filandières : The spinning sisters, *i.e.*, the three Fates—Atropos, Clotho, and Lachesis.
90   10—Au prix de : Compared with.
90   11—Souci : Etym. *solicitare*.
90   13—Thétis : Query, should it not be *Tēthys*, goddess of the sea.
90   14—Tourets : Spinning-wheels, from *tourner*, tornare.
90   14—Entraient au jeu : Came into play, were set to work
90   14—Fuseaux. L. L. *fusellus, fusus*.
90   15—Deçà, delà, etc. : Now this way, now that way—here you go !
90   18—A point nommé : At a fixed time.
90   19—Encor for encore. *See* page 1, line 3.
90   20—S'affublait : Wrapped herself ; from L. *affibulare, fibula*, a clasp.
90   22—Où, de tout leur pouvoir, etc., etc. : La Fontaine speaks feelingly, being himself a great sleeper.
90   28—Le réveille-matin : The alarum.
90   29—Leur marché : Their condition.
90   30—Couple : Couple, masc., means "a pair"; fem simply "two."
90   32—Lutin : Goblin. Etym. unknown.
91   1—Plus avant : Deeper still.
91   4—De Charybde : From a verse of Gauthier de Châtillon, twelfth century :—
> Incidit in Scyllam cupiens vitare Charybdim.

FABLE VII.

91   9—Prendre l'écuelle aux dents : *i.e.*, because they had no spoons. *Ecuelle*, O. F. *escuelle* ; L.L. *scutella*.
91   10—Mousse : Etym. Old German *mos* ; Ang. *moss*.
91   11—Maint. *Cf.* Book i., Fable 5, page 5, line 1.

Page 91 *line* 15—Morfondu : Half perished with cold. This word properly means glandered (as a horse); *morve, fondre.*

91   16—Brouet. *Cf.* Book i., Fable 18, page 17, line 6.

91   19—Semondre : To invite. Properly to warn, from *sub, monere.* The word *semonce*, a scolding, is still common.

91   22—Mets. O.F. *mes*, It. *messo*, from L. *missum*, that which one sends, sent. *Cf. ferculum*, from *ferre.*

91   23—Délicat=*délicatement.*

92   1—Ne plaise aux Dieux : The Gods forbid !

92   2—*Cf.* Horace : " Sub îsdem sit trabibus."

FABLE VIII.

92   7—Que=*pendant laquelle.*

92   7—Ont l'herbe rajeunie = Ont rajeuni l'herbe.

92   10—Au sortir. For this infinitive *cf.* Book ii., Fable 11, page 31, line 15.

92   11—Au vert : Out to grass.

92   13—Bonne chasse, etc. : A fine chance for whoever could get his teeth into him !

92   14—Que n'es-tu : Why are you not ?

92   14—Tu me serais hoc : You would fall to my share. From a game called *hoc*, in which the gaining cards were thrown down with this exclamation.

92   17—Hippocrate. Native of Cos. B.C. 460.

92   19—Simples : Simple herbs.

92   21—Dom coursier. Dom = dominus.

92   27—La bête chevaline : The horse. *Cf. la moutonnière créature*, Book ii., Fable 16, page 36, line 8.

92   28—Apostume : Abscess. Corrup. of apostème, from Greek, ἀπόστημα.

92   29—Il n'est point de partie : There is no part (of the body).

92   31—Nosseigneurs : Their lordships.

92   34—Happer : Of German origin—*happen*, to seize, devour.

92   35—Lui lâche une ruade : Lets fly at him a kick.

93   1—Vous. Redundant. *Cf.* Shakespeare—"Knock *me* at this gate."

93   1—Marmelade. Spanish, *marmelada.*

93   2—Mandibules : Jaws. L. *mandibula.*

93   4—Métier. *Cf.* Book iii., Fable 2, page 44, line 27.

93   5—Faire l'herboriste : To play the druggist ; pretend to a knowledge of herbs.

FABLE IX.

93   9—C'est le fonds, etc. : There is no surer fund to draw upon.

93   12—Gardez-vous : Take good care *not.*

Page 93 line 16—Vous en viendrez à bout : You will succeed in doing so.
93 17—Dès = *de ipso (tempore)* ; *passim*.
93 17—L'oût : *Faire l'oût* means to gather in the harvest, which generally takes place *au mois d'août*; for the form *oût see* Book i., Fable 1, page 2, line 9.
93 18—Bêchez : *Bêche* is from L. L. *becca*.
93 20—Vous. Redundant. *Cf.* Shakespeare—"Knock *me* at this gate."
93 23—D'argent, etc. : As for money, there was none hid.

FABLE X.

93 27—En mal d'enfant : In the pangs of childbirth.
94 8—Et le sens : Supply *dont*. For this Fable *cf*. Horace, Ars Poet., 136 *et seqq.:*

> Nec sic incipies, ut scriptor cyclicus olim:
> Fortunam Priami cantabo, et nobile bellum.
> Quid dignum tanto feret hic promissor hiatu ?
> Parturiunt montes ; nascetur ridiculus mus.

and Boileau—

> La montagne en travail enfante une souris.

FABLE XI.

94 18—Matelas. In Old Fr. *materas* (*cf*. Ang. mattress), derived through the Spanish *almadraque;* from the Arabic *al matrah*.
94 19—Un honnête homme, etc. : Any man now, *i.e.*, any other than a child.
94 20—Aurait fait, etc. : Would have had a fall of twenty fathoms (*i.e.*, into the well).
94 23—Mignon. *See* Book ii., Fable 18, page 37, line 18.
94 25—S'en fût pris à moi : Would have blamed me ; *s'en prendre à quelqu'un*, to blame anyone.
94 30—Son propos : What she said.
94 32—Qu'il ne faille, etc. : But she must be answerable for it.
94 33—Nous la faisons : We make her pay for everything.
94 33—Ecot : Share of expenses. O. F. *escot* (Angl. scot, scot-free, and shot, paying shot) is of German origin.
94 34—Elle est prise à garant : She is considered responsible.
95 1—Etourdi. *See* Book ii., Fable 11, page 31, line 9.
95 2—En être quitte : To be quits ; to have done all that is necessary.
95 3—Bref : In a word.

FABLE XII.

95 7—Espérait : Still held out hopes (of saving him).
95 8—Le gisant : The patient ; *jacentem*, from obsolete verb *gésir* (*ci gît*) from *jacere*.

Page 95 *line* 8—Irait voir ses aïeux : *i.e.*, would die.
95 10—Paya le tribut à nature : *i.e.*, died.

FABLE XIII.

95 17—Témoigner : To prove.
95 18—Celui : (The example of) that man.
95 24—Chiches : *Cf.* Book i., Fable 18, page 17, line 6.

FABLE XIV.

95 29—Baudet : *Cf.* Book iii., Fable 1, page 43, line 37.
96 2—Il se carrait : He strutted (fam., swaggered); *carrer*, to square. L. *quadrare*, as *car* from *quare*.
96 3—Comme siens : As if addressed to him personally.
96 9—Et que : Grammatical fault ; it should be *et à qui*.

FABLE XV.

96 15—Trépas : Death. A verbal subst. from *trépasser*. Ital. *trapassare*, L.L. *transpassare*—to pass from life into death. For *trans* becoming *tré*, *cf.* transalire, *tressaillir ;* transtellum, *tréteau*, etc.
96 16—Pour ce coup : This time (at least).
96 16—En faute : At fault.
96 18—Broute : Angl. to browse on. From *brout*, O. F. *broust*, a word of German origin, meaning the young shoots of trees.
96 22—Profitez-en, ingrats : Take warning by my fate, ye ungrateful ones.
96 23—Meute : A pack of hounds, or any troop. From *mota*, a troop put in motion.
96 23—Curée : Ang. quarry, L.L. *corata ;* the entrails, *cor*, etc., given to the hounds.

FABLE XVI.

96 30—Boutique : Corruption of L. *apotheca*, It. *bottega*.
97 1—Pour tout potage : *Cf.* the expression *pour toute besogne*, Book i., Fable 18, page 17, line 5.
97 2—Ronger : From L. *rumigare*.
97 5—Tu te prends à plus dur que toi : You are attacking a substance harder than yourself.
97 16—Pour vous : As far as your attacks go.

FABLE XVII.

97 18—Il ne se faut, etc. : Transpose—*il ne faut jamais se moquer*.
97 25—Ce semble : As it seems.
97 26—Meute : *See* Fable 15, same Book, page 96, line 23.
97 28—Son fort : Her form.
97 29—Brifaut : Name of a hound, from *brifer*, to eat voraciously.
97 31—Les esprits : The exhalations.

NOTES—BOOK V. 337

Page 97 *line* 32—Miraut : *See* Book iv., Fable 4, page 64, line 13.
98   1—Rustaut : Another name for a hound—"Countryman," "Ploughboy."
98   1—Qui n'a jamais menti : Who never gave tongue without good reason.
98   3—Gîte : *See* Book ii., Fable 8, page 27, line 14.
98   5—Vite : Here an adjective. Inusitat. Yet Bossuet uses it so :—"Aussi vite et impétueuse était l'attaque."
98   9—Avait compté : Had reckoned without.
98   10—L'autour: The kite. Provençal *austor*, Ital. *astore*, L.L. *astorius*, *asturius*.

FABLE XVIII.

98   12—Chat-huan : "Owl." The old form was *chahuar* and *chouan* (16th cent.), a diminutive of Old French *choue*, from German *chouch*. The form exists in the modern word *chouette*, a common owl.
98   15—Goberaient : From Celtic word *gob*, meaning "mouth." The word exists in the modern French expression *tout de gob*, written and pronounced *tout de go*—all at once ; without hesitation.
98   15—Peu ni prou : Little or much. For *prou cf.* Book iii., Fable 14, page 55, line 6, at the word *prouesse.*
98   19—C'est hasard : It will be great luck if.
98   21—Quoi qu'on leur die : Die for *dise. Cf.* Book iv., Fable 15, page 76, line 8.
98   24—Note the position of pronouns *before* the second imperat. *Cf.* Boileau :—"Polissez-le sans cesse, et *le* repolissez."
98   25—Je n'y toucherai : Sub. *pas.*
98   26—Mignons : Book ii., Fable 18, page 37, line 18.
98   27—Sur : Beyond and above.
98   32—Il avint : *Cf.* Book ii., Fable 11, page 31, line 15.
98   33—Il était en pâture : He was on the look-out for food.
98   34—D'aventure: *Cf.* Book i., Fable 22, page 20, line 15.
99   4—Rechignés : Morose, cross-looking. From *rêche*. German, *resche.*
99   6—N'en fit pas à demi : Took no half measures.
99   7—A la légère : Lightly made.
99   11—Deuil : From the old verb *doloir, dolere. Cf.* Scotch *dule.*
99   15—Sur tous : *Cf. supra*, page 98, line 27.

FABLE XIX.

99   20—Prévôts : Officers. O.F. *prévost*, præpositus.
99   22—Selon sa guise : According to his ability. German, *weise*

Page 99 *line* 24—L'attirail : *See* Book ii., Fable 20, page 40, line 28.
  99   28—Tours : Tricks.
  99   29—Lourds : From Ital. *lordo*, Lat. *luridus*.
 100   4—Il n'est rien : There is nothing.

FABLE XX

Philippe de Commines puts this fable (Æsop's version of it) into the mouth of the Emperor Frederick, in answer to the ambassadors sent by the King of France to induce him to take forcible possession of the estates which the Duke of Burgundy held of the Empire.

 100   7—Fourreur : Furrier. The Etym. of *fourrure*, "fur," is *fourrer*, to envelop as with a sheath.
 100   10—Au compte de ces gens : By the account these people gave of him.
 100   11—A sa peau : With his skin ; *i.e.*, the money he would get for it.
 100   12—Cuisants : Biting. Lit., *cooking*, from *cuire* (*coquere*).
 100   14—Dindenau : The sheep-merchant in Rabelais, who sold one of his sheep to Panurge on board ship. He (Panurge) threw this one into the water ; all the rest jumped after him. Hence the proverb, "Comme les moutons de Panurge."
 100   15—Leur, à leur compte, etc. : *Their* bear—that is to say, as *they* reckoned, not as the bear reckoned.
 100   20—Le marché, etc. : The bargain no longer held good ; they were obliged to break it off.
 100   21—D'intérêts, etc. : As for getting *costs* out of the bear, that was quite out of the question.
 100   22—Faîte : L. *fastigium*.
 100   24—Fait le mort : Shams dead.
 100   25—Ouï : From old verb *oir ;* L. *audire*. The form exists still in *ouïe*.
 100   26—S'acharne : Attacks. *Acharner* properly means to attack with ardour ; from L.L. *acarnare*, to give flesh (*carnem*) to hawks and hounds, so as to irritate them, make them keen.
 100   28—Donna dans ce panneau : Was taken in by this trick.
 100   29—Gisant : *See* Fable 12, page 95, line 8.
 100   30—Supercherie : From Ital. *soperchieria*.
 100   4—Qu'il n'ait eu, etc. : That he got off with a simple frightening.
 100   8—Serre : Claw. This word and *serrer*, to close (pack tight), comes from Ital. *serrare*, L. *serare*, to lock in—*sera*, a bolt ; whence *resero*, to open.
 100   10—Qu'on ne l'ait mis par terre : Before one has killed him.

FABLE XXI.

Page 101 line 14—Bien que : Although he was.
101   14—Vertu : *Virtus*, bravery.
101   17—Fourbe : Ital. *furbo*, L. *fur*.
101   18—Martin : *i.e.*, Martin with the stick. *See* Book iv., Fable 5, at end. (Page 66, line 14.)
101   19—La malice : The trick.
101   21—Au moulin : Back to the mill (to work).
101   22—Force gens : Many people.
101   24—Un équipage cavalier : A "smart turn-out,' such as a horse-soldier would have.

BOOK VI.

FABLE I.

102   3—Nous tient lieu de maître : Gives us a lesson.
102   4—Nue : Plain, unadorned.
102   6—Feinte : Fable. *Cf.* Book iii., Fable 1, page 42, line 6. *Cf.* Horace—

   Omne tulit punctum qui miscuit utile dulci.

102   10—Le trop d'étendue : To be too diffuse.
102   12—Aucuns : Some. Phædrus says of his own fables—

   Brevitate quoniam nimia quosdam offendimus.

104   14—Certain Grec : La Fontaine says himself that this certain Greek was *Gabrias*. This name is a corruption from Babrius.
102   14—Renchérit : Improves upon.
102   18—Voyons-le : This elision of *le* after the imperative mood is faulty. *See* Book v., Fable 3, page 88, line 14.
102   21—Y cousant : Adding thereto. Lit., sewing on to it.
102   23—Quelque mécompte : A deficit.
102   24—Larron : L. *latronem*.
102   26—Engeance : *Cf.* Book i., Fable 16, page 18, line 21.
102   27—Avant que partir : For *avant de partir*, or *avant que de partir*.
103   1—Se tapit : Hides himself.
103   2—Que l'homme ne sait guère : How little man knows !

FABLE II.

103   10—Fanfaron : *Cf.* Book ii., Fable 19, page 39, line 15.
103   12—Qu'il soupçonnait : Sub. *être*.

Page 103 *line* 15—De ce pas : Immediately.
103   15—Je me fasse raison : I may obtain satisfaction.
103   17—De tribut : As a tribute, peace-offering.
103   20—Qu'ils tenaient ces propos : That they were engaged in this conversation.
103   22—D'esquiver : The more ordinary expression would be *de s'esquiver*, to fly, decamp. From Old German, *skiuhan*. For this infinitive *cf.* Book ii., Fable 14, page 34, lines 18, 19.
103   27—Tel : For this meaning of *tel*, *see* Book ii., Fable 9, at end. (Page 29, line 35.)
103   27—Dit-il : *i.e.*, Babrius.

FABLE III.

104   6—L'écharpe d'Iris : *i.e.*, the rainbow.
104   9—Douteux : "Incertis mensibus."—Virg. Georg. I, 115.
104   10—S'était attendu à la pluie : Had expected rain.
104 14, 15—De sorte, etc. : In such a way that no button shall hold fast.
104   17—L'ébattement : The struggle, contention.
104   20—A qui, etc. : (To see) which of us two will soonest strip, &c., &c.
104   23—Il n'en fallut pas plus : This was quite enough.
104   23—Notre souffleur à gage : Our hireling bellows-blower. *A gage*, because there was a *gageure* at stake.
104   25—Vacarme : A word of German origin, *wach-armer*, meaning "woe betide you!" It was used as an exclamation in the Middle Ages.
104   27—Maint : Book i., Fable 5, page 5, line 1.
104   27—Qui n'en peut mais : *Cf.* Book ii., Fable 9, page 29, line 25.
104   30—Ne se pût, etc. : Should not get inside, and so swell out the cloak.
104   33—Il eut beau, etc. : It was of no use, &c.
105   1—Balandras *or* balandran : A thick cloak. Regnier (and Boileau quoting him) uses the expression.
105   3—Encor, etc. : And yet he did not employ all his force.

FABLE IV.

105   5—Métayer : Farmer. From Lat. *medietarius*, because he gave half (*medietatem*, *moitié*) the produce to the landlord.
105   6—Jadis : *Jam dies.*
105   7—En fit l'annonce : Announced the sale.
105   9—Sans bien tourner : Without a good deal of bargaining.
105   11—Frayant : Expensive. From *frais* (inusit).

NOTES—BOOK VI. 341

Page 105 *line* 11—Un autre si : Some other objection. *Cf.*
Fable 20 of this Book, page 118, line 11, *que-si-que-non*.
105   13—Hardi : From inus. verb, *hardir* ; Old German, *hartjan*.
105   17—Bise : *Cf.* Book i., Fable 1, page 1, line 23.
105   19—Bâillé : "Opened his mouth." Some suppose it to mean, "*fait le bail*," signed the lease.
105   20—Contrat passé : The contract being signed.
105   21—Tranche du roi des airs : Plays the part of Jupiter. *Cf.* Dryden, "assumes the God, affects to nod."
105   23—Les Américains : Syn. for the most distant people.
105   25—Vinée : Inusit. for *vendange*.
105   26—M. le receveur : *i.e.*, the farmer.
106   2—En usa : Treated him.

FABLE V.

106   5—Le cochet ; Dim. of *coq* (L.L. *coccum*), as *biquet*, from *bique*.
106   5—Souriceau : Dim. of *souris*, as *lion, lionceau ; chèvre, chevreau*, etc., etc.
106   7—Pris au dépourvu : Deceived, taken in.
106   10—Un jeune rat : La Fontaine often confounds the rats and mice as of one family.
106   11—Qui cherche, etc. : Who is looking out to make his way in the world.
106   19—En panache : Like a plume. It. *pennachio*, Lat. *penna*.
106   19—Etalée : *Cf.* Book i., Fable 9, page 9, line 6.
106   20—Or : *Cf.* Book iii., Fable 4, page 47, line 9.
106   24—Fracas : From It. *fracassare*.
106   30—Velouté : As soft as velvet. *Velours* was formerly spelt *velous*. Lat. *villosus*, hairy.
107   5—Ce doucet : This soft-spoken gentleman.
107   6—Minois=Mine : appearance. It., *mina*.
107   7, 8—Contre, etc., etc. : Is borne with malicious intention against all your race.
107   12—Sur nous il fonde sa cuisine : We are the staple of his consumption.
107   13—Garde-toi : Take good care *not*.

FABLE VI.

107   19—Etui : Case. Formerly *estui*, a word of German origin, *stüche*.
107   20—Chartre : Place of safety, prison ; Lat. *carcerem*.
107   21—Il se trouva : Imperson., it was found.
107   23—Menue : Lat. *minutus*.
107   24—Aucuns : Some. The use of *aucuns* employed as a pronoun *alone* is uncommon.

Page 107 *line* 26—La tiare: Properly the Papal crown. Lat. *tiara*, a Persian crown.

107   27—Grimaceries=Grimaces. A word coined by La Fontaine.

107   29—Cerceau: Formerly *cercel*. L.L. *circellus*, a small circle.

108   1—Cache: A hiding-place. *Cacher* is from Lat. *coactare*, to press together, pack close. Ronsard used the word *cacher* for the action of pressing the grapes with the feet to make wine.

108   3—Or: *See* Book iii., Fable 4, page 47, line 9.

108   5—Bâille après: Literally, gapes after; *i.e.*, longs for.

108   8—Assistance: The assembled company.

108   11—Démis: Inusit. for *déposé*.

FABLE VII.

108   14—Se piquait: Boasted. *Cf.* Book i., Fable 9, page 9, line 14.

108   17—Mainte: *Cf.* Book i., Fable 5, page 5, line 1.

108   17—Prouesse: *Cf.* Book iii., Fable 14, page 55, line 6.

108   24—Quand, etc., etc.: Even if misfortune were good for nothing else, etc.

108   25—A mettre: To bring.

108   26—A juste cause: With good reason. The more ordinary expression is *à juste titre*.

FABLE VIII.

108   31—Lâcher: Formerly *lascher*. From Lat. *laxare*.

108   31—Grison: *Cf.* Book ii., Fable 10, page 30, line 27.

109   1—Menue: *See* Fable 6, page 107, line 23.

109   2—Se vautrant: Rolling. *Se vautrer*—formerly *voutrer* and *voltrer*—comes from L.L. *voltulare*, from *voltus, volutus, volvere*.

109   3—Gambadant: Kicking about his heels. It. *gamba*.

109   4—Mainte: *Cf.* Book i., Fable 5, page 5, line 1.

109   4—Nette: Clear; *i.e.*, of grass.

109   5—Sur l'entrefaite: In the meanwhile.

109   7—Le paillard: The rascal. Properly, one who lies on straw, *paille*. Lat. *palea*.

109   8—Bât: *Cf.* Book iv., Fable 13, page 74, line 27.

109   11—Me laissez. Observe the position of the pronoun *before* the verb (second of two imperatives).

109   13—En bon Français: In so many words.

FABLE IX.

109   17—Bois: "Branching" antlers.

109   18—Avecque: For *avec*. *Cf.* Book iv., Fable 22, page 83, line 30.

Page 109 *line* 19—Jambes de fuseaux : "Spindle-shanks." *Fuseau, fusel,* L.L. *fusellus,* from *fusus.*
109   23—Taillis : Groves. From *tailler,* to cut. L.L. *taleare.*
109   23—Le faîte : *Fastigium.*
109   25—Tout en parlant, etc : Grammatically incorrect, as *en parlant* would refer to *limier.* Construe : whilst he was speaking, etc.
109   26—Limier : From Old French, *liem,* a leash, L. *ligamen ;* properly, a hound held in leash.
109   27—Tâche : Formerly *tascher,* from L.L. *tasca.*
109   31—L'office : The service.
110   1—Nous faisons cas : We esteem, make much of.

FABLE X.

110   6—A point : In time.
110   7—Tortue : From L.L., *tortuca,* the animal with the twisted feet (*tortus, torqueo*).
110   8—Gageons : *Gager,* to lay a wager, is derived from a L.L. word, *wadium* of German origin, *vach ;* Angl., *wager.*
110   9—Etes-vous sage ? Are you in your right senses ?
110   12—Ellébore : A remedy against madness.
110   15—Les enjeux : The stakes.
110   16—L'affaire : Our business.
110   20—Aux calendes : *i.e., aux calendes Grecques,* which did not exist. Therefore used to mean "an indefinite period."
110   21—Arpenter : To fly over. Literally, measure out by acres. *Arpent,* from L.L. *arepennis.*
110   22—De reste : "And to spare."
110   25—Aller son train de sénateur : Go plodding on slowly like a senator.
110   26—S'évertue : Strives her utmost ; her best (*vertu*).
110   27—Elle se hâte, etc. : *Cf.* "Festina lente," Horace, and Boileau—

Hâtez-vous lentement quelque ordre qui vous presse.

110   29—Tient à peu de gloire : Considers of little consequence.
110   30—Croit, etc. : Thinks that his honour is concerned —*i.e.,* that it would be more dignified.
111   3—Avais-je pas=*n'avais-je pas.*
111   5—Moi l'emporter : Fancy my winning the race !

FABLE XI.

111   9—Devant : For *avant (passim).*
111   10—Les coqs ont beau chanter : It's of no use the cocks crowing so early.
111   11—Matineux : Early riser. Not to be confounded with *matinal,* of the morning (*rosée matinale, &c.*).

Page 111 *line* 13—Somme: Nap. La Fontaine, a sound sleeper himself, seldom loses an opportunity of extolling the pleasure of a nap.

111 15—De somme: Of burden (*sommaro*).
111 19—J'ai regret à: I regret.
111 22—Chou: L. *caulis;* so *chaume* from calamus; *chaux* from calx; *cheval*, caballus, &c.
111 23—Aubaine: Windfall. *Aubaine* properly meant the right of succession to the property of an *aubain* (foreigner). Deriv. unknown (*advena?*)
111 24—C'est de coups: It is one of blows.
111 25, 26—Et sur l'état, etc.: He was inscribed last on the list of a coalheaver.
111 31—N'ai-je en l'esprit: Have I nothing else to think of?
111 33—Notre condition, etc.: *Cf.* Horace—

> Qui fit, Mæcenas ut nemo, quam sibi sortem.
> Seu ratio dederit, seu fors objecerit, illâ
> Contentus vivat?

112 2—A force de placets: By dint of supplications.
112 4—Nous lui romprons, etc.: We shall still go on pestering him with demands.
112 6—En liesse: Rejoicing. From *lætus*. *Cf. chère-lie*, Book iii., Fable 17, page 57, line 16.
112 7—Souci: From L. *solicitare*.
112 9—Allégresse: Lat. *alacris*.
112 12—Ouït: From obsolete verb *ouïr*, to hear.
112 14—Les citoyennes des étangs: *Cf. la gent marécageuse*, Book iii., Fable 4, page 47, line 2.
112 17—Se peut souffrir: Is supportable.
112 19—Marais: From L.L. *mariscus*.
112 22—A mon sens: In my opinion.

FABLE XIII.

112 24—Un manant: *Cf.* Book i., Fable 8, page 7, line 9
112 25—Peu sage: Foolish.
112 29—Transi: Half dead with cold; L.L. *transire*, to perish.
112 29—Perclus: Paralysed; L. *perclusus*.
112 29—Rendu: Incapable of moving. *Rendu* still means worn out with fatigue.
113 1—Le loyer: The recompense; L. *locarium*.
113 5—Engourdie: Petrified, stupefied. *Cf.* Spanish *gordo*; from L.L. *gurdus*, heavy.
113 6—Que l'âme, etc.: A transposition of ideas; fo the animal's fury returned with life.
113 6—Avecque: For *avec (passim)*.
113 9—Et son père: *i.e.*, one who had been as a father to him.
113 12—Vous: Redundant (*passim*).

NOTES—BOOK VI.

Page 113 *line* 12—Cognée: *Cf.* Book v., Fable 1, page 86, line 4.
113   14—Tronçon: From *tronc*, L. *truncus*. The L. *u* into French *o* is very common. *Cf.* fundus, fonds; annuntiare, *annonce*; mundus, *monde*; &c., &c.
113   15—L'insecte: Another instance of La Fontaine's inaccuracy as a zoologist. A serpent is not an insect, but a reptile. *Cf.* the mistake of confusing the camel with the dromedary, Book iv., Fable 10. He often speaks indiscriminately of rats and mice as being the same animal.
113   20—Qui ne: L. *quin*.

FABLE XIV.

Cf. Horace, Epist. i., v. 73.
113   22—De par: By order of; the correct formula for beginning proclamations.
113   24—Fut fait savoir=*il fut fait savoir:* It was made known.
113   29—Foi de lion: *Cf.* Book i., Fable 1, page 2, line 9.
113   34—Les renards, etc.: As the foxes stayed at home.
114   4—Tanière: *Cf.* Book ii., Fable 14, page 34, line 16.
114   8—Grand merci: A thousand thanks! *Merci* is from Lat. *mercedem*.

FABLE XV.

114   17—Manant: *Cf.* Book i., Fable 8, page 7, line 9.
114   17—Oisillons: *Cf.* Book i., Fable 8, page 7, line 10.
114   17—Au miroir: A plan still adopted for attracting larks, by a small mirror fixed near the ground, and made to turn by a string.
114   18—Fantôme: φάντασμα, a deceptive appearance.
114   19—Autour: *Cf.* Book v., Fable 17, page 98, line 10.
114   19—Planant: Hovering, with wings stretched out flat. L. *planus*.
114   24—Ongle maline: A double archaism. *Ongle* is masculine; and the fem. of *malin* is *maligne*, not *maline*.
114   26—Rets: *Cf.* Book ii., Fable 11, page 31, line 16.

FABLE XVI.

115   2—En ce monde, etc.: *Cf.* Book ii., Fable 11, page 31, line 4:—"Il faut autant qu'on peut obliger tout le monde."
115   5—Peu courtois: Disobliging.
115   6—Harnois: *Cf.* Book iv., Fable 13, page 74, line 28.
115   8—Quelque peu: For *un peu (passim)*.
115   9—Devant qu'être=*avant d'être*.
115   10—En: Redundant.
115   11—Moitié: L. *medietas*.

Page 115 *line* 12—Fit une pétarade : Kicked up his heels (in disdain).

115   13—Tant que : Until (inusit.).
115   13—Le faix : L. *fascis*.
115   17—Par-dessus : In addition. The modern expression is *pardessus le marché*.

FABLE XVII.

115   24—Les renvoyer : To refer them.
115   25—Proie : L. *præda*. For the suppression of the Latin *d* in French, *cf.* alauda, *alouette;* laudem, *louer;* and L.L. brodum, *brouet*, etc., etc.
115   26—Pensa se noyer : Went very near being drowned.
115   29—Le corps : *i.e.*, the reality.

FABLE XVIII.

116   2—Le phaéton : *i.e.*, the driver. For this bombastic style, *cf.* Book ii., Fable 10, page 30, line 3 :—

        Un ânier, son sceptre à la main, etc.

116   5—Renowned for the bad state of its roads.
116   8—Adresse là : Sends thither.
116   10—Chartier=*charretier*.
116   11—Déteste : Raves. *Détester* is no longer used as a neuter verb.
116   11—De son mieux : To the best of his ability.
116   13—For *tantôt* followed by *et puis* (instead of another *tantôt*, as we should expect) *cf.* Book ii., Fable 4, page 24, line 33.
116   18—La machine ronde : *i.e.*, the world. *Cf.* Book i., Fable 16, page 15, line 20.
116   22—Hercule, etc. : Hercules likes people to bestir themselves.
116   24—Achoppement : Encumbrance. From *chopper*, which is of German origin, *schupfen*, to stumble against.
116   25—Roue : *rota*.
116   27—Essieu : This word is found in " Amyot" spelt *aissieu*, and by Montaigne *aixieu*, which shows the deriv. from L.L. *axiculus*. *Cf.* Angl. *axle*.
116   28—Et me romps : Second of two imperatives preceded (instead of followed) by the pronoun.
116   29—Ornière : Furrow. The Picard word *ordière* shows the deriv. from L.L. *orbitaria*.
116   30—Fouet : Etym. *fou*, a bunch of beech twigs, with which a birch or whip was constructed. Old form, *fau*, from L. *fagus*.
116   32—Lors la voix : Sub. *dit*.

FABLE XIX.

Page 117 *line* 2—Charlatans : *Cf.* Book ii., Fable 13, page 33, line 17.
117   5—Affronte l'Achéron : Defies death itself.
117   6—Affiche: Proclaims. Lit., sticks up (a bill). *Ficher* is from L.L. *figicare, figere.*
117   7—Un passe-Cicéron : A greater than Cicero.
117   10—Badaud : Ignorant lout. From L.L. *badare*, to gape, which becomes in French *bayer* or *béer* (obsolete), from which remains the word *béant*, gaping, "*bouche béante.*"
117   11—Manant : *Cf.* Book i., Fable 8, page 7, line 9.
117   11—Lourdaud : A lubber. L. *luridus*, dirty, coarse.
117   13—Un âne renforcé : An out-and-out ass.
117   14—Maître passé : A perfect master (of rhetoric). *Cf.* Book iii , Fable 5, page 48, line 2.
117   15—Soutane : Ital. *sottana.*
117   16—Le prince : The king.
117   18—Roussin : Donkey, from German *ros*, a horse.
117   18—Arcadie : Arcadia, renowned for its asses. Juvenal—"Arcadico juveni." *Cf.* Angl. (fam.) "Jerusalem pony."
117   23—Sur les bancs: *i.e.*, a doctor of rhetoric.
117   25—Guindé la hart au col : Dragged with a rope round his neck. Guinder is from Old German *windan*, to hoist.
117   25—Hart, harde : A cord. Origin unknown.
117   28—Potence : Gallows. The original meaning of *potence* was a crutch, support, from L. Lat. *potentia*, used in this sense in the Middle Ages.
117   30—Prestance : Noble bearing, demeanour. Lat. *præstantia.*
117   31—Assistance : The company present.
117   32—Au long : At length.
118   4—De trois l'un = *un sur trois.*

FABLE XX.

118   7—Là haut : Up there ; *i.e.*, in Olympus.
118   11—Que-si-que-non : "I say, yes ! I say, no !" the personification of Dispute.
118   12—Tien-et-mien : Personification of Property.
118   15—A celui, etc. : *i.e.*, our antipodes.
118   18—N'ont que faire : Have nothing to do with, no dealing with.
118   19—Pour la faire trouver, etc. : So that she might betake herself to those places where necessity demanded her presence. (The goddess) Renown took care to apprise her beforehand.
118   23—Prévenait la Paix : She got there before Peace could arrive.

Page 118 *line* 29—Un séjour affecté : A settled abode.
  118 35—Assinée : Old French for *assignée*.
La Fontaine was evidently inspired by his own family difficulties in writing this fable.

FABLE XXI.

119	2—Ne va point : Does not take place.
119	10—Fait fuir : Puts to flight.
119	12—C'est toujours, etc. : It is always the same song, the same story.
119	14—Il n'en est rien : It is not the fact.
119	21—Fait le voyage : *i.e.*, dies.
119	26—Qu'a besoin le défunt : How is the departed one benefited?
119	27—Il est des vivants : There are living ones.
119	35—Sa disgrâce : Her loss.
120	3—Deuil: *Cf.* Book v., Fable 18, page 99, line 11.
120	3—Sert de parure: Is turned into a means of ornament.
120	4—Atours : Dress, finery, etc.
120	9—La fontaine de Jouvence : A fountain supposed to possess the quality of making old people young.

EPILOGUE.

120	18—La fleur : Angl., "the cream."
120	19—Il s'en va temps : It is high time.
120	25—Psyché : A long work of La Fontaine's, in prose and verse.
120	25—Damon : Under this pseudonym La Fontaine designates Fouquet, to whom he addressed "Psyché."

BOOK VII.

121	1—Madame de Montespan : Françoise Athénaïs de Rochechouart de Mortemart, Marquise de Montespan, née en 1641, morte en 1707.
121	5—Tous tant que nous sommes : All of us. *Cf.* Book i., Fable 7, page 6, line 28.
121	8—Charme: From L. *carmen*, enchantment. This change from Latin *c* into French *ch* is very common. *Cf.* campus, *champ* ; cardonem, *chardon* ; castanea, *châtaigne* ; caulis, *chou* ; etc., etc.
121	11—A son gré : Whithersoever it pleases.
121	15—Où : In which.
121	16—Appui: From *pui*, from L. *podium*, a word used by Pliny for base, pedestal, support. For Latin *v* into French *ui cf.* hodie, aujourd'*hui* ; modium, *muid*, etc.

NOTES—BOOK VII.

Page 121 *line* 17—Franchir les ans: Pass over, live for many years (without suffering from the ravages of time).
121   18—Après lui: After his death.
121   21—Il n'est beauté: There is no beauty.
121   23—Que vous = *si ce n'est vous*: If you do not.
121   28—Un plus grand maître: *i.e.*, Louis XIV.
121   32—Désormais: In Old French *dès ore mais*. L. *de ipsâ horâ magis*.
122   5—Ce mensonge: Fiction.

FABLE I.

122   18—On n'en voyait point, etc.: None were seen (*i.e.*, none gave themselves the trouble) to endeavour to prolong a wretched existence.
122   20—Mets: From *missum*, something sent. *Cf. ferculum*, from *ferre*.
122   21—Epiaient: Spied out, watched for. *Epier* (formerly *espier*) is of German origin, *spehen*. Ang. spy. *Cf. éperon*, spur; *épice*, spice; *étable*, stable; etc.
122   24—Plus d'amour, etc: There was no more love, consequently no more joy. For *partant cf.* Book i., Fable 17, page 16, line 8.
122   28—Que: Sign of the imperative—" let."
122   30—Guérison: *Guérir* (or *guarir*) originally meant to protect, which would show its deriv. from Old German *warjan*, to protect.
122   31—Accidents: Calamities.
122   35—Glouton: From L.L. *glutonem* (same meaning).
123   1—Force: Many.
123   7—Selon: Old form, *selonc*, *sullunc* Etym., L. *sub longum*.
123   10—Font voir; Show.
123   11—Canaille: *Cf.* Book i., Fable 19, page 18, line 14.
123   13—Croquant: *Cf.* Book ii., Fable 12, page 32, line 2.
123   18—D'applaudir: For this infinit. *cf.* Book ii., Fable 14, page 34, lines 18, 19.
123   20—Puissances: Powerful animals.
123   22—Mâtin: Mastiff; formerly *mastin*, from L.L. *mansatinus*, house-dog; *mansum*, house.
123   23—Au dire de chacun: According to what each one said (of himself).
123   25—Qu'en un pré, etc.: Transpose—*que passant en un pré*.
123   26—L'occasion: The opportunity.
123   29—Net: The adj. for the adverb. Distinctly, clearly.
123   30—On cria haro: They raised the hue-and-cry. A Norman expression of which the origin is doubtful.

Page 123 *line* 31—Quelque peu clerc : Who was somewhat of a scholar. The *clerc* (clericus). All science formerly was the exclusive prerogative of the ecclesiastics.

123   33—Pelé: Mangy, from L. *pilare*.
123   33—Galeux : Scurvy fellow. From L. *callus* (Eng. callous), hard skin with the hair rubbed off.
123   37—On le lui fit bien voir : They soon made him see that.

FABLE II.

124   4—Que le bon, etc., etc. : If what is good always accompanied what is beautiful, I would look out for a wife to-morrow. (Curious exclamation in the mouth of a married man !)
124   6—Entre eux : *i.e.*, between "the good" and "the beautiful."
124   7—Hôtes d'une belle âme : Which lodge a good heart within them.
124   8—Assemblent l'un et l'autre point : Possess both qualities.
124   15—Parti : Plan.
124   20—Puis du blanc, etc. : First white, then black, then something else (*i.e.*, never two minutes together of the same mind).
124   21—A bout : Distracted ; at his wits' end.
124   22—Monsieur, etc : These words are spoken by the wife.
124   25—Lutin : Plague. (Etym. unknown.)
124   26—Vous : Redundant (*ut passim*).
124   28—Philis : Synonym for country lass.
124   33—Votre fait : To your mind.
124   34—Assez : Pretty well.
125   2—Je leur savais bien dire : I told them so pretty clearly. *Cf.* Book iii., Fable 2, page 45, line 16 :—"*Ménénius le sut bien dire.*"
125   4—Tout à l'heure : At once.
125   5—Hargneux : Ang. (fam.) cantankerous. The obsolete French verb *hargner* is derived from Old German *harmjan*, to dispute.
125   6—Le monde : People.
125   12—Que vous voulez qui soit : Whom you wish to remain. This construction, common in the seventeenth century, is no longer used.
125   14—Et qu'il m'en prenne envie : And if I feel any inclination to do so (*i.e.*, recall you).
125   15—Puissé-je : Heaven grant that I may.

FABLE III.

125   19—Les Levantins : The people of the East (the Levant).

Page 125	line 22	—Tracas : Worry and troubles of the world. This word is cognate with *traquer*, to surround a wood so as to capture game, from Dutch *trekken*, to draw.
	125	26—Il fit tant : He managed so well, worked so hard.
	125	28—Le vivre : For the infinitive used substantively *cf.* Book viii., Fable 2, page 149, line 13.
	125	30—A ceux, etc. : To those who devote themselves to this service.
	125	32—Peuple rat, and 35, Peuple chat : Locution peculiar to La Fontaine.
	125	33—Aumône : In the eleventh century *almosne* from *eleemosyne*.
	126	1—Ratopolis : The city of the rats.
	126	9—Reclus : One shut out from the world. L. *reclusus;* Ang. *recluse.*
	126	15—Qui designé-je ? : Remark the accent on the final *é* of *désigne*, always placed on the final syllable of a word of the first conjugation, when preceding *je* in an interrogative sentence, for the sake of euphony.

FABLE IV.

	126	21—Le héron, etc. : The heron with the long beak terminating a long neck. *Emmanché (manche,* manica), lit. handled = having as a handle. The etymology of *héron* is curious. The Old German word was *heigro*, from which came in L. L. *aigronem*—written *aironem* in the tenth century—thence French *hairon*, and later on *heron*. For the suppression of the *g cf.* niger, *noir;* integer, *entier*, &c., &c.
	126	23—Aussi que : Just as.
	126	24—Ma commère, and (25) compère : Gossip.
	126	26—En eût fait son profit : Might have made a meal of them.
	126	29—Qu'il eût : Until he should have.
	126	30—Il vivait de régime : He lived by a strict rule (of diet).
	127	2—Tanche : From L. *tinca* ; for change of L. *c.* into French *ch, cf.* campus, *champ;* caput, *chef;* caro, *chair*, &c., &c.
	127	3—Mets : *Cf.* Book vii., Fable 1, page 122, line 20.
	127	5—Comme le rat, etc. :—

Tangentis male singula dente superbo.—Hor. Sat. ii., vi. 87.

| | 127 | 7—Chère : Cheer. *Chère* originally meant "countenance"—*faire bonne chère* = bon acceuil. |
| | 127 | 8—La tanche rebutée : *Cf.* Lat. *abl. abs.*, or Greek *gen. abs.* |

Page 127 *line* 9—C'est bien là, etc. : A pretty dinner that for a heron !
127   10—J'ouvrirais pour si peu le bec : Do you think I'm going to open my beak for such a mouthful !
127   11—Tout alla de façon : Matters "went" in such a manner.
127   16—Ce : Redundant.
127   18—Gardez-vous : Take good care not.
127   19—Votre compte : What you want = require.

FABLE V.

127   24—Fière : *Cf.* Book ii., Fable 1, page 22, line 2
127   25—Prétendait : Hoped, expected.
127   31—De la pourvoir : To furnish her with what she required.
127   32—Il vint, etc. : Excellent matches offered themselves.
127   33—Chétif : *Cf.* Book i., Fable 3, page 3, line 13.
127   34—Quoi ! moi ! etc. : What ! I take such people as that !
127   34—L'on radote : People don't know what they are talking about. Old form, *re-doter ; doter* is of German origin, *doten. Cf.* Angl. *dote, dotard* (Scot. *dottle*).
128   1—Ils font pitié : They excite my pity.
128   2—Voyez un peu, etc. : A pretty sort of people, indeed !
128   6—Les précieuses : Fine ladies. The *Précieuses* were a society of ladies who met at the Hotel de Rambouillet to discuss matters of taste, and to reform and purify the language. Voltaire tells us that the name was formerly an honourable one, till their extravagances were ridiculed by Molière in his "Précieuses Ridicules," first played Nov. 18, 1659.
128   7—Dessus tout = *pardessus tout* (inusit.)
128   10—Elle de se moquer : For this infin. *cf.* Book ii., Fable 14, page 34, lines 18, 19.
128   12—Fort en peine, etc. : Very much perplexed to know what to do with myself.
128   15—Se sut gré : Congratulated herself. *Cf.* Gr., εἰδέναι χάριν.
128   16—Déchoir : Fall off (in looks and attractions).
128   19—Déloger quelques Ris, etc.: For these three symbols of youth and happiness, often joined together by La Fontaine, *cf.* Book vi., Fable 21, page 120, lines 5, 6.
128   21—Puis cent sortes, etc. : Supply "she had to employ."
128   21, 22—Faire qu'elle échappât : Enable her to escape.
128   22—Larron : Lat. *latronem*.

NOTES—BOOK VII.

Page 128 *line* 24—Que n'est, etc. : Why cannot this same expedient be applied to the ruins of a countenance? *Cf.* Racine—

    Pour réparer des ans l'irréparable outrage.

128   26—Sa préciosité : Our fine lady! A word coined by La Fontaine, as *son excellence! sa majesté! sa seigneurie!*

128   32—Malotru : An awkward, ugly fellow. Old form, *malostru*, from *malestru*; in Provençal *mal-astruc* and *benastruc*, from L. L. *astrutus*, born under the influence of a star (*astrum*), good or bad.

FABLE VI.

128   34—Au Mogol : *i.e.*, in India. The *mogol* is properly the Mogul, Emperor of India.

128   34—Follets : Sprites. Angl. "good people." Etym. *follis*, from the idea of swelling out the cheeks like a bellows, grimacing.

129   12—Pour plus de marques, etc. : To give further proof of his zeal.

129   13—Il se fût arrêté : He would have remained.

129   17—Firent tant : Bestirred themselves so much. *Cf.* Book ii., Fable 11, page 31, line 18.

129   17—Le chef de cette république : The head of this republic (*i.e.*, of spirits).

129   19—Le changea, etc. : Soon made him change his quarters.

129   23—Et d'Indou, etc. : And from being a Hindoo they made a Laplander of him (*vous* redundant). *Cf.* Book ii., Fable 18, page 37, lines 27, 28.

129   27—Arrêter = *M'arrêter*.

129   31—Sans plus : *Cf.* Book iii., Fable 18, page 59, line 6.

129   35—Finance : Etym. Old French *finer*, *mener à fin*, *conclure—i.e., payer*.

129   37—Crève : L. *crepare*. For Latin *p* or *b* into French *v cf.* ripa, *rive*; lepus, *lièvre*, etc.

129   37—Chevance : Property. *Cf.* Book iv., Fable 20, page 81, line 4.

130   1—Tous deux : They are both as perplexed as ever man was.

130   11—Médiocrité : "Aurea mediocritas." Hor., Carm. ii., 10, 5.

130   14—Chanceux : Unlucky. *Cf.* Molière's "Femmes Sav.," Act ii., sc. 5. :—

    MARTINE.—Me voilà bien chanceuse.

130   19—Largesse : From L. L. *largitia*.

130   20—Sur le point : On the point (of doing so).

FABLE VII.

Page 130 line 24—Sa majesté lionne : His Leonine Majesty.
130   29—Circulaire, formerly an adjective, has now become a substantive, as in Engl. (a circular).
130   30—Sceau : Old form, *scel*, from Ital. *sigillo*, Lat *sigillum*.
130   31—Un mois durant : *Durant* is the only preposition in French that can be put *after* its subst.
130   32—Cour plénière : A court held on grand occasions, such as a festival or tournament.
130   34—Fagotin : Name of a well-known *ape* then in Paris. Angl. *Jacko*.
131   2—Louvre : A palace. Etym. L.L. *lupara, lupera;* signification doubtful.
131   5—Il se fût, etc. : He would have done wisely to abstain from making such a face.
131   7—L'envoya, etc. : Sent him down to Hades, to be fastidious there if he liked (*i.e.*, killed him).
131   11—Il n'était ambre, etc. : No amber, no flower, but was mere garlic compared to this perfume (*ail*, L. *allium*).
131   14, 15—Ce monseigneur du lion-là, etc. : My Lord Lion there was evidently a relation of Caligula.
131   16—Or ça : Look you now!
131   18—De s'excuser : For this infinitive *cf.* Book ii., Fable 14, page 34, lines 16, 17.
131   19—Il ne pouvait que dire : He could not possibly give an opinion.
131   20—Bref, il s'en tire : In short, he gets out of the dilemma.
131   23—Fade : L. *vapidus;* for Latin *v* into French *f cf. brevis*, bref; *bovem*, bœuf; *ovum*, œuf; &c., &c.
131   24—En Normand : The Normans were remarkable for their astuteness. *Cf.* Book iii., Fable 11, page 53, line 9.

FABLE VIII.

131   26—Emute, for *émeute*, for the sake of the rhyme—as *treuve* is often found for *trouve*.
131   29—Mène à sa cour : Brings in its train (*i.e.*, the swallows).
131   29—La feuillée : The leafy bowers.
131   32—Que la mère d'Amour, etc. : Which Venus harnesses to her car (*i.e.*, the doves).
131   34—Retors : L. *retortus*.
131   34—Serre : *Cf.* Book v., Fable 20, page 101, line 8.
132   1—Il plut du sang : It (actually) rained blood.
132   4—Maint : *Cf.* Book i., Fable 5, page 5, line 1.
132   6—Because there would be no more vultures left to feed on his liver.

NOTES—BOOK VII.

Page 132 *line* 9—Ruses: The etym. of this word is Old French *reüser*, to turn and twist about, as game does to avoid capture. Provençal *reusar*; L. *recusare*.
132   12—De peupler, etc.: To fill the air which is breathed by the shades below (*i.e.*, Hades).
132   13—Tout élément, etc.: Every element contributed its share of denizens of the infernal regions.
132   17—Au cou changeant: With necks painted in varying hues; *i.e.*, "shot," like the colours on the necks of pigeons.
132   20—Le peuple pigeon: *Cf.* page 131, line 33, *le peuple vautour*.
132   22—Plus ne se chamaillèrent: No longer disputed. Etym. uncertain. M. Littré suggests *camail* or *chamail*, head armour; to knock on the head—quarrel (?)
132   23—Trêve: Old form *trive*, of German origin, *triggua*, security.
132   28—Bourgades: Dim. of *bourg*, small towns, villages, hamlets.
132   31—Tenez toujours, etc.: "Divide ut imperes."

FABLE IX.

133   2—Sablonneux: From Lat. *sabulonem*.
133   4—Coche: Properly a *barge* (L.L. *concha*, shell); thence from meaning a water-carriage came the idea of a land-carriage.
133   6—L'attelage: The horses; from *atteler*, to harness. The etym. of *atteler* is uncertain. M. Littré suggests *astellare*, from *astele*, the horse-collar.
133   6—Etait rendu: Was worn out with fatigue.
133   7—Mouche: L. *musca*.
133   11—Timon: L. *temonem*.
133   15—Fait l'empressée: Plays the busybody.
133   20—A se tirer d'affaire: To get out of the mess.
133   23—C'était bien de chansons, etc.: A pretty time that for singing songs.
133   28—Dans la plaine: On level ground.
133   32—Ils font partout, etc.: They everywhere make themselves out as being indispensable.

FABLE X.

134   2—Perrette: Name for a village girl.
134   3—Coussinet: Little cushion (to place on the head); from *coussin*, L.L. *culcitinum*; dim. of *culcita*, a mattress.
134   4—Prétendait: Hoped, expected.
134   5—Court vêtue: The adj. *court* used adverbially does not take the fem. termination.

Page 134 *line* 7—Cotillon : Dim. of *cotte* ; from Old French *cote*, a word of Old German origin, *kott* (Ang. coat, petticoat).

134 7—Souliers plats : *i.e.*, with low (or no) heels.
134 8—Troussée ; "Tucked up"; from Old French *torser*, to make up into a bundle or packet ; L.L. *tortiare (torqueo)*.
134 11—Un cent : " A hundred "; a collective numeral, like *une douzaine, une vingtaine*.
134 11—Faisait triple couvée : Got her hens to hatch a triple brood.
134 12—Allait à bien : Went well ; *i.e.*, succeeded.
134 17—Son : Bran ; from Spanish *soma ;* Lat. *summum ; i.e.*, that which comes to the top in winnowing.
134 21—Vu le prix dont il est ; Considering the price that it (*i.e.*, pork) fetches.
134 23—Transportée : (*i.e.*, with joy).
134 25—La dame de ces biens : The lady (who had considered herself possessor) of all these goods.
134 25—Marri : Sad, mournful ; participle of the obsolete word *marrir*, to make sad (Old German *marjan)*. Molière uses it — *et mari trèsmarri*.
134 29—Le récit, etc. : The story of it was told *(en farce)* in a funny form.
134 31—Ne bat la campagne : Does not sometimes go astray.
134 32—Châteaux en Espagne : Angl. castles in the air. The origin of this expression (found in the "Roman de la Rose ") is unknown.
134 33—Picrochole : A character in Rabelais' "Gargantua."
134 33—Pyrrhus : King of Epirus, who in his conversation with Cyneas declared his intention of laying siege to (and taking) Rome, Italy, Sicily, and Carthage, one after the other.
135 1—Chacun songe en veillant : Everyone has waking dreams.
135 6—Je m'écarte : I go astray from my path (in the search of adventures).
135 6—Le sophi : The Schah of Persia. *Cf.* Shakespeare, " Merchant of Venice," act ii., scene 1 : " By this scimitar that slew the Sophy."
135 10—Gros Jean : Plain John ! An expression found in Rabelais, particularly applicable to *Jean* de de la Fontaine.

FABLE XI.

Madame de Sévigné tells us that when M. de Boufflers was being buried, the carriage in which the corpse was being carried (and in which the curé was seated) upset, and the coffin actually fell upon and killed the curé.

Page 135 *line* 13—Gîte : *Cf.* Book ii., Fable 8, page 27, line 14.
135   18—Bière : More properly the "bier" than the "shroud." Etym. an old German word, *bâra* (bier):
135   23—Maintes : *Cf.* Book i., Fable 5, page 5, line 1.
135   25—Répons : Responses. (Ecclesiast.)
135   27—On vous en donnera, etc. : You shall be served to your heart's content.
135   29—Messire Jean Chouart : The "parson." A name given by Rabelais to a gold-beater, and misapplied by La Fontaine to a *curé*.
135   33—Cire : *i.e.*, wax candles to burn round the coffin.
135   34—Menus : *Cf.* Book i., Fable 18, page 17, line 20.
135   35—Feuillette : Small cask of wine. Deriv. uncertain. Du Cange suggests *fialette* or *fiolette*, dim. of *fiole*, L. *phiala*.
136   6—Un heurt : A collision. An obsolete word, from which *heurter* is derived. La Fontaine employs it again, Book x., Fable 1, page 211, line 35.
136   9—En plomb : *i.e.*, in his leaden coffin.

FABLE XII.

136   26—Courroux : Anger. From Old French word, *corrot*, Provençal *corroptz ;* It. *corrotto*, L.L. *corruptum*, ruin, "despair," sadness. Thence "anger" (Brachet).
136   28—*Cf.* Sixtus V.
136   33—Le repos : La Fontaine never loses an opportunity of extolling the sweets of repose and sleep.
137   2—En use ainsi : Always acts in that manner.
137   3—Couple, masc., means a couple or pair ; couple, fem., simply "two."
137   13—De dormir : The height of happiness according to La Fontaine.
137   17—Bizarre : Capricious. From Span. *bizarro*, valiant, hasty, irritable. The construction here is involved. Place *devait* after *la déesse bizarre*, and the sense is clear.
137   20—Au coucher, au lever : At the king's going to bed, and rising (when courtiers were admitted).
137   27—Héberger : To put up, lodge (verb trans.). The old form was *herberger*, from German *herbergen*.
137   32—Surate : Surat, a town in India famous for its riches.

358 NOTES—BOOK VII.

Page 137 *line* 34—Ames de bronze: Oh! hearts of bronze! *Cf.* Horace, Odes I., 3, 9:—

> Illi robur et æs triplex
>   Circa pectus erat, qui fragilem truci
> Commisit pelago ratem
>   Primus.

138	7—	Au Mogol: *i.e.*, India.
138	8—	Pour lors: At that time.
138	15—	L'avait été: The proper construction would be *ne l'avait été*.
138	17—	Qu'il avait, etc.: Place *quitté* before *village*.
138	22—	Ouï-dire: Hearsay. From old verb, *ouïr*.

FABLE XIII.

139	2—	Même: Should be written with an *s*; a grammatical fault, but with *mêmes* the verse would not scan!
139	5—	La gent qui porte crête: The crested tribe, *i.e.*, cocks and hens.
139	10—	Ses amours: *i.e.*, the object of his love.
139	10—	Fier: *Cf.* Book ii., Fable 1, page 22, line 2.
139	14—	S'exerçant contre les vents: Striving with the winds as with an imaginary rival.
139	17—	S'alla percher=*alla se percher*.
139	18—	Vautour: L.L. *vulturius, volturius*.
139	20—	Orgueil: Pride, haughty bearing. It. *orgoglio*; Old German, *orgel*.
139	21—	Par un fatal retour: Retribution brought about by fate.
139	23—	Faire le coquet: To play the gallant. *Coquet* originally meant vain as a *coq*.
139	24—	Je laisse à penser, etc.: I leave you to imagine what a chattering (clucking) there was.
139	24—	Caquet: Onomatop.

FABLE XIV.

139	34—	For suppression of first *ni cf.* Book ii., Fable 11, page 31, line 21.
139	34—	Gouffre: Originally *golfre*; It. *golfo*; Gr. κόλπος.
139	34—	Péage: Toll, right of passage. From It. *pedaggio*; L.L. (tenth century) *pedaticum*, from *pedem*, which gives the idea of passage.
140	2—	Atropos: The fate which cuts the thread of life.
140	5—	Facteurs: Agents.
140	6—	Cannelle: Cinnamon. From *canne*.
140	8—	Le luxe et la folie: *i.e.*, of his customers.
140	9—	Bref: In a word.
140	9—	Escarcelle: *Cf.* Book iv., Fable 4, page 64, line 22.

NOTES—BOOK VII.

Page 140 *line* 10—Ducats : It. *ducato*, because stamped with the effigy of the reigning *duke* or prince.
140   11—D'avoir : Historic infinitive. *Cf.* Book ii., Fable 14, page 34, lines 18, 19.
140   12—Jeûne : Jejuno.
140   13—Un sien ami : A friend of his.
140   14—Ordinaire : Every-day fare.
140   17—A propos : At the right time.
140   20—Ne lui vint à souhait : Succeeded according to his wishes.
140   22—Frété : From *fret*, which is from an Old German word, *freht*, the hire of a ship.
140   24—Corsaire : From Provençal *corsari*, those who run a *corsa*=privateers.
140   26—Débit : Sale. L. *debitum*.
140   29—Chère-lie : *Cf.* Book iii., Fable 17, page 57, line 16. *Chère* is from *cara*, a word used for "face" by Corippus in the sixth century—

> Postquam venere verendam
> Cæsaris ante caram.
>   "De Laudibus Justini," lib. ii.

140   30—Mis : Expended.
140   32—Equipage : Plight. *Equiper* means to rig out a ship, provide it with all that is necessary. Etym., Gothic *skip*; Ang. *ship* (?)
140   35—Tout au moins : At least. (Inusit.)
141   4—Chose=*aucune chose*.

FABLE XV.

141   9—La vogue : From It. *vogare*, to float.
141   11—Prévention : Prejudice.
141   12—Cabale : A word of Hebrew origin, *kabala*, traditional doctrine, which came to mean in the Middle Ages the mysterious science of communicating with supernatural beings.
141   15—Faisait la pythonisse : Played the priestess of Apollo.
141   17—Perdait-on : If anyone lost.
141   17—Chiffon : A rag. Etym. doubtful; perhaps from *chiffer*, same as *chipper*, to cut into small pieces. Angl. *chip*.
141   20—Devineuse : Observe the three forms, *devineresse*, *devineuse*, and *devine*, for the same word.
141   22—Son fait : Her trade.
141   25—Faisait crier miracle : Made people exclaim that it was a miracle.
141   26—Ignorante à vingt et trois carats : As ignorant as it was possible to be—excessively ; as gold of 23 carats is of the purest.
141   28—Dedans=dans (*passim*).

Page 141 *line* 28—Galetas : Hovel. Deriv. uncertain ; some say from Galata, a part of Constantinople, also a tower in that city ; *thence* any room !

141   32—Un office : A place, *officium*. The fem., *une office*, a pantry, is from *officina*.

142   1—Gros messieurs : Fine gentlemen. *Cf.* " Plaideurs," act i., sc. 1 :—
        Monsieur de Petit Jean, ah ! *gros* comme le bras.

142   4—Achalandé : Brought custom to. From *chaland*, a flat boat (in which merchandise was carried). L.L. *chelandium* ; Gr. χιλάνδιον.

142   5—Eut beau faire, etc. : It was of no use what she said or did.

142   6—Devine=devineuse, devineresse. *Cf. supra.*

142   7—Ma croix de par Dieu : My prayers.

142   8—Point de raisons : Reasons were useless.

142   8—Fallut=*il fallut.*

142   11—Equipage : *Cf.* preceding Fable, page 140, line 32.

142   13—Tout sentait, etc. : Everything smacked of witchery and the supernatural. For *sabbat cf.* Book ii., Fable 2, page 23, line 12.

142   14—Quand cette femme, etc. : Even supposing this woman had spoken the truth.

142   16—La vogue était passée au galetas : The fashion followed the hovel.

142   18—Se morfondit : Waited in vain for customers. Lit., grew cold with waiting. The real meaning of the word is *morve-fondre* (glanders).

142   19—Chalandise : Custom. *Cf. supra, achalander.*

142   20—Dans le palais : In the law courts.

142   21—Gagner gros : Get large fees.

FABLE XVI.

142   26—Belette : *Cf.* Book ii., Fable 5, Page 25, line 10.

142   27—Rusée : For etym. of *ruse cf.* Book vii., Fable 8, page 132, line 9.

142   33—Jeannot lapin : Master Johnny Rabbit. Jean Lapin (*see* line 26 next page) is a common name for a rabbit. Angl. bunny.

143   4—Que l'on déloge sans trompette. Be off ! and be quick about it too. *Cf.* Book iv., Fable 22, page 84, line 33.

143   10—Et quand ce serait : And even supposing it were.

143   12—Octroi : The right of possession. From L.L. *auctoricare, auctorare.*

143   20—Or bien : Very well then.

143   21—Rapportons-nous : Let us refer the matter.

143   21—Raminagrobis : Tabby ; a name for a cat found in Rabelais. Etym. doubtful. In a burlesque of the 16th century the councillors of

NOTES—BOOK VII.

the Parliament of Rouen are called "gros raminas grobis." *Ramina* signifies *cat*; *rominer*, to purr (Berry) ; *grobis*, self-important.

Page 143 line 23—Chattemite : *Catta mitis*.
143   26—L'agrée : Accept him as arbitrator.
143   28—Sa majesté fourrée : His Furry Majesty.
143   29—Grippeminaud : Master Tom. (*Gripper*, to seize.)
144   32—A portée : Within reach.
143   35—Mit d'accord : Brought to terms.

FABLE XVII.

144   5—Queue : A fallacy, repeated in line 12
144   10—Pour le pas : For precedence.
144   14—Mainte : *Cf.* Book i., Fable 5, page 5, line 1.
144   16—Croit-elle, etc. : Does she think that I will consent to be treated (*en user*) always so !
144   32—Souhait is from an obsolete word, *haiter*, from Scandinavian *heit*, a wish, desire.
144   33—La guide : *Guide* is no longer used in the fem. to signify "a guide"; it means "rein."
144   35—Four : Old form *for*, from Ital. *forno*, L. *furnus*.
144   36—Donnait : Ran up against.

FABLE XVIII.

This fable is founded upon fact. A certain Sir Paul Neal, member of the Royal Society of London, had discovered an elephant in the moon, which turned out to be a mouse that had got into the telescope.

145   4—Un philosophe : *i.e.*, Democritus.
145   6—Un autre philosophe : Epicurus.
145   7—Ils = *nos sens*.
145   10—Tant que : So long as.
145   13—Le milieu : The atmosphere.
145   23—La refers to *sa distance* in the preceding line.
145   24—J'épaissis sa rondeur : I give thickness—solidity—to its round form.
145   26—Bref, etc. : In a word, I give the lie to my own eyes in its entire composition.
145   32—Ni mon oreille = *ni avec mon oreille*.
146   1—Moyennant : By means of.
146   3—Leur rapport : Their testimony.
146   11—Naguère = *il n'y a guère* : It is not so very long ago.
146   14—De crier : Hist. infinitive. *Cf.* Book ii., Fable 14, page 34, lines 18, 19.
146   19—Ces hautes connaissances : *i. e.*, astronomy.
146   23—Peuple heureux : *i.e.*, the English.
146   23—François : To rhyme with *emplois*. It was always pronounced so up to the sixteenth century.
146   30—Les Filles de Mémoire : The Muses.
146   33—Charles : Charles II.

Page 146 *line* 35—A ces jeux : The game of war.
146   37—Que d'encens : What incense would be burnt in his honour !
147   2—O peuple trop heureux : This was at the time of the Peace of Nimeguen (1677), when England, alone unharassed by war, was chosen arbiter by the nations of the Continent.

BOOK VIII.

FABLE I.

This Fable is considered by M. Walchenaer, a famous commentator of La Fontaine, to be among his best, if not his masterpiece. The sentiments expressed in it are certainly of a higher moral nature than in most of the fables.

147   8—S'étant su lui-même avertir : Having had the good sense to foresee for himself.
147   9—Se doit résoudre : Transpose—*doit se résoudre.*
147   12—Il n'en est point, etc. : There are none (*i.e.*, no hours, days, or moments) that it (*i.e.*, *ce tems*, line 10) does not include in the fatal tribute which it levies on all.
147   14—Et le premier instant : *Cf.* Horace, Od. i., 4, 13—

> Pallida mors æquo pulsat pede pauperum tabernas Regumque turres.

And Malherbe : "La garde qui veille aux barrières du Louvre n'en " (*i.e.*, from death) "défend pas nos rois."

147   22—Il n'est rien, etc. : There is nothing less ignored = better known ; nothing of which we are so certain.
147   23—Die for *dise* (*ut passim*).
147   27—Tout à l'heure : At once. In modern French it means a little time ago, or by-and-by.
147   30—Au pied levé : Straight off ; without any warning. *Lever le pied* (fam.) means to depart, be off.
148   2—Arrière-neveu : Properly, grand-nephew. Line 12 (same page), however, shows it to mean here grandson.
148   9—Ce dis-tu : *Ce* is redundant. *Cf.* Book v., Fable 3, page 88, line 28, *ce dit-on.*
148   10—Qui te disposât, etc. : To prepare you for the event.
148   14—Du marcher, etc. : Of walking and motion. For the infin. used substantively *see* next Fable (next page), line 14, *le manger et le boire*
148   16—Plus : No more

Page 148 *line* 19—Ne te touchent plus : Concern you no more.
148   24—Il n'importe, etc. : It is of no importance to the state.
148   27—Ainsi que d'un banquet : *Cf.* Horace—
           Ut conviva satur.
       And Lucretius—
           Cur non ut vitæ plenus conviva recedis !
148   28—Et qu'on fît son paquet : (fam.) And that one should pack up one's traps (and be off).
148   30—Ces jeunes : The adj. used as a *subst.*
148   34—J'ai beau te le crier : It is of no use my dinning it into your ears.
148   35—Le plus semblable, etc. : He who most resembles the dead (from age) feels the greatest reluctance to die.

FABLE II.

149   2—Savetier : Cobbler ; from *savate*, an old shoe. It. *ciabatta, ciavatta ;* Basque *zapata*, a shoe.
149   6—Tout cousu d'or : Lit., all sewn with gold ; made of gold.
149   8—Finance : From an obsolete French word *finer*, to bring to an end, terminate, and so, pay up.
149   13—Le dormir, le manger, le boire : This Greek infinitive used substantively is of constant occurrence in La Fontaine.
149   16—Or çà : Look you here !
149   19—Gaillard : Merry. Etym. doubtful. Diez suggests the Celtic *gall*, force ; *galach*, courage.
149   20—Je n'entasse guère : I am not in the habit of accumulating.
149   22—J'attrape, etc. : I make both ends meet.
149   26—Honnêtes : Fair, decent, respectable.
149   28—Chômer : To lie idle. Etym. *chaume*, Καῦμα, heat of the day, when one ceases work.
149   30—Prône : Sermon. Lat., *præconium*, proclamation.
149   31—Naïveté : From *nativus.* The original sense of *naïf* is *native ;* thence one born on the soil, a serf, peasant ; and so, ignorant, coarse, stupid.
149   32—Je vous veux mettre, etc : I wish to place you this very day on the throne ; *i.e.*, elevate you to the highest pinnacle of wealth and enjoyment.
150   7—Soupçon : The original form of this word, *soupeçon* or *souspeçon*, shows its deriv. *suspicari.*
150   8—Il avait l'œil au guet : He was on the watch. *Guet*, from Old German *wahtan ;* Modern, *wacht.*

Page 150 *line* 11—S'en courut: Obsolete for *courut*.
150   12—Somme, masc., *somnus;* somme, fem., *summa*.

FABLE III.

150   15—N'en pouvant plus : Reduced to the last extremity.
150   17—Alléguer, etc : M. de Calonne, replying to Marie Antoinette, who asked a service of him, said "Madame, si c'est possible, c'est fait ; si c'est impossible, ça se fera."
150   19—De tous arts : With all sorts of (different) systems.
150   21—Lui vient : For *il lui vient*, impersonal; otherwise the sense would have required *viennent*.
150   23—Coi : *Quietus*.
150   24—Daube ; Bespatters ; *i.e.*, accuses. *Dauber* originally meant to strike ; Old German, *dubban*.
150   25—Tout à l'heure : At once (*passim*).
150   28—Lui faisait cette affaire : Was getting him into this scrape.
150   30—Ne m'ait à mépris, etc. : Has made out that it is from contempt (want of respect) that I have put off paying you my homage.
150   32—Pèlerinage : *Pèlerin* is from *peregrinus*. For *r* Latin into French *l*, *cf.* altare, *autel ;* fragrare, *flairer ;* cribrum, *crible*.
151   1—A bon droit : With good reason.
151   2—Vous ne manquez, etc. : The only thing you require is heat.
151   8—Messire : For *monsieur*. As Book iii., Fable 2, *Messer Gaster*.
151   10—Goûte : Highly approves of.
151   16—Le mal, etc. : You do each other four times as much harm as good.
151   17—Daubeurs : *See* preceding page, line 24.

FABLE IV.

M. de Barillon, to whom La Fontaine dedicates this fable, was the intimate friend of Mme. de Sévigné, Mme. de Grignan, and Mme. de Coulanges. He had been chosen by Louis XIV. to be sent as ambassador to Charles II. of England, at a time when he (Charles) was in difficulties with his Parliament, and when all Europe was alarmed at the growing power of France.

151   26—Seront-ils point : For *ne seront-ils point*. The omission of the first negative is very common in La Fontaine.
151   31—Qu on ne nous mette, etc. : Lest all Europe should be thrown on our hands.
152   2—L'Angleterre : *i.e.*, the English Parliament, who wished to create enmity between Louis XIV. and Charles II.

Page 152 *line* 11—Ce coup: Namely, that Charles II. should join the allies against France.
152   16—Prenez en gré: Accept graciously.
152   18—Pas plus: The *pas* is redundant.
152   19—L'envie: Even envy.
152   23—Un orateur: Demades. Demosthenes had recourse to the same artifice.
152   32—L'animal aux têtes frivoles: The people. *Cf.* Horace:—"Bellua multorum capitum."
152   33—Etant fait à ces traits: Being accustomed to these sorts of effusions.
152   34—Il en vit s'arrêter: He even saw some who stopped to take interest in.
152   37—Cérès, etc.: The story told by Demosthenes was as follows:—A young man hired a donkey to go from Athens to Megæra. The heat of the sun forced him to get down and put himself in the donkey's shadow. Whereupon the proprietor of the said donkey objected that he had hired the animal and not his shadow. Here the orator stopped; and when the people clamorously demanded the end of the story, he replied as in the fable.
153   8—Son peuple: As the Athenians might be considered as peculiarly the people of Ceres.
153   10—Lui seul: It alone; *i.e.*, this people.
153   11—Que: Why?
153   18—Peau d'âne: Not the fairy tale known by that name nowadays, and which was written twenty years later, but a tale of Bonaventure des Périers.

FABLE V.

153   25—Tous tant que nous sommes: Every single individual among us. *Cf.* Book i., Fable 7, page 6, line 28.
153   28—Bagatelle: From Italian *bagatella*.
153   29—Citoyens: Inhabitants.
153   31—Puce: From Ital. *pulce*, Lat. *pulicem*.
153   32—Drap: From a Middle Age Lat. word, *drappum*, found in writings of the time of Charlemagne.
154   1—Que du haut, etc.: That from the height of thy (seat in the) clouds thou dost not destroy the whole race of them.
154   4—Massue: L.L. *maxuca*, a dimin. of *massa*.

FABLE VI.

154   8—Je sais: *Je connais* is more usual.
154   10—La sienne = *sa femme*.
154   12—Je n'en puis plus: I can bear it no longer.
154   14—Gardez-bien = *gardez-vous bien*. (Inusit.)

Page 154 *line* 16—Neuve sur ce cas : Unaccustomed to accidents of this nature.
- 154   17—Mainte : *Cf.* Book i., Fable 5, page 5, line 1.
- 154   18—Promit ses grands dieux : Swore solemnly.
- 154   21—Peu fine : Not very clever.
- 154   23—De courir : For this historic infinitive *cf.* Book ii., Fable 14, page 34, lines 18, 19.
- 154   24—Un cas : A wonderful circumstance.
- 154   29—Vous moquez-vous ? Are you serious ? Do you think it likely I should betray your secret ?
- 154   32—Grille : Burns, ardently desires.

FABLE VII.

- 155   12—A l'épreuve des belles : Proof against the seductions of the fair sex.
- 155   16 -La pitance : Properly a monk's dole of food. It. *pietanza;* L. L. *pietantia.*
- 155   17—S'était fait, etc. : Had passed his master's dinner round his neck like a collar ; *i.e.,* the handle of the basket.
- 155   19—Mets : *Cf.* Book vii , Fable 1, page 123, line 20.
- 155   20—Tous tant que nous sommes : *Cf.* Book viii., Fable 5, page 153, line 25.
- 155   24—De la sorte atourné : Laden in this manner. Lit., thus decked. *Atour*, Angl. turned out.
- 155   25—Un mâtin : *Cf.* Book vii., Fable 1, page 123, line 22.
- 155   25—Le dîné : Old form of *dîner*, the etym. of which word is doubtful. In the ninth century *Disnavi me* is found, from the infinitive (*disnare*) of which Diez suggests the deriv.*de-cænare.*
- 156   1—Courroux : *See* Book vii., Fable 12, page 136, line 26.
- 156   1—Mon lopin : My share. Deriv. doubtful. Ducange suggests in L. L. *loppare,* with the same signification as the English verb to *lop*, cut off.
- 156   3—Vous : Redundant (*ut passim*).
- 156   3—Happer : To snatch. Dutch *happen.*
- 156   4—De tirer : Histor. infin. *Cf.* Book ii., Fable 14, page 34. lines 18, 19.
- 156   4—La canaille : Here used in its proper signification, *canaglia,* troop of curs.
- 156   5—A qui mieux mieux : To the best of their ability.
- 156   5—Ripaille : *Faire ripaille* got its meaning of feasting from *Ripaille*, the name of a castle on the Lake of Geneva, where Amadeus, Duke of Savoy, used to go and feast (?).
- 156   9—Echevins : Aldermen, common councillors. From L. L. *scabinus,* a judge ; German *schöffen.*
- 156   10—Tout fait sa main : Everyone has a hand in the plunder. Fam., a finger in the pie.

FABLE VIII.

Page 156 *line* 19—Les rieurs : Punsters, jokers, wags.
156   20—Veut : Requires.
156   22—Méchants : Silly perpetrators of *bad* jokes.
156   27—En son coin : At his corner of the table.
156   29—Menus : *Cf.* Book i., Fable 18, page 17, line 20.
156   30—A la pareille : In the same way.
156   32—Cela suspendit : That set people's mind a· thinking what he was about.
156   34—Un sien ami : A friend of his.
157   3—Fretin : *Cf.* Book v , Fable 3, page 88, line o.
157   5—Au vrai : Of a certainty.
157   10—Il les sut engager : He knew how (managed) to induce them.
157   11—A lui servir, etc. : To help him to a piece of a monstrous fish, old enough, &c.
157   14—Et que depuis, etc. : And which for a hundred years the old inhabitants of the vast empire (*i.e.*, of the dead) had seen engulphed under the waves.

FABLE IX.

157   17—Hôte : Inhabitant : *Cf.* Book i., Fable 2, page 2, line 28.
157   18—Soûl : *Satur, satullus.*
157   19—Javelle : Sheaf, bundle (of corn) or twigs. It. *gavela.* Diez suggests as Etym. L. *capulus*, a handful, whence *capella.*
157   20—Courir le pays : To traverse the country.
157   24—Taupinée : Inusit. The more common form is *taupinière.*
157   26—Thétis : M. Geruzez, in his edition of La Fontaine, suggests *Tethys,* the sea goddess.
157   28—Vaisseaux de haut bord : Ships with one or more decks.
157   32—Nous n'y bûmes point : We got nothing to drink there. Allusion to a story in Rabelais.
157   34—A travers champs : Right and left ; to anyone who would listen to him. *A tout bout de champ—à tout propos.*
158   1—Jusques aux dents : Angl. up to the eyes.
158   5—Epanouie : Formerly *espanouir*, from Old French *espanir*, L. *expandere.*
158   8—Victuaille : (Obsolete). Something to eat.
158   10—Bonne chère : For chére *see* Book vii., Fable 14, page 140, line 29.
158   12—Ecaille : Old French *escaille*, formerly *escale ;* Old German *scalja*, German *schale.*
158   13—Lacs : *Cf.* Book i., Fable 6, page 5, line 20.
158   20—*Cf.* Book iv., Fable 11, page 71, lines 4, 5.

FABLE X.

Page 158 *line* 24—Bellérophon : Who, when hated by the gods, wandered about :—Κὰπ' πεδίον τὸ 'Αλήιον.—Il. vi., 201.

158   25—Il fût devenu : He would have become.
158   26—Séquestrés : L.L. *sequestrare*.
158   27—Il est bon, etc.: *Cf.* the Oriental proverb, "Speech is silver, silence is gold."
159   4—Parmi without a complement is unusual. Etym. *per medium*.
159   9—Se met en campagne : Lit., sets himself a-field *i.e.*, sets out on his search.
159   10—Porté d'un même dessein : Actuated by the same impulse.
159   13—Un tournant : A turn (in a road).
159   14—Esquiver : Inusit. The modern form is *s'esquiver*.
159   15—En Gascon : *i.e.*, with an "assumption" of courage.
159   18—Viens t'en : (Popular) Come along !
159   22—Le manger : For the infinitive used substantively *cf.* same Book, Fable 2, page 149, lines 13, 14.
159   23—D'aller : Historic infinitive (*ut passim*).
159   29—Sans bruit : Quietly, without interruption.
159   32—Emoucheur : Flycatcher. Rabelais used the form *émoucheteur*.
159   36—Une used absolutely is uncommon. It is generally preceded by *en*, or followed by its complement.
159   37—Il eut beau la chasser : It was of no use his driving it away (it always came back again).
160   1—Aussitôt fait que dit : No sooner said than done.
160   2—Vous : Redundant (*ut passim*).
160   2—Un pavé : L.L. *pavare*.
160   4—Bon archer : Angl., fam., a good shot.
160   5—Roide : The old form of *raide*, L. *rigidus*.

FABLE XI.

160   9—Au Monomotapa : On the eastern coast of Africa.
160   17—Seuil : L. *solium*. For the change of Latin *o* into French *eu cf.* focus, *feu ;* bovem, *bœuf ;* doleo, *deuil ;* novum, *neuf ;* etc.
160   19—Peu : Seldom.
160   20—De courir : To run about (the house).
160   21—Somme, masc., from L. *somnus*.
160   29—En dormant : In my sleep.
161   1—Cette difficulté : This is a difficulty which it is worth while trying to solve.

FABLE XII.

Page 161 *line* 10—Cochon: Dim. of old word *coche*, meaning a sow. Etym. unknown.
161   12—Leur divertissement : They were certainly not going there for their own amusement.
161   14—Charton : Contr. for *charreton*, obsolete, "carter," driver.
161   15—Tabarin : The "merry Andrew" of a certain quack doctor, by name *Monclor*, who frequented the fairs, etc., etc., of Paris in the seventeenth century.
161   16—Dom : Dominus, a title generally given to Benedictines and canons. *Cf.* Book v., Fable 8, page 92, line 21.
161   17—A ses trousses : At his heels. *Trousse* is properly a bundle, parcel; from Old French *trosser*, *torser*, from L.L. *tortiare*, to twist up.
161   23—Coi : *Quietus*. As fides, *foi*; bibere, *boire*; sitis, *soif*; minus, *moins*; etc., etc
161   25—A vivre : How to behave.
161   29—Gosier : From Old French *gueuse*, same meaning.
161   31—Tout du haut de sa tête : At the top of his voice.
162   7—La plainte : For suppression of first *ni*, *cf.* Book ii., Fable 11, page 31, line 21.

FABLE XIII.

La Fontaine dedicates this fable to Gabrielle-Françoise Brulart de Sillery, the favourite niece of the Duc de la Rochefoucauld, then twenty-six years old, afterwards married to the Marquis de Tiberzeau, a lady well known in society for her literary accomplishments, and as a protector of literary people.

162   12—Tout à Boccace : Entirely given up to Boccaccio, the Italian, author of the "Decamerone."
162   13—Une divinité : *i.e.*, Mdlle. de Sillery.
162   18—On en use avec : One treats.
162   20—Surtout, etc. : Especially when they are of such sort that their quality of "fair ones" constitutes them as sovereign disposers of our free will.
162   24—Qui s'attache : Who insists.
162   30—Le haut bout : The upper end (of the table); *i.e.*, the highest place.
162   33—Mes contes : Alluding to his "Contes," a series of licentious tales in the style of those of Boccaccio.
163   4—Glose : *Cf.* Book i., Fable 7, page 6, line 17.
163   7—Tircis, Amarante : Fictitious names of a shepherd and shepherdess, as Phyllis and Corydon.
163   10—Il n'est, etc. : There is no blessing under heaven which can compare with it.

Page 163 *line* 18—A quoi=*auxquelles*.
163   19—De qui=*desquelles*.
163   22—Se mire-t-on : If one admires one's own image.
163   27—L'abord : The approach.
163   30—Encor que : Compare dedication of Book i., page 1, line 3.
163   34—A son but croyait être : Thought he had obtained his object.
163   37—Pensa mourir : Was very near dying.
164   1—Il est force gens : There are plenty of people.
164   3—Qui font le marché d'autrui : Who do other people a service. *Faire le marché* is obsolete ; *faire les affaires* is the modern expression.

FABLE XIV.

164   9—Qui sont, etc. : Which (generally) only add to one's grief.
164   11—Obsèques : Lat. *obsequiæ*.
164   18—D'autre temple : *i.e.*, than their lair.
164   25—Singe : Imitating (like the monkey).
164   26—Un esprit=*un seul esprit*.
164   27—De simples ressorts : Mere machines, and nothing else.
164   30—Jadis : *Cf.* Book i., Fable 6, page 5, line 18.
165   3—Avait accoutumé : Was accustomed. *Accoutumer* is only used as an active verb in the compound tenses.
165   4—Chétif : *Cf.* Book i., Fable 3, page 3, line 13.
165   4—Hôte : *Cf.* Book i., Fable 2, page 2, line 28.
165   5—Tu ne suis pas, etc. : You do not join your voice to these lamentations.
165   15—Garde : Take care *not*.
165   15—Convoi : Funeral. *Convoi* is from L.L. *conviare*, to accompany on the road (*via*).
165   22—Un présent : A present. *Cadeau* is more usual.
165   25—Quelque, etc. : Whatever be the indignation which they feel at heart.
165   26—Goberont : They will swallow. *Gober* is from an Old French word *gob*, mouth.

FABLE XV.

165   31—François : For *François* (now pronounced *Français*) rhyming with *bourgeois*, *cf.* Book vii., Fable 18, page 146, line 23.
166   2—Donnons, etc. : Let us give a picture of our own invention.
166   4—Des plus petits : *Cf.* Book ii., Fable 20, page 39, line 21.
166   6—Parage : Descent. extraction ; from L.L. *paraticum* (*par.* equal).

NOTES—BOOK VIII.

Page 166 *line* 10—Guenon: Long-tailed monkey. Etym. doubtful. Diez suggests Old German *winja*, mistress, wife, supporting his suggestion by the Italian *monna*, a monkey, derived from *madonna*.

166   22—Le chat: Remember that a cat formed part of the Sultana's retinue.

166   23—Lui fit voir: Soon showed him. *Cf.* Book vii., Fable 1, page 123, line 37.

FABLE XVI.

166   28—Lignée: Progeny, descent.
166   30—Sa géniture: His offspring; for *progéniture*.
166   31—Les diseurs, etc.: Fortune-tellers.
167   2—Pour venir à bout: To carry out.
167   3—Sur qui=*sur laquelle*.
167   7—Badiner: Trifle, sport. *Cf.* Book i., Fable 19, page 18, line 2.
167   16—A peine, etc.: No sooner felt the effervescence (*i.e.*, excitement) of that time of life.
167   19—Il savait, etc.: He knew what was the object prohibited by fate.
167   22—La laine: *i.e.*, tapestry.
167   28—Dans les fers: In confinement.
167   33—Cette chère tête: This beloved person. *Cf.* Horace:—"Tam cari capitis."
168   3—En plein champ: In the open fields.
168   9—Ainsi sut ses jours avancer: Thus saw the (end of) his days accelerated (hastened on).
168   11—Cet art: *i.e.*, of fortune-telling.
168   11—Fait tomber, etc.: Causes us to fall into the very evils which he who consults (the art) dreads.
168   19—Conjonctions: The technical expression for the apparent "meeting" of the planets.
168   21—La houlette: The shepherd's crook; from L.L. *agoletta*, dim. of *agolum*, same meaning. *Cf.* for such contraction *oncle* from *avunculus*.
168   23—Jupiter: *i.e.*, the planet.
168   27—Des airs la campagne: An obsolete expression for the "realms of air." The more modern expression would be *les champs de l'air*.
168   29—La: *i.e.*, *l'influence*, five lines above.
168   30—Les faiseurs d'horoscope: *Cf.* Book ii., Fable 13, page 33, line 17.
168   34—Le point: The diminutiveness of the object seen.
169   1—Entresuivie: Interrupted.
169   7—Observe the suppression of the first *ni*, very common with La Fontaine.

FABLE XVII.

169   14—Ne sais = *je ne sais*.
169   16—Par pays: (Inusit.) Somewhere along in the country.

Page 169 *line* 22—Il s'en passa pour l'heure : He did without them for this time.
169   24—Et faute, etc. : And for want of such a dish as this a banquet is not often delayed.
169   30—Mot: Abbreviation of *motus*. Fam., Not a word! Hush! Etym. unknown.
169   30—Le roussin d'Arcadie: *Cf.* Book vi., Fable 19, page 117, line 18.
169   32—Un coup de dent : A bite, a mouthful.
169   33—Il fit, etc.: He turned a deaf ear.
170   4—Il ne saurait, etc. : He can't be long.
170   6—S'en vient : Comes at them.
170   8—Ne bouge = *ne bouge pas.*
170   10—Détale : Be off. *Étaler* is to expose on a stall (*étal*); *détaler*, to clear off.
170   11—Que si : But if.
170   12—On t'a ferré de neuf : You have just been newly shod.

FABLE XVIII.

170   18—Un bassa = *un pacha*, governor of a province.
170   19—En bassa : Like a pacha ; *i.e.*, handsomely.
170   20—Tant c'est chère denrée, etc. : Such an expensive commodity is a protector. *Denrée* is contr. from *denerée*, the worth of a *denier* (*denarius*).
170   25—Reconnaissance : Fees, pay.
170   29—Même on lui dit, etc. : They even tell him that if he is wise, he will play these fellows a trick, by forestalling them, and giving them a message for Mahomet in paradise, straight off (*i.e.*, by putting them to death) ; otherwise these fellows will be beforehand with him (*le préviendront*), feeling convinced that he has got somewhere or other (*à la ronde*) people quite ready to avenge him, &c.
171   5—Comme Alexandre : Who drank the draught handed him by his physician Philip, in spite of the warning he had received of his intention of poisoning him.
171   11—Même : People even tell me that I ought to fear the consequences.
171   12—Un trop homme de bien : (Inusit.) For *un trop honnête homme.*
171   13—Un donneur de breuvage : A poisoner.
171   15—T'appuyer : To give you their support.
171   19—Il était : There was (once upon a time).
171   21—Dogue : *Cf.* Book i., Fable 5, page 4, line 10.
171   21—L'ordinaire : Each day's allowance.
171   22—Bien et beau : (Inusit.) For *bel et bon.*
171   24—Pour plus de ménage : For greater economy.
171   25—Mâtineaux : Dim. of *mâtins*. *Cf.* Book VII Fable 1, page 123, line 22.

Page 171 *line* 26—Lui dépensant moins : Costing him less.
171   29—Gueule : L. *gula*.
171   34—Canaille : *Cf.* Book i., Fable 19, page 18, line 14.

FABLE XIX.

172   7—S'émut : Arose.
172   13—Etait tenu : Was bound.
172   14—C'était : He should have said.
172   16—La raison, etc. : There does not seem to me to be much reason for doing so.
172   21—Incessamment: Constantly. The modern meaning of this word is "immediately."
172   22—A la troisième chambre : On the third floor.
172   24—Pour tout laquais : No other lackey than. *Cf.* Book i., Fable 18, page 17, line 5.
172   25—Affaire : *Cf.* Book ii., Fable 11, page 31, line 14.
172   28—Epand = *répand*.
172   30—La jupe : Alluding to the sort of petticoat worn by dandies of those days.
172   33—Méchans : Wretched.

FABLE XX.

173   14—Les cantons : Divisions or portions of a country. Etym. doubtful. Diez suggests O.F. *cant*, meaning a corner.
173   22—Ne tarda guère : Was not long before, etc.
173   29—Le Dieu, etc.: *i.e.*, Mercury.
173   33—Ce dit-on. = *dit-on*. *Cf.* Book v., Fable 3, page 88, line 28.
174   2—Fière : *Cf.* Book ii., Fable 1, page 22, line 2.
174   4—Engeance : *Cf.* Book i., Fable 19, page 18, line 21.
174   16—Embrasa : Set on fire. Etym. Old German *bras*, fire. *Cf.* Angl. brasier.
174   18—A côté : On one side (so as to spare the victim).
174   20—Prit pied sur : Took courage from, presumed on.
174   22—L'assembleur de nuages : *Cf.* Homer, νεφεληγερέτα Ζεῦς.
174   27—Et qu'il laissât, etc.: And that he would do better to leave.
174   32—Carreaux : Square-headed bolts, such as are used in cross-bows. Old form, *carrel*, *quarréel*, L.L. *quadratellum*, *quadratus*.
174   33—Fourvoie : *Cf.* Book i., Fable 5, page 4, line 11.
174   35—L'Olympe en corps : All the gods of Olympus in a body.
174   37—Ce n'est, etc. : It only hurts the mountains.

FABLE XXI.

175   7—
              Le chien de Jean de Nivelle,
              Qui s'en va quand on l'appelle. (**Proverb.**)

NOTES—BOOK VIII.

In the war between Louis XI. and the Duke of Burgundy, the Duke of Montmorency summoned his son, Jean de Nivelle (then in Flanders) to come and fight for the king, and he refused to come; whereupon his father called him, "*Ce chien de Jean de Nivelle.*"

Page 175 line 8—Un citoyen du Mans : An inhabitant of Le Mans—a town famous for its poultry, in the (then) province of Maine, now the department of Sarthe.

175   8—Métier : Trade *(ministerium)*.
175   11—Foyer : From L.L., *focarium, focus*.
175   14—Le Normand et demi : The Norman and a-half—*i.e.*, more than (sharper than) a Norman. *Cf.* Book iii., Fable 11.
175   15—Appât : Bait. L.L. *adpastum*.
175   16—Pour cause : With good reason.
175   18—Manseau : Inhabitant of Le Mans.
175   23—Fort à l'aise, etc : Dished up all alone in a large dish.
175   24—Se serait passée : Would have done without.
175   26—Racaille : Low people ; dim. of *rack*, hound ; as *canaille*, from *canis*. Query, cognate with English *rascal?*
176   5—Appeau : Old form *appel*, a bird-call.
176   9—Broche : Spit ; from L.L. *brocca*, a point. Plautus uses the word *broccus* in the same sense.

FABLE XXII.

176   14—Grippe-fromage : Cheese-nibbler. Coinage of La Fontaine.
176   15—Ronge-maille : An allusion to Book ii., Fable 11, page 31, line 19.
176   16—Belette : *Cf.* Book ii., Fable 5, page 25, line 10.
176   18—Pourri : Etym. L. *putridus*.
176   19—Tant y furent : They lived there so long ; *or*, there were so many of them there.
176   24—De crier, d'accourir : Historic infinit. *Cf.* Book ii., Fable 14, page 34, lines 18, 19.
176   29—En mon endroit : Towards me ; in my behalf.
176   33—Choyé : Loved fondly ; from Provençal *chouer, chuer*, to speak softly, kindly. *Cf.* Angl. *sue*.
177   1—En use : Is accustomed to do.
177   2—Réseau ; Old form *résel ;* L.L. *reticellum*, dim. of *rete*.
177   11—Ils t'en veulent : They have a spite against you.
177   16—L'emporte : Prevails, carries the day.
177   20—L'homme, etc. : (Their common enemy) Man appears.
177   23—Alerte : On the watch ; from It. *all'erta*, on an elevated spot, *erta, erto* (L. *erectus*).

NOTES—BOOK VIII.

Page 177 *line* 24, 25—Ton soin me fait injure : The care you take to keep out of my reach is an insult to me.

177 28—Après Dieu : *Cf.* Book i., Fable 19, page 18, line 4.

177 32—S'assure-t-on? Can one rely?

FABLE XXIII.

178 6—Un seul : *i.e.*, *voyageur*.

178 9—Notre homme, etc. : Our friend was more frightened than hurt.

178 16—Escarpés : Precipitous. From Ital. *scarpa*, a bank cut sheer down.

178 17, 18—Le met à couvert, etc. : Saves him from the robbers, but not from death.

178 18—L'onde noire : The dark wave = Styx.

178 20—A nager malheureux : Bad swimmers ; *or* unable to escape by swimming.

178 21—Au séjour ténébreux : In the dark regions (of Hades).

178 23—Les gens, etc. : *Cf.* the proverb—*Il n'y a pire eau que l'eau qui dort.* Angl.—"Still waters run deep."

FABLE XXIV.

178 28—Echus : From *échoir*, to fall to the lot of ; *choir* (*cadere*).

178 28—Jadis = *Jam dies*.

178 31—Nourriture : Education, bringing up.

178 33—Altérant : Changing it for the worse. Lat. *alter*. *Cf.* German *ändern*.

178 34—Laridon : From *larron* (*latro*), a thief.

179 1—Mainte : *Cf.* Book i., Fable 5, page 5, line 1.

179 2—Mis maint cerf aux abois : Brought many a stag to bay ; *aboi* is from *aboyer*, to bark (or bay), as the hounds bay round the stag ; *aboyer* is from L. L. *ad-baubari* (same meaning).

179 2—Sanglier : This word is of two syllables.

179 3—La gent chienne : *Cf. la gent marécageuse*, Book iii., Fable 4, page 47, line 2, and *la gent marcassine* and *la gent aiglonne*, Book iii., Fable 6, page 49, line 32.

179 8—Engeance : *Cf.* Book i., Fable 19, page 18, line 21.

179 10—Gens fuyant les hasards : Gentlemen who avoid running any risks (taking care of their skins).

179 12—Aïeux : The old form of aïeul, viz., *aiol* and *aviol*, show it to be derived from *aviolus*, the diminutive of *avius* and *avus*.

FABLE XXV.

Page 179 *line* 19—Dès que: *Cf.* Book iv., Fable 4, page 64, line 16.

179 20—Il ne s'en manque guères: There is never any lack of them.

179 21—Contraires: Of opposite natures.

179 24—En un sujet: In one and the same subject.

179 25—Se tenir par la main: Hold together.

179 30—Témoin: For instance. Used adverbially, and therefore not agreeing with *ces deux mâtins*.

180 3—Voilà toujours curée: Anyhow it will be a meal for us. *Curée*, Angl. *quarry*, from *cor*, because the heart and entrails of the dead game were given to the dogs.

180 6—Altérée: Parched with thirst. For *se désaltérer*, to slake one's thirst, *cf.* Book i., Fable 10, page 9, line 23.

180 10—Voilà mes chiens à boire: There you have the dogs hard at work drinking.

180 14—L'impossibilité disparaît: As Napoleon had the word "impossible" erased from the dictionary.

180 16—S'outrant: Overstepping all bounds. Angl. *outrag*ing decency.

180 17—Si j'arrondissais, etc.: *Cf.* Horace, Sat. ii., 6, line 8:—

> O si angulus ille
> Proximus accedat, qui nunc denormat agellum!

180 20—C'est la mer à boire: Is a great difficulty. The expression *ce n'est pas la mer à boire*, for anything that does not present a great difficulty, is common.

180 25—Quatre Mathusalem bout à bout: Four Methusalehs, with their ages tacked on to one another (Ang., fam., one a-top of the other).

180 26—Mettre à fin: To complete.

FABLE XXVI.

180 29—Il, *i.e.*, le vulgaire: The common people. *Cf.* Horace:—"Odi profanum vulgus."

180 30—Mettant, etc.: Drawing false comparisons between the object and itself.

180 32—Le maître d'Epicure: Democritus, born B.C. 460.

181 3—Abdère: In Thrace, the birthplace of Democritus.

181 10—Aucun nombre, etc.: The quantity of the worlds, says he, is limited by no number.

181 17—Un temps fut, etc.: There was a time when he could settle disputes (philosophical).

181 22—Rencontres: Strange coincidences.

181 31—Attaché: Absorbed (in study).

NOTES—BOOK VIII.

Page 181 *line* 33—Ménager: Adject. "economical."
181   34—Mis à part: Set aside, dismissed as unworthy of their attention.
181   37—Etale: Properly, to lay out for sale on an *étal* (stall).
182   2—Récusable: That may be refuted.
182   5—Vox populi vox Dei.

FABLE XXVII.

182   8—Comme un point: As an insignificant item.
182   10—Quel temps: How long.
182   14—Je te rebats: I repeat to you. *Rebattre les oreilles à quelqu'un* is the more usual expression; but Molière and Mme. de Sévigné use it independently.
182   15—Dès demain: *Cf.* Book iv., Fable 4, page 64, line 16.
182   17—Jouis dès aujourd'hui: *Cf.* Horace—"Carpe diem."
182   19—Un daim: *Cf.* Book ii., Fable 19, page 38, line 28.
182   20—Faon de biche: A red-deer fawn. *Faon* (L. L. *fœtonus*, from *fœtus*) is now only applied to the young of deer, but formerly to other animals; so that it is necessary to specify.
182   21—Compagnon du défunt: Added as a companion to the first slain.
182   21—Gisent: From obsolete *gésir* (*jacere*). *Cf.* Book ii., Fable 8, page 27, line 14.
182   22—Honnête: Pretty good.
182   25—Friand de tels morceaux: Who had a liking for such game.
182   26—Autre habitant du Styx: Then you have another slaughtered.
182   27—Avec peine y mordaient: Had some difficulty in cutting his thread of life; *i.e.*, he dies hard.
182   28—Reprit, etc.: Took up again several times the hour (that should be) fatal to the monster.
182   32—Dans le temps, etc.: Whilst the boar is recovering himself.
182   34—Surcroît chétif: A wretched addition to the other heads (of game).
183   3—Découd: Rips him up. Lit., unsews him.
183   3—Meurt vengé sur son corps: And thus having achieved his revenge, dies on the body of his slayer.
183   9—Que de biens: How many good things (at once)!
183   10—Les ménager: Economise, husband them.
183   12—Pour autant: Yes, just so much!
183   15—Cependant: In the meanwhile.

Page 183 *line* 17—Boyau : Old form *boyel* and *boel*, Ital. *budello*, L. L. *botellus*, used by Martial for the inside of an animal, sausage (Angl. bowel).
183   19—Qui se détend : Which goes off.
183   19—Sagette : Old French for "arrow," L. *sagitta*.
183   22—Témoin : For instance, used adverbially, and so not agreeing with *gloutons*. *Cf.* Fable 25, same Book, page 179, line 30.

BOOK IX.

FABLE I.

184   2—Filles de mémoire : The Muses.
184   8—A qui mieux mieux : Vieing with each other to see who will do it best.
184   9—Font : Play.
184   12—Vont l'emportant : Carry the day—prevail in the long run.
184   17—Mainte : *Cf.* Book i., Fable 5, page 5, line 1.
184   17—Pécore : *Cf.* Book i., Fable 3, page 3, line 13.
184   18—Force : Many.
184   23—Du bas étage : Of low rank.
184   24—Aucunement : To some extent ; possibly.
184   26—Tant que nous sommes : *Cf.* Book i., Fable 7, page 6, line 28.
184   30—Qui mentirait : Whosoever should lie.
184   33—Maint songe : Can La Fontaine have meant to make a pun on the words when he made them rhyme with *mensonge ?* (Next page.)
185   4—Digne de vivre sans fin, etc. : "Monumentum ære perennius."
185   9—Payé par son propre mot : Who was paid in his own coin.
185   10—Est d'un méchant, etc. : Is the act of a fool and a knave.
185   14—Un cent : A hundred-weight.
185   18—Gronder : Etym. L. L. *grundire*, same meaning.
185   19—Admire : Is surprised at.
185   21—Détourne : Kidnaps.
185   29—Sur la brune : In the gloaming (when things are beginning to look brown and misty).
185   30—Un chat-huant : *Cf.* Book v., Fable 18, page 98, line 12.
185   34—En un besoin : If necessary.
185   36—Je l'ai vu, etc. : *Cf.* Molière, "Tartuffe," act v., sc. 3, "Je l'ai vu, dis-je, vu, de mes propres yeux vu."
186   3—Le quintal : 100lb. weight. From Arab. *quintar*.

NOTES—BOOK IX.

Page 186 *line* 7—Sa géniture : His son. *Cf.* Book viii., Fable 16, page 166, line 30.
186   12—L'Afrique : The country of marvellous stories (*par excellence*). *Cf.* Horace :

> Quale portentum . . . .
> . . . .
> Nec Jubæ tellus generat, leonum
> Arida nutrix.—Od., i., 22.

186   12—A foison : In abundance. L. *fusionem.* *Cf.* Ang. profusion.
186   13—Hyperbole : Exaggeration.
186   16—Tout doux : Gently ! Wait a bit !
186   19—L'absurde : Absurdity.
186   21—Enchérir est plus court : It is more expeditious to improve upon the story.

FABLE II.

This Fable is considered by many persons as La Fontaine's masterpiece.

186   24—Au logis : At home.
186   30—Au moins, etc. : At all events allow the labours, dangers, and cares of the journey to shake your determination a little. *Courage* is taken in the sense of "intention," "what you have at heart" (*cor*).
186   33—Encor si, etc. : If the season, too, were only a little more advanced.
186   34—Qui vous presse ? What makes you in such a hurry ?
186   34—Un corbeau, etc. :

> Sinistra cavâ prædixit ab ilice cornix.—Virg.

187   2—Je ne songerai plus, etc. : I shall be thinking of nothing but unlucky accidents.
187   3—Réseaux : *Réseau* ; Old French *résel* ; L. *reticellum*, dim. of *rete*.
187   5—Gîte : *Cf.* Book ii., Fable 8, page 27, line 14.
187   8—L'humeur inquiète : His restless humour.
187   10—Au plus : At the utmost.
187   13—Quiconque : *Cf.* the counterpart of this idea, Book i., Fable 8, page 7, line 3—

> Quiconque a beaucoup vu
> Peut avoir beaucoup retenu.

187   15—D'un plaisir : The *de* is redundant.
187   16—Telle chose : Such and such a thing.
187   21—Tel encor : And such a (poor) tree, too.
187   23—Morfondu : Frozen with cold. Properly a term of veterinary art ; *morve*, glanders, and *fondre*.
187   26—Un pigeon : *i.e.*, a decoy-bird.
187   27—Lacs : *Laqueus.*
187   31—Quelque plume : One or two feathers.

Page 187 *line* 36—Le lier: To pounce upon him; a hawking term. The act of a hawk seizing its prey.
188 4—Pour ce coup : This time at least.
188 6—Fripon: Rascal. The original meaning of *fripon* was greedy, from *friper*, to gobble (Picard).
188 7—Fronde: L. *funda*. For the introduction of *r* into derivatives from Latin words *without r*, *cf.* pernicem, *perdrix*; L.L. golphum, *goufre*; rusticus, *rustre*.
188 7—Plus d'à moitié : Inusit. for *plus qu'à moitié*.
188 13—Que bien, que mal: The more modern form would be *tant bien que mal*, "as well as she could."
188 15—Voilà nos gens rejoints: See our two pigeons re-united.
188 16—Ils payèrent leures peines : They compensated for their sorrows.
188 21—Tenez-vous lieu de tout : Be all in all one to another.
188 23—Louvre: *See* Book vii., Fable 7, page 131, line 2.
188 28—Fils de Cythère: *i.e.*, Cupid.
188 31—Faut-il, etc. : Must it be that so many sweet and charming objects (of love) should leave me to live (alone) with my restless humour?

FABLE III.

189 3—Foire : *Cf.* Book iii., Fable 1, page 42, line 31.
189 8—Manchon: Muff; from *manche*, L. *manica*.
189 8—Bigarrée : Variegated. The etym. of this word is doubtful. Ménage derives it from *bis-variare*. The Latin *v* sometimes becomes *g*, as in *gaîne*, *vagina*.
189 10—Vergetée : Striped ; *verge*, virga.
189 10—Mouchetée: Spotted.
189 11—Partant : Consequently. *Cf.* Book i., Fable 17, page 16, line 8.
189 13—De sa part : On his side.
189 14—Tours de passe-passe : Conjuring tricks.
189 16—Sur soi: On his body, externally. To contrast with *dans l'esprit* in the following line.
189 19—En son vivant : That is, in Bertrand's lifetime.
189 21—Arrive en trois bâteaux : Imitated from Rabelais' account of the arrival of Gargantua's mare, "En trois quaraques et un brigantin."
189 22—Baller: To dance, from It. *ballare*.
189 24—Cerceau : Old form *cercel*, from L.L. *circellus*.
189 24—Six blancs : The *blanc* was a small piece of money worth eight deniers. (The *sou* was worth twelve deniers.)

NOTES—BOOK IX.

Page 189 *line* 31—Que de grands seigneurs : How many fine gentlemen !

189   32—Pour tous talens: *Cf.* Book i., Fable 18, page 17, line 5.

FABLE IV.

189   35—Et l'aller parcourant : And without going wandering over it (the universe).

190   1—Citrouilles : Dim. of Old French *citre*, a pumpkin, from L.L. *citrum*, a citron, because of that colour.

190   1—Treuve : *Cf.* page 40, line 17.

190   3—Menue : *Cf.* Book i., Fable 18, page 17, line 20.

190   10—Garo : A name for a country bumpkin—lout.

190   11—Au conseil, etc. : Into the counsels of Him about whom your pastor preaches. Alphonso of Portugal had expressed a wish that the Almighty had consulted him before the creation.

190   12—En : For it.

190   17—Un quiproquo : A mistake.

190   19—On ne dort point, etc. : *Cf.* the proverb, "On ne vit pas longtems quand on a trop d'esprit."

190   20—Somme : *Cf.* Book viii., Fable 2, page 150, line 12.

190   24—Meurtri : From *meurtre*, L.L. *mordrum*, a word of Old German origin, *maurthr*. *Cf.* Angl. *murther*.

190   27—Et que : And if.

FABLE V.

190   33—Qui sentait son collége : Who smacked of the college.

190   34—Fripon : *Cf.* same Book, Fable 2, page 188, line 6.

191   2—Ce dit-on : The *ce* is redundant. *Cf.* Book v., Fable 3, page 88, line 28.

191   5—La fleur : The best, the pick.

191   11—Boutons : buds.

191   13—Fit tant : Did so much (damage). *Cf.* Book ii., Fable 11, page 31, line 18.

191   16—Cortége : From Italian *corteggio*, same meaning.

191   17—Verger : From L.L. *viridarium*.

191   18—De sa grâce : Gratuitously, officiously.

191   26—Engeance : *Cf.* Book i., Fable 19, page 18, line 21.

191   30—Et ne sais, etc. : And I know no more mischievous animal.

FABLE VI.

Page 192 *line* 1—Emplette: L.L. *implicita*, a purchase made by commission.
192   3—Cuvette: L. *cupa*. For this idea *cf.* Horace :—
> Olim truncus eram ficulnus, inutile lignum.
> Quum faber, incertus scamnum faceretne Priapum,
> Maluit esse Deum.

192   10—He could do everything but speak.
192   13—Achevé: Old form *à-chef-er*, to bring to a head.
192   17—N'en dut guère: Owed nothing ; *i.e.*, was not in any way second to = equalled.
192   20—Il était enfant, etc.: He was like a child, so far.
192   23—Poupée: L.L. *pupata*, from *pupa*.
192   31—La Vénus: *i.e.*, *Galathea*.

FABLE VII.

193   6—Chat-huant: *Cf.* Book v., Fable 18, p. 98, line 12.
193   10—Froissée: Rumpled. L.L. *frictiare*.
193   14—Au sortir: *Cf.* Book ii., Fable 2, page 31, line 15.
193   15—Ciron: *Cf.* Book i., Fable 7, page 6, line 24.
193   20—Dans un corps, etc.: In some body which she might have formerly inhabited.
193   23—Le fils de Priam : *i.e.*, Paris.
193   24—La grecque beauté: Helen. This inversion is very unusual.
193   35—De le prendre : *i.e.*, for your son-in-law.
194   2—Es-tu né pour ma fille? Have you a mind for my daughter?
194   4—Je n'entreprendrai point : I will not infringe upon.
194   6—Puisque vent y a : Since there is a wind (blowing).
194   8—Il (the wind).
194   9—L'éteuf, etc , etc.: The ball passing to him (*i.e.*, the mountain), he returns it. A metaphor from a game of out-door tennis, in which a ball, *éteuf*, was driven from one player to another. *Eteuf* is from L.L. *stoffus*, Angl. *stuff*, the stuffing of the ball.
194   10—J'aurais une querelle, etc. : I should fall out with the rat, and it would be madness to offend him who can tear me open. An allusion to Book v., Fable 10, "La montagne qui accouche."
194   15—C'est de ces coups, etc. : Just one of Cupid's freaks.
194   16—*Témoin*, being taken adverbially, does not agree with *telle* (fem.) ; indeed *témoin* has no fem. form.

NOTES—BOOK IX. 383

Page 194 *line* 19—A la voir de près : On looking closely into it.
194 32—La : *i.e., la métempsycose.*
194 33—Je prends droit : I join issue.
194 37—Trempe : Construction, material, temper (as of steel). L. *temperare.*
195 5—Son hôtesse : Its inhabitant, *i.e.,* the soul.
195 6—Un rat eut sa tendresse : She bestowed her affection on a rat.
195 7—Tout débattu : All things being considered.

FABLE VIII.

195 15—À portée : Within arm's length.
195 17—Il n'est, etc. : I can give you no better advice than that, to beware of an empty-headed fellow.
195 20—Le prince : Louis XIII. had a court fool, one L'Angely (mentioned by Boileau), whom the Prince de Condé had given him.
195 20—Ils donnent toujours quelque trait : They are always having a fling. *Donner un trait* is inusit.
195 22—Carrefours : In Old French *quarrefours*, from L.L. *quadrifurcum.*
195 24—De courir : Historic infin. *(passim).*
195 25—On essuyait force grimaces : One had to put up with many grimaces.
195 32—De chercher : If you had tried to find any sense in the thing you would have got yourself laughed at (hissed) for a fool.
196 3—Cerveau blessé : A cracked pate.
196 5—Dupes : *Dupe* is properly feminine.
196 9—Entre eux, etc. : Will generally put the length of the thread between themselves and the jesters.
196 10—Je les tiens sûrs : I hold them as safe recipients —*i.e.,* sure to receive.

FABLE IX.

196 17—A l'égard de la dent : When it came to be a question of who should eat it.
196 22—Gobeur : Swallower ; from Old Gaelic word *gob*, a mouth ; whence the modern expression *tout de go (gob)*, quickly, without hesitation.
196 29—Perrin Dandin: A name first invented by Rabelais, afterwards adopted by Racine ("Les Plaideurs") and La Fontaine to signify a judge.
196 30—La gruge : Swallows it. Etym. uncertain ; probably from Low German *grusen*, to crush.
196 32—D'un ton de président : In a sententious manner.
196 34—Sans dépens : Free of costs.
197 1—The *en* is redundant.
197 4—Le sac et les quilles : The skittles and the bag in which they are kept.

FABLE X.

Page 197 *line* 6—For this introduction (as well as for the words) compare Book v., Fable 8, page 88, lines 10, and 26-27.

197   10—Grosse aventure: Some considerable piece of luck.

197   11—Toute pure: Observe the fem. term. of the adverb *tout* before the consonant.

197   15—Lors: For *alors*, inusit.

197   19—Jà: From Lat. *jam*. It adds emphasis. Heaven forbid that your lordship should take me.

197   21—Marie: *Marier* said of the father who gives his daughter in marriage. The man is said "*épouser*" the woman, and the woman "*épouser*" the man.

197   23—Etant de noce: Being in a house where nuptials are being celebrated.

197   26—Son chien: He reckoned him already as his own. *Cf.* Book v., Fable 20, page 100, line 15.

197   33—Expédiant les loups en forme: Accustomed to exterminate wolves in good form.

197   34—S'en douta: Suspected it.

198   1—Et de courir: Hist. infinit. (*ut passim*).

FABLE XI.

198   5—Je ne vois point: No creature that I know of behaves himself with due moderation.

198   7—Tempérament: Moderation.

198   10—Soit...soit: Either...or.

198   11—Blé: Old form *bled*; from L.L. *bladum*, *abladum*, from Lat. *ablatum*, that which is reaped.

198   12—Trop touffu: Too close.

198   12—Guérets: From L.L. *veractum*; L. *vervactum*, fallow land.

198   16—Tant le luxe sait plaire! Such delight does one take in profusion!

198   18—L'excès: *Cf.* Virg., "Luxuries segetum."

198   21—Tant que: So much so that.

198   22—Croquer: Onomatop.

198   28—Dedans=*Dans*. *A l'excès* is more usual.

198   31—Rien de trop: *Cf.* Terence, "Ne quid nimis."

FABLE XII.

199   5—Viz., honey.

199   8—En français: In plain language.

199   9—Ruches: Old form *rusche*, Provençal *ruska*, a word of Celtic origin, *rusken* (same meaning).

199   10—Mainte *Cf.* Book i., Fable 5, page 5, line 1.

NOTES—BOOK IX.

Page 199 *line* 10—Bougie : So called from the name of the town where they were first fabricated.
199   11—Cierge : L. *cereus, cera*.
199   14—Empédocle : An allusion to the fate of Empedocles, who threw himself into the crater of Mount Etna.
199   19—Sur le vôtre : On the model of your own.

FABLE XIII.

199   24—Il : *i.e., le péril*.
199   28—Créancier : From *créance*, L. L. *credentia*.
199   29—Huissier : Bailiff, tipstaff ; properly, doorkeeper ; from *huis*, L. *ostium*. For Latin *o* into French *ui*, *cf.* coquere, *cuire;* ostrea, *huître;* nocere, *nuire;* noctem, *nuit*, etc.
200   1—Vainqueur des Titans : *i.e.,* Jupiter.
200   6—Jupin : A familiar name for Jupiter. *Cf.* Book i., Fable 7, page 6, line 26.
200   8—La fumée : The smoke (of sacrifices) is your due.
200   10—L'attrapa bien : Took him in famously.
200   12—L'homme au vœu : The man who had made the vow.
200   15—Pour toute ressource : *Cf.* Book i., Fable 18, page 17, line 5 : *pour toute besogne*.
200.   18—Dedans : For *dans (ut passim)*.

FABLE XIV.

200   26—Tartufs : Hypocrites ; from Tartufe (Molière).
200   26—Archipatelins : Arch-deceivers. The etym. of *patelin* is doubtful, perhaps from *paterin*, name for a heretic in the eleventh century.
200   27—Deux francs patte-pelus : Two regular soft-spoken fellows. *Patte-pelu* means with paws covered with soft hair.
200   27—Des frais, etc. : This genitive depends upon *s'indemnisaient*, two lines further on.
200   29—A qui mieux mieux : *Cf.* Book i., Fable 14, page 14, line 20.
200   30—Partant : *Cf.* Book i., Fable 17, Page 16, line 8.
200   34—S'égosillèrent : Talked till they were hoarse. From *gosier*, the throat. Etym. doubtful; perhaps Old French *gueuse*.
201   3—En sais-tu tant que moi : Do you know as much as I do?
201   4—Bissac : Same as *sac* and the *besace* of Book i., Fable 7, Page 6 ; *quod vide*.
201   6—De recommencer : Historic infinit.
201   6—A l'envi : Vieing with each other.
201   7—Sur le que si, etc. : Both being thus on the "I tell you, yes! I tell you, no!" *i.e.,* engaged in dispute.

Page 201 *line* 8—Meute: *Cf.* Book v., Fable 17, page 97, line 26.
201 8—Noise: Quarrel, dispute. *Noise* originally meant disgust, from L. *nausea.*
201 10—Matoise: Cunning. From La Mate, in Paris, where the thieves assembled.
201 15—Tous les confrèries de Brifaut: All Brifaut's brotherhood—*i.e.*, the hounds. For Brifaut *see* Book v., Fable 17, page 97, line 29.
201 18—La fumée y pourvut: Smoke helped to render all his dodges of no avail; they smoked him out.
201 21—Le trop: *Cf.* Anglicé—Too many cooks spoil the broth.

FABLE XV.

201 27—Bien qu'il fût jouissant: Although he was in reality very happy.
201 29—Propos: Speech.
201 31—Déifiant le pauvre sire: Making the poor man beside himself with joy. Literally, making a god of him.
201 32—N'avaient fait, etc.: Had ever given him reason to suspect that he was really beloved.
201 34—Il ne tint point, etc.: It was no fault of marriage that, satisfied with his lot, he did not thank the gods for it.
202 6—De la sorte bâtie: So constituted.
202 15—A ta bienséance: To your liking.
202 18—Celui-ci fit sa main: This one played his game well, *i.e.*, took everything he could lay hands on. *Cf.* Book viii., Fable 7, page 156, line 10.
202 28—Il est bien, etc.: It is very characteristic of a Spanish heart.

FABLE XVI.

202 32—Logeant le diable en sa bourse: Thus explained in an epigram by Melin de S. Gellais—"C'est le diable qu'ouvrir sa bourse et ne rien voir dedans."
203 2—Sans lui: Without any assistance from him.
203 3—Duit: From *duire*, an obsolete verb, meaning to suit or please. Lat. *ducere*, as *conduire* and *séduire*, from *conducere* and *seducere*.
203 4—Peu curieux: Not over anxious. *Curieux* properly means *careful*, from L. *cura*. *Cf.* Molière, "Avare," Act ii., scene 6, when Frosine says of Mariane—"Elle n'est curieuse que d'une propreté fort simple."
203 4—Trépas: *Cf.* Book i., Fable 16, page 15, line 29.
203 8—Licou: *Cf.* Book iv., Fable 10, page 70, line 20.

Page 203	*line* 10—Tombe avec un trésor : Falls, and, in falling, discovers a treasure.
203	13—Sire : *Cf.* Book i., Fable 18, page 17, line 24.
203	15—L'homme au trésor : The proper owner of the treasure.
203	18—Si ferai : Obsolete ; I will do it indeed. The proper form would be *si ferai-je. Si* is for *ainsi*, Lat. *sic*.
203	21—Bien et beau : Obsolete ; the modern expression is *bel et bien*.
203	23—Qu'un autre, etc. : That another man had paid for the rope.
203	29—Troc : Exchange. From Span. *trocar*, to barter.
203	30—Ce sont là, etc. : These are the freaks she indulges in.
203	36—S'y devait, etc. : Must have expected it the least.

FABLE XVII.

204	3—Logis : *Cf.* Book i., Fable 18, page 17, line 14.
204	4—Un très-bon plat : A pretty pair. Lit., a good dish.
204	5—Ils n'y craignaient, etc. : Neither of them feared any rival (*y*) in their power of doing mischief.
204	6—Trouvait-on : If one found.
204	13—Nos galans : Our friends (*passim*).
204	16—Un coup de maître : A master-stroke.
204	19—Verraient beau jeu : Would have a fine time of it.
204	23—Puis les reporte, etc. : Then put them back again into the fire.
204	24—Et puis trois en escroque : And then filches three of them. It. *scrocco*, a thief.
204	25—Cependant : In the meanwhile.
204	26—Adieu mes gens : Away scamper our friends.
204	30—S'échauder : To scald themselves, *i.e.*, burn their fingers.

FABLE XVIII.

204	33—Milan : A kite. L. *milvus, miluanus*.
205	3—Rossignol : Etym. *lusciniolus*, dim. of *luscinia*.
205	5—Aussi bien, etc. : And in fact what is there to eat in a bird which has nothing but its note (to recommend it).
205	7—Son envie : His desire.
205	8—Mets : *Cf.* Book vii, Fable 4, page 127, line 3.
205	14—Nous voici bien : A pretty time this for such a song.
205	14—A jeun : *Cf.* Book i., Fable 18, page 17, line 25.
205	19—Ventre affamé, etc : This line has become proverbial.

FABLE XIX.

Page 205 *line* 21—Quoi ! toujours, etc. : These first eleven lines form Guillot's funeral harangue over Robin, the lost sheep.
    205   23—Gobera : Will swallow. *Gober* from old word *gob*, meaning a mouth, whence the expression *tout de go*, all at once, at one mouthful.
    205   24—J'aurai beau : It will be of no use.
    205   25—Robin : Robin Mouton is a name given to a sheep by Rabelais.
    205   32—Guillot : The shepherd. *Cf.* Book iii., Fable 3, page 46, line 5.
    206   4—Foi de peuple, etc. : On their words as an honourable people.
    206   5—Un terme : A boundary-stone, terminus.
    206   9—Leur fit fête : Thanked them.
    206   10—Devant que = *avant que*.
    206   15—De faire rage : To do wonders ; go through fire and water.

BOOK X.

FABLE I.

This fable, or, rather, philosophical treatise, is addressed to Madame de la Sablière, a lady who took La Fontaine under her protection after the death of Marguerite de Lorraine in 1672, and supported him entirely for twenty years from that time. She was one of the most remarkable ladies of the age of Louis XIV., knowing most of the chief beauties of Horace and Virgil by heart, and well acquainted with mathematics, physical science, and astronomy. She has been satirised by Boileau as a confirmed blue-stocking. She was the daughter-in-law of M. Rambouillet.

    206   21—Iris : The name by which La Fontaine addresses Madame de la Sablière.
    206   21—Je vous louerais : The word is to be pronounced as a dissyllable.
    206   26—Je souffre cette humeur : I can put up with this weakness of theirs.
    207   1—D'autre propos, etc. : Other subjects (of conversation) make up for (the want of) this matter (*i.e.*, praise).
    207   4—Jusque-là, etc. : So much so that even trifles have a share in (are not excluded from) your conversation.
    207   8—Le rien : Mere nonentities.
    207   15—Certaine philosophie : *i.e.*, that of Descartes concerning the souls of animals, which was just then beginning to make a stir.

NOTES—BOOK X.

Page 207 *line* 16—Engageante: Seductive, engrossing.
207   28—Au dire: *Cf.* Book vii., Fable 1, page 123, line 23.
207   28—La bête est toute telle: Animals are just like watches (similarly organised).
207   32—Le sens, etc.: The feelings receive the impression immediately from one to the other.
208   4—Voici de la façon, etc.: The order of the words is involved; they should run *voici la façon dont Descartes*, etc. Descartes (René) was born in the Touraine in 1596, and died in 1650. His metaphysical views are embodied in this fable. With regard to Physics he held that the machinery by which celestial bodies moved in space was an ethereal fluid continually revolving round a centre, like water in a vortex.
208   7, 8—Comme entre l'huître, etc.: As certain individuals (who shall be nameless), regular beasts of burden, hold a middle place between the oyster and the man.
208   10—Sur tous les animaux = *audessus de tous*, etc.; more than all animals.
208   11—J'ai le don de penser: Alluding to Descartes' dictum, "Cogito, ergo sum."
208   12—De certaine science: For a certainty; as a matter of certain knowledge.
208   13—Quand la bête penserait: Even suppose brute beasts were capable of thinking.
208   23—Brouiller la voie: To mix its traces up with those of other animals, so as to throw the hounds off the scent.
208   25—En suppose un plus jeune: Put another and a younger stag in his place.
208   28—Les malices, les tours: The dodges and tricks.
208   36—Le trépas: *Cf.* Book i., Fable 16, page 15, line 29.
208   37—Elle fait la blessée: She pretends to be wounded.
209   3—La pille: Has got her between his paws.
209   14—En son entier: In its entirety.
209   18—Maint maître d'œuvre: Many a foreman is there, and superintends the work with a stick (to beat the idle).
209   25—Et nos pareils, etc.: And our fellow-creatures contemplate their work in vain.
209   35—C'est le roi Polonais: *i.e.*, John Sobieski, who defeated the Turks at Kotzem in 1673, and afterwards saved Vienna in 1683.
210   3—En renouvelle la matière: Is ever renewing their reasons for going to battle.
210   8—Vedettes: Outposts; from Ital. *vedetta*.

Page 210 *line* 9—Partis: Small bodies of troops were formerly called *partis; un parti bleu* meant a body of armed men acting on their own responsibility without authority.

210   16—Et qu'il rendit aussi: And if he (Acheron) would give us back also the rival of Epicurus (*i.e.*, Descartes.)

210   18—Aux bêtes: With brute beasts.

210   22—Que j'ai mis en jour: What I have set forth.

211   2—Outil: Old form *oustil* or *ustil*, from L.L. *usitellum*, the instrument *used* by workmen.

211   7—Le moyen, je l'ignore: By what means, I cannot tell.

211   24—Un quidam: A certain gentleman.

211   32—Comme ils pouvaient, etc.: As they still had time to get home to their hole.

211   33—L'écornifleur: A thief, pilferer; from *écorner*, to clip off a corner of anything; properly, to break off a horn, *corne*.

211   35—Heurts: Collisions, bumps.

212   4—Ceux-ci pensent-ils pas: Observe here, as in lines 15 and 16 of this page, the suppression of *ne*, common in La Fontaine.

212   5—Quelqu'un peut donc: It is possible then for a person to think without having any knowledge of his organisation.

212   24—Tous tant que nous sommes: *Cf.* Book i., Fable 7, page 6, line 28.

FABLE II.

213   5—Couleuvre: From L. *colubra*, by the common change of *b* into *v* (*habeo, avoir*, etc.).

213   16—Symbole des ingrats: Emblem of ingratitude, *i.e.*, the serpent.

213   19—Du mieux qu'il pût: To the best of his ability.

213   21—A qui: The dative after *pardonner* is unusual.

213   22—Toi-même, etc.: You convict yourself.

213   27—Mais trouve bon: But allow me, please, etc.

213   34—Rapportons-nous-en: Let us refer the matter to someone else.

213   34—Soit fait: With all my heart.

214   4—Celui-ci: *i.e.*, man, the human race.

214   9—Altérée: Undermined. *Altérer* always means to change, alter, for the worse.

214   14—Eût-il su, etc.: Would he ever have thought of carrying ingratitude to such a pitch?

214   18—Radoteuse: Dotard. The old form of *radoter* was *redoter*, from *doten*, a word of German origin. *Cf.* Angl. dote, Scot. dottled.

214   19—Croyons ce bœuf.—Croyons: "Let us hear what this ox has got to say." "With all my heart."

NOTES—BOOK X.

Pag. 214 *line* 22—Labeur: This and *honneur* are the only two French abstract words derived from Latin masculines in *or* which remain masculine in French.

214   25—Qui, revenant sur soi : Which, ever turning back on itself (*i.e.*, ever recurring), brought back to our fields that which Ceres bestows freely on man, but sells (dear) to animals.

214   28—Tous tant que nous sommes : *Cf.* preceding Fable, page 212, line 24 (*et passim*).

214   29—Peu de gré : Little thanks.

214   36—Je le récuse : I object to him (as a witness). Legal.

215   4—Loyer : Hire, recompense ; L. *locarium*. *Cf.* line 7, *foyer* from *focus*.

215   5—Libéral : In a free, open-handed manner.

215   8—Que ne l'émondait-on : Why did they not prune him without cutting and slashing? *Emonder* from L. *emundare*.

215   8—Cognée : *Cf.* Book v., Fable 1, page 86, line 4.

215   9—De son tempérament : Such was his constitution.

215   10—L'homme, etc. : *Cf.*—

> A man convinced against his will
> Is of the same opinion still.

215   13—Du sac et du serpent, etc. : He immediately dashed the bag with the serpent in it against the wall.

215   15—On en use ainsi, etc. : That is the way that justice is dealt out by the great.

FABLE III.

215   23—Une tortue : There was once upon a time a light-headed, silly tortoise. *Tortue* from L.L. *tortuca* (*tortus*), the twisted beast.

215   25—Volontiers : One readily thinks much of foreign countries.

215   26—Le logis : Their homes.

215   32—Mainte : *Cf.* Book i., Fable 5, page 5, line 1.

215   35—Ulysse, etc. : La Fontaine in introducing Ulysses only imitates Horace in his introduction to the Ars Poetica, "Dic mihi, Musa, virum," etc. etc.

216   3—Marché fait : A bargain is struck.

216   4—La pélerine : The traveller ; L. *peregrinus*.

216   6—Gardez : Mind you do not.

216   11—*Oison* generally means "gosling," dimin. of *oie ;* but as La Fontaine mixes up rats and mice indiscriminately, why not geese and ducks?

Page 216 *line* 16—De passer son chemin : To go on her way. *Cf.* Book iii., Fable 1, page 43, line 22.
    216   20—Babil : Chatter (onomatop.). *Cf.* Angl. babble.
    216   23—Tous d'un lignage : All of one descent, family

FABLE IV.

    216   25—Il n'était point, etc. : There was no pool in the whole neighbourhood that a certain cormorant had not laid under a contribution.
    216   26—Cormoran : The old form of the word, still preserved by fishermen, is *cormaran*, which shows deriv. to be L. *corvus marinus*.
    216   27—Viviers : L. *vivarium*.
    216   33—Réseau : Old form *résel*, from L.L. *reticellum*, dim. of *rete*.
    216   34—Disette : Want, famine. Diez suggests as etym. *desecta*, from *desecare*, to cut off.
    217   2—Ecrevisse : Is the thirteenth century *crevice*, from Old German *krebiz*; *cf.* Modern German *krebs*.
    217   8—Emute : For *emeute*. *Cf.* Book vii., Fable 8, page 131, line 26.
    217   15—N'en soyez point en soin : Don't put yourselves out about it.
    217   25—Le peuple aquatique : *Cf. la gent marécageuse, la gent aiglonne, marcassine*, etc., etc.
    217   25—Le bon apôtre : The hypocrite.
    217   28—Vous : Redundant (*ut passim*).
    217   32—Engeance : *Cf.* Book i., Fable 19, Page 18, line 21.
    217   34—Panse : L. *panticem*.
    217   35—Une : Alike.

FABLE V.

    218   2—Un pincemaille : A miser; one who pinches, keeps tight closed, the meshes of his purse (?).
    218   3—Finance : *Cf.* Book viii., Fable 2, page 149, line 8.
    218   8—Monceau : Old form, *moncel*; L. *monticellum*.
    218   8—S'altère : Will diminish.
    218   11—Le larron ! etc. : Thief, indeed ! What, enjoy one's wealth ! Why, it would be robbing oneself !
    218   14—Le bien, etc., etc. : Wealth is only an advantage in as far as one can get rid of it.
    218   16—Qui n'en ont plus que faire : Which will no longer know what to do with it.
    218   22—Enfouir : L. *fodere*.
    218   24—Le gîte : *Cf.* Book ii., Fable 8, page 27, line 14.
    218   33—Plus n'entasser : For *de ne plus entasser, de ne plus enfouir*.
    218   35—Pensa tomber : Was very near falling.

FABLE VI.

Page 219 line 10—Étourdi : *Cf.* Book ii., Fable 11, page 31, line 9.
219   11—L'Angleterre, etc. : Alluding to the annual tax of 300 wolves' heads imposed by Edgar, King of England, in the tenth century.
219   13—Hobereau : Country squire ; properly a small kite ; from Old French *hobe* (*cf.* Angl. hobby), a small bird of prey.
219   14—Bans : Proclamation, order. From Old German *bannan*, to ordain.
219   15—Il n'est marmot osant crier, etc. : If ever so small a brat dares to cry, the mother immediately threatens to throw him to the wolf. *Cf.* Book iv., Fable 16, page 77, line 22.
219   17—Rogneux : Mangy.
219   18—Hargneux : Cross-tempered. Old German *harm-jan*, to dispute.
219   19—Dont j'aurai passé mon envie : Of whom I may have made a meal.
219   31—Thibaut l'agnelet : Little lambkin. This name is given to a shepherd in the comedy of "Pathelin."
219   31—Passera : Shall be devoured (by me). The more usual form would be *y passera*.
219   35—Est-il dit, etc. : Shall it be said that we (mortals) are seen ? etc., etc.
220   3—Ils n'auront, etc. : Shall they have neither cooking-pot nor hook (to hang it on) ?

FABLE VII.

The first ten lines are spoken by the spider.

220   10—Jadis mon ennemie : Arachne, wife of Colophon, skilled in the art of embroidery, challenged and vanquished Minerva, who struck her with her shuttle, whereupon Arachne in despair hung herself, and was changed into a spider.—Ovid, Metamorph. i., 6.
220   12—Progné : The swallow. *See* Book iii., Fable 15.
220   15—Miennes : For this possessive pronoun used absolutely *cf.* page 100, line 15. *Leur, à leur compte.*
220   17—Tissu : *Cf.* Book iii., Fable 8, page 51, line 26.
220   20—Filandière : Spinster.
220   22—La sœur de Philomèle : *i.e., Progné l'hirondelle.*
220   23—Le bestion : An inusit., dimin. of *bête.*
220   26—Couvée : Brood ; L. *cubare.*
220   28—Aragne : The original word for spider (*araignée* meaning properly the web). *Cf.* Book iii., Fable 8, page 51, line 12.
220   29—Artisans superflus : Because "wings" would have been more to the purpose then

NOTES—BOOK X.

Page 220 *line* 33—Jupin: Fam. for Jupiter. *Cf.* Book i., Fable 7, page 6, line 26.
221   2—Leur reste: Their leavings.

FABLE VIII.

221   5—Noise: Dispute, quarrelling; L. *nausea*.
221   9—Honnêteté: Politeness, good treatment.
221   10—Ménagerie: Properly a place to keep domestic animals; from *ménage, mesnage;* L.L. *mansionaticum* (household expenses).
221   12—Respec: For *respect;* a poetical license.
221   16—Se percer les flancs: Tear each other to pieces.
221   21—Il est des naturels: There are (different) temperaments, constitutions.
221   25—Tonnelles: Tunnel·uet; from *tonne*. Etym. unknown.

FABLE IX.

The first six lines are spoken by the dog.
222   1—O rois des animaux, etc.: Oh, ye kings, or, rather, tyrants, over other animals! (He addresses men.)
222   2—Que vous ferait, etc.: Who would do the same to you!
222   3—Mouflar: Name of a dog; from *mufle*, the muzzle.
222   3—Dogue: *Cf.* Book i., Fable 5, page 4, line 10.
222   6—Y croyait perdre: Thought that he would be a loser by it. *Cf.* next line, *il y gagnait*.
222   8—A piller ses pareils: To worry his fellows. For *piller* in this sense *cf.* same Book, Fable 1, page 209, line 3.
222   10—Avec cette partie, etc.: With this part of his body (*i.e.*, the ear) torn in a thousand places.
222   12—Le moins, etc.: Transpose, *le moins de prise*, etc., etc.
222   14—Esclandre: Damage, injury. Unusual in this sense.
222   15—Gorgerin: A spiked collar (to defend the neck).
222   16—Ayant d'oreille, etc.: Having about as much ear as I have on my hand—*i.e.*, none at all. A form of comparison familiar to this day.

FABLE X.

222   19—Deux démons: Two deities, powers; Gr, δαίμων, a deity to whom events beyond man's power may be attributed.
222   28—Du bon tems: One of the good old times.
222   32—Par ces soins diligents: *Cf.* Book vii., Fable 10, page 134, line 12.
223   2—La balance: The scales (of justice).

Pa. 223 *line* 4—Ses mâtins: His dogs. *Cf.* Book i., Fable 5, page 4, line 15.
223   6—Il en vint, etc.: He succeeded capitally.
223   8—Veillé-je: Remark the acute accent on the final *e* of the first sing. pres. of the first conjugation, interrogative.
223   12—D'illustres malheurs: Notable misfortunes.
223   17—Je crois voir: I think I see—*i.e.*, you remind me of.
223   19—Fouet: Properly a bunch of beech branches; from Old French *fou* and *fau* (L. *fagus*).
223   25—A me tant, etc.: What interest compels me to worry myself so much? = Why do I bother myself about your remarks?
223   31—Dégourdi: From Sp. *gordo*, L.L. *gurdus*, heavy.
223   34—Eh! que me saurait-il, etc.: Why, what could happen to me worse than to die?
223   37—Mainte peste de cour: Many a court plague—*i.e.*, many of these pestilential fellows that frequent courts.
224   1—On cabale: A word of Hebrew origin, *kabala*, "traditional doctrine," thence mysterious science.
224   2—Grevés: Oppressed; L. *gravari*.
224   6—Louange: Things that spoke in praise of, etc.
224   8—Son fait: His stolen treasure.
224   11—Machineurs: Fabricators (inusit.)
224   12—Lambeaux: Rags, shreds. The old form is *lambel*, a term still existing in heraldry. Etym. uncertain.
224   14—Panetière: Wallet (to hold bread).
224   14—Houlette: Shepherd's crook; from L.L. *agolum*, *agoletta*.
224   21—Sur le faîte: To the highest pitch of honours. *Cf.* Corneille—

        Et monté sur le faîte, il aspire à descendre.

224   22—Je m'y suis trop complu: I took too much pleasure in it (*grandeur*).

FABLE XI.

224   32—Dont Zéphyre, etc.: Whose flowery swards were the abode of the Zephyrs.
225   3—Et crut mal: And was mistaken in thinking so.
225   10—On n'en veut point, etc.: No one wishes to take your lives.
225   11—Un vivier: *Cf.* same Book, Fable 4, page 216, line 27.
225   12—Quand: Followed by the conditional, even supposing.
225   16—Eut beau prêcher: Preached in vain.
225   23—Que l'on en vient à bout: That one succeeds.

FABLE XII.

In this Fable there is some confusion in the expressions applied to the two parrots, *i.e.*, the young and the old one, and the king and his son. We will endeavour to explain the ambiguity wherever it occurs.

Page 225 *line* 29—Du rôt d'un roi, etc.: Fed daily at a king's table.
- 225   30—Deux demi-dieux: Two demi-gods (*i.e.*, great ones of the earth), father and son, etc.
- 225   33—Les deux pères: *i.e.*, the king and the old parrot.
- 225   34—Les deux enfans: *i.e.*, the prince and the young parrot.
- 226   1—S'accoutumaient: Were firm friends.
- 226   5—Que lui donna la Parque: Which the Fates had given him.
- 226   8—Faisait aussi sa part, etc.: Was also one of the prince's favourites. *Cf.* Catullus, "Passer deliciæ meæ puellæ."
- 226   9—Ces deux rivaux: *i.e.*, the young parrot and the sparrow.
- 226   12—Circonspec, for *circonspect*: A poetical licence, as above, page 221, line 12, *respec* for *respect*.
- 226   17—Au père: *i.e.*, the old parrot.
- 226   18—L'infortuné vieillard: The old parrot.
- 226   20—L'oiseau parleur, etc.: The speaking bird (*i.e.*, the young parrot), is already in Charon's bark (dead).
- 226   21—To make it plainer, the bird now dumb (dead) causes his father to rush furiously upon the son of the king and put out his eyes.
- 226   31—Encor que: Even though. *Cf.* page 1, line 3.
- 226   35—Que l'un, etc.: That through this misfortune one of our children should perish, the other lose his sight.
- 227   5—Mais que la Providence, etc.: But whether it be true that Providence or Destiny rules the affairs of the world.
- 227   12—Un morceau de roi: A king's tit-bit, a royal pleasure.
- 227   19—Un appareil: A cure for.

FABLE XIII.

- 227   21—Son faon: Her cub. The word *faon* (L.L. *fœtonus*, from *fœtus*), was originally applied to the young of any animal. Later it came to mean only the young of the stag (Angl. fawn).
- 227   25—La nuit ni, etc.: The suppression of the first *ni* is very common in La Fontaine.
- 227   27—Vacarmes: A word of German origin (Dutch *wacharmer*, woe to thee).

NOTES—BOOK X.

Page 227 *line* 30—Un mot sans plus : One word, and only one. *Cf.* Book iii., Fable 18, page 59, line 6.

227   34—Et qu'aucun, etc. : And if none of them have made our heads ache with howling for the death of their young.

228   1—Que ne taisez-vous aussi ? Why cannot you be silent also ? [mother.

228   11—Hécube : The model of an unfortunate wife and

FABLE XIV.

228   14—Je n'en veux, etc. : I want no better example than Hercules and his labours.

228   17—En voici pourtant un, etc. : Here is one, however, whom some old talisman sent to seek his fortune in the country of Romance.

228   19—De compagnie : In company (inusit.).

228   27—D'une haleine : At one breath, without stopping.

228   29—Saigna du nez : Refused to proceed (*fig.*). *Cf.* Angl., fam., funked. Some grammarians endeavour to establish a distinction between *saigner du nez*, to withdraw from fear (*fig.*), and *saigner au nez*, to bleed at the nose. The latter expression is ungrammatical.

228   31—Dit-il : An *aposiopesis* (we should be drowned).

228   34—Le sage l'aura fait, etc. : The necromancer will have constructed him with such art and in such a manner, etc.

229   6—Où l'honneur : Ellipt. for *où serait l'honneur*.

229   7—Dedans=*par*.

229   16—Esplanade : It. *splanata*.

229   24—Il ne se fit prier, etc. : He required no more pressing than was consistent with propriety.

229   25—Encor que : Although. [Sixte Quint.

229   26—Sixte : An allusion to the humble origin of

229   30—Fortune aveugle, etc. : "Audaces fortuna juvat." —Virg.

229   31—Le sage quelquefois, etc. : It is sometimes better to "leap before you look."

FABLE XV.

230   6—Le roi de ces gens-là : *i.e.*, man.

230   7—Que ses sujets : *i.e.*, the other animals.

230   9—Où puisent les esprits : Upon which these creatures' minds draw.

230   10—J'entends, etc. : I mean those minds which are embodied and bound up with matter (an allusion to Fable 1 of this Book).

230   10—*Pétrir* is to knead dough, from old form *pestrir ;* L. L. *pisturire*, from *pistura*.

230   12—A l'heure de l'affût : At the hour when one watches for game. *Affût* is from *à fût = au*

bois, leaning against a tree (to watch for game); *fût*, L. *fustis*.

Page 230 line 12—Soit, etc.: Either when the sun darts its rays into the moist dwellings of eventide.
230   18—Je foudroie à discrétion : I slaughter at my ease.
230   19—Qui n'y pensait guère : Who was little expecting such a fate.
230   26—La souterraine cité : A transposition of words common to La Fontaine.
231   5—De leur détroit : In their own *district*.
231   6—Je laisse à penser, etc.: I leave you to imagine what a commotion it causes.
231   7, 8—N'ayant en tête qu'un intérêt de gueule : Having no other interest in their head than that of greediness (*i.e.*, how to provide their own food).
231   9—Vous : Redundant (*ut passim*).
231   13—En fait tout autant faire : Causes to act exactly in the same manner.
231   15—Piller le survenant : Waylay and rob the new-comer.
231   18—Le moins de gens, etc.: Let us have as few people as possible around the cake (so as to have more for ourselves).
231   23—Et tiens, etc.: And I maintain that we ought to leave something to the imagination on the best subjects. *Cf.* Voltaire : "Le secret d'ennuyer est celui de tout dire."
231   26—Ce qu'il a de solide : *Il* refers to *discours* in the line above.
231   36—Climat = *pays*.

FABLE XVI.

232   8—Bélisaire: The famous general of Justinian, who from enjoying the highest honours was reduced to poverty. Born A.D. 505.
232   9—De quoi : Wherewithal.
232   11—De raconter : The *de* here is redundant: it was commonly so employed in the seventeenth century. Boileau has (Epistle i., 87) :

Mais à l'ambition d'opposer la prudence, etc.

232   16—S'étendit : Was diffuse.
232   17—Eloignant la pensée : Setting aside the idea.
232   22—C'est de quoi nous mener jusqu'à Rome : That's the way to get where we want to go. *Prov.*: "Tout chemin mène à Rome."
232   29—Les trois échoués, etc.: The three men who had been thrown on the shores of America. The etym. of *échouer* is doubtful. Diez suggests L. *cautes*, a rock.

NOTES—BOOK XI.

Page 232 *line* 34 - Je sais le blason : I know the art of heraldry. *Blason* originally meant the shield on which the arms were painted. Etym. uncertain.

    35—Devers l'Inde: Towards India—in India.

233   3—Echéance : Date at which anything *échoit* falls due. *Echoir* is from *ex-cadere*.

    4—Jeûnerons-nous : *Jejuno*.

    4—Par votre foi : In your opinion.

    7—Qui pourvoira de nous : Transpose, *qui de nous*, etc.

    10—Avant tout autre, etc. : Before everything else, that is the point to be considered.

    17—Là-bas : *i.e.*, down below, in Hades.

    21—La main : Manual labour.

BOOK XI.

FABLE I.

233   25—Ce : Redundant (*ut passim*). *See* Book v., Fable 3, page 88, line 28.

233   25—Aubaine: Properly, right of succession to the property of an alien (*aubain*). Etym. unknown—*advena ?* Angl. windfall.

234   2—Vieux routier : Old stager.

234   3—Tu crains, etc. : These words are spoken by the leopard.

234   3—*Ce* is again redundant. (*See* preceding page, line 25.)

234   6—Il a chez lui, etc. : He has more than one business to attend to at home—*i.e.*, he has his hands too full to think of us.

234   10—Ne me font point pitié : Do not excite my pity.

234   14—Lui soit crue : We should rather have expected the plural after two nominatives.

234   16—J'ai fait son horoscope : *Tirer un horoscope* is the more usual expression.

234   23—Tocsin : Alarm-bell. In the seventeenth century spelt *toquesin*, from *toquer*, to strike, and *sin*, an old word for bell, derived from L.L. *signum*, used in the same sense, *i.e.*, bell.

234   31— Il passe = *il surpasse*.

234   38—Tout le plus gras : The very fattest (inusit.).

235   2—Il en prit mal : It was unfortunate for them.

235   5—Ce monde ennemi : That host of enemies.

235   8—Craître : For *croître*, for the sake of the rhyme. This form is also used by Voltaire to rhyme with *être*.

FABLE II.

This Fable is addressed to the Duc de Maine, illegitimate son of Louis XIV. and of Madame de Montespan, born in 1670, consequently eight years old at the time.

Page 235 *line* 12—Se sentant du lieu : Bearing the impress of the place.
235   21—Flore, etc. : His first study was botany.
235   25—Tout en fut : He experienced them all.
235   26—Devait : Was destined.
235   29—Il semblait, etc. : It seemed that he was guided only by memory in all his actions.
236   1—Il est : There are.
236   24—De quoi ne vient à bout : What cannot be accomplished by.

FABLE III.

236   30—Des plus fins : One of the cleverest. *Cf.* Book ii., Fable 20, page 39, line 21.
236   31—Donner d'atteinte : Reach, get hold of (inusit.).
236   33—Au compère : To our friend.
236   34—Canaille : *Cf.* Book i., Fable 19, page 18, line 14.
237   1—Je me travaille : I work hard. *Cf.* Book i., Fable 3, page 3, line 8.
237   3—Vous : Redundant.
237   3—Monnoie : The old form of writing *monnaie*.
237   4—Au croc : On the jack (to roast) ; a word of German origin.
237   5—Maître passé : A very master (in the art of thieving).
237   8—Métier : Old form *mestier* ; L. *ministerium*.
237   9—Il en sera parlé : You have not heard the last of it.
237   11—Libérale en pavots : Lavish of poppies—*i.e.*, a good sleeping night.
237   20—Aube : L. *alba*.
237   22—Peu s'en fallut, etc. : The sun was very nearly turning back with horror towards his watery home.
237   24—Tel : In the same manner.
237   25—Apollon irrité, etc. : Because Agamemnon had carried away Chryseis from her father Chryses, priest of Apollo.
237   26—Joncha : *Cf.* Book iv., Fable 6, page 67, line 28.
237   27—L'ost des Grecs : *Ost* (Anglicé host) is an old word ; it is used by Ségur in his Life of Napoleon ; and again by La Fontaine, Book xii., Fable 9, page 262, line 10.
238   1—Que n'avertissais-tu, etc. : Why did you not warn me at the very beginning of the slaughter !
238   3—Here the dog speaks.

NOTES—BOOK XI. 401

Page 238 *line* 3—A qui touche le fait: Who are personally concerned in the deed—*i.e.*, whose interests are at stake.
238   5—Qui n'ai rien à la chose: Who have nothing to do with the matter—*i.e.*, to lose or gain by it.
238   12—Vous: Redundant (*ut passim*).
238   12—Sangla: From *sangle*, a girth. L. *cingula*.
238   12—Drille: Drudge, properly a foot-soldier. From Old German *drigil*. *Cf*. Ang., to drill.
238   15—T'attendre aux yeux d'autrui: To depend upon other people's eyes.
238   17—Que si: Moreover if.

FABLE IV.

238   20—Certain Mogol: A certain Indian. La Fontaine uses the word *Mogol* indiscriminately for the country and its inhabitants. *Cf*. Book vii., Fable 6, page 128, line 34.
238   22—Tant en prix qu'en durée: As well in value as in duration.
238   23—Vit: That is to say, in his dream.
238   27—Minos, etc.: The judge of the infernal regions seemed to have made a mistake about these two departed souls.
238   33—Tant soit peu: Ever so little.
238   34—L'humain séjour: Their sojourn upon earth among men.
239   4—La retraite: Retirement (from society).
239   9—Loin du monde, etc., etc.: This description of the charms of solitude is one of La Fontaine's masterpieces, and may fairly be compared with the following passages from Virgil and Horace:—

> O qui me gelidis in vallibus Hæmi
> Sistat, et ingenti ramorum protegat umbra!
> —Virgil. Georg. ii.

And Horace:—

> O rus! quando ego te aspiciam, quandoque licebit
> Nunc veterum libris, nunc somno et inertibus horis
> Ducere solicitæ jucunda oblivia vitæ?

239   14—Clartés errantes: Those wandering lights (the planets).
239   16—Que si: But if.
239   19—La Parque, etc., etc.: The Fates (perhaps) will not weave the web of my life with golden threads.
239   19—Ourdira: L. *ordiri*.
239   20—Lambris: *Cf*. Book iii., Fable 8, page 51 line 21.
239   21—Mais voit-on, etc., etc.: But does one ever see that sleep loses any of its charms for want of these?

FABLE V.

Page 239 *line* 30—Maître-ès-arts : A Master of Arts. *Es* is Old French contr. from *en les, enls, ens,* only used in this and similar examples.

239   30—La gent animale : *Cf. la gent marécageuse, la gent aiglonne, le peuple aquatique,* etc.

240   6—Qu'on en vienne à bout, etc., etc. : That one should accomplish it in one day.

240   12—De l'un et l'autre : Inusit. for *de l'un et de l'autre.*

240   16—D'ignorantes : As being ignorant.

240   19—Au rebours : *Cf.* Book iii., Fable 1, page 44, line 3.

240   22—De tout ce que dessus : From all that has preceded.

240   24—De se faire valoir : To exalt one's own acquirements and talents.

240   27—Prenant tour à tour l'encensoir : Taking it in turns to praise each other (literally, to carry the incense-burner).

240   29—J'ouïs : From *ouïr* (inusit.) ; L. *audire.*

240   30—Trouvez-vous pas : Remark the omission of *ne* (common in La Fontaine).

240   34—Il abuse : He perverts, misapplies.

240   36—Les humains sont plaisants : I am amused at the idea of men, etc.

241   2—Braillards : From *braire ;* as criailler from *crier ;* bataille from *battre,* etc.

241   6—Au prix : Compared with you.

241   7—Lambert : A famous musician of the Court of Louis XIV., brother-in-law to Lully.

241   11—Prôner : From L. *preconium.*

241   13—Prétendant : Supposing.

241   16—Que le ciel, etc., etc. : Whom heaven has been pleased to place in the higher ranks.

241   17—Les simples excellences, etc., etc. : The simple title of *excellency* for that of majesty.

241   21—Elle : *i.e., votre majesté.*

241   27—Fat : A vain, conceited fellow. L. *fatuus.*

FABLE VI.

241   31—Matoiseries : Cunning. From La Mate in Paris, where thieves assembled. "Compagnon de la Mate."

242   2—Mon maître : *i.e.,* Æsop.

242   4—A l'hôte des terriers : To the inhabitants of holes in the earth—*i.e.,* the fox.

242   7—Seau : From L.L. *sitellum* (Cicero uses *sitella*), a vase, by the transition *si'el, séel, seau.*

242   13—Tiré d'erreur, etc. : Cured of his mistake (with regard to the cheese), but still in a terrible strait.

NOTES—BOOK XI.   403

Page 242 *line* 17—Succédant à sa misère : And succeeding to his ill-luck ; that is to say, taken in in the same way as himself.

242   21—Échancré : Cut a slice out of. *Echancrer* properly means to cut into, as a *chancre* (L. *cancrum*), crab, eats into any substance.

242   24—Altéré : Parched with thirst.

242   30—En tâtant d'un tel mets : By taking such a dish.

242   34—Bien qu'au moins mal, etc. : Although he told his story as well as he could.

242   37—Reguinde : Winds up again. *Guinder* is of Old German origin, *windjan*, to wind up.

FABLE VII.

243   8—L'erreur du souriceau : *Cf.* Book vi., Fable 5, page 106, line 6.

243   12—Marc Aurèle : It appears that Marcus Aurelius has not left any such a tale among his works.

243   16—Touffue : Knotted, thick, from Old French *toffe*, Low German *topp*.

243   17—Velue : L. *villosus*.

243   21—Sayon : L. *sagum*, a tunic.

243   23—Ainsi bâti : Thus dressed.

243   24—Asiles : Retreats.

243   29—Je supplie, etc. : *Cf.* the opening part of Demosthenes' speech against Æschines.

243   33—Que tout mal, etc. : Nothing but wrong and injustice.

243   35—*Témoin* used adverbially does not take the *s* of [the plural.

243   35—La romaine avarice : For *l'avarice romaine*, a transposition not uncommon in La Fontaine.

244   1—Forfaits : From *foris facere*, to do anything out of, contrary to, the laws.

244   5—Par un juste retour : In fair reprisal.

244   9—Qu'on me die : *Die* for *dise*, common in the seventeenth century.

244   20—En user : To employ it.

244   21—Celle : *i.e.*, *l'inhumanité*.

244   32—Assouvir : L. *assopire*, to calm, quiet.

244   38—Découragés : Disheartened (and tired) of bringing wretches into the world.

245   9—À mon abord : On my approach.

245   10—N'a-t-on point, etc. : If one has no present to make, no purple (robe of honour) to bestow, it is in vain that one seeks redress from the laws ; and, more still, their very application is impeded by a thousand delays.

245   20—Patrice : More properly *patricien*, the former honour not being then created.

245   22—Par écrit, etc. : *i.e.*, the senate had his speech taken down in writing.

FABLE VIII.

Page 245 *line* 29—Passe encor de bâtir, etc. : One can understand a man of that age building a house; but planting trees!

245   30—Jouvenceau : A diminutive, as *lionceau, souciceau*, etc.

245   31—Radotait : *Cf.* Book x., Fable 2, page 214, line 18.

246   3—Désormais : Old French *dès ore mais*, L. *de istâ horâ magis*.

246   4—Quittez le long espoir : *Cf.* Horace, Od. i., 11 :

       Spem longam reseces. Dum loquimur, fugerit invida Ætas.

246   8—Blêmes : Pale-faced. A word of Scandinavian origin, *blâmi*.

246   14—Mes arrière-neveux : My grand-nephews. *Cf.* Virgil : "Carpent tua poma nepotes."

246   15—Défendez-vous au sage : Would you prohibit the wise man, etc.

246   22—Dès le port : In the very harbour (before setting sail).

246   22—A l'Amérique : Inusit. for *en Amérique*.

246   27—Enter : To ingraft. From L.L. *impotare* (impotus, ἴμφυτος), *imp'tare*, and so by regular transition to *enter*.

246   28—Il : Observe the anacolouthon here.

FABLE IX.

246   32—Oyez : The second plural imperative of the obsolete verb *ouïr*, to hear; exists in Old English form of proclamation, "Oh, yes! oh, yes! oh, yes!"

246   34—On feront une estime : Will think it as good as you do.

247   3—Encor que : *Cf.* Book i., Prologue, page 1, line 3.

247   5—Palais : Dwelling-place.

247   12—Il faut qu'on le confesse : We must allow.

247   13—Le compagnon : Our friend.

247   14—Echappées : Having escaped. Like the Latin ablative absolute.

247   17—Firent qu'il les mangeoit : Enabled him to eat them.

247   24—Puis qu'un cartésien : After that, let a disciple of Descartes persist, etc. *Cf.* Book x., Fable 1, page 207, line 18, *seqq*.

247   27—Tronquer : To mutilate.

247   27—Un peuple mis en mue : A whole population shut up in a cage like birds moulting, or for the purposes of fattening. Voltaire also uses the expression in this sense.

Page 247 *line* 28—Si ce n'est pas là raisonner : If you don't call that reasoning.
247   30—Voyez, etc. : Now observe his process of reasoning.
247   32—Happe : From Dutch *happen*, to seize.
247   36—Or : Now. Old form *ore*, L. *hora*.
248   2—Par votre foi : If you please. *Cf.* Book x., Fable 16, page 233, line 4.

EPILOGUE.

248   8—Truchement : Interpreter ; spelt also *trucheman*, from the Spanish *trucheman*.
248   16—D'autres pourront, etc.: *Cf.* Book ii., Fable 1, page 21, line 19.

This epilogue for some time terminated the whole collection of La Fontaine's Fables. It was not till in 1694, after an interval of fifteen years, that he wrote the twelfth and last book.

BOOK XII.

FABLE I.

This Book, published in 1694, nearly fifteen years after Book xi., is dedicated to the young Duc de Bourgogne, grandson of Louis XIV., then in his twelfth year, who had presented La Fontaine, on his recovery from a severe illness, with a purse of fifty louis. Nearly all the fables in this Book were composed for the amusement of the young Prince.

249   6—Les ans : La Fontaine was now seventy-three years old.
249   8—Aller en augmentant : Go on increasing.
249   10—Le héros : Louis de Bourbon, the first Dauphin, and father of the young Duke of Burgundy.
249   11—Métier : *Ministerium*.
249   12—Il ne tient pas à lui que : It is no fault of his if, &c., &c.
249   16—Un mois : That is from the 25th October to the 13th November, 1688, in which the army commanded by the Dauphin took the principal towns on the Rhine.
249   19—Les Ris et les Amours : Always coupled together by La Fontaine. *Cf.* Book vi., Fable 21, page 120, lines 5, 6.
249   20—Soupçonnés : Supposed.
249   23—N'y tiennent le haut bout : Have the place of honour.
       25—Ces derniers : *i.e.*, *le sens et la raison*

Page 249 *line* 26—Circonspects: To rhyme with *grecs*. La Fontaine often suppresses the *t* altogether. *See* Book x., Fable 12, page 226, line 12.

250   10—Il s'en vit de petits: Even small ones were seen amongst them.

250   10—EXEMPLUM, UT TALPA: There has been great discussion as to the meaning of these words. The easiest solution seems to be to set them down to La Fontaine's ignorance of Latinity, and to construe them—"for example, the mole."

250   12—Se défier: To mistrust, beware of.

250   14—Le doux entretien: Pleasant speech and manners.

250   16—Prit un autre poison, etc.: Imbibed another poison very similar to her own—*i.e.*, she fell in love with him.

250   23—De ce pas: Now, at once.

250   24—L'empoisonneuse coupe: One of those inversions so common to La Fontaine.

250   28—Pensant rugir: Supposing himself to be roaring.

250   36—Comme te voilà fait! What a figure you are!

250   37—Ah! vraiment, etc.: Well, upon my word, that's a nice remark to make!

251   4—Une ourse mes amours: A certain she-bear that I dote upon (and who returns the affection).

251   5—Remark the pronoun preceding the second of two imperatives, *me* laisse. *Cf.* Boileau—

        Polissez-le sans cesse, et le repolissez.

251   7—Tout net et tout plat: Clearly and once for all. *Cf.* Angl. That's flat!

251   10—Au hasard d'un semblable refus: At the risk of meeting with a similar refusal.

251   11—Camarade, etc: My friend, I am quite grieved that a beautiful young shepherdess should have to make the echoes ring with her complaints about all her sheep that have fallen victims to your greediness.

251   17—Redevien: For *redeviens*. The *s* omitted to rhyme with *bien*.

251   19—En est-il? Are there such things (as good men)?

251   20—Tu t'en viens me traiter: You go and treat me.

251   23—Par ta foi: On your word now, seriously. *Cf.* Book x., Fable 16, page 233, line 4.

251   31—Semonce: From *submonere, summonere*, and, by analogous transition, *semondre*.

251   32—Réponce=*réponse* (old form).

251   36—Los (inusit.): Praise; L. *laus*. *Cf.* Philémon et Baucis, page 293, line 33.

252   2—Mêler le plaisant à l'utile: *Cf.* Horace—

        Omne tulit punctum qui miscuit utile dulci.

252   7—Pour peine: As their best punishment.

FABLE II.

Page 252 line 11—Moineau: Old form *moisnel*, contr. from *moissonel*, Old French *moisson*, L.L. *muscionem*, little bird, *musca*; *cf.* *oiseau-mouche*, humming-bird.

252   13—La cage et le panier : The (bird's) cage and the (cat's) basket were under the same roof.

252   14—Agacé : It. *aggazzare;* Old German, *hazjan*, to torment ; whence *hacer, ahacer, agacer*.

252   15—S'escrimait du bec : Fenced—*i.e.*, fought—with his beak, *escrime;* It. *scherma;* Old German *skirm*, a shield, defence.

252   19—D'armer de pointes sa férule : To use his claws ; literally, to put sharp points on to his stick, *férule* (L. *ferio*).

252   20—Moins circonspec : *Cf.* Book x., Fable 12, page 226, lines 12, 13.

252   25—Courroux: Etym. It. *corrotto*, L. *corruptum* (?)

252   26—Dès leur bas âge : From their earliest infancy.

252   33—De prendre parti : Historic infin. (*passim*).

252   34—Nous la vient donner belle ; Wishes to insult us (idiom.).

253   9—Incontinent : Immediately.

FABLE III.

253   15—Ducats : The *ducat* was a gold coin, worth some ten or twelve francs. The name is from the effigy of some Venetian, Florentine, or Genoese duke.

253   15—Pistoles : A gold coin, worth about eleven francs.

253   16—Oisif : Idle—that is, not invested.

253   18—Amphitrite : *See* Book iv., Fable 2, page 61, line 17.

253   23—Supputer : L. *supputare*.

253   24—Comme à la tâche : As if doing a lesson.

253   25—Du mécompte à son fait : Some deficit in his reckoning.

253   27—Doublons : A Spanish coin, worth a little more than twenty francs, so called because it was the double of an *écu* of two *piastres*.

253   29—Cadenassée : The old form *catenas*, used by Rabelais, and the Italian *catenaccio*, would show the etym. to be *catena*.

253   31—Bertrand : The name commonly given by La Fontaine to a monkey. *Cf.* Book ix., Fable 17, page 204, line 2.

253   32—Liquide manoir : The watery domain, *i.e.*, the sea. *Cf.* Book xi., Fable 3, page 237, line 23

254   1—Bonnement : Honestly.

Page 254 line 2—Près de: In the estimation of. For *Dom cf.*
Book v., Fable 8, page 92, line 21.
254   5—Monceau: Old form *moncel*, L.L. *monticellus, monticulus*.
254   6—Un jacobus: An English gold coin, bearing the effigy of King James.
254   7—Un noble à la rose: A rose noble, an English gold coin (temp. Edward III.) marked with the roses of York and Lancaster.
254   10—Sur =*audessus de*.
254   11—Son compteur: His master, who was so fond of counting over his money.

FABLE IV.

254   20—Brouté: Angl. browse.
254   22—Leur fait chercher fortune: Sends them out on a voyage of discovery. [is *caprea*.
254   27—Caprices: A well-chosen word, as its etymology
254   30—Ayant patte blanche: A sign of innocence. *Cf.* Book iv., Fable 15, page 76, lines 22, 23.
254   32—Pour quelque bon hasard: By some good (!) chance or other.
254   34—Belettes: *Cf.* Book ii., Fable 5, page 25, line 10.
255   8—L'île de la Conférence: *i.e., L'île des Faisans*, formed by the Bidasson on the French and Spanish frontier, where the Treaty of the Pyrenees was signed.
255   19—Faute de reculer: For want of retreating—*i.e.*, because neither would give way.

FABLE IVA.

(*Dédiée au Duc de Bourgogne.*)

256   2—Se jouant des cœurs: Sporting, trifling with men's hearts.
256   9—Elle: *i.e.*, Fortune.
256   10—Empêché d'un monde d'ennemis: Embarrassed by a crowd of enemies.

FABLE V.

256   21—Et payant de raisons: Giving arguments in payment. For *Raminagrobis* see Book vii., Fable 16, page 143, line 21.
256   24—À charge: A burden, an expense.
257   3—Chat, et vieux, pardonner! What a cat, and an old one into the bargain, grant indulgence!
257   4—Descends là-bas: Down with you (into the cat's stomach, or to Hades). [the Fates.
257   6—Les sœurs filandières: The spinning sisters—*i.e.*,
257   11—La vieillesse est impitoyable: La Fontaine had already said this of youth. *Cf.* Book ix., Fable 2, page 188, line 6.

FABLE VI.

Page 257 line 15—Grabat: His bed. Gr. κράβατος.
257   18—Permettez, etc.: Please allow the Fates to dispose of me in an ordinary way—*i.e.*, let me die a natural death.
257   23—Boire un coup: Take a draught.
257   26—La pitance: *Cf.* Book iv., Fable 8, page 69, line 24.
257   27—Rien à frire: Nothing to eat. The word *frire* is ill-chosen. How could a deer fry anything?
257   31—Il en coûte, etc.: It costs dear to those who call you in.

FABLE VII.

258   5—Le buisson: From *buis*. L. *buxus*; Angl. bush. The partnership is a strange one.
258   9—Facteurs: Correspondents.
258   11—Mise: The money embarked by each member of the firm.
258   12—Leur emplette: Their purchases. From L.L. *implicita* (same meaning.)
258   14—Ecueils: The old form *escueil* shows the etym. to be the Lat. *scopulus*.
258   16—Alla tout emballé: Went all in a lump down to the warehouses that border on Tartarus—*i.e.*, to the infernal regions.
258   25—Prêts à porter le bonnet vert: Ready to take the benefit of the Act (Bankruptcy); an allusion to the custom of insolvent debtors being freed from their liabilities on condition of publicly wearing a green cap. *Cf.* Boileau, Sat. I., 15—

>   Ou que d'un *bonnet vert* le salutaire affront
>   Flétrisse les lauriers qui lui couvrent le front.

258   27—Le sort principal: The loss of their capital.
258   30—Dès devant, etc.: From even before daybreak.
258   31—N'occupaient, etc.: Only made our three friends busy themselves to invent many a *ruse*.
259   2—Le plongeon: *i.e.*, *le canard*.
259   7—Detteur: An obsolete form of the modern *debiteur*.
259   7—Souris-chauve: (Inusit.) for *chauve-souris*.

FABLE VIII.

259   18—Appointés contraire: A legal term signifying "called upon to appear in opposition." Racine uses the word *appointer* in the "Plaideurs"—"On appointe la cause."
259   19—Ces quatre potentats: *i.e.*, the four elements.
259   23—Arrêts rendus: Verdicts given

Page 259 *line* 26—Fouet: Old form *fou, fau*, from L. *fagus*, because originally made of beech twigs
259   32—Forcené: *Foris, sensus.*
260   1—Aux passe-droits, etc.: To the injustice that had been done to a bitch about to litter.
260   1—En gésine: From *gésir, jacere* (to lie in).
260   2—Altercas = *altercation.* (Inusit.)
260   8—Aux arrêts: To the written decisions (of the judges).
260   11—Le peuple souriquois: *Cf.* Book iv., Fable 6, page 67, line 2.
260   12—Narquois: Old form *narguois*, from *narguer*, L. L. *naricare*, to turn the nose up at (*naso suspendere adunco!*)
260   13 · En voulant à: At enmity with.
260   16—Mon dire: The infinitive used substantively (*ut passim*).
260   20—Dieu fit bien, etc.: *Cf.* Book ix., Fable 4, page 189, line 34.
260   22—Aux grosses paroles on en vient, etc.: One comes to (bandy) high words for a mere nothing more often than not.
260   24—Les barbacoles: The schoolmasters. *Qui barbam colunt (?)*

FABLE IX.

260   26—D'où vient, etc.: *Cf.* Horace, Sat. 1., Lib. 1—

> Qui fit, Mæcenas, ut nemo, quam sibi sortem
> Seu ratio dederit seu fors objecerit, illa
> Contentus vivat, laudet diversa sequentes?

260   29—Porte envie: Is an object of envy.
261   2—Un prince: *i.e.*, the young Duc de Bourgogne.
261   13—Me fera prendre la trompette: To celebrate his warlike deeds.
261   21—Notre cher: My good friend.
261   21—Mets: From *missum*, that which is sent; as L. *ferculum*, from *ferre.*
261   23—Une viande: Any sort of food. L. L. *vivanda.*
261   26—Métier: Old form *méstier* or *mistier*. L. *ministerium.*
261   28—Qui fournisse, etc., etc: Who shall hang a fat sheep on his roasting-hook?
261   30—Un mien frère: A brother of mine.
261   33—Mâtins: *Cf.* Book i., Fable 5, page 4, line 15
262   2—Il s'y prit mal: He set about it clumsily.
262   5—Qu'un troupeau s'approcha: When a flock came up.
262   9—Brus: Daughter-in-law. Any young married woman. *Cf.* Old German *brut*; Modern German *braut.*
262   10—L'ost du peuple: *Cf.* Book xi., Fable 3, page 237, line 27.

Page 262	line 16—Le peuple bêlant : *Cf.* the expressions *le peuple coassant, le peuple souriquois, la gent marécageuse*, etc., etc.
262	15—Le disciple : The scholar. He was learning his trade as a wolf.
262	17—Le régent : The schoolmaster.
262	19—Que sert-il, etc. : For this and the following line *cf.* conclusion of Fable 18, Book ii., page 38, line 10, *et seqq.*
262	24—Ma muse tient, etc. : My muse owes the idea entirely to your wit.

FABLE X.

262	28—Ecrevisse : In the thirteenth century this word was written *crevice*, from Old German *krebiz* (Modern *krebs*).
263	1—Cet accessoire : This application of the fable.
263	15—Ne : Redundant.
263	16—Quand on y va tortu : When they go all awry (inusit.). *Tortu* from *torquco*.
263	20—Fait : Creates
263	23—Métier de Bellone : *i.e.*, warfare. *Métier* from L. *ministerium*.

FABLE XI.

263	26—Margot la pie : Madge, the magpie.
263	30—Un coin détourné : An out-of-the-way corner.
263	31—L'agace : An old-fashioned term for magpie, still existing in Champagne. Synonym derived from Old German *agalstra*.
264	2—Moi qu'on sait, etc., etc. : I, who am known to wait upon him.
264	3—Entretenez-moi : Amuse me with conversation.
264	4—Caquet-bon-bec : Our chattering friend.
264	4—De jaser : Historic infinitive.
264	4—Au plus dru : *Cf.* Book iv., Fable 7, page 69, line 2.
264	6—N'eût su ce qu'en fait de babil, etc., etc. : Could not have held his own with our magpie in loquaciousness.
264	13—M'amie : The old custom was to cut off the *a* of *ma* before vowels. This form only exists in *m'amie, m'amour*.
264	13—Je n'ai que faire : I have no need of the services of.
264	17—Ce n'est pas, etc., etc. : Taking service with the great is not always as easy as one would think.
264	17—Que : Redundant.
264	19—Rediseurs : (inusit.) Tale-tellers. Molière use. the word *diseur*.

Page 264 *line* 21—Quoique ainsi, etc., etc. : Although, like the magpie, one must wear two sorts of coats in these places (*i.e.*, at Court).

FABLE XII.

This Fable is addressed to Francois Louis, Prince de Conti (born 1664, died 1709), from whom La Fontaine had received many benehts, pecuniary as well as others.

264   32—Par là : In that respect.
265   3—Leur sait gré : Gives them credit for, is grateful to them for.
265   7—Prétend : *In*tends (not *pre*tends).
265   10—Hymen, etc. : An allusion to the marriage of the Prince de Conti with Mdlle. de Bourbon, grand-daughter of Condé. This union was not so happy as the poet prophesied that it would be.
265   13—Par ce temps, etc. : Hardly restricted to this limit of time (*i.e.*, *un siècle*, line 10).
265   18—De qualités : This genitive depends on *voulut orner vos jeunes ans*.
265   20—Bourbon : The Princesse de Bourbon, married to Conti.
265   24—Etaler : To make a display of. Etym., Old German *stal*, Angl. *stall*, to display goods.
265   25—Rimer : To put into rhyme.
265   30—Donnait prix : Enhanced.
265   37—Quand il en aurait eu, etc.: Even if he had had them it would have been all one (all the same).
266   9—Le leurre : The lure. A piece of red leather shaped like a bird with which hawkers attract their birds.
266   12—Nicherait là : Would take up his abode there. L L. *nidicare, nidus*.
266   16—Régaler : To pay me a compliment.
266   18—(1) En milan ; (2) en citoyen : (1) As a kite is wont to act ; (2) like a denizen of the woods, a rustic.
266   21—D'admirer : Historic infinitive.
266   23—Elèvent : Extol.
266   24—L'échappa belle : Had a narrow escape (idiom.).
266   28—Les hôtes des bois : The inhabitants of the woods. *Cf.* Book i., Fable 2, page 2, line 28.
266   31—Epancher : L.L. *expandicare*, from *expandere*.
266   32—Ferait scrupule : Would feel scruples about.
266   34—Au siége de Troie : An allusion to the doctrines of Pythagoras, who himself claimed to have been present at the siege of Troy, "Panthoïdes Euphorbus eram."
266   35—Y tint-il lieu : He there filled the place.

Page 266 *line* 36—Des plus huppés : One of the most distinguished. *Huppé* properly means to have a *huppe* (tuft) on the head, from *upupa*, the *hoopoe*.

267   4—Volatilles: The more common form is *volatiles*, but La Fontaine wanted a rhyme to *familles*.

267   8—Ce dit-on : The *ce* is redundant (*ut passim*).

267   14—Un gros : A crowd.

267   15—S'il le fut de sa vie : If he ever was so in his life.

267   16—Parangon: Model. Angl. *paragon*. The Spanish form is also *paragon*. Diez suggests as its etymology two Spanish prepositions, *para*—*con*— in comparison with (?)

267   18—L'animal porte-sonnette : The hawk.

267   21—Happe : Snatches at. A word of Dutch origin, *happen*. (Angl. to snap at.)

267   22—De crier . . . de rire : Historic infinitive.

267   28—Souci : Some editions have *sourci*, a form of *sourcil, supercilium*.

267   30—Fit des éclats : Burst out laughing. The more common expression is *rire aux éclats*.

267   31—Clopinant : Limping ; from L.L. *cloppus* ; Gr. χωλοίπους, lame.

267   34—Puisqu'il s'agit de morale : Since we are in search of a moral.

FABLE XIII.

268   4—Aux traces : This dative is governed by *attira*, three lines further on.

268   4—Hôte des bois : *Cf.* Book i., Fable 2, page 2, line 28.

268   5—Matois : Cunning ; from La Mate, where thieves ussembled in old Paris, "Compagnons de la Mate."

268   6—Fange : from L.L. *famicem*, from which is derived the adj. *famicosus* (muddy).

268   11—Aux mouches : By the flies.

268   14—Mets : From L. *missum*, that which is sent ; as L. *ferculum* from *ferre*.

268   17—Que ne vis-tu, etc : Why do you not feed on common folk. *Cf*. page 266, line 1, same Book, preceding Fable.

268   18—Hérisson: Old form *hériçon, ériçon* ; L.L. *ericionem*, dim. of *ericius*.

268   24—Garde-t-en bien : I beg you will do nothing of the sort.

268   26—Soûls : Replete ; L. *satur, satullus*.

268   33—Plus telles gens, etc. : Observe the adj. preceding *gens* in the feminine gender, that which follows (*pleins*) in the masculine.

FABLE XIV.

Page 269 line 3—Flèches: From Old German *flitsch*. *Cf.* Modern German *flitz-pfeil*.
269 3—Carquois: The old form of this word, *tarquois* or *tarquais*, shows it deriv. from L.L. *tarcasia*, Greek ταρκάσιον, a quiver. (*Cf.* Turkish, *turkash*.)
269 5—Que: Redundant.
269 8—L'aveugle que voici: The blind one about whom I am writing.
269 18—La clarté des cieux: The light of day.
269 20—Femme et mère: A woman and, what's more, a mother—that is quite enough to give you some idea of the cries she uttered!
269 21—Etourdis: *Cf.* Book ii., Fable 5, page 25, line 26.
269 29—La partie: The plaintiff. *Cf.* Book i., Fable 21, page 20, line 2.

FABLE XV.

This Fable is addressed to Madame de la Sablière, from whom La Fontaine was inseparable up to his old age. He spent twenty years in her company. She writes thus:—"J'ai renvoyé tout mon monde, je n'ai gardé que mon chien, mon chat, et La Fontaine." Her husband was the son of the financier, Rambouillet, who built the celebrated Hôtel de Rambouillet.

270 5—Il n'eût fini, etc.: It would have ended only with the universe—*i.e.*, lasted till the end of time. *Cf.* Horace—"Monumentum ære perennius."
270 11—Iris: *i.e*, Madame de la Sablière.
270 16—Eût paru: Would have appeared.
270 21—Mais peu féconde, etc.: But not prolific in those events which cause the ruin of states—*i.e.*, not addicted to malicious acts.
271 4—Ceci soit dit: Here, as in line 31 *et seqq.* of page 273, La Fontaine draws the distinction between *love* and the feelings of gratitude and friendship which he entertains towards his benefactress.
271 6—Agréez: Allow.
271 7—Ebauche: Rough sketch. *Cf.* Book i., Fable 7, page 6, line 13. Etym. doubtful.
271 16—Mettre sa vie: Lay down his life.
271 20—Gazelle: From Arab. *ghaza*.
271 27—Embûcher: Old form *embuscher*, from Italian *imboscare*, to draw by a feint into the *boscum* (*bois*).
271 28—S'allait ébattre: Was going to disport herself.
272 2—Tout de ce pas: Immediately.
272 6—Car à l'égard du cœur, etc.: For with regard to her heart we must have a better opinion of her (than to think she would have forgotten us). *Cf.* line 35, preceding page

NOTES—BOOK XII.

Page 272 line 7—A tire-d'aile : As fast as he can fly.
272   14—Comme eût fait, etc. : *Cf.* Book i., Fable 19.
272   22—Son marcher lent : Her slow pace. For this infinitive used substantively *cf.* Book viii., Fable 2, page 149, lines 13, 14.
272   26—Chevrette : Properly, kid. La Fontaine is careless in his natural history again.
272   31—Rongemaille : *Cf.* Book ii., Fable 11, page 31, line 19.
272   37—Nulle nouvelle : No traces, signs. *Cf.* Book i., Fable 17, page 16, line 29.
273   1—Que je m'effraye : That I am alarmed.
273   7—De suivre, de jeter : Historic infinitives.
273   8—Tout ce que lui pesait : *i.e.,* the bag with the tortoise in it.
273   12—Pilpay : The Indian fabulist.
273   13—Pour peu que je voulusse : If I only wished.
273   18—Porte-maison l'infante : The tortoise compared to an Infanta, from the dignity of her slow pace.
273   19—Monsieur du corbeau : For this particle of nobility *cf.* Book i., Fable 2, page 2, line 24 ; and Book vii., Fable 7, page 131, line 14. "Ce monseigneur du lion-là."
273   23—En son endroit : In his or her vocation.
273   31—Sa sœur : *i e.,* friendship.

FABLE XVI.

274   2, 3—Bûcheron . . . cogneé : *Cf.* Book v., Fable 1, page 86, lines 3, 4.
274   3—Emmanché : *Cf.* Book vii., Fable 4, page 126, line 21.
274   5—Que la forêt ne fût : But that the forest for a time was spared.
274   6—La : *i e.,* the forest.
274   10—Son gagne-pain : His bread-winner—*i.e.,* his axe.
274   11—Maint : *Cf.* Book i., Fable 5, page 5, line 1.
274   20—Le train du monde, etc. : The way of the world.
274   25—J'ai beau crier : It is of no use my crying out.

FABLE XVII.

274   29—Des plus madrés : One of the most cunning of his kind. *Madré* properly means "spotted." Old French *mazdre,* derived from Old German *maser,* speckled wood. From the idea of spotted variegated in colour, has been derived that of cunning, tricky.
275   4—J'avancerais la joie, etc. : I would give you a foretaste of the pleasure you will have in seeing him.

Page 275 *line* 8—Qu'à l'herbe on avait mis : Who had been put out to grass.
275   9—Assez peu curieux : Caring little for. *Cf.* Molière's "Avare," act ii., sc. 7. Frosine, speaking of Mariane, says :—"Elle n'est curieuse que d'une propreté fort simple."
275   10—Enfiler la venelle : (fam) To take oneself off quickly. *Cf.* Angl., fam., cut one's stick ; *venelle* for *veinelle*, dim. of *veine*, means a small alley.
275   18—Pour tout avoir : For all their worldly goods.
275   19—Gros messieurs : Fine gentlemen. (Angl., fam., swells) *Cf.* Racine, "Plaideurs," sc. 1, line 9— "Tous les plus gros messieurs me parlaient chapeau bas."
275   22—Desserre : Lets fly.
275   23—Et haut le pied : And with good will too.
275   24—Mal en point : In pitiful plight.
275   27—Cet animal, etc. : Our friend has inscribed on your jaw a warning to all wise folk to beware of what is unknown to them.

FABLE XVIII.

276   1—Son dire : The infin. used substantively (*ut passim*).
276   2—Contre le sire : To spite our friend.
276   3—La dindonnière gent : The turkey tribe. The most remarkable, perhaps, of all La Fontaine's coinages. *Cf. la gent marécageuse, le peuple coassant, la moutonnière créature.*
276   4—Qui n'était novice : Supply *pas*.
276   5—Son sac de ruses : *Cf.* Book ix., Fable 14, page 201, line 3.
276   6—Se guinda : Raised himself. *Guinder* is from Old German *windjan*, to wind.
276   11—Badinages : *Cf.* Book i., Fable 17, page 16, line 16.
276   15—A la longue : In the long run.
276   17—Près de moitié : Inusit. *Près de la moitié* would be more common.
276   18—Le compagnon : The rascal.

FABLE XIX.

276   24—D'aucuns maris : *i.e., de certains* or *de plusieurs maris*.
276   33—Peuple imitateur : *Cf.* Horace—

O imitatores, servum pecus.

FABLE XX.

Page 277 *line* 7—Au vieillard de Virgile :

> Memini me
> Corycium vidisse senem, cui pauca relicti
> Jugera ruris erant ;
> . . . .
> . . . .
> Regum æquabat opes animo, seráque revertens
> Nocte domum dapibus mensas onerabat inemtis.
> Georg, iv., 125.

277	11—La serpe :	L. *sarpere*.
277	13—Emondait :	L. *emundare*.
277	15—Excessive : (Nature) lavish in repaying his case with interest.	
277	17—D'homme sage : The part of a wise man.	
277	19—Quittez-moi : The *moi* is redundant. *Cf.* Shakespeare, " Knock me here soundly."	
277	21—Ils iront assez tôt, etc. : They will die soon enough. Literally, they will go soon enough to the dark shore (of Tartarus).	
277	22—Et l'abattant : And in consequence of my cutting it down (anacolouthon).	
277	27—Abatis : Hewing and lopping.	
277	29—Verger : L.L. *viridiarium*, by contraction *vir'djarium*, and so on.	
277	33—Exprime bien : Exactly describes.	

FABLE XXI.

278	9—Du pas : About precedence (at court).
278	11—Le jour en était pris : A day was fixed.
278	13—Portant un caducée : Like Mercury.
278	14—Avait nom Gille : *Cf.* Book ix., Fable 3, page 189, line 17.
278	15—De croire : Historic infinit.
278	20—Sa créance : His credentials (as ambassador).
278	21—En passant : Observe the slight suggested in these words—taking the elephant on his way, not as if sent on purpose.
278	23—Préparé sur la légation : Prepared to hear what the ambassador had to say.
278	24—L'attention, etc. : Instead of the attention which he thought occupied the gods on the subject of his quarrel, they had not yet even heard of it.
278	32—Verra beau jeu : Will see a fine spectacle.
279	1—Eléphantide . . . Rhinocère : Elephantida and Rhinocera (the respective countries of the combatants).
279	5—Nos vastes lambris : Our mighty palaces. For *lambris cf.* Book iii., Fable 8, page 51, line 21.

FABLE XXII.

Page 279, line 16—Tu fatigues=*tu te fatigues* (inusit.).
279   17—Loyer : L. locarium. *Cf. foyer*, from L.L. focarium ; *noyer*, L.L. nucarius ; *voyelle*, L. vocalis.
279   20—Amorcé : Attracted. Old form *amorse*, from inusit. *amordre*.
279   23—Maint : Book i., Fable 5, page 5, line 1.
279   23—Estafier : Lackey. From It. *staffiere*.
279   23—*Vous* (in both lines 23 and 24) redundant.
279   23—Happer : To seize. Dutch *happen*. *Cf.* Angl. snap.
279   24—Echiner : To thrash ; properly, *rompre l'échine ; échine* (Old German *skina*), the spine.
279   25—Auprès des rois, etc. : Alluding to a certain abbé des Plessis, who took upon himself to censure the clergy at court, till "put down" by the Archbishop of Rheims.

FABLE XXIII.

This Fable is addressed to a sister of Lord Montague, the widow of Harvey, Ambassador from Charles II. to Constantinople. She came to Paris in 1683, and there made La Fontaine's acquaintance. She and the Duchesse de Mazarin, now in England, had leagued themselves with some Englishmen of literary accomplishments to induce La Fontaine to join their party in London.

280   4—A déduire : To enumerate. *Cf.* same Book, Fable 3, page 254, line 3.
280   6—Les affaires : M. Walchenaer tells us that Mrs. Harvey took an active part in the different changes of Ministry under Charles II.
280   10—Moins selon : A faulty cesura, as these two words are too closely connected to allow of the necessary *rest* in the middle of the line.
280   17—Creusant : From *creux*, L.L. *crosum*, contracted from *corrosum*, corrupted, worn out.
280   20—A pénétrer=*pour la pénétration*.
280   26—Des mieux imaginés : *Cf.* Book ii., Fable 20, page 39, line 21.
280   28—Mis à bout : Brought to an end—*i.e.*, caught.
280   29—Patibulaire : Properly an adjective, signifying "worthy of the gallows," here put for the "gallows" itself. L., *patibulum*.
280   30—Ravissants : Carnivorous, noxious.
280   31—Blaireau : This word was originally spelt *bléreau*, and meant the animal that fed on *blé*, wheat.
280   33—Aux abois : Driven to the last extremities ; literally, "at bay."
280   35—Leur donne le change : Angl., fam., gives them the slip

NOTES—BOOK XII. 419

Page 281 *line* 2—Les clefs de meute : The leading hounds ; that is to say, those on whose staunchness the huntsman can most depend.
281   4—Rompit : Called them off.
281   7—Mon galant : My friend (the fox).
281   8—Mes chiens, etc. : My hounds do not acknowledge the scent any further than these posts on which hang so many honest fellows (the gallows).
281   10—Il y viendra : He's sure to come back again.
281   10—A son dam : To his loss. *Damnum.*
281   11—Clabaudant : Giving tongue. (Dutch *klappen.*)
281   12—Se guindant : Winding his way. (O. German *windjan,* to wind.)
281   13—Maître pendu, etc. : Our friend who has hung himself up thought that matters would go on the same way as the day when he played them the same trick before.
281   15—Le pauvret : The poor chap. Fam.
281   15—Ce coup : This time.
281   15—Y laissa ses houseaux : Lost his life. *Ses houseaux* is literally *his shoes,* from Old French *housel,* dim. of *house.* L.L. *hosa.* (German *hosen.*)
281   29—Etranges = *étrangères.*
281   30—Votre prince : Charles II.
281   33—Agréez : Deign to accept.
281   35—Elle est confuse : She (*i.e.,* my muse) is quite ashamed.
282   2—A celle qui remplit, etc. : Because all the votaries of Venus flock around her.
282   5—Mazarin : The Duchesse de Mazarin, Hortense Mancini, born at Rome 1646, died at Chelsea 1699, niece of Cardinal Mazarin, married the Duc de la Meillerais in 1661, from whom she was separated. She then came to England, and was one of Charles the Second's "favourites."

FABLE XXIV.

Cf. Book vi., Fable 12.

282   7—Les filles du limon : The daughters of mud, *i.e.,* the frogs.

This Fable has a political allusion to the dispute between the Dutch (la République aquatique) and Louis XIV., represented by the sun (his device).

282   9—Guerre ni pauvreté : The first *ni* is omitted (*ut passim*).
282   11—Elle faisait valoir : She caused to be respected.
283   18—Enfans de la bonne fortune : The ordinary consequence of good fortune.
282   24—L'œil de la nature : *i.e., le soleil. Cf.* Book vii., Fable 18, page 145, line 21.

Page 282 *line* 25—A leur dire : To hear them speak—*i.e.*, in their opinion.
282   29—Ambassades coassantes : *Cf.* Book ii., Fable 4, page 24, line 25.
282   32—Toute la machine ronde : *Cf.* Book i., Fable 16, page 15, lines 19, 20.
282   34—Méchants : Wretched.
283   4—Se pique : Gets angry.
283   6—La république aquatique : *Cf.* Book iv., Fable 2, page 71, lines 21, 22.

FABLE XXV.

283   10—Dès : *See* Book iv., Fable 4, page 64, line 16.
283   12—Un maître rat : A rat of importance. *Cf.* Book iv., Fable 4, page 65, line 7.
283   13—La rateuse seigneurie : His ratty lordship.
283   18—Fanfaron : *Cf.* Book ii., Fable 19, page 39, line 14.
283   22—De : Redundant.
283   25—A l'office : To the pantry.
283   27—Bombance : Fam. *bombance*, to eat and drink of the best. Etym. doubtful. Diez suggests L.L. *bombus*, noise.
283   33—Raminagrobis : *Cf.* Book vii., Fable 16, page 143, line 21.
284   2—Sus : Up! come along! L. *sursum*.
284   3—Rates : Inusit. as fem. of *rat*.
284   6—Un morceau de fromage : This Fable being an allusion to the war made on the *Dutch* by Louis XIV., the *cheese* is appropriate.
284   7—De risquer le paquet : To risk their lives.
284   14—Qui n'en démord pas : Who does not let go her hold (of the mouse).
284   21—Gare encore le matou : Look out for the cat! *Matou*, a tom-cat. Origin doubtful. M. Littré suggests *mite*. *Cf. chatte-mite* (*catta-mitis*).

FABLE XXVI.

Madame de la Mésangère, daughter of La Fontaine's especial friend and protector, Mme. de la Sablière.
284   26—Seule : *i.e.*, for her own merits. *Cf.* the following line.
284   29—Je ne puis que : (Inusit.) I cannot help. *Cf.* Lat. *non possum quin*.
285   1—Ménageant : Husbanding.
285   6—Sans celle : Barring her.
285   7—Gardez : Take care not.
285   10—Que ne fais = *que je ne fais*.
285   13—Une jeune merveille : A young marvel of beauty.
285   21—N'ayant trait qui ne plût : Having no feature but what was pleasing.

NOTES—BOOK XII.

Page 285 *line* 22—Quelle l'eût-on trouvée, etc. : What would she not have been to those on whom she bestowed her favours (if so charming to those to whom she was hardhearted) !

285   34—Sa nativité: For *sa naissance*. Obsolete, but not uncommon in the seventeenth century.

286   15—Passant, arrête-toi : *Siste, viator !*

286   24—Dès ce soir même : *Cf.* Book iv., Fable 4, page 64, line 16.

286   29—N'est plus : Is no more ; is dead.

286   34—Son perfide = Æneas.

FABLE XXVII.

287   1—L'hospitalier : Hospitaller ; one who visits hospitals. The Knights of Malta were so called.

287   3—Jaloux de leur salut: Desirous of gaining their salvation.

287   6—Tous chemins vont à Rome : Proverbial. You may gain your object by many different ways.

287   9—Qu'en apanage : Which one always sees as the necessary accompaniment of lawsuits. *Apanage;* this word, now only used to signify "territory assigned to Princes of the Blood for their maintenance," formerly meant "pension alimentaire," from the Old French verb *apaner* (*panis*), to feed.

287   12—Depuis qu'il est des lois : Ever since laws have been invented.

287   15—Qu'il viendrait à bout : That he would succeed.

287   20—D'alors : Of those days.

287   22—Chagrins : Cross ; dissatisfied.

287   25—Aux prix de : Compared with.

287   26—Où : To which.

287   26—L'appointeur : The referee (legal).

287   28—Des deux : *i.e*, of the two parties concerned— plaintiff and defendant.

287   31—Rebutaient : Disgusted.

288   4—Apprendre à se connaître : γνωθι σεαυτον.

288   10—Agitez celle-ci : Stir up this water here.

288   11—La vase, etc. : The mud forms a thick cloud, which counteracts the effects of the (otherwise clear) crystal ; *vase*, f., mud, a word of Old German origin ; *vase*, m., a vessel ; L.L. *vasum, vas.*

288   18—Ce n'est pas, etc. : I do not mean to say that no occupation should be permitted.

PHILÉMON ET BAUCIS.

This story is an imitation of Ovid's "Metamorphoses," Lib. viii., 611, et seqq.

Page 289 line 3—Msgr. le Duc de Vendôme was great-grandson of Henri IV. and Gabrielle d'Estrées, born in 1654. A general of some celebrity, and who with the Prince de Conti became a great friend and protector of La Fontaine when Madame de la Sablière withdrew from the world.

289   4—Ni l'or ni la grandeur: Imitated from Terentius Varro (B C. 116).

> Non fit thesauris non auro pectu' solutum.

289   7—C'est : The reference is obscure. It must mean that "Riches are the eternal abode of all-consuming care."

289   8—Le fils de Japet : Prometheus.

289   16—Approche-t-il, etc., etc. : Is he getting near the goal ; is he leaving this (earthly) abode?

289   21—Dès leur plus doux printemps : *Cf.* Ovid—

> Illa sunt annis juncti juvenilibus, illa
> Consenuere casa.

289   23—Clothon : Clotho is more properly the Fate who holds the spindle, while Lachesis spins the thread.

289   24—Ils surent : They managed.

289   26—Eux seuls, etc. : *Cf.* Ovid—

> Nec refert dominos illis famulosne requiras ;
> Tota domus duo sunt.

289   28—Le gré : The recompense. *Cf.* Book i., Fable 14, page 13, line 32, "le gré de sa louange."

290   1—Sut, etc. : Was able to prolong itself still further.

290   4—Engeance : *Cf.* Book i., Fable 19, page 18, line 21.

290   7—Mille logis, etc. : *Cf.* Ovid—

> Mille domos adiere, locum requiemque petentes ;
> Mille domos clausere seræ.

290   7—Un seul : *Pas un seul.*

290   14—Usez : Make use of.

290   15—L'aide des dieux : By help of the gods we have kept it such as it is.

290   18—Quand Jupiter, etc. : *Cf.* Voltaire—

> Leur Jupiter, au tems du bon roi Tulle,
> Etait de bois, et fut d'or sous Luculle.

Page 290 *line* 21—Encore que : Although our means are smaller than our wishes. *Cf.* Page 1, line 3.

290   22—Agréeront : Will be graciously pleased to accept.

290   23—Quelques restes, etc. : *Cf.* Ovid—

> Inde foco tepidum cinerem dimovit, et ignes
> Suscitat hesternos : foliisque et cortice sicco
> Nutrit : et ad flammas *anima* producit *anili.*

290   26—L'onde tiède : The water being now warm. (Lat. abl. absolute.) *Tiède* is from *tepidus*. For this change of the Latin *pd* into *d*, *cf. hideux* from hispidus ; *fade*, vapidus ; *maussade*, male sapidus ; *étourdir*, extorpidire. *Cf.* Ovid—

> Is (*i.e*, the pot) tepidis impletur aquis, artusque fovendos
> Accipit.

290   28—Et pour tromper : And in order to beguile the wearisomeness of a long waiting. *Cf.* Ovid—

> Interea medias fallunt sermonibus horas.

290   31—Verger : L. *viridarium*.

290   35—Fut d'ais : Was made of planks not fashioned by the help of the compass (*i.e.*, roughly put together). *Ais*, L. *assis*.

291   2—Qu'en un de ses supports, etc. : *Cf.* Ovid—

> Mensæ sed erat pes tertius impar ;
> Testa parem facit.

291   4—Autre injure des ans : Another effect of the wear and tear of years.

291   5—Escabelles : Stools. L. *scabellum*.

291   9—Altérés de : Rendered thirsty by.

291   11—Moins il s'allait vidant : The less empty did it get. *Cf.* Book i., Fable 10, page 10, line 2— *Que je me vas désaltérant*. *Cf.* Ovid—

> Interea, quoties haustum, cratera repleri
> Sponte sua, per seque vident succrescere vina.

291   15—Avec ses noirs sourcils : *Cf.* Horace, where the same attribute is given to the brow of Jove—

> Clari giganteo triumpho
> Cuncta supercilio moventis.

291   20—Quand nous serions rois : Even if we were kings.

291   23—Les seuls présents du cœur : A transposition for "the offering of the heart alone."

291   25—Une perdrix privée : Tame. The most common word is *apprivoisée*. Ovid has a goose, not a partridge—

> Unicus anser erat.

291   28—La volatille : Inusit. for *volaille*. *Cf.* Book xii., Fable 12, page 267, line 4.

Page 291 *line* 31—Jupiter intercède : *Cf.* Ovid—

> Superi vetuere necari.

291   32—*Cf.* Virgil—

> Majoresque cadunt altis de montibus umbræ.

291   37—Les autans : The south winds. The original form of this word, *altan*, shows it to be derived from L. *altanus*, the S.W. wind.   (Vitruvius.)

292   2—Un appui, etc. : *Cf.* Ovid—

> Parent ambo, baculisque levati
> Nituntur longo vestigia ponere clivo.

292   3—Moitié secours, etc. : Hastening along, half helped by the gods, and half through fear.

292   6—Les escadrons flottants : *i.e.*, the clouds.

292   9—Tout disparut sur l'heure : *Cf.* Ovid—

> Mersa palude
> Cætera prospiciunt.

292   11—Car encor les humains : One could understand the men perishing (they had deserved their fate) ; but the poor beasts !

292   15—Changent, etc. : Change their frail covering for the hardest marble. *Cf.* Ovid—

> Illa vetus dominis etiam casa parva duobus
> Vertitur in templum : furcas subiere columnæ.
> Stramina flavescunt [le chaume devient or] :
>   adopertaque marmore tellus,
> Cælatæque fores, aurataque testa videntur.

292   18—Pourpris : Habitation. Participial substantive from *pourprendre*, to comprise within limits.

292   19—Lambris : L. *lamina*, metal plate, or wooden plank.

292   24—Vous comblez : You overwhelm (with benefits).

292   27—Prêtres : As priest and priestess.

292   31—Ensemble nous mourrions, etc. : *Cf.* Ovid :

> Auferat hora duos eadem, nec conjugis unquam
> Busta meæ videam ; neu sim tumulandus ab illa.

293   1—Un jour, etc. : *Cf.* Ovid—

> Ante gradus sacros quum starent forte locique
> Narrarent causas.

293   1—*Parvis*, properly a space before a church. The old form of the word was *parevis*, from *parais*, L. *paradisus*, used in this sense in the authors of the Middle Ages.

293   7—Habitacle = *séjours*.

293   8—Hosties = *victimes*. Both uncommon in this signification.

293   10—La suite : The order in which the events follow each other ; = the consecutive history.

293   12—Philémon, etc. :

> Frondere Philemona Baucis,
> Baucida conspexit senior frondere Philemon.

NOTES—PHILÉMON ET BAUCIS.

Page 293 *line* 15—Il veut parler, etc. : *Cf.* Ovid—

>   Simul abdita texit
> Ora frutex.

293   20—Tilleul : L.L. *tiliolus*, L. *tilia*.
293   20—Chêne : Old French *chesne*, L.L. *casnus*, from *quercinus*. For *qu* becoming *c*, *cf.* Lat. *quare*, F. *car*.
293   24—Pour peu que des époux, etc. : If a married couple do but sojourn under their shadow.
293   26—Ah ! si... : This aposiopesis expresses a tardy regret of La Fontaine that his married life had not been happier—who was to blame?
293   28—De fidèles témoins, etc. : *Cf.* Ovid—

> Hæc mihi non vani (neque erat cur fallere vellent)
> Narravere senes.

293   33—Los = *éloge*; old-fashioned. *Cf.* Book xii., Fable I, page 251, line 36.
294   8—A regret : Reluctantly.
294   16—Tout le sacré vallon : *i.e.*, of the Muses.
294   18—Des arbres, etc. : Of the trees which this place (Anet) is about to see planted on the banks of its stream.
294   19—Puissent-ils : *i.e.*, these trees.

TABLE.

Les Abdéritains et Démocrite, livre VIII, fable XXVI.........	180
L'Agneau et le Loup, I, X..................................	9
L'Aigle et l'Escarbot, II, VIII.............................	27
L'Aigle et le Hibou, V, XVIII..............................	98
L'Aigle, la Laie, et la Chatte, III, VI.....................	48
L'Aigle et la Pie, XII, XI..................................	263
Alcimadure et Daphnis, XII, XXVI............................	284
L'Alouette et ses Petits, avec le Maître d'un champ, IV, XXII.	83
L'Alouette, l'Autour, et l'Oiseleur, VI, XV.................	114
Amarante et Tircis, VIII, XIII..............................	162
L'Amateur des jardins et l'Ours, VIII, X....................	158
Les deux Amis, VIII, XI.....................................	160
L'Amour et la Folie, XII, XIV...............................	269
L'Ane et le Cheval, VI, XVI.................................	115
L'Ane et le Lion chassant, II, XIX..........................	38
L'Ane, le Meunier, et son Fils, III, I......................	42
L'Ane et le Vieillard, VI, VIII.............................	108
L'Ane et les Voleurs, I, XIII...............................	12
L'Ane chargé d'éponges, et l'Ane chargé de sel, II, X.......	30
L'Ane et le Chien, III, XVII................................	169
L'Ane et le petit Chien, IV, V..............................	65
L'Ane et ses Maîtres, VI, XI................................	111
L'Ane portant des reliques, V, XIV..........................	95
L'Ane vêtu de la peau du Lion, V, XXI.......................	101
Un Animal dans la Lune, VI, XVIII...........................	145
Les Animaux malades de la peste, VII, I.....................	122
Les Animaux, le Singe, et le Renard, VI, VI.................	107
Les Animaux (Tribut envoyé par) à Alexandre, VI, XII........	72
L'Araignée et l'Hirondelle, X, VII..........................	220
L'Astrologue qui se laisse tomber dans un puits, II, XIII...	32
L'Autour, l'Alouette, et l'Oiseleur, VI, XV.................	114
L'Avantage de la Science, VIII, XIX.........................	172
L'Avare qui a perdu son trésor, IV, XX......................	80
Aventuriers (Les deux) et le Talisman, X, XIV...............	228
Le Bassa et le Marchand, VIII, XVIII........................	170
La Belette entrée dans un grenier, III, XVII................	57
La Belette, le Chat, et le petit Lapin, VII, XVI............	142
Belettes (Les deux) et la Chauve-Souris, II, V..............	25

TABLE.

Belettes (Le combat des Rats et des), IV, vi............	66
Le Berger et la Mer, IV, ii.............................	61
Le Berger et le Roi, X, x..............................	222
Le Berger et son Troupeau, IX, xix.....................	205
Le Berger qui joue de la flûte, et les Poissons, X, xi........	224
La Besace, I, vii......................................	9
Borée et Phébus, VI, iii...............................	104
Le Bouc et le Renard, III, v...........................	47
Bourgogne (A Monseigneur le duc de)...................	255
La Brebis, la Chèvre, et la Génisse, en société avec le Lion, I, vi.	5
Les Brebis et les Loups, III, xiii.......................	54
Le Bûcheron et Mercure, V, i..........................	85
Le Bûcheron et la Mort, I, xvi.........................	15
Le Buisson, la Chauve-Souris, et le Canard, XII, vii........	258
Le Buste et le Renard, IV, xiv.........................	75
Le Canard, le Buisson, et la Chauve-Souris, XII, vii.......	258
Canards (Les deux) et la Tortue, X, iii.................	215
Le Cerf malade, XII, vi................................	257
Le Cerf se voyant dans l'eau, VI, ix....................	109
Le Cerf et la Vigne, V, xv.............................	96
Le Chameau et les Bâtons flottants, IV, x...............	70
Le Chapon et le Faucon, VIII, xxi......................	175
Le Charlatan, VI, xix..................................	117
Le Chartier embourbé, VI, xviii........................	116
Le Chasseur et le Lion, VI, ii..........................	103
Le Chasseur et le Loup, VIII, xxvii....................	182
Le Chasseur, le Roi, et le Milan, XII, xii................	264
Le Chat et le Singe, IX, xvii...........................	204
Le Chat, le Cochet, et le Souriceau, VI, v...............	106
Le Chat, la Belette, et le petit Lapin, VII, xvi...........	142
Le Chat et les deux Moineaux, XII, ii...................	252
Le Chat et le vieux Rat, III, xviii......................	58
Le Chat et le Rat, VIII, xxii...........................	176
Le Chat et le Renard, IX, xiv..........................	200
Chat (Le vieux) et la jeune Souris, XII, v...............	256
Le Chat-huant et les Souris, XI, ix.....................	246
Chats (La querelle des) et des Chiens, et celle des Chats et des Souris, XII, viii..	259
La Chatte métamorphosée en Femme, II, xviii............	37
La Chatte, la Laie, et l'Aigle, III, vi...................	48
La Chauve-Souris et les deux Belettes, II, v.............	25
La Chauve-Souris, le Buisson, et le Canard, XII, vii......	258
Le Chêne et le Roseau, I, xxii..........................	20
Le Cheval s'étant voulu venger du Cerf, IV, xiii..........	74
Le Cheval et l'Ane, VI, xvi............................	115
Le Cheval et le Loup, V, viii...........................	92
Le Cheval, le Renard, et le Loup, XII, xvii..............	274

TABLE.

La Chèvre, le Mouton, et le Cochon, VIII, xii............	161
La Chèvre, la Génisse, et la Brebis, en société avec le Lion, I, vi.	5
La Chèvre, le Chevreau, et le Loup, IV, xv..............	76
Chèvres (Les deux), XII, iv...........................	254
Le Chien à qui on a coupé les oreilles, X, ix............	221
Le Chien qui lâche sa proie pour l'ombre, VI, xvi.........	115
Le Chien qui porte à son cou le dîner de son maître, VIII, vii.	155
Le Chien, le Renard, et le Fermier, XI, iii..............	236
Le Chien et l'Ane, VIII, xvii..........................	169
Chien (Le petit) et l'Ane, IV, v.......................	65
Le Chien et le Loup, I, v.............................	4
Le Chien maigre et le Loup, IX, x.....................	197
Chiens (La querelle des) et des Chats, XII, viii...........	259
Chiens (Les deux) et l'Ane mort, VIII, xxv.............	179
La Cicogne et le Renard, I, xviii.......................	17
La Cicogne et le Loup, III, ix.........................	52
Le Cierge, IX, xii....................................	199
La Cigale et la Fourmi, I, i...........................	1
La Citrouille et le Gland, IX, iv.......................	189
Le Coche et la Mouche, VII, ix........................	133
Le Cochet, le Chat, et le Souriceau, VI, v..............	106
Le Cochon, la Chèvre, et le Mouton, VIII, xii...........	161
La Colombe et la Fourmi, II, xii.......................	31
Le Combat des Rats et des Belettes, IV, vi..............	66
Les Compagnons d'Ulysse, XII, i.......................	249
Compagnons (Les deux) et l'Ours, V, xx................	100
Conseil tenu par les Rats, II, ii.......................	23
Le Coq et la Perle, I, xx.............................	18
Le Coq et le Renard, II, xv...........................	34
Coqs (Les deux), VII, xiii............................	138
Les Coqs et la Perdrix, X, viii........................	221
Le Corbeau, la Gazelle, la Tortue, et le Rat, XII, xv......	270
Le Corbeau voulant imiter l'Aigle, II, xvi..............	35
Le Corbeau et le Renard, I, ii.........................	2
Le Cormoran et les Poissons, X, iv.....................	216
La Couleuvre et l'Homme, X, ii........................	213
La Cour du Lion, VII, vii.............................	130
Le Cuisinier et le Cygne, III, xii.......................	53
Le Curé et le Mort, VII, xi............................	135
Le Cygne et le Cuisinier, III, xii.......................	53
Daphnis et Alcimadure, XII, xxvi......................	284
Dauphin (A Monseigneur le)..........................	1
Le Dauphin et le Singe, IV, vii........................	68
Démocrite et les Abdéritains, VIII, xxvi................	180
Le Dépositaire infidèle, IX, i..........................	184
Les Devineresses, VII, xv.............................	141
Les Dieux voulant instruire un fils de Jupiter, XI, ii......	235

TABLE.

La Discorde, VI, xx....................................	118
Le Dragon à plusieurs têtes, et le Dragon à plusieurs queues, I, xii...	11
L'Écolier, le Pédant, et le Maître d'un jardin, IX, v..........	190
L'Écrevisse et sa Fille, XII, x............................	262
L'Éducation, VIII, xxiv..................................	178
L'Éléphant et le Singe de Jupiter, XII, xxi.................	278
L'Éléphant et le Rat, VIII, xv............................	165
L'Enfant et le Maître d'école, I, xix......................	17
L'Enfant, la Mère, et le Loup, IV, xvi....................	77
Enfans (Le Vieillard et ses), IV, xviii...................	78
Enfans (Le Laboureur et ses), V, ix.......................	93
L'Enfouisseur et son Compère, X, v.......................	218
Épilogue du livre VI.....................................	120
Épilogue du livre XI.....................................	248
L'Escarbot et l'Aigle, II, viii...........................	27
L'Estomac et les Membres, III, ii.........................	44
Fables (Le pouvoir des), VIII, iv.........................	151
Le Faucon et le Chapon, VIII, xxi.........................	175
La Femme noyée, III, xvi.................................	56
La Femme, le Mari, et le Voleur, IX, xv..................	201
Femme (L'Ivrogne et sa), III, vii.........................	50
Les Femmes et le Secret, VIII, vi.........................	154
Le Fermier, le Chien, et le Renard, XI, iii................	236
La Fille, VII, v..	127
Fille (La Souris métamorphosée en), IX, vii...............	193
Le Fils de Roi, le Gentilhomme, le Pâtre, et le Marchand, X, xvi.	232
Le Financier et le Savetier, VIII, ii......................	149
La Folie et l'Amour, XII, xiv.............................	269
La Forêt et le Bûcheron, XII, xvi.........................	274
La Fortune et le jeune Enfant, V, xi......................	94
Fortune (L'Homme qui court après la), et l'Homme qui l'attend dans son lit, VII, xii...............................	136
Fortune (Ingratitude et injustice des Hommes envers la), VII, xiv..	139
Le Fou qui vend la Sagesse, IX, viii......................	195
Un Fou et un Sage, XII, xxii..............................	279
La Fourmi et la Cigale, I, i..............................	1
La Fourmi et la Colombe, II, xii..........................	31
La Fourmi et la Mouche, IV, iii...........................	62
Les Frelons et les Mouches à miel, I, xxi.................	19
La Gazelle, la Tortue, le Rat, et le Corbeau, XII, xv......	270
Le Geai paré des plumes du Paon, IV, ix...................	70
La Génisse, la Chèvre, et la Brebis, en société avec le Lion, I, vi..	5
Le Gentilhomme, le Pâtre, le Fils de Roi, et le Marchand, X, xvi.	232
Le Gland et la Citrouille, IX, iv..........................	189

TABLE.

Goût difficile (Contre ceux qui ont le), II, I	21
La Grenouille qui veut se faire aussi grosse que le Bœuf, I, III	3
La Grenouille et le Rat, IV, XI	7*
La Grenouille et les deux Taureaux, II, IV	24
Les Grenouilles et le Lièvre, II, XIV	33
Les Grenouilles et le Soleil, { VI, XII	112
{ XII, XXIV	282
Les Grenouilles qui demandent un Roi, III, IV	46
Le Hérisson, le Renard, et les Mouches, XII, XIII	268
Le Héron, VII, IV	126
Le Hibou et l'Aigle, V, XVIII	98
L'Hirondelle et l'Araignée, X, VII	220
L'Hirondelle et les petits Oiseaux, I, VIII	7
L'Homme et la Couleuvre, X, II	213
L'Homme et la Puce, VIII, V	153
L'Homme et son Image, I, XI	10
L'Homme entre deux âges, et ses deux Maîtresses, I, XVII	16
L'Homme et l'Idole de bois, IV, VIII	69
L'Homme qui court après la Fortune, et l'Homme qui l'attend dans son lit, VII, XII	136
Hommes (Les deux) et le Trésor, IX, XVI	202
Hommes (Les trois jeunes) et le Vieillard, XI, VIII	245
L'Horoscope, VIII, XVI	166
L'Hospitalier, le Juge arbitre, et le Solitaire, XII, XXVII	287
L'Huître et le Rat, VIII, IX	157
L'Huître et les Plaideurs, IX, IX	196
L'Impie et l'Oracle, IV, XIX	80
L'ingratitude et l'injustice des Hommes envers la Fortune, VII, XIV	139
L'Ivrogne et sa Femme, III, VII	50
Le Jardinier et son Seigneur, IV, IV	63
Le Juge arbitre, l'Hospitalier, et le Solitaire, XII, XXVII	287
Jupiter et le Métayer, VI, IV	105
Jupiter et le Passager, IX, XIII	199
Jupiter et les Tonnerres, VIII, XX	173
Le Laboureur et ses Enfans, V, IX	93
La Laie, la Chatte, et l'Aigle, III, VI	48
La Laitière et le Pot au lait, VII, X	134
Lapin (Le petit), le Chat, et la Belette, VII, XVI	142
Les Lapins, X, XV	230
Le Léopard et le Singe, IX, III	189
La Lice et sa Compagne, II, VII	26
Lièvre (Les Oreilles du), V, IV	88
Le Lièvre et les Grenouilles, II, XIV	33
Le Lièvre et la Perdrix, V, XVII	97
Le Lièvre et la Tortue, VI, X	110
La ligue des Rats, XII, XXV	283

TABLE.

La Lime et le Serpent, V, xvi	96
Le Lion, XI, i	233
Le Lion et le Pâtre, VI, i	102
Le Lion en société avec la Génisse, la Chèvre et la Brebis, I, vi.	5
Le Lion abattu par l'Homme, III, x	52
Le Lion amoureux, IV, i	59
Le Lion devenu vieux, III, xiv	55
Le Lion malade, et le Renard, VI, xiv	113
Le Lion s'en allant en guerre, V, xix	99
Le Lion et l'Ane chassant, II, xix	38
Le Lion et le Chasseur, VI, ii	103
Le Lion, le Loup, et le Renard, VIII, iii	150
Le Lion et le Moucheron, II, ix	28
Le Lion et le Rat, II, xi	31
Le Lion, le Singe, et les deux Anes, XI, v	239
La Lionne et l'Ourse, X, xiii	227
Le Loup et l'Agneau, I, x	9
Le Loup devenu Berger, III, iii	45
Le Loup et le Chasseur, VIII, xxvii	182
Le Loup et le Chien, I, v	4
Le Loup et la Cicogne, III, ix	52
Le Loup, la Chèvre, et le Chevreau, IV, xv	75
Le Loup et le Cheval, V, viii	92
Le Loup, le Lion, et le Renard, VIII, iii	150
Le Loup, le Renard, et le Cheval, XII, xvii	274
Le Loup, la Mère, et l'Enfant, IV, xvi	77
Le Loup plaidant contre le Renard par-devant le Singe, II, iii.	24
Le Loup et le Renard, { XI, vi	241
{ XII, ix	260
Les Loups et les Brebis, III, xiii	54
Le Maître d'école et l'Enfant, I, xix	17
Le Maître d'un champ, l'Alouette, et ses Petits, IV, xxii...	83
Le Maître d'un jardin, l'Écolier, et le Pédant, IX, v	190
Le Malheureux et la Mort, I, xv	14
Le Marchand et le Bassa, VIII, xviii	170
Le Marchand, le Gentilhomme, le Pâtre, et le Fils de Roi, X, xvi	232
Le Mari, la Femme, et le Voleur, IX, xv	201
Marié (Le mal), VII, ii	124
Les Médecins, V, xii	95
Les Membres et l'Estomac, III, ii	44
La Mer et le Berger, IV, ii	61
Mercure et le Bûcheron, V, i	85
La Mère, l'Enfant, et le Loup, IV, xvi	77
Le Métayer et Jupiter, VI, iv	105
Le Meunier, son Fils, et l'Ane, III, i	42
Le Milan et le Rossignol, IX, xviii	204

TABLE.

Le Milan, le Chasseur, et le Roi, XII, xii	264
Moineaux (Les deux) et le Chat, XII, ii	252
La Montagne qui accouche, V, x	93
Montespan (A Mme de)	121
La Mort et le Bûcheron, I, xvi	15
La Mort et le Malheureux, I, xv	14
La Mort et le Mourant, VIII, i	147
La Mouche et le Coche, VII, ix	133
La Mouche et la Fourmi, IV, iii	62
Les Mouches à miel et les Frelons, I, xxi	19
Les Mouches, le Hérisson, et le Renard, XII, xiii	268
Le Moucheron et le Lion, II, ix	28
Le Mourant et la Mort, VIII, i	147
Le Mouton, la Chèvre, et le Cochon, VIII, xii	161
Le Mulet se vantant de sa généalogie, VI, vii	108
Mulets (Les deux), I, iv	3
Les Obsèques de la Lionne, VIII, xiv	164
L'Œil du Maître, IV, xxi	81
L'Œuf, les deux Rats, et le Renard, X, i	206
L'Oiseau blessé d'une flèche, II, vi	26
Oiseaux (Les petits) et l'Hirondelle, I, viii	7
L'Oiseleur, l'Autour, et l'Alouette, VI, xv	114
L'Oracle et l'Impie, IV, xix	80
Les Oreilles du Lièvre, V, iv	88
L'Ours et l'Amateur des jardins, VIII, x	158
L'Ours et les deux Compagnons, V, xx	100
L'Ourse et la Lionne, X, xiii	227
Le Paon se plaignant à Junon, II, xvii	36
Parole de Socrate, IV, xvii	78
Le Passager et Jupiter, IX, xiii	199
Le Passant et le Satyre, V, vii	91
Le Pâtre, le Marchand, le Gentilhomme, et le Fils de Roi, X, xvi	232
Le Pâtre et le Lion, VI, i	102
Le Paysan du Danube, XI, vii	243
Le Pêcheur et le petit Poisson, V, iii	88
Le Pédant, l'Écolier, et le Maître d'un jardin, IX, v	190
La Perdrix et le Lièvre, V, xvii	97
La Perdrix et les Coqs, X, viii	221
Perroquets (Les deux), le Roi, et son Fils, X, xii	225
Phébus et Borée, VI, iii	104
Philomèle et Progné, III, xv	55
Le Philosophe scythe, XII, xx	277
La Pie et l'Aigle, XII, xi	263
Les Pigeons et les Vautours, VII, viii	131
Pigeons (Les deux), IX, ii	186
Les Plaideurs et l'Huître, IX, ix	196

TABLE.

Poisson (Le petit) et le Pêcheur, V, III................	88
Les Poissons, et le Berger qui joue de la flûte, X, XI......	224
Les Poissons et le Cormoran, X, IV..................	216
Les Poissons et le Rieur, VIII, VIII..................	156
Le Pot de terre et le Pot de fer, V, II.................	87
La Poule aux œufs d'or, V, XIII....................	95
Les Poulets d'Inde et le Renard, XII, XVIII.............	275
Le Pouvoir des Fables, VIII, IV....................	151
Progné et Philomèle, III, XV......................	55
La Querelle des Chiens et des Chats, et celle des Chats et des Souris, XII, VIII............................	259
Le Rat qui s'est retiré du monde, VII, III..............	125
Le Rat et l'Éléphant, VIII, XV.....................	165
Le Rat, le Corbeau, la Gazelle, et la Tortue, XII, XV......	270
Le Rat et la Grenouille, IV, XI.....................	71
Le Rat et l'Huître, VIII, IX.......................	157
Le Rat de ville et le Rat des champs, I, IX.............	8
Le Rat et le Chat, VIII, XXII......................	176
Rat (Le vieux) et le Chat, III, XVIII.................	58
Rats (Combat des Belettes et des), IV, VI.............	66
Rats (Conseil tenu par les), II, II...................	23
Rats (Les deux), le Renard et l'Œuf, X, I.............	206
Le Renard ayant la queue coupée, V, V..............	89
Le Renard anglois, XII, XXIII.....................	280
Le Renard et le Bouc, III, V......................	47
Le Renard et le Buste, IV, XIV....................	75
Le Renard et la Cigogne, I, XVIII..................	17
Le Renard, le Loup, et le Cheval, XII, XVII............	274
Le Renard, les Mouches, et le Hérisson, XII, XIII........	268
Le Renard et les Poulets d'Inde, XII, XVIII.............	275
Le Renard et les Raisins, III, XI...................	53
Le Renard, le Singe, et les Animaux, VI, VI............	107
Le Renard et le Corbeau, I, II.....................	2
Le Renard, le Chien et le Fermier, XI, III..............	236
Le Renard et le Lion malade, VI, XIV................	113
Le Renard plaidant contre le Loup par-devant le Singe, II, III.	24
Le Renard et le Loup, { XI, VI.....................	241
{ XII, IX.....................	260
Le Renard, le Lion et le Loup, VIII, III...............	150
Le Renard et le Chat, IX, XIV.....................	200
Le Renard et le Coq, II, XV.......................	34
Rien de trop, IX, XI............................	198
Le Rieur et les Poissons, VIII, VIII.................	156
La Rivière et le Torrent, VIII, XXIII.................	177
Le Roi, son Fils et les deux Perroquets, X, XII..........	225
Le Roi, le Milan et le Chasseur, XII, XII..............	264
Le Roi et le Berger, X, X........................	222

TABLE.

Le Roseau et le Chêne, I, xxii	20
Le Rossignol et le Milan, IX, xviii	204
Un Sage et un Fou, XII, xxiii	279
Le Satyre et le Passant, V, vii	91
Le Savetier et le Financier, VIII, ii	149
Le Serpent et la Lime, V, xvi	96
Le Serpent et le Villageois, VI, xiii	112
Serpent (La tête et la queue du), VII, xvii	144
Servantes (Les deux) et la Vieille, V, vi	90
Simonide préservé par les Dieux, I, xiv	12
Le Singe, XII, xix	276
Le Singe de Jupiter et l'Éléphant, XII, xxi	278
Le Singe et le Chat, IX, xvii	204
Le Singe et le Dauphin, IV, vii	68
Le Singe, le Renard, et les Animaux, VI, vi	107
Singe (Le Loup plaidant contre le Renard par-devant le), II, iii	24
Le Singe, le Lion, et les deux Anes, XI, v	239
Le Singe et le Léopard, IX, iii	189
Le Singe et le Thésauriseur, XII, iii	253
Socrate (Parole de), IV, xvi	78
Le Soleil et les Grenouilles, { VI, xii	112
{ XII, xxiv	282
Le Solitaire, le Juge arbitre, et l'Hospitalier, XII, xxvii	287
Le Songe d'un Habitant du Mogol, XI, iv	238
Les Souhaits, VII, vi	128
Le Souriceau, le Cochet, et le Chat, VI, v	106
Souris (La jeune) et le vieux Chat, XII, v	256
La Souris métamorphosée en fille, IX, vii	193
Souris (La querelle des) et des Chats, XII, viii	259
Les Souris et le Chat-huant, XI, ix	246
Le Statuaire et la Statue de Jupiter, IX, vi	191
Testament expliqué par Ésope, II, xx	39
Taureaux (Les deux) et la Grenouille, II, iv	24
La Tête et la Queue du Serpent, VII, xvii	144
Le Thésauriseur et le Singe, XII, iii	253
Tircis et Amarante, VIII, xiii	162
Le Torrent et la Rivière, VIII, xxiii	177
La Tortue et les deux Canards, X, iii	215
La Tortue, le Rat, le Corbeau, et la Gazelle, XII, xv	270
La Tortue et le Lièvre, VI, x	110
Le Trésor et les deux Hommes, IX, xvi	202
Tribut envoyé par les Animaux à Alexandre, IV, xii	72
Les Vautours et les Pigeons, VII, viii	131
Veuve (La jeune), VI, xxi	119
Le Vieillard et l'Ane, VI, viii	108
Le Vieillard et ses Enfans, IV, xviii	78

TABLE.

Le Vieillard et les trois jeunes Hommes, XI, VIII............	245
La Vieille et les deux Servantes, V, VI....................	90
Le Villageois et le Serpent, VI, XIII.....................	112
Ulysse (Les Compagnons d'), XII, I......................	249
Le Voleur, le Mari, et la Femme, IX, XV.................	201
Les Voleurs et l'Ane, I, XIII............................	12
PHILÉMON ET BAUCIS...................................	289

Brachet's Public School Elementary French Grammar.

WITH EXERCISES

By **A. BRACHET**, Lauréat de l'Académie française.

And adapted for English Schools by the late

Rev. **P. H. E. BRETTE**, B.D., & **GUSTAVE MASSON**, B.A.,
Officiers d'Académie, etc.

New and Revised Edition. Complete in 1 vol. Cloth.
Price 2s. 6d., or

Part I.—ACCIDENCE. With Examination Questions and Exercises. Cloth. 214 pages, small 8vo. With a complete French-English and English-French Vocabulary. *Price* 1s. 6d.

Part II.—SYNTAX. With Examination Questions and Exercises, and a complete French-English and English-French Vocabulary. *Price* 1s. 6d.

KEY TO THE EXERCISES. For Teachers only. Price 1s. 6d.

A SUPPLEMENTARY SERIES OF EXERCISES.

Vol. I.—ACCIDENCE. With a Supplement to Grammar and a Vocabulary to the Exercises. Cloth. *Price* 1s.

Vol. II.—SYNTAX. Cloth. *Price* 1s.

KEY TO THE ACCIDENCE. Price 2s. **KEY TO THE SYNTAX.** Price 3s.

OPINIONS OF THE PRESS.

"A good school-book. The ~~type~~ is as clear as the arrangement."—*Athenæum*, Jan. 6, 1877.

"We are not astonished to hear that it has met with the most flattering reception."—*School Board Chronicle*, March 10, 1877.

"We have no hesitation in stating our opinion that no more useful or practical introduction to the French language has been published than this."—*Public Opinion*, March 24, 1877.

"England is fortunate in the services of a small knot of French Masters like MM. Masson and Brette, who have, alike by their teaching and their school-books, done much for the scientific study of the language and literature of France. After successfully introducing into English form the *Public School French Grammar*, in which M. Littré's researches are happily applied by M. Brachet so as to show the relation of modern French to Latin, MM. Brette and Masson here translate and adapt the Petite or Elementary French Grammar. That has at once proved as popular as the more elaborate treatise."—*Edinburgh Daily Review*, March 20, 1877.

"Of this excellent school series we have before us the *Public School Elementary French Grammar*—(1) Accidence and (2) Syntax. Brachet's work is simply beyond comparison with any other of its class; and its scientific character is not sacrificed in the very judicious adaptation which has made it available for English students.—There is no better elementary French Grammar, whether for boys or for girls."—*Hereford Times*, April 11, 1887.

THE PUBLIC SCHOOL
FRENCH GRAMMAR

Giving the latest Results of Modern Philology,
and based upon the "Nouvelle Grammaire Française" of

AUGUSTE BRACHET,
Laureat de l'Académie française et de l'Académie des Inscriptions.

Part I.—ACCIDENCE
New Edition, revised and enlarged

BY

REV. P. H. ERNEST BRETTE, B.D.,
late of Christ's Hospital, London,

GUSTAVE MASSON, B.A.,
late of Harrow School,
Officiers d'Académie;

H. C. LEVANDER, M.A.,
of University College School, London,

AND

ELPHÈGE JANAU,
Assistant French Master, Christ's Hospital, London.

1 vol. Small 8vo. 464 pages. Cloth. Price 3s. 6d.

EXERCISES.
ACCIDENCE.—Part I. Price 1s. 6d.

KEY TO THE EXERCISES ON ACCIDENCE, by E. JANAU,
For Teachers only. Cloth. Price 1s. 6d.

OPINIONS.

"The best Grammar of the French language that has been published in England."—PROFESSOR ATTWELL.

"It is certainly the fullest and most elaborate, and repeated revision seems to have made it one of the most accurate and scholarly of all English-French grammars—a class of book not too frequently distinguished by these qualities."—*Saturday Review,* July 28, 1883.

"We have nothing but praise for the new edition of this excellent Grammar, which gives, as it professes to do, all the latest results of modern philology, and which is remarkably clear and attractive in its arrangement."—*The Tablet,* June 23, 1883.

"I have much pleasure in being able to compliment you on the publication of such an excellent work. The historical portion of the work is clearly brought out, and contains much valuable information. To all those accustomed to the preparation of our higher Examinations such information is of the greatest importance. The transition from the Latin to the French of the present day is so clearly shown, that it reads more like a pleasing story than an exposition of grammar. The author has a happy knack of putting his details in a most interesting form; and he has certainly succeeded in proving that French Grammar is not so repulsive as some of the old cut-and-dried books make it. . . ."—F. GARSIDE, M.A., *Head Master, St. Luke's Middle Class School, Torquay.*

"C'est bien certainement l'ouvrage le plus complet et le plus sérieux de ce genre écrit en anglais."—DR. L. PARROT, *Uppingham School.*

"The last and most scientific French Grammar we know has just been published by Hachette & Co. The Etymology and the Syntax are specially good, and the entire volume is admirable."—*The Freeman.*

"Like the great work on whose lines it is built, the *Public School Latin Grammar,* it not merely gives the latest outcome of philological research, but it reduces it to a system with definite simple rules and principles, for the easy understanding of the student, and for ready application in the general reading of his authors."—*The Standard,* February 15, 1876.

FRENCH COMPOSITION AND TRANSLATION.

The Children's Own Book of French Composition. Easy Exercises in Idiomatic Construction for the Use of Young People.
    ENGLISH PART, by the Rev. E. C. D'AUQUIER, M.A., with Preface by J. BUÉ, Hon. M.A. (Oxon.), Taylorian Teacher of French, Oxford. Crown 8vo., 190 pages, cloth. 1s. 6d.
    FRENCH PART, by E. JANAU, Assistant French Master at Christ's Hospital, London. Crown 8vo., 200 pages, cloth. 1s. 6d.

Primer of French Composition. Anecdotes, Fables, etc., specially written in easy English, with Grammatical Notes and a Complete Vocabulary, by P. BLOUËT, B.A., Officier d'Académie, formerly Head French Master of St. Paul's School. Small 8vo., 80 pages, cloth. 1s.

Introductory Lessons in French Composition, by F. JULIEN, Officier d'Académie; French Master of the King Edward's Grammar School, Five Ways, Birmingham.
    BOOK I., Elementary Exercises. Crown 8vo., 124 pages, cloth. 1s. 6d.
    BOOK II., Easy Anecdotes and Fables for Translation into English, with English Exercises thereon. Crown 8vo., 124 pages, cloth. 1s. 6d.
    N.B.—These two small volumes form a Complete Elementary Course, with the "*Practical Lessons in French Composition.*"

Practical Lessons in Elementary French Composition. Grammatical Rules, three hundred Sentences bearing upon same with Vocabulary, graduated Anecdotes with Notes and Special Vocabulary for each piece of Translation, Model of Subject Composition, etc., etc., by F. JULIEN, Officier d'Académie; French Master King Edward's Grammar School, Five Ways, Birmingham. Crown 8vo., 230 pages, cloth. 1s. 6d.

Elements of French Composition. An Easy and Progressive Method for the Translation of English into French with Vocabulary, by V. KASTNER, M.A., Officier d'Académie, Hon. Fellow of Queen's College, London; French Lecturer in Owens' College and Victoria University, Manchester. Crown 8vo., 250 pages, cloth. 2s.
KEY TO THE SAME. *(For Teachers only.)* Cloth. 2s. 6d.

The First Book of French Composition. Materials for Translating English into French for Elementary Classes, with Notes and Comprehensive Vocabularies, by A. ROULIER, Univ. Gallic., late French Master of the Charterhouse School, etc., etc. Crown 8vo., 150 pages, cloth. 1s. 6d.
KEY TO THE SAME. *(For Teachers only).* Cloth. 2s. 6d.

The Second Book of French Composition. Materials for Translating English into French, for Advanced Classes, by the same Editor. Containing a recapitulation of the Rules explained in the "*First Book of French Composition,*" a theoretical Part illustrated by short Exercises, Extracts arranged in progressive difficulty *without Rules*, but accompanied, *at first*, by a minimum of Notes, together with Examination Papers set in the University of London and elsewhere. Crown 8vo., 320 pages, cloth. 3s.
KEY TO THE SAME. *(For Teachers only.)* Cloth. 3s.

FRENCH COMPOSITION AND TRANSLATION—*continued.*

Materials for French Translation. Short Extracts from Standard English Authors graduated as regards difficulty and length, and selected so as to represent every kind of writing. Edited, with Notes, by O. A. FEDERER, L.C.P., Professor of French at the Bradford Technical College. Crown 8vo., 100 pages, cloth. 1s. 6d.
THE KEY TO THE SAME. (*For Teachers only.*) Cloth. 2s. 6d.

Class Book of French Composition. A Compilation of amusing and interesting Pieces accompanied by the Grammatical Rules referring to each Sentence to be translated into French, and a Comprehensive Vocabulary, by P. BLOUËT, B.A., Officier d'Académie, formerly French Master, St. Paul's School. Crown 8vo., 200 pages, cloth. 2s. 6d.
KEY TO THE SAME. (*For Teachers only.*) Cloth. 2s. 6d.

Half-Hours of French Translation; Extracts from the best English Authors to be rendered into French; and Passages translated from Contemporary French Writers to be re-translated, arranged progressively with Idiomatic Notes, by A. MARIETTE, M.A., formerly Professor and Examiner of the French Language and Literature at King's College, London, etc. New Edition. Crown 8vo., 392 pages, cloth. 4s. 6d.
KEY TO THE SAME. Crown 8vo., 280 pages, cloth. 6s.

Chronicles of War. Selected from Standard English Authors, for translation into French. A French Composition Book for Military Students, Army Candidates, and Advanced Pupils. With Grammatical and Historical Notes, Biographical Notices, and an English-French Vocabulary of Military Terms, &c., by A. BARRÈRE, Chevalier de la Légion d'honneur; Officier de l'Instruction Publique; Professor of French, Royal Military Academy, Woolwich; Examiner to the War Office, the Royal Naval College, &c. Crown 8vo., 230 pages, cloth. 3s.

Extracts in English Prose from the best Authors, arranged progressively for Translation into other Languages at sight. Edited by N. PERINI, F.R.A.S., Professor of the French Language and Literature, and Professor of Italian at King's College, London, at the Royal College of Music, and at Dulwich College, etc., etc. Demy 8vo., 112 pages, cloth. 2s.

English Passages for Translation into French. One hundred Extracts from one hundred Authors including Beaconsfield, John Bright, R. Buchanan, Hall-Caine, Wilkie Collins, Darwin, Dickens, G. Eliot, J. A. Froude, H. Rider Haggard, C. Kingsley, Rudyard Kipling, A. Lang, Macaulay, Ruskin, Sir W. Scott, Thackeray, etc., etc. Specially selected to accustom Army Candidates and Advanced Students to every kind of style, and to extend the range of their vocabulary. By L. SERS, B. ès L., French Master of Wellington College. Crown 8vo., cloth. 2s. 6d.

" . . . . providing good and varied material for full and steady practice in French Composition."—*Schoolmaster.*

" A collection of examples of good English prose of very considerable literary interest."—*School Board Chronicle.*

" The selections are judiciously made . . . . ."—*Aberdeen Journal.*

" . . . . will serve as excellent unseens."—*Dundee Advertiser.*

GERMAN WORKS.

Grammars, Conversation, Dictionaries, and Idioms.

	s.	d.
Becker, The First German Book. Grammar, Conversation, and Translation, with a List of useful Words and two Comprehensive Vocabularies,	1	0
—— One Hundred Supplementary Exercises with Vocabularies. Cloth,	1	0
—— Key for the two Parts (*for Teachers only*). Cloth,	2	6
—— First Steps in German Idioms, alphabetically arranged, with Notes and Examination Papers. Cloth,	1	6
Bué, Jules, Class Book of Comparative Idioms. German Part. Cloth,	2	0
—— English Part. Cloth,	2	0
Davis, Army and Navy German Examination Papers. Compiled from Papers recently set at Public Examinations, with a complete Vocabulary. Cloth	3	0
Happé, Questions and Exercises on German Grammar and Idioms, with Answers to the most important Questions. For Candidates for the Higher Examinations and Upper Classes in Schools. Cloth,	3	0
Koop, Dictionary of English Idioms with their equivalents in German. Cloth,	2	6
Krueger, Conversational German Lessons. Specially adapted for Self-Instruction. Cloth,	1	6
Krummacher, Dictionary of Every-day German and English, including Technical Terms, Dialogues for Travellers, an accurate Sound Notation, Outline of German Grammar, etc., etc. Two parts in one volume, English-German and German-English. 700 pages, small 8vo. Cloth, gilt	5	0
Lange, Franz, Graduated Modern Language Course for teaching German. Based on the Analytical Method of Learning Languages. In 3 Vols. Cloth.		
Juniors' German, 1 Vol.	3	6
Seniors' German, (*In preparation.*)		
Graduated German Prose Writing, 1 Vol.	3	6
—— —— —— Easy German Dialogues. Easy Sentences and Practical Conversations on Every-day Subjects, for the use of Beginners. Cloth,	0	9
Meissner, The Public School German Grammar. With Exercises for Translation, Composition and Conversation, and 2 complete Vocabularies. 384 pages. Cloth,	3	6
—— The Key (*for Teachers only*). Cloth,	3	0
—— Practical Lessons in German Conversation. A Companion to all German Grammars. Cloth,	2	6
Niederberger, German Colloquial Grammar and Composition Book. Part I. Reading and Writing Lessons, Accidence, and a German-English Vocabulary. Cloth,	2	6
—— The Key (*for Teachers only*). Cloth limp,	1	6
Oxford and Cambridge German Grammar. Part I. Pupil's Copy. (*For the First and Second Years.*) By F. HUNT and J. HOFFMANN. Cl.	2	6
—— The same. Master's Copy. Cloth,	3	6
Ploetz, A Table of German Declensions, incl. the Substantives, Adjectives and Pronouns	1	0

www.ingramcontent.com/pod-product-compliance
Lightning Source LLC
Chambersburg PA
CBHW022110300426
44117CB00007B/659